SIŁ
NAWYKU

Kochana Karolinko!

Z okazji ćwierćwiecza życia, życzę Ci **siły nawyku**, która musi być mocniejsza od **przeciętności i pokusy**. Niech ona zawsze wskazuje Ci drogę do realizacji **marzeń** i mobilizuje Cię do osiągania **celów**, które zawsze są w zasięgu naszych dłoni. Niech otaczają Cię tylko **dobrzy ludzie**, którzy pomogą Ci te cele zdobyć, a wiatr niech nigdy nie przynosi deszczu, ale goni chmury i odsłania słońce!

Z głębi serca, podpisano Ka$$!

Karolina Pałach

Charles Duhigg

SIŁA NAWYKU

DLACZEGO ROBIMY TO, CO ROBIMY I JAK MOŻNA TO ZMIENIĆ W ŻYCIU I BIZNESIE

PWN

Tytuł oryginału:
THE POWER OF HABIT

Autor: Charles Duhigg

Wydanie polskie

Dyrektor wydawniczy: Monika Kalinowska

Tłumaczenie: Małgorzata Guzowska

Autor wstępu: Ewa Woydyłło

Redaktor prowadzący: Dąbrówka Mirońska

Redakcja: Monika Pujdak-Brzezinka

Korekta: Elwira Wyszyńska

Oryginalny projekt okładki oraz ilustracje: Anton Ioukhnovets

Opracowanie graficzne okładki: Maciej Szymanowicz

Redakcja techniczna: Maria Czekaj

Skład i łamanie: Dorota Borkowska

Produkcja: Marcin Zych, Ewa Modlińska

ISBN: 978-83-7705-270-9 (oprawa miękka)
ISBN: 978-83-7705-273-0 (oprawa twarda)

Druk i oprawa: READ ME, Łódź

Dom Wydawniczy PWN Sp. z o.o.
02-460 Warszawa, ul. Gottlieba Daimlera 2
infolinia: 801 33 33 88
www.dwpwn.pl

Dla Olivera, Johna Harry'ego,
Johna i Dorris,
oraz, nieustannie, dla Liz

SPIS TREŚCI

WSTĘP DO POLSKIEGO WYDANIA

GDYBY *SIŁY NAWYKU* NIE NAPISAŁ KTO INNY, chciałabym tę książkę napisać sama. Nie tylko znalazłam w niej potwierdzenie moich przekonań i doświadczeń, lecz także dowiedziałam się mnóstwa fascynujących rzeczy z dziedzin pozornie odległych od teoretycznie i klinicznie pojmowanych problemów uzależnień. I chociaż treść książki osnuta jest wokół poważnych badań naukowych – akademickich i laboratoryjnych, dawnych i nowych – czyta się ją jak felieton w popularnym czasopiśmie. Zresztą nic dziwnego, autor jest znanym i wielokrotnie nagradzanym dziennikarzem magazynu „New York Times". Właśnie z powodu wciągającej jak kryminał potoczystości narracji, barwności i rozmaitości przykładów oraz przystępności opisów skomplikowanych procesów i zjawisk psychoneurologicznych można byłoby wręcz nie docenić naukowych walorów tego dzieła.

Ja doceniam. W książce, która nie jest bądź co bądź medycznym podręcznikiem z psychiatrii lub neurologii mózgu, została zawarta niemała wiedza o pamięci i jej roli w powstawaniu nawyków, a także w procesie uczenia się – co jest w końcu swoistym nabywaniem nawyków. Oduczanie się – a więc dosłownie: „odwyk" – to nic innego jak również uczenie się, tylko w odwrotną stronę. Dowiadujemy się poza tym, że formowanie się nawyków – a więc i nałogów – zawdzięczamy prastarej strukturze mózgu wielkości piłki golfowej, zawierającej tzw. jądra podstawne. To za ich przyczyną rozwija się większość ludzkich nałogów, kompulsji, autodestrukcji albo – i stąd można czerpać optymizm – nawyków nieszkodliwych i pożytecznych.

W trosce o niemedycznych czytelników autor klarownie objaśnia schemat pętli nawyku oraz znaczenie jego siły napędowej, jaką jest pragnienie. Pomaga nam też zrozumieć siłę woli jako kontrolę impulsów, porównując ją do „mięśnia", który się męczy, gdy zmuszany jest zbyt długo do ciężkiej pracy i wtedy może nie sprostać jakimś ważnym zadaniom. Już dawno sama zauważyłam, a teraz w książce Duhigga uzyskałam potwierdzenie, że kiedy siła woli (czytaj: samodyscyplina) wzmacnia się w odniesieniu do jakiejś sprawy, to przenosi się także na inne sfery naszego działania. Przypominam sobie dawną pacjentkę uzależnioną od alkoholu i leków, dodatkowo z objawami długotrwałej depresji. Poznałam ją, gdy wyglądało na to, że doszła do absolutnego kresu sił. Z pomocą terapii i wsparcia grupy potrafiła przez kilka miesięcy powstrzymywać się od picia, ale ogólny obraz jej życia wciąż nie rokował trwałych zmian na lepsze. Otrzymała wówczas łatwo wykonalne zadanie: po zakończeniu szpitalnego etapu leczenia, już w domu, miała dwa razy dziennie wynosić po jednej paczce starych gazet, zalegających od lat we wszystkich zakamarkach jej ciasnego mieszkania. Gdy już po tygodniu kobieta zaczęła dostrzegać pod nogami skrawki podłogi i mogła położyć serwetę na stole, wstąpiła w nią tak pozytywna energia i wiara w powodzenie, że wszyscy, łącznie z nią, uwierzyli w jej wyzwolenie z alkoholizmu, depresji i jałowej wegetacji. Tak się też stało. I to właśnie ma na myśli Duhigg, pisząc o „wzmacnianiu mięśnia siły woli" tak, by zaczęła promieniować na wszystkie sfery życia.

Mimo błyskawicznej kariery książki na rynku amerykańskim oraz jej natychmiastowych wydań obcojęzycznych (a może właśnie z tego powodu?) krytycy Duhigga nie oszczędzili. Zarzuty są przeważnie czepliwe i kąśliwe, a przede wszystkim dowodzą niezrozumienia intencji ani argumentacji autora. Ktoś na przykład podważa uznanie Duhigga dla mądrości Dwunastu Kroków, utrzymując, iż w AA uzyskuje trzeźwość tyle samo alkoholików, ile trzeźwieje spontanicznie, bez żadnej pomocy. Co oznaczałoby, że AA warte jest tyle co nic. Tymczasem od lat trzydziestych do dziś uzbieralibyśmy pewnie kilka milionów dowodów na to, że ludzie systematycznie wprowadzający w życie Dwanaście Kroków uwalniają się bezpowrotnie od obsesji picia. Natomiast faktycznie nie zdrowieją ci, którzy ten program zlekceważą. Czyż nie jest podobnie z innymi chorymi, niestosującymi się do zaleceń lekarzy i terapeutów?

Duhigg nie jest bynajmniej gołosłowny, kiedy wyraża się o AA z podziwem i respektem, omawiając na przykład tzw. złotą zasadę zmiany nawyku, która brzmi: „Nie możesz wyplenić złego nawyku, możesz go jedynie zastąpić przez inny nawyk". Dokładnie wedle tej zasady działa AA (i inne podobne wspólnoty), gdzie uzależnieni poprzez wzajemne modelowanie zachowań i budowanie więzi przeprogramowują swoje nałogowe zachowania. Działa to jednak dopóty, dopóki stresy w życiu nie przekroczą wytrzymałości psychicznej nałogowców w stanie remisji. Gdy to nastąpi, dawny, najgłębiej wdrukowany nawyk powraca. Naukowcy odkryli, że nowe abstynenckie nawyki zamieniają się w trwałe trzeźwe zachowania jedynie w połączeniu z wiarą. Ale bynajmniej niekoniecznie z religijną wiarą w Boga, tylko z wiarą samą w sobie. Wiara jest tu składnikiem, który przeprogramowuje skutecznie starą pętlę nawyku. Nie wiara w nadprzyrodzoność, lecz wiara w to, że... będzie d o b r z e. Oto, co jest kluczowym motorem skuteczności leczenia odwykowego i w ogóle spełniania zamierzeń nastawionych na przeprowadzenie każdej osobistej zmiany.

Każdy terapeuta uzależnień z jakim takim doświadczeniem to potwierdzi. Choć nie każdy, przed przeczytaniem książki Duhigga, potrafiłby to sformułować tak wyraziście. A że motywowanie ludzi do zmiany szkodliwych nawyków interesuje nie tylko pracowników lecznictwa odwykowego, to *Siła nawyku* może się stać nieocenioną pomocą dla rodziców, nauczycieli, menadżerów i oczywiście rodzin nałogowców.

Krytycy, jak wspomniano, wytykają autorowi potoczny język i uproszczenia w relacjonowaniu zawiłości naukowych. Duhigg jednak nie pisał książki w celu dostarczenia akademikom kolejnego podręcznika medycznego czy psychologicznego. Autor jest wszak publicystą i wypowiada się jako publicysta, a nie uczony, uprzystępniając ludzkim językiem objaśnienia ludzkich problemów. Chciałoby się powiedzieć: niech profesorowie czytają książki, które piszą sami dla siebie.

Psychopatologie w ogóle, a uzależnienia szczególnie, wpływają negatywnie na jakość życia Polaków w nie mniejszym stopniu niż oglądanie ogłupiającej telewizji, szwendanie się po centrach handlowych, łykanie pigułek i kłamstw reklamiarzy oraz wciąganie się w niesmaczne potyczki polityków. To właśnie te oddziaływania powodują formowanie i utrwalanie większości złych nawyków Polaków, rujnując naszą pogodę ducha, radość życia, zaufanie do bliźnich, wiarę w siebie i rozwój własnego potencjału. Na pocieszenie przypomnę, że książka jest amerykańska. Wspomniane negatywne zjawiska dotyczą więc na pewno nie tylko nas. Wątpię jednak, by była to wielka pociecha. Tym bardziej że przegrywanie meczów przez naszych piłkarzy, mierne wskaźniki ekonomiczne naszych przedsiębiorstw, niski poziom świadczeń naszej służby zdrowia, marne szkolnictwo, niedobra organizacja życia społecznego i ogólne niezadowolenie obywateli ze swego państwa – to też nawyki. Z jednej strony, bo nawykowo źle działają poszczególne struktury, resorty i sektory, a z drugiej strony, bo ludzie nawykowo źle odnoszą się do tych struktur, resortów i sektorów. Zamknięte koło, a raczej – jak podpowiada Charles Duhigg – zamknięta „pętla nawyku". W myśl wywodów Duhigga sprawa nie jest jednak beznadziejna. Pisze on: „Nawyki – nawet jeżeli już zakorzenią się w naszych umysłach – nie są przeznaczeniem. Możemy wybierać nawyki, jeżeli wiemy, jak to robić".

Czytając tę książkę, zaczynamy podświadomie marzyć. Że tak jak legendarny Tony Dungy doprowadził futbolową drużynę Colts do zwycięstwa w Super Bowl, jakiemuś kreatywnemu trenerowi uda się polską narodową jedenastkę przerobić z nawykowych nieudaczników w nawykowych czempionów. Że zaczniemy uczyć się wyzwalania z pętli naszych niedobrych nawyków na opisanych w książce wzorach: sieci kawiarń Starbucks, aluminiowego potentata Alcoa czy szpitala w Rhode Island. Wyobrażam sobie, że na podstawie przykładów zebranych w tej książce można byłoby zorganizować warsztaty przerabiające niedobre nawyki w dobre dla menedżerów i zarządców w przedsiębiorstwach, urzędach i instytucjach, a także w rodzinach oraz wspólnotach sąsiedzkich i osiedlowych. Typowanie kandydatów do odbycia takich warsztatów poprzedzałoby wypełnienie wewnętrznych ankiet oceniających jakość relacji i efektywność funkcjonowania danej struktury społecznej, gospodarczej, edukacyjnej, mieszkalnej itp. Obawiam się, że do absolutnych wyjątków należałyby poddane ocenie struktury, w których chciano by utrzymania *status quo*, czyli dalszego podtrzymywania aktualnych nawyków. Mówiąc wprost: w których jakość życia i współżycia oraz pracy i jej efektów nie budziłaby niczyich zastrzeżeń.

Nie wierzę oczywiście w cuda ani bajki, a tym bardziej w to, że jakakolwiek książka przyczyni się do masowej zmiany złych nawyków na dobre. Nawet Biblia tego nie spowodowała. Dlatego więc najpewniej nasze szpitale nie zmienią się pod wpływem przykładu z Rhode Island w przybytki nienagannego dbania o zdrowie i życie pacjentów; nasi piłkarze nadal będą siebie i nas kompromitować na boiskach i niekiedy poza nimi; aluminium prawie nie mamy, więc na Alcoa nie będzie komu się wzorować; a Starbucks pewnie i u nas zacznie wygrywać z konkurencją, bo już się na to zanosi.

Natomiast optymistycznie patrzę na korzyści indywidualne, jakie absolutnie każdy myślący czytelnik wyniesie z tej książki dla siebie.

Ewa Woydyłło

WSTĘP. KURACJA NAWYKOWA

BYŁA ULUBIONĄ BADANĄ NAUKOWCÓW. Lisa Allen, według danych zawartych w jej karcie, miała trzydzieści cztery lata. Zaczęła pić i palić, mając lat szesnaście, i przez większość życia walczyła z nadwagą. W pewnym momencie jej życia – miała wtedy około dwudziestu pięciu lat – firmy windykacyjne ścigały ją, chcąc odzyskać dług wynoszący dziesięć tysięcy dolarów. Stare CV wskazywało, że jej najdłuższy staż pracy w jednym miejscu wynosił niecały rok.

Ale kobieta, która dziś staje przed badaczami, jest szczupła i pełna życia, widać jej umięśnione nogi biegaczki. Wygląda dziesięć lat młodziej niż na zdjęciach z akt i sprawia wrażenie osoby z kondycją fizyczną, która bez trudu pozwoliłaby jej wykończyć na treningu wszystkich zebranych. Według najświeższego doniesienia z jej życia, które znajduje się w karcie, Lisa nie ma żadnych zaległych długów, nie pije i od trzydziestu dziewięciu miesięcy pracuje w firmie zajmującej się projektowaniem graficznym.

„Ile czasu upłynęło od twojego ostatniego papierosa?", zapytał jeden z lekarzy, rozpoczynając w ten sposób całą serię pytań, na które Lisa odpowiadała podczas każdej wizyty w laboratorium pod Bethesda w stanie Maryland.

„Prawie cztery lata", powiedziała, „i od tamtej pory schudłam prawie trzydzieści kilogramów i przebiegłam maraton". Rozpoczęła także studia magisterskie i kupiła dom. To był czas bogaty w wydarzenia.

Wśród naukowców zebranych w sali byli neurolodzy, psycholodzy, genetycy i socjolog. Przez ostatnie trzy lata, dzięki finansowaniu z National Institutes of Health, przepytywali i prześwietlali Lisę oraz ponad dwudziestu byłych palaczy, nałogowych obżartuchów, osoby z problemem alkoholowym, obsesyjnych zakupowiczów i ludzi z innymi destrukcyjnymi nawykami. Wszystkich uczestników łączyło jedno: udało im się całkowicie zmienić życie w stosunkowo krótkim czasie. Badacze chcieli znaleźć odpowiedź na pytanie, jak im się to udało[1]. Mierzyli więc parametry życiowe uczestników, instalowali w ich domach kamery, by przyglądać się ich codziennym zwyczajom, sekwencjonowali fragmenty ich DNA, oraz, za pomocą technologii umożliwiających zaglądanie do środka ludzkich czaszek w czasie rzeczywistym, śledzili przepływy krwi i impulsów elektrycznych w mózgach uczestników, w momentach gdy narażani byli na pokusy typu dym papierosowy czy królewski posiłek. Celem badaczy było ustalenie, w jaki sposób nawyki działają na poziomie neurobiologicznym – i co jest potrzebne, aby je zmienić.

„Wiem, że opowiadała pani tę historię już wielokrotnie", mówi doktor do Lisy, „ale niektórzy moi koledzy słyszeli ją tylko z drugiej ręki. Czy byłaby pani uprzejma jeszcze raz opisać, w jaki sposób rzuciła pani palenie?".

„Jasne", mówi Lisa. „Wszystko zaczęło się w Kairze". Wakacje były spontaniczną decyzją, wyjaśnia. Kilka miesięcy wcześniej jej mąż wrócił z pracy i ogłosił, że ją zostawia, ponieważ kocha inną kobietę. Lisa potrzebowała trochę czasu, by uporać się ze zdradą i przyswoić fakt, że właśnie była w trakcie rozwodu. Był okres żałoby, później obsesyjnego śledzenia męża i jego nowej dziewczyny po całym mieście, wydzwanianie do niej po północy i odkładanie słuchawki. Potem był ten wieczór, kiedy Lisa pojawiła się przed domem dziewczyny, pijana, dobijając się do jej drzwi i wrzeszcząc, że spali jej chatę.

„To nie był dla mnie dobry czas", stwierdza Lisa. „Zawsze chciałam zobaczyć piramidy, a moje karty kredytowe nie zostały jeszcze zablokowane, więc...".

Pierwszego ranka w Kairze Lisa obudziła się o świcie, słysząc wezwanie do modlitwy z pobliskiego meczetu. W jej pokoju hotelowym panowały egipskie ciemności. Na wpół przytomna, wciąż nękana przez *jet lag* po przekroczeniu samolotem kilku stref czasowych, sięgnęła po papierosa.

Była tak zdezorientowana, że nie zauważyła – do momentu gdy poczuła swąd palonego plastiku – że próbuje podpalić długopis zamiast marlboro. Ostatnie cztery miesiące spędziła, płacząc, objadając się, cierpiąc na bezsenność, przytłoczona uczuciami wstydu, bezradności, przygnębienia i gniewu, wszystkiego na raz. Leżąc w łóżku, przeżyła załamanie. „To była taka fala smutku", powiedziała. „Czułam, jakby wszystko, czego kiedykolwiek pragnęłam, właśnie się rozpadło. Nawet nie umiałam właściwie zapalić papierosa".

I wtedy zaczęłam myśleć o moim byłym mężu, o tym, jak trudno będzie mi po powrocie znaleźć nową pracę, jak bardzo to będzie okropne i jak strasznie źle czułam się fizycznie przez cały czas. Wstałam i przewróciłam dzbanek z wodą, który roztrzaskał się na podłodze, a ja rozpłakałam się jeszcze mocniej. Byłam zdesperowana, czułam, że muszę coś zmienić, przynajmniej jedną rzecz, którą będę mogła kontrolować".

Wzięła prysznic i opuściła hotel. Kiedy tak jechała taksówką po pełnych kolein ulicach Kairu, później po nieutwardzonych drogach prowadzących do Sfinksa i piramid w Gizie, widząc olbrzymią, bezkresną pustynię wokół nich, przestała się na chwilę nad sobą użalać. Potrzebowała w życiu celu, przemknęło jej przez myśl. Celu, do którego mogłaby dążyć.

Siedząc jeszcze w taksówce, podjęła więc decyzję, że wróci do Egiptu i będzie wędrować przez pustynię.

Lisa wiedziała, że pomysł jest szalony. Nie była w formie, miała wprawdzie nadwagę, ale za to nie miała pieniędzy. Nie znała nazwy pustyni, którą zamierzała przemierzyć, nie miała też pojęcia, czy taka podróż w ogóle jest możliwa. Ale to w tej chwili po prostu nie miało żadnego znaczenia. Musiała się na czymś skupić. Lisa zadecydowała, że da sobie rok na przygotowania. Była też pewna, że aby przeżyć taką ekspedycję, będzie musiała niejedno poświęcić.

A mówiąc konkretniej – powinna rzucić palenie.

Kiedy w końcu, jedenaście miesięcy później, Lisa przemierza pustynię – w klimatyzowanym pojeździe z kilkoma innymi osobami – przyczepa kempingowa jest tak wypakowana wodą, jedzeniem, namiotami, mapami, nawigacją i radiostacjami, że wrzucenie do niej jeszcze kartonu papierosów nie czyniłoby najmniejszej różnicy.

Ale wtedy, w taksówce, Lisa o tym nie wiedziała. A dla badaczy w laboratorium szczegóły jej wyprawy nie miały znaczenia. Z powodów, które właśnie powoli zaczynali rozumieć, ten mały zwrot w percepcji Lisy, jaki dokonał się tego dnia w Kairze – przekonanie, że *musi* rzucić palenie, aby osiągnąć cel, który sobie wyznaczyła – wyzwolił całą serię przemian, ostatecznie przekładających się na każdy obszar jej życia. Przez kolejne sześć miesięcy zastąpiła palenie papierosów bieganiem, a to z kolei zmieniło sposób, w jaki jadła, pracowała, spała, oszczędzała pieniądze, organizowała sobie pracę, planowała przyszłość itd. Zaczęła biegać półmaratony, potem maratony, wróciła do szkoły, kupiła dom i się zaręczyła. Ostatecznie została zwerbowana do udziału w badaniu, a kiedy naukowcy zaczęli analizować skany mózgu Lisy, dostrzegli coś niezwykłego: jeden zestaw wzorców neurologicznych – jej stare nawyki – zostały nadpisane nowymi wzorcami. Mogli wciąż zobaczyć aktywność neuronów odzwierciedlającą jej dawne zwyczaje, ale impulsy te były wypychane przez nowe pragnienia. Wraz ze zmianą, jaką przechodziła Lisa, zmieniał się jej mózg.

To nie wycieczka do Kairu spowodowała zmianę – naukowcy byli o tym przekonani; ani też rozwód czy wyprawa przez pustynię. Sprawił to fakt, że Lisa skupiła się początkowo na zmianie wyłącznie jednego nawyku – palenia papierosów. Wszyscy uczestnicy badania przeszli przez podobny proces. Skupiając się na jednym wzorcu – określanym jako „nawyk kluczowy" (ang. *keystone habit*) – Lisa nauczyła się, w jaki sposób przeprogramować także inne nawyki obecne w jej życiu.

Do takich zmian zdolne są nie tylko jednostki. Kiedy firmy skupiają się na zmianie nawyków, zmianie podlegają całe organizacje. Takie firmy, jak Procter & Gamble, Starbucks, Alcoa czy Target, podchwyciły tę wiedzę, by wpływać na sposób pracy, komunikacji między pracownikami i – bez świadomości klientów – zmieniać sposób, w jaki ludzie robią zakupy.

„Chcę pokazać pani najnowsze skany pani mózgu", powiedział jeden z naukowców do Lisy pod koniec jej badania. Na ekranie komputera pojawiło się zdjęcie wnętrza jej głowy. „Kiedy widzi pani jedzenie" – wskazał na miejsca nieopodal środka jej mózgu – „te obszary, które są powiązane z ochotą na jedzenie i głodem, są wciąż aktywne. Pani mózg wciąż wytwarza zachcianki, które dawniej sprawiały, że się pani objadała".

„Ale pojawiła się nowa aktywność w tym obszarze" – tym razem wskazał na obszar położony najbliżej jej czoła – „gdzie naszym zdaniem swoje źródła ma hamowanie zachowań i samodyscyplina. Ta aktywność jest silniejsza za każdym razem, kiedy pani nas odwiedza".

Lisa była ulubionym „obiektem badawczym" naukowców, ponieważ skany jej mózgu były tak fascynujące i przydatne w tworzeniu map opisujących, gdzie w naszych umysłach kryją się wzorce behawioralne – czyli nawyki. „Pomaga nam pani zrozumieć, w jaki sposób decyzja staje się zautomatyzowanym zachowaniem", powiedział jej lekarz.

Wszyscy w pomieszczeniu poczuli, że są u progu czegoś bardzo ważnego. I, faktycznie, byli.

* * *

Weźmy dzisiejszy dzień. Co robisz zaraz po przebudzeniu? Wskakujesz pod prysznic, sprawdzasz pocztę elektroniczną, a może wyciągasz z kredensu pączka? Czy myjesz zęby przed, czy po prysznicu? Zawiązujesz najpierw lewy, czy prawy but? Co mówisz do swoich dzieci, kiedy już kierujesz się do drzwi? Jaką drogą jedziesz do pracy? Kiedy docierasz do własnego biurka, zaczynasz od sprawdzania poczty, pogawędki z kolegą czy od razu rzucasz się do pisanie notatki? Na obiad jesz sałatkę czy hamburgera? A kiedy wracasz do domu, wkładasz trampki i idziesz pobiegać, czy robisz sobie drinka i jesz kolację przed telewizorem?

„Całe nasze życie, tak dalece, jak dalece ma ono określoną postać, nie jest niczym więcej niż zbiorem nawyków" – napisał William James w 1892 roku[2]. Większość codziennie dokonywanych wyborów może się nam wydawać rezultatem dobrze przemyślanych decyzji, ale tak wcale nie jest. Są one nawykami. I choć każdy nawyk sam w sobie znaczy raczej niewiele, to jednak z czasem takie kwestie, jak rodzaj zamawianego jedzenia, słowa wypowiadane każdego wieczoru do naszych dzieci, to, czy oszczędzamy, czy też wydajemy wszystkie zarobione pieniądze, jak często wykonujemy ćwiczenia fizyczne, jak porządkujemy własne myśli i w jaki sposób pracujemy – mają potężny wpływ na nasze zdrowie, wydajność, bezpieczeństwo finansowe i poczucie szczęścia. Pewien artykuł opublikowany przez badacza z Duke University w 2006 roku[3] wykazał, że ponad 40 procent działań podejmowanych każdego dnia przez ludzi było nie ich świadomymi decyzjami, a nawykami.

William James – podobnie jak wielu innych, od Arystotelesa po Oprah [Winfrey – przyp. tłum.] – spędził szmat własnego życia na próbie zrozumienia, po co istnieją nawyki. Jednak dopiero w ciągu ostatnich dwudziestu lat naukowcy i specе od marketingu naprawdę zaczęli rozumieć, w jaki sposób nawyki *działają* i – co jeszcze ważniejsze – jak ulegają zmianom.

Przedstawiana książka składa się z trzech części. Część pierwsza skupia się na powstawaniu nawyków w życiu jednostek. Bada neurologiczne podstawy kształtowania się nawyków, sposoby tworzenia nowych nawyków i zmiany starych oraz metody, które, przykładowo, wykorzystał pewien spec od reklamy, by zamienić mycie zębów z nijakiej codziennej rutyny w narodową obsesję. Pokazuje, w jaki sposób Procter & Gamble przerobił spray do odświeżania powietrza o nazwie Febreze w biznes wart miliardy dolarów, wykorzystując nawykowe pragnienia i zachcianki klientów; opisuje, jak Anonimowi Alkoholicy zmieniają życie, przypuszczając atak na nawyki tkwiące u źródeł nałogu, oraz jak pewien trener – Tony Dungy – odwrócił koleje losu najgorszej drużyny w National Football League, skupiając się na automatycznych reakcjach swoich graczy na subtelne wskazówki z pola.

Druga część analizuje nawyki odnoszących sukcesy korporacji i organizacji. Szczegółowo pokazuje, jak pewien menedżer – Paul O'Neill – zanim stał się sekretarzem skarbu – przekształcił podupadającą fabrykę aluminium w doskonale prosperującą firmę ze świetnymi notowaniami indeksu Dow Jones dzięki skupieniu uwagi na jednym kluczowym nawyku oraz jak Starbucks zmienił człowieka, który nie skończył szkoły, w czołowego menedżera, wyrabiając w nim nawyki wzmacniające siłę woli. Opisuje, dlaczego nawet najbardziej utalentowany chirurg może popełnić katastrofalny błąd, kiedy zawiodą nawyki szpitalnej organizacji pracy.

Część trzecia przygląda się nawykom na poziomie społecznym. Szczegółowo relacjonuje, w jaki sposób Martin Luther King Junior i ruch na rzecz praw obywatelskich osiągnął sukces – częściowo za sprawą zmiany głęboko zakorzenionych nawyków społecznych w Montgomery, w stanie Alabama – i dlaczego podobne podejście pomogło młodemu pastorowi Rickowi Warrenowi zbudować największy kościół w kraju w Saddleback Valley w Kalifornii. I w końcu stawia drażliwe pytania etyczne, choćby o to, czy morderca w Wielkiej Brytanii powinien zostać uniewinniony, jeżeli przekonująco udowodni, że do zabójstwa pchnęły go nawyki.

Każdy rozdział kręci się wokół podstawowego argumentu: możemy zmieniać nawyki, jeżeli zrozumiemy, w jaki sposób działają.

Książka, którą trzymasz w ręku, bazuje na setkach badań naukowych, wywiadach z ponad trzema setkami naukowców i menedżerów oraz badaniach przeprowadzonych w kilkudziesięciu firmach i organizacjach. (Spis źródeł można znaleźć w przypisach oraz na http://www.thepowerofhabit.com). Skupia się na nawykach rozumianych zgodnie z ich techniczną definicją: są to wybory, których wszyscy w pewnym momencie naszego życia dokonujemy w sposób celowy, ale nadchodzi taka chwila, kiedy przestajemy o nich myśleć, choć wciąż je robimy – a zdarza się, że codziennie. W przeszłości wszyscy świadomie zdecydowaliśmy, ile mamy jeść i na czym się skupiać po dotarciu do pracy, jak często pozwolić sobie na drinka albo ile razy w tygodniu biegać. Potem przestaliśmy wybierać, a zachowanie stało się automatyczne. Jest to naturalna konsekwencja naszego wyposażenia neurologicznego. A kiedy uda ci się zrozumieć, w jaki sposób to działa, będziesz w stanie przekształcić te wzorce w co tylko zapragniesz.

* * *

Po raz pierwszy zainteresowałem się naukowymi podstawami nawyków około ośmiu lat temu, kiedy pracowałem jako dziennikarz prasowy w Bagdadzie. Armia amerykańska[4], tak przynajmniej mi się wydawało, kiedy widziałem ją w akcji, jest jednym z największych eksperymentów wytwarzania nawyków w historii ludzkości. Podstawowe szkolenie uczy żołnierzy starannie wybranych nawyków – jak należy strzelać, myśleć i komunikować się pod ostrzałem. Na polu bitewnym każdy rozkaz, który jest wydawany, wykorzystuje zachowania ćwiczone do chwili ich pełnej automatyzacji. Cała organizacja polega na powtarzanych bez końca zachowaniach związanych z budowaniem bazy, ustalaniem strategicznych priorytetów i decydowaniem, w jaki sposób odpowiedzieć na atak. Na tym wczesnym etapie wojny, kiedy szerzyła się partyzantka, a liczby zabitych osiągały szczyty, dowódcy szukali nawyków, które mogliby wyrobić wśród żołnierzy i Irakijczyków w celu zapewnienia trwałego pokoju.

Byłem w Iraku od dwóch miesięcy, kiedy usłyszałem o pewnym oficerze, prowadzącym przygotowany naprędce program modyfikacji nawyków w Kufie, małym mieście znajdującym się dziewięćdziesiąt mil na południe od stolicy. Był majorem w armii, przeanalizował nagrania wideo z niedawnych zamieszek i zidentyfikował wzorzec: przemoc zazwyczaj poprzedzał następujący scenariusz: na jakimś placu czy innej otwartej przestrzeni zbierał się tłum Irakijczyków, który w ciągu kolejnych kilku godzin robił się coraz większy. Pojawiali się sprzedawcy jedzenia, podobnie jak widzowie. Potem ktoś rzucał kamień czy butelkę i rozpętywało się piekło.

Kiedy major spotkał się z zarządcą Kufy, wyraził nieco dziwaczne życzenie: czy można zakazać sprzedawcom żywności pojawiania się na placach? Jasne, powiedział zarządca. Kilka tygodni później niedaleko Masjid al-Kufa, głównego meczetu w mieście, zebrał się niewielki tłumek. W ciągu popołudnia się rozrastał. Niektórzy ludzie zaczęli intonować gniewne hasła. Iracka policja, wyczuwając zbliżające się kłopoty, skontaktowała się drogą radiową z bazą wojskową i poprosiła amerykańskie wojsko o wsparcie. O zmierzchu tłum się zmęczył i mocno zgłodniał. Ludzie zaczęli się rozglądać za sprzedawcami kebabów, którzy zazwyczaj licznie pojawiali się na placach, ale nikogo nie udało się znaleźć. Widzowie sobie poszli. Śpiewający hasła ulegli zniechęceniu. O ósmej wieczorem na placu nie było już nikogo.

Gdy odwiedziłem bazę w Kufie, rozmawiałem z tym majorem. Powiedział mi, że niekoniecznie myślimy o dynamice tłumu w kategoriach nawyków. Ale on spędził całe swoje zawodowe życie na szkoleniach z psychologii powstawania nawyków.

W obozie dla rekrutów wykształcił nawyki ładowania broni, zasypiania w strefie działań wojennych, skupiania uwagi pomimo otaczającego go chaosu walk i podejmowania decyzji w stanie wyczerpania i przeciążenia. Uczęszczał na zajęcia, które nauczyły go nawyku oszczędzania pieniędzy, codziennych ćwiczeń fizycznych i komunikowania się z ludźmi, z którymi dzielił piętrowe prycze. Awansując, uczył się wagi nawyków organizacyjnych, umożliwiających podwładnym podejmowanie decyzji bez konieczności ciągłego pytania o pozwolenie, oraz tego, w jaki sposób właściwe procedury ułatwiały współpracę z ludźmi, których nie znosił. A teraz, jako ktoś, komu przypadło w udziale improwizowanie budowania narodu, dostrzegał, w jaki sposób tłumy i kultury działały według wielu podobnych, znanych mu zasad. W pewnym sensie – powiedział – społeczność jest gigantycznym zbiorem nawyków, występujących u tysięcy ludzi, które w zależności od wpływów, jakim są poddawane, mogą prowadzić do pokoju lub przemocy. Oprócz usunięcia sprzedawców jedzenia z placów major wprowadził w życie dziesiątki różnych eksperymentów, których celem było kształtowanie nawyków mieszkańców Kufy. Od jego przyjazdu nie było tam zamieszek.

„Zrozumienie nawyków jest najważniejszą rzeczą, jakiej nauczyłem się w armii", powiedział mi. „To zmieniło wszytko w moim sposobie postrzegania świata. Chcesz szybko zasnąć i obudzić się rano wyspany? Przyjrzyj się uważnie własnym wzorcom zachowania wieczorem i temu, co automatycznie robisz, wstając z łóżka. Chcesz, by bieganie przestało być męką? Zrób z tego nawyk. Ćwiczę w tym moje dzieci. Moja żona i ja piszemy plany nawyków dla naszego małżeństwa. To wszystko, o czym rozmawiamy podczas spotkań dowódców.

Nikt w Kufie nie mógł mi powiedzieć, że jesteśmy w stanie wpływać na tłum, usuwając budy z kebabem, ale kiedy zaczynasz na wszystko patrzeć jak na zbiór nawyków, czujesz się trochę tak, jakby nagle ktoś dał ci reflektor i łom – i możesz ruszać do dzieła".

Major był niewysokim człowiekiem z Georgii. Nieustannie wypluwał do kubka albo pestki słonecznika, albo tytoń do żucia. Zdradził mi, że zanim zaciągnął się do armii, najbardziej świetlaną przyszłością dla niego była kariera montera telekomunikacyjnego albo, być może, handlowanie metamfetaminą, gdyż właśnie taką nienajciekawszą ścieżkę wybrało wielu jego kumpli z liceum. Dziś dowodził ponad ośmiuset ludźmi w jednej z najbardziej zaawansowanych organizacji bojowych świata.

„Mówię ci, jeśli taki wieśniak jak ja jest w stanie się tego nauczyć, to znaczy, że może to zrobić każdy. Cały czas powtarzam moim żołnierzom, że nie ma rzeczy niemożliwych, jeśli tylko wykształcisz właściwe nawyki".

W ciągu ostatnich dziesięciu lat nasze zrozumienie neurologii i psychologii nawyków oraz oddziaływania wzorców na nasze życia, społeczeństwa i organizacje pogłębiło się w sposób, jaki pół wieku temu nawet nam się nie śnił. Dziś wiemy, w jaki sposób nawyki powstają i jak się zmieniają, znamy też naukowe podstawy stojących za tym mechanizmów. Wiemy, jak rozłożyć je na kawałki i ponownie odbudować w pożądanej formie. Rozumiemy, jak sprawić, by ludzie jedli mniej, ćwiczyli więcej, pracowali wydajniej i żyli zdrowiej. Przekształcanie nawyków niekoniecznie jest łatwe i szybkie. I nigdy nie jest proste.

Ale jest możliwe. I teraz już wiemy, jak to zrobić.

Przypisy

[1] Doniesienia na temat Lisy Allen powstały na podstawie wywiadów z nią. Badanie wciąż trwa i nie zostało opublikowane, dlatego naukowcy nie wypowiadali się na ten temat. Podstawowe wyniki zostały jednak potwierdzone w badaniach i wywiadach z naukowcami pracującymi nad podobnymi projektami, w tym: A. DelParigi i in., Successful Dieters Have Increased Neural Activity in Cortical Areas Involved in the Control of Behavior, *International Journal of Obesity*, 31, (2007), 440–448; Duc Son NT Le i in., Less Activation in the Left Dorsolateral Prefrontal Cortex in the Reanalysis of the Response to a Meal in Obese than in Lean Women and Its Association with Successful Weight Loss, *American Journal of Clinical Nutrition*, 86, 3, (2007), 573–579; A. DelParigi i in., Persistence of Abnormal Neural Responses to a Meal in Postobese Individuals, *International Journal of Obesity*, 28, (2004), 370–377; E. Stice i in., Relation of Reward from Food Intake and Anticipated Food Intake to Obesity: A Functional Magnetic Resonance Imaging Study, *Journal of Abnormal Psychology*, 117, 4, (listopad, 2008), 924–935; A.C. Janes i in., Brain fMRI Reactivity to Smoking-Related Images Before and During Extended Smoking Abstinence, *Experimental and Clinical Psychopharmacology*, 17, (grudzień, 2009), 365–373; D. McBride i in., Effects of Expectancy and Abstinence on the Neural Response to Smoking Cues in Cigarette Smokers: An fMRI Study, *Neuropsychopharmacology*, 31, (grudzień, 2006), 2728–2738; R. Sinha i C.S. Li, Imaging Stress- and Cue-Induced Drug and Alcohol Craving: Association with Relapse and Clinical Implications, *Drug and Alcohol Review*, 26, 1, (styczeń, 2007), 25–31; E. Tricomi, B.W. Balleine i J.P O'Doherty, A Specific Role for Posterior Dorsolateral Striatum in Human Habit Learning, *European Journal of Neuroscience* 29, 11, (czerwiec, 2009), 2225–2232; D. Knoch, P. Bugger i M. Regard, Suppressing Versus Releasing a Habit: Frequency-Dependent Effects of Prefrontal Transcranial Magnetic Stimulation, *Cerebral Cortex*, 15, 7 (lipiec, 2005), 885–887.

[2] William James, *Talks to Teachers on Psychology and to Students on Some of Life's Ideals*, pierwszy raz wydane w 1899 roku.

[3] Bas Verplanken i Wendy Wood, Interventions to Break and Create Consumer Habits, *Journal of Public Policy and Marketing*, 25, 1, (2006), 90–103; David T. Neal, Wendy Wood i Jeffrey M. Quinn, Habits – A Repeat Performance, *Current Directions in Psychological Science*, 15, 4, (2006), 198–202.

[4] Mam dług wdzięczności wobec doktora Petera Schifferlego ze School of Advanced Military Studies, doktora Jamesa Lussiera oraz wielu innych dowódców i żołnierzy za pomoc w zrozumieniu fascynującego obszaru wykształcania nawyków w szkoleniach wojskowych – dziękuję za ich czas poświęcony mi zarówno w Iraku, jak i w SAMS. Więcej na ten temat znaleźć można w: Scott B. Shadrick i James W. Lussier, Assessment of the Think Like a Commander Training Program, U.S. Army Research Institute for the Behavioral and Social Sciences Research Report 1824, lipiec, 2004; Scott B. Shadrick i in., Positive Transfer of Adaptive Battlefield Thinking Skills, U.S. Army Research Institute for the Behavioral and Social Sciences Research Report 1873,

lipiec, 2007; Thomas J. Carnahan i in., Novice Versus Expert Command Groups: Preliminary Findings and Training Implications for Future Combat Systems, U.S. Army Research Institute for the Behavioral and Social Sciences Research Report 1821, marzec, 2004; Carl W. Lickteig i in., Human Performance Essential to Battle Command: Report on Four Future Combat Systems Command and Control Experiments, U.S. Army Research Institute for the Behavioral and Social Sciences Research Report 1812, listopad, 2003; Army Field Manual 5–2 20, luty, 2009.

Część 1.
NAWYKI JEDNOSTEK

1

PĘTLA NAWYKU: JAK DZIAŁAJĄ NAWYKI

I

JESIENIĄ 1993 ROKU PEWIEN MĘŻCZYZNA, który przewróci do góry nogami naszą wiedzę na temat nawyków, wszedł do laboratorium w San Diego na umówione spotkanie. Był starszy, miał nieco powyżej stu osiemdziesięciu centymetrów wzrostu, schludnie ubrany w niebieską koszulę na guziki. Jego gęste białe włosy mogły wywołać zazdrość na każdym spotkaniu absolwentów pięćdziesiąt lat po maturze. Artretyzm sprawił, że lekko utykał, przemierzając laboratoryjne korytarze. Trzymał za rękę swoją żonę, szedł powoli, jakby niepewny, co przyniesie każdy kolejny krok.

Około roku wcześniej Eugene Pauly, inaczej „E.P.", jak został nazwany i rozsławiony w literaturze medycznej[1], był we własnym domu w Playa del Rey, szykując się do kolacji, kiedy to jego żona wspomniała, że wpadnie do nich ich syn, Michael.

„Kim jest Michael?", zapytał Eugene[2].

„Twoim dzieckiem", odparła jego żona, Beverly. „Wiesz, ten ktoś, kogo wychowaliśmy".

Eugene spojrzał na nią beznamiętnie. „Czyli kto?", zapytał powtórnie.

Nazajutrz Eugene zaczął wymiotować i skręcać się z powodu bólu brzucha. W ciągu dwudziestu czterech godzin odwodnił się tak bardzo, że spanikowana Beverly zabrała go na ostry dyżur. Gorączka rosła, osiągając ponad czterdzieści stopni Celsjusza, a na szpitalnej pościeli powstał żółty ślad spoconego ciała. Pojawiło się delirium, Eugene stał się gwałtowny, krzyczał i odpychał pielęgniarki próbujące podłączyć mu kroplówkę. Dopiero po podaniu środków uspokajających lekarz był w stanie wkłuć długą igłę między dwa kręgi w krzyżowym odcinku kręgosłupa i pobrać kilka kropli płynu mózgowo-rdzeniowego.

Lekarz wykonujący badanie natychmiast dostrzegł problem. Płyn otaczający mózg i rdzeń kręgowy jest barierą przeciwko infekcjom i urazom. U osób zdrowych jest przejrzysty i płynie szybko, wartko i gładko wypełniając strzykawkę. Próbka z kręgosłupa Eugene'a była mętna i skapywała powoli, jakby pełna drobnego piasku. Kiedy laboratorium przesłało wyniki badania próbki, lekarz Eugene'a poznał przyczynę choroby pacjenta: cierpiał na wirusowe zapalenie mózgu, schorzenie wywołane przez stosunkowo niegroźnego wirusa, powodującego opryszczkę na wargach i drobne infekcje skórne[3]. Niemniej w rzadkich przypadkach wirus potrafi przedostać się do mózgu, siejąc katastrofalne zniszczenia, przeżerając delikatne zwoje tkanki, w której mieszczą się nasze myśli, marzenia i – zdaniem niektórych – dusza.

Lekarze Eugene'a powiedzieli Beverly, że nie są w stanie naprawić szkód, które już powstały, ale potężna dawka leków przeciwwirusowych może zapobiec rozprzestrzenianiu się wirusa i dalszym uszkodzeniom. Eugene zapadł w śpiączkę i przez dziesięć kolejnych dni był bliski śmierci. Stopniowo, kiedy leki zaczęły zwalczać infekcję, gorączka zaczęła spadać i wirus zniknął. Gdy w końcu się wybudził, był słaby, zdezorientowany i nie umiał właściwie przełykać. Nie umiał formułować zdań i czasem się zdarzało, że nagle z trudem łapał powietrze, jakby na chwilę zapominał, jak się oddycha. Ale żył.

Ostatecznie Eugene wydobrzał na tyle, że mógł zostać poddany baterii testów. Lekarze byli zadziwieni odkryciem, że jego ciało – w tym układ nerwowy – wyszło z tego niemal bez uszczerbku. Mógł poruszać kończynami i reagował na hałas i światło. Skany jego głowy ujawniły jednak złowieszcze cienie w środkowej części mózgu. Wirus zniszczył owalny obszar tkanki w pobliżu połączenia mózgu z rdzeniem kręgowym. „Może nie być już tą osobą, którą pani pamięta", ostrzegł Beverly jeden z lekarzy. „Musi być pani przygotowana na to, że pani mąż odszedł".

Eugene został przeniesiony do innego szpitalnego skrzydła. W ciągu tygodnia umiał już prawidłowo przełykać. Po kolejnym tygodniu zaczął normalnie mówić, poprosił o galaretkę i sól, skakał po telewizyjnych kanałach, narzekając na nudne opery mydlane. Kiedy pięć tygodni później został wypisany ze szpitala i skierowany na rehabilitację, Eugene chodził po korytarzach i udzielał pielęgniarkom nieproszonych rad w planowaniu weekendów.

„Nie przypominam sobie, bym kiedykolwiek widział tak spektakularny powrót do zdrowia", powiedział lekarz do Beverly. „Nie chcę wzbudzać nadmiernych nadziei, ale to jest niesamowite".

Lecz Beverly się martwiła. Podczas rehabilitacji stało się jasne, że choroba zmieniła jej męża w niepokojący sposób. Eugene nie był na przykład w stanie zapamiętać dnia tygodnia, nazwisk prowadzących go lekarzy i pielęgniarek, nieważne, ile razy mu się przedstawiali. „Dlaczego oni cały czas zadają mi te wszystkie pytania?", zapytał Beverly któregoś dnia po tym, jak lekarz opuścił jego pokój. Kiedy w końcu wrócił do domu, cała sytuacja stała się jeszcze dziwniejsza. Eugene zdawał się nie pamiętać przyjaciół. Miał kłopot ze śledzeniem przebiegu rozmowy. Zdarzało się, że rano wstawał z łóżka, szedł do kuchni, przyrządzał sobie jajka na bekonie, potem znów włazil do łóżka i włączał radio. Po czterdziestu minutach robił dokładnie to samo: wstawał, przyrządzał jajka na bekonie, wracał do łóżka i gmerał przy radiu. I potem znowu.

Zaniepokojona Beverly skontaktowała się ze specjalistami, w tym z naukowcem z University of California w San Diego, który specjalizował się w utracie pamięci. I w taki właśnie sposób, pewnego słonecznego jesiennego dnia Beverly i Eugene znaleźli się w nijakim budynku na terenie uniwersyteckiego kampusu i, trzymając się za ręce, powoli szli korytarzem. Wskazano im niewielką salę badań. Eugene zaczął rozmawiać z młodą kobietą pracującą przy komputerze.

„Przez wiele lat zajmowałem się elektroniką i niebywale mnie to wszystko fascynuje", powiedział, wskazując na maszynę, której używała. „Kiedy byłem młodszy, taki komputer mieściłby się na kilku dwumetrowych półkach i zajmowałby całe to pomieszczenie".

Kobieta dalej stukała w klawisze. Eugene zachichotał.

„To jest niesamowite", powiedział. „Wszystkie te płytki obwodu drukowanego, diody i triody. W czasach, kiedy ja zajmowałem się elektroniką, taki komputer mieściłby się na kilku dwumetrowych półkach".

Do sali wszedł naukowiec i przedstawił się. Zapytał Eugene'a o wiek.

„Zaraz, pięćdziesiąt dziewięć albo sześćdziesiąt?", odparł Eugene. W rzeczywistości miał siedemdziesiąt jeden lat.

Naukowiec zaczął pisać na komputerze. Eugene uśmiechnął się i wskazał na sprzęt. „To naprawdę niezwykłe", stwierdził. „Wie pan, w czasach, kiedy ja zajmowałem się elektroniką, taki komputer mieściłby się na kilku dwumetrowych półkach!".

Naukowcem był pięćdziesięciodwuletni Larry Squire, profesor, który przez ostatnie trzydzieści lat badał neuroanatomię pamięci. Specjalizował się w wyjaśnianiu, w jaki sposób mózg magazynuje wydarzenia. Ale jego współpraca z Eugene'em niebawem otworzy nowy świat przed nim i przed setkami innych badaczy, którzy zmienili nasze zapatrywanie na funkcjonowanie nawyków. Badania Squire'a wykażą, że nawet ktoś, kto nie jest w stanie zapamiętać własnego wieku czy czegokolwiek innego, jest w stanie wykształcić nawyki, które wydają się niebywale złożone – aż do chwili, w której zdasz sobie sprawę, że wszyscy codziennie polegamy na podobnych neurologicznych procesach. Badania jego i innych naukowców pomogą ukazać nieświadome mechanizmy wpływające na nieskończone wybory, które na pozór wydają się być skutkiem racjonalnych przemyśleń, a w rzeczywistości podlegają wpływom pragnień i impulsów, których większość z nas niemal nie dostrzega, nie mówiąc już o ich rozumieniu.

Kiedy Squire spotkał Eugene'a, miał już za sobą kilka tygodni analizowania skanów jego mózgu. Obrazy te wskazywały, że niemal wszystkie uszkodzenia wewnątrz czaszki Eugene'a ograniczały się do pięciocentymetrowego obszaru położonego w środku jego głowy. Wirus niemal całkowicie zniszczył środkowy płat skroniowy, pasek komórek, który, jak podejrzewają naukowcy, odpowiada za wszelkie możliwe zadania poznawcze, jak przypominanie sobie przeszłości czy regulację niektórych emocji. Kompletność zniszczeń nie zaskoczyła Squire'a – wirusowe zapalenie mózgu zżera tkankę z bezlitosną, niemal chirurgiczną precyzją. Tym, co nim wstrząsnęło, był fakt, jak bardzo znajome wydały mu się te obrazy.

Trzydzieści lat wcześniej, kiedy był doktorantem w MIT (Massachusetts Institute of Technology), Squire pracował w grupie badaczy zajmujących się mężczyzną znanym jako „H.M.", jednym z najsławniejszych pacjentów w historii medycyny. Kiedy H.M. – jego prawdziwe nazwisko brzmiało Henry Molaison, ale naukowcy ukrywali tożsamość za życia pacjenta – miał siedem lat[4], najechał na niego rower[5], a on, upadając, mocno uderzył się w głowę[6]. Niedługo później zaczęły się u niego pojawiać ataki padaczkowe i utraty świadomości. W wieku szesnastu lat miał pierwszy wielki atak padaczkowy (ang. *grand mal*) – atak, który obejmuje cały mózg; niebawem zaczął tracić świadomość nawet dziesięć razy dziennie.

Gdy H.M. skończył dwadzieścia siedem lat, był zrozpaczony. Leki przeciwpadaczkowe nie działały. Był mądry, ale nie mógł utrzymać pracy[7]. Wciąż mieszkał z rodzicami. H.M. chciał mieć normalne życie. Poszukał więc pomocy u lekarza, którego tolerancja prowadzenia eksperymentów była silniejsza niż jego obawy związane z popełnieniem błędu w sztuce. Badania wskazywały, że obszarem mózgu, który odgrywa rolę w powstawaniu ataków padaczkowych, jest hipokamp. I kiedy ten lekarz zaproponował, że zrobi dziurę w głowie H.M.[8], podniesie przednią część jego mózgu i za pomocą małej słomki[9] wyssie hipokamp i nieco okalającej go tkanki z samego środka czaszki, H.M. wyraził zgodę.

Operacja odbyła się w 1953 roku, a wraz z procesem rekonwalescencji ataki padaczkowe osłabły. Ale niemal natychmiast okazało się także, że mózg H.M. uległ radykalnej zmianie. H.M. znał swoje imię, wiedział także, że jego matka pochodzi z Irlandii. Pamiętał, jak w 1929 roku załamały się rynki, a także doniesienia o inwazji na Normandię. Ale prawie wszystko, co działo się później – wszystkie wspomnienia, doświadczenia i kłopoty z ostatniego dziesięciolecia przed operacją – zostały wymazane. Kiedy lekarz zaczął badać pamięć H.M., pokazując mu karty do gry i listy liczb, odkrył, że H.M. nie był w stanie utrzymać w pamięci żadnej nowej informacji dłużej niż przez około dwadzieścia sekund.

Od dnia swojej operacji aż do śmierci w roku 2008 każda osoba, jaką H.M. spotykał, każda piosenka, którą słyszał, każde pomieszczenie, do którego wchodził, były dla niego całkowicie nowym doświadczeniem. Jego mózg zastygł w czasie. Każdego dnia był zdezorientowany, że ktoś mógł zmieniać kanały telewizyjne, kierując kawałek plastiku w stronę ekranu. Bez końca przedstawiał się lekarzom i pielęgniarkom, nawet kilkadziesiąt razy w ciągu dnia[10].

„Uwielbiałem badanie H.M., ponieważ pamięć wydawała mi się takim namacalnym i ekscytującym sposobem badania mózgu", powiedział mi Squire. „Dorastałem w Ohio i pamiętam, jak w pierwszej klasie mój nauczyciel rozdał nam kredki, a ja zacząłem mieszać ze sobą wszystkie kolory, żeby sprawdzić, czy wyjdzie czarny. Dlaczego pamiętam to zdarzenie, a nie jestem w stanie przypomnieć sobie, jak ów nauczyciel wyglądał? Dlaczego mój mózg decyduje, że jedno wspomnienie jest ważniejsze niż inne?".

Widząc zdjęcia mózgu Eugene'a, Squire zadziwił się ich podobieństwem do zdjęć H.M. W środku ich głów były puste przestrzenie wielkości orzecha włoskiego. Pamięć Eugene'a – podobnie jak H.M. – została usunięta.

Kiedy Squire zaczął badać Eugene'a, dostrzegł jednak, że ten pacjent dość zasadniczo różni się od H.M. Podczas gdy niemal wszyscy po kilku minutach spędzonych z H.M. wiedzieli, że ma on jakiś problem, Eugene był w stanie prowadzić rozmowy i wykonywać działania w sposób niewzbudzający u zwykłego obserwatora wrażenia, że coś jest nie tak. Skutki operacji, jaką przeszedł H.M., były tak niszczące, że człowiek ten spędził resztę życia w różnych placówkach. Natomiast Eugene mieszkał z żoną we własnym domu. H.M. nie był w stanie prowadzić normalnej rozmowy. Eugene zaś miał niebywałą łatwość w skierowaniu niemal każdej dyskusji na właściwe dla siebie tory i tematy, na które mógł się wypowiadać bez końca, jak choćby satelity – pracował jako technik w firmie zajmującej się przemysłem kosmicznym – albo pogoda.

Squire zaczął badanie Eugene'a od zadania mu pytań na temat jego młodości. Eugene opowiadał o mieście, w którym dorastał w środkowej Kalifornii, czasie spędzonym we flocie handlowej, o podróży do Australii, którą odbył, kiedy był młodym mężczyzną. Pamiętał większość wydarzeń ze swojego życia, które zaszły przed około 1960 rokiem. Kiedy Squire pytał o późniejsze dziesięciolecia, Eugene grzecznie zmieniał temat i przyznawał, że ma problemy z przypominaniem sobie niektórych niedawnych zdarzeń.

Squire przeprowadził kilka testów inteligencji i odkrył, że intelekt Eugene'a wciąż działał bardzo sprawnie jak na kogoś, kto nie umiał przypomnieć sobie ostatnich trzydziestu lat. Co więcej, Eugene nadal miał wszystkie nawyki, które wykształcił w czasach młodości, więc zawsze, kiedy Squire dawał mu szklankę wody czy chwalił go za wyjątkowo szczegółową odpowiedź, Eugene dziękował i odwzajemniał miłe słowa. Gdy ktoś wchodził do pomieszczenia, Eugene przedstawiał się i pytał, jak mija dzień.

Ale w sytuacjach, w których Squire prosił Eugene'a o zapamiętanie ciągu liczb albo opisanie korytarza za laboratoryjnymi drzwiami, okazywało się, że jego pacjent nie był w stanie pamiętać żadnych nowych informacji dłużej niż minutę. Kiedy ktoś pokazywał Eugene'owi zdjęcia przedstawiające jego wnuki, nie miał on pojęcia, kim są. Na pytanie Squire'a, czy pamięta swoją chorobę, Eugene odpowiadał, że nie ma żadnych wspomnień na temat choroby czy pobytu w szpitalu. De facto, Eugene niemal nigdy nie przypominał sobie, że cierpi na amnezję. Jego umysłowy obraz samego siebie nie obejmował utraty pamięci, a skoro nie pamiętał schorzenia, nie mógł sądzić, że coś było z nim nie tak.

Przez kolejne miesiące od spotkania Eugene'a Squire testował granice możliwości jego pamięci. Był to czas, kiedy Eugene i Beverly przenieśli się z Playa del Rey do San Diego, by być bliżej córki, a Squire często ich odwiedzał, by przeprowadzać swoje badania. Pewnego dnia Squire poprosił Eugene'a, by naszkicował rozkład własnego mieszkania. Eugene nie był w stanie narysować podstawowej mapy ukazującej, gdzie jest kuchnia albo sypialnia. „Kiedy rano wstajesz z łóżka, jak wychodzisz z pokoju?" – zapytał Squire.

„Wiesz" – powiedział Eugene – „tak naprawdę, to nie wiem".

Squire robił notatki na swoim laptopie i kiedy badacz pisał na klawiaturze, Eugene się rozkojarzył. Rozglądał się po pokoju, nagle wstał, wyszedł do przedpokoju i otworzył drzwi do łazienki. Kilka minut później rozległ się dźwięk spłukiwanej toalety, odkręcania kranu, po czym Eugene, wycierając dłonie w spodnie, wrócił do pokoju i ponownie usiadł na swoim krześle obok Squire'a. Cierpliwie czekał na kolejne pytanie.

W tamtej chwili nikt nie zastanawiał się, jak to jest możliwe, że człowiek, który nie jest w stanie narysować mapy swojego mieszkania, jest jednocześnie w stanie bez chwili wahania odnaleźć łazienkę. To pytanie, jak i inne, podobne, doprowadzą ostatecznie do serii odkryć, które zmienią nasze rozumienie siły nawyków[11]. Pomogą wzniecić naukową rewolucję, w której dziś uczestniczą setki badaczy, chcących zrozumieć wszystkie nawyki kierujące naszym życiem.

Kiedy Eugene usiadł przy stole, spojrzał na laptop Squire'a.

„To niesamowite", rzekł, wskazując na komputer. „Wie pan, kiedy ja zajmowałem się elektroniką, potrzebne byłoby kilka dwumetrowych półek, żeby to wszystko pomieścić".

* * *

W ciągu pierwszych kilku tygodni po wprowadzeniu się do nowego domu Beverly próbowała codziennie zabierać Eugene'a na spacer. Lekarze powiedzieli, że ważne jest, aby się ruszał, poza tym, kiedy był zbyt długo w domu, doprowadzał Beverly do szaleństwa, zadając jej wciąż i wciąż te same pytania, jakby jego umysł wpadał w jakąś niekończącą się pętlę. I tak każdego ranka i popołudnia zabierała go na spacer po okolicy, zawsze razem i zawsze tą samą trasą.

Lekarze ostrzegli Beverly, że będzie musiała ciągle sprawować nadzór nad Eugene'em. Gdyby kiedykolwiek się zgubił, mówili, nigdy nie będzie w stanie odnaleźć drogi powrotnej. Ale któregoś ranka, kiedy ona się ubierała, Eugene wymknął się z domu. Miał skłonność chodzenia od pokoju do pokoju, więc trochę czasu upłynęło, nim Beverly zdała sobie w ogóle sprawę, że wyszedł. Kiedy to do niej dotarło, zamarła ze strachu. Wybiegła z domu, rozglądając się po ulicy. Nigdzie go nie widziała. Poszła do domu sąsiadów i zaczęła łomotać w okna – ich domy były podobne, może Eugene się pomylił i wszedł do środka? Pobiegła do drzwi i dzwoniła dzwonkiem, aż wreszcie ktoś otworzył. Eugene'a tam nie było. Pobiegła z powrotem na ulicę, biegając wokół budynków, wołając jego imię. Płakała. A jeżeli poszedł gdzieś, gdzie jest duży ruch? Jak wytłumaczy komukolwiek, gdzie mieszka? Była na dworze już kwadrans, wszędzie go szukając. Wróciła do domu, żeby zadzwonić na policję.

Wpadłszy do domu, zobaczyła Eugene'a w salonie, siedzącego przed telewizorem i oglądającego kanał historyczny. Jej łzy wywołały u niego zdziwienie. Powiedział, że nie pamięta, aby wychodził, nie wie też, gdzie był, i nie był w stanie zrozumieć, dlaczego ona jest taka roztrzęsiona. Nagle Beverly dostrzegła na stole kilka szyszek, takich samych, jakie widziała w ogrodzie sąsiada na końcu ulicy. Podeszła bliżej i spojrzała na dłonie Eugene'a. Jego palce były lepkie od żywicy. I wtedy do niej dotarło, że Eugene sam poszedł na spacer. Szedł ulicą i zbierał pamiątki.

I trafił z powrotem do domu.

Niebawem Eugene chodził na samodzielne spacery każdego ranka. Beverly próbowała go od tego odwieść, ale jej starania były z góry skazane na porażkę.

„Nawet jeśli mówiłam mu, aby nie wychodził, nie pamiętał tego kilka minut później", powiedziała mi. „Kilka razy szłam za nim, żeby się upewnić, że się nie zgubi, ale zawsze wracał". Czasami przynosił szyszki czy kamyki. Pewnego dnia wrócił z portfelem; jeszcze innego ze szczeniakiem. I nigdy nie pamiętał, skąd brał swoje skarby.

Kiedy Squire i jego asystenci usłyszeli o tych spacerach, zaczęli podejrzewać, że w głowie Eugene'a dzieje się coś, co nie ma nic wspólnego z jego świadomą pamięcią. Zaprojektowali eksperyment. Jedna z asystentek Squire'a odwiedziła Eugene'a w domu i poprosiła, by narysował mapę miejsca, w którym mieszka. Nie był w stanie tego zrobić. W takim razie, poprosiła asystentka, niech narysuje, w którym miejscu ulicy stoi jego dom. Zaczął coś gryzmolić, a potem zapomniał, co miał zrobić. Zatem poprosiła, by wskazał, które drzwi prowadzą do kuchni. Eugene rozejrzał się po pokoju. Odparł, że nie wie. Ona zapytała więc, co by zrobił, gdyby poczuł się głodny? Wstał, poszedł do kuchni, otworzył kredens i wyjął słoik z orzechami.

Kilka dni później jeden z badaczy przyłączył się do Eugene'a w trakcie jego przechadzki. Szli przez około piętnaście minut po deptaku południowej Kalifornii, w powietrzu unosił się silny zapach bugenwilli. Eugene nie mówił wiele, ale cały czas prowadził i sprawiał wrażenie osoby, która wie, dokąd zmierza. Nigdy nie pytał o kierunek. Gdy zakręcili już koło jego domu, gość zapytał Eugene'a, gdzie mieszka. „Tak dokładnie, to nie wiem", odpowiedział. Po czym wszedł na swój chodnik, otworzył drzwi wejściowe, wszedł do salonu i włączył telewizor.

Dla Squire'a było jasne, że Eugene przyswajał nowe informacje. Ale gdzie w jego mózgu te informacje były przechowywane? W jaki sposób ktoś był w stanie znaleźć słoik z orzechami, nie umiejąc jednocześnie powiedzieć, gdzie jest kuchnia? Albo odnaleźć drogę do domu, nie wiedząc, który dom jest jego? Jak, zachodził w głowę Squire, te nowe wzorce powstawały w uszkodzonym mózgu Eugene'a?

II

W budynku MIT (Massachusetts Institute of Technology), mieszczącym Wydział nauk o mózgu i poznaniu (Brain and Cognitive Sciences) znajdują się laboratoria wyposażone w coś, co w oczach przeciętnego obserwatora może wyglądać jak zabawkowe sale operacyjne. Są tam maleńkie skalpele, tycie wiertełka i miniaturowe piły, nie szersze niż ćwierć cala, przyczepione do ramion robota. Nawet stoły operacyjne są maleńkie, jakby przystosowane dla chirurgów o wzroście dziecka. Pomieszczenia są zawsze utrzymywane w niskiej temperaturze nie przekraczającej 16 stopni Celsjusza, ponieważ ostre powietrze stabilizuje palce badacza w trakcie wykonywania delikatnych procedur. W tych laboratoriach neurolodzy robią dziurki w czaszkach będących pod narkozą szczurów, umieszczając tam maleńkie czujniki, które są w stanie zapisywać najdrobniejsze nawet zmiany zachodzące w mózgach zwierząt. Kiedy szczury wybudzają się z narkozy, prawie nie zauważają, że w ich głowach tkwią teraz dziesiątki mikroskopijnych, połączonych ze sobą drucików, oplatających ich mózgi jak neurologiczne pajęczyny.

Laboratoria te stały się epicentrum cichej rewolucji w badaniach nad powstawaniem nawyków, a przeprowadzane tu eksperymenty wyjaśniają, w jaki sposób Eugene – a także ty, ja, i wszyscy inni dookoła – nabyliśmy zachowania konieczne, by radzić sobie z każdym kolejnym dniem. Szczury w tych laboratoriach w pełnej krasie ukazały nam złożoność procesów zachodzących i w naszych głowach, kiedy tylko robimy coś równie przyziemnego, jak mycie zębów czy wyprowadzanie samochodu z garażu. I laboratoria te pomogły Squire'owi wyjaśnić, w jaki sposób Eugene był w stanie wykształcić nowe nawyki.

Kiedy badacze w MIT zaczęli pracę nad naszymi nawykami w latach dziewięćdziesiątych – mniej więcej w tym samym czasie, w którym Eugene pojawił się w szpitalu z gorączką – ciekawił ich fragment tkanki nerwowej określany jako jądra podstawne. Jeśli wyobrazisz sobie ludzki mózg jako cebulę złożoną z nakładających się na siebie warstw komórek – to te zewnętrzne, najbliżej skóry głowy, są z perspektywy ewolucyjnej najnowszym nabytkiem. Kiedy śni ci się jakiś nowy wynalazek albo śmiejesz się z żartu przyjaciela, to właśnie pracują te najnowsze warstwy mózgu. I dokładnie tutaj zachodzą najbardziej złożone procesy myślowe.

Głębiej w mózgu i bliżej jego pnia – miejsca, w którym mózg spotyka się z rdzeniem kręgowym – leżą starsze, bardziej prymitywne struktury. Kontrolują zachowania automatyczne, jak oddychanie i połykanie, albo reakcję przestrachu, która się pojawia, kiedy ktoś nagle wyskoczy na nas zza krzaków. Bardziej w stronę środka głowy znajduje się kawałek tkanki wielkości piłki golfowej, który przypomina to, co możesz znaleźć także w głowie ryby, gada czy ssaka[12]. To są jądra podstawne, skupisko komórek o owalnym kształcie[13], którego funkcji naukowcy przez lata nie rozumieli zbyt dobrze, podejrzewając jedynie, że odgrywa jakąś rolę w takich chorobach jak choroba Parkinsona[14].

Na początku lat dziewięćdziesiątych naukowcy z MIT zaczęli się zastanawiać, czy jądra podstawne nie są też kluczowe dla nawyków. Zauważyli, że u zwierząt z uszkodzonymi jądrami podstawnymi nagle pojawiały się problemy z takimi zadaniami, jak opanowanie umiejętności przejścia przez labirynty, lub z zapamiętaniem, jak otwierać pojemniki z pożywieniem[15]. Postanowili dalej eksperymentować z wykorzystaniem nowych mikrotechnologii umożliwiających im obserwację, w najdrobniejszych detalach, co dzieje się w głowach szczurów wykonujących dziesiątki rutynowych działań. W mózgu szczurów umieszczono operacyjnie coś, co wyglądało jak miniaturowy joystick, oraz dziesiątki maleńkich drucików przymocowanych do czaszki. Później zwierzęta umieszczano w labiryncie kształtu litery T, na którego jednym końcu znajdowała się czekolada.

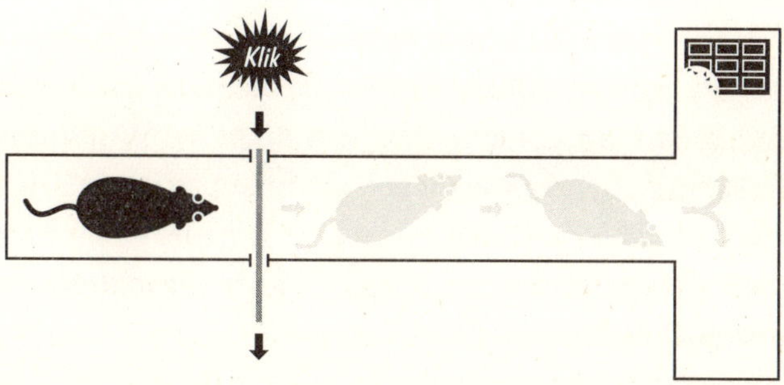

Labirynt został zaprojektowany w taki sposób, by każdy szczur mógł zostać umieszczony za przegrodą, otwierającą się wraz z rozlegającym się głośnym dźwiękiem kliknięcia[16]. Początkowo, kiedy szczur słyszał kliknięcie i widział znikającą przegrodę, przeważnie chodził po środkowej części labiryntu, obwąchując zakamarki i drapiąc ściany. Wyglądało na to, że czuje zapach czekolady, ale nie jest w stanie jej znaleźć. Gdy dochodził to szczytu litery T, najpierw skręcał w prawo, oddalając się od czekolady, by dopiero po chwili zawrócić i pójść w lewo, czasami zatrzymując się bez żadnego wyraźnego powodu. I w końcu większość zwierząt odkrywała nagrodę. W ich kluczeniu po labiryncie nie dawał się wyróżnić żaden wzorzec. Wyglądało to tak, jakby każdy szczur robił sobie zupełnie niezobowiązującą i przyjemną przechadzkę.

Natomiast czujniki w szczurzych głowach pokazywały nieco inny obraz. Kiedy każde ze zwierząt maszerowało przez labirynt, jego mózg – zwłaszcza jądra podstawne – pracowały jak szalone. Za każdym razem, gdy szczur węszył w powietrzu lub drapał ścianę, jego mózg „eksplodował" od aktywności, jakby analizował każdą nową woń, nowy widok czy dźwięk. Szczur przetwarzał informacje przez cały czas trwania wędrówki.

Badacze powtarzali eksperyment wielokrotnie, sprawdzając, jak aktywność mózgu każdego szczura zmieniała się wraz z każdym kolejnym przejściem trasy. Powoli wyłaniała się cała seria zmian. Szczury przestawały węszyć dookoła i błędnie skręcać. Przeciwnie – przemykały przez labirynt coraz sprawniej i szybciej. W ich mózgach zaś pojawiało się coś nieoczekiwanego: kiedy szczury opanowywały poruszanie się po labiryncie, aktywność w ich mózgach *malała*. Gdy przemierzanie trasy stawało się coraz bardziej automatyczne, każdy ze szczurów myślał coraz mniej.

Wyglądało na to, że podczas pierwszych kilku przejść przez labirynt mózg szczurów pracował na pełnych obrotach, by odkryć sens w ogromie nowych napływających informacji. Ale po kilku dniach biegania tą samą trasą szczur nie musiał już drapać ścian czy węszyć, więc aktywność mózgowa związana z tymi czynnościami spadała. Nie musiał już wybierać, w którą stronę pobiec, więc zamilkły także mózgowe ośrodki zaangażowane w podejmowanie decyzji. Wszystko, co szczur musiał robić, to przypomnieć sobie najszybszą ścieżkę prowadzącą do czekolady. W ciągu tygodnia wygasła nawet aktywność ośrodków pamięci. Szczur zinternalizował sposób, w jaki należy przebiec przez labirynt do takiego stopnia, że właściwie już wcale nie musiał myśleć.

Ta internalizacja – biegnij prosto, skręć w lewo, zjedz czekoladę – jak pokazały umieszczone w mózgach czujniki, zachodziła dzięki jądrom podstawnym. Te małe, prastare struktury neurologiczne przejmowały kontrolę, w miarę jak szczur biegł coraz szybciej, a jego mózg pracował coraz mniej. Jądra podstawne miały kluczowe znaczenie dla przypominania wzorców i działania zgodnie z nimi. Innymi słowy, jądra podstawne przechowywały nawyki nawet wtedy, kiedy cała reszta mózgu się wyłączała.

W celu wyobrażenia sobie tych możliwości w działaniu, przyjrzyjmy się wykresowi obrazującemu aktywność w szczurzej czaszce, kiedy zwierzę po raz pierwszy wchodzi do labiryntu[17]. Początkowo mózg ciężko pracuje przez cały czas:

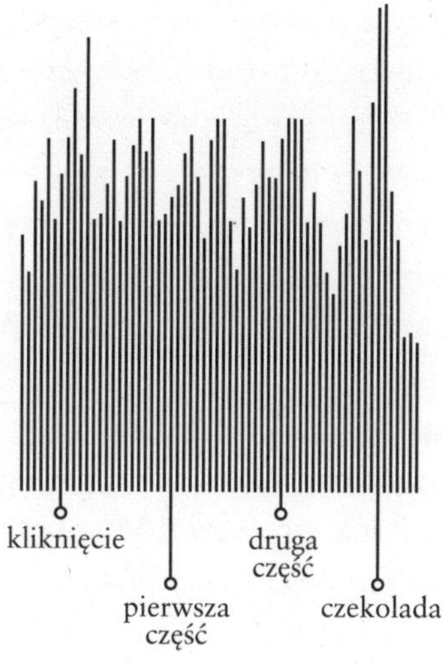

Po tygodniu, kiedy trasa jest już dobrze znana i przemykanie po niej stało się nawykiem, mózg szczura biegnącego po labiryncie się uspokaja:

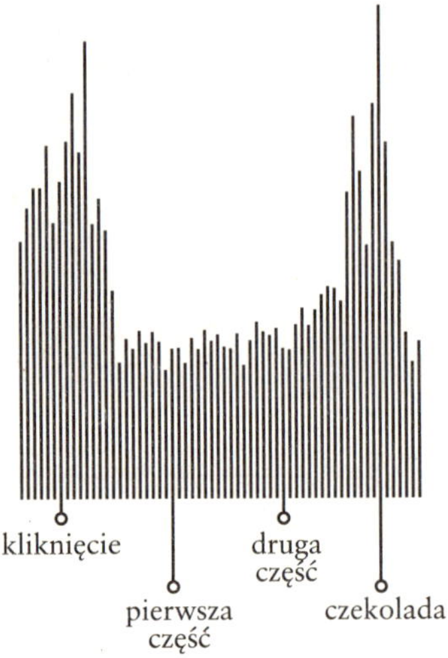

Ów proces, w którym mózg przekształca sekwencję działań w reakcję automatyczną, znany jest pod nazwą „porcjowanie" (ang. *chunking*) i leży u podstaw kształtowania się nawyków[18]. Istnieją dziesiątki, jeśli nie wręcz setki, takich behawioralnych „porcji" czy „pakietów", na które zdajemy się każdego dnia. Niektóre są proste: automatycznie nakładasz na szczoteczkę do zębów pastę, zanim zaczniesz myć zęby. Inne, jak ubranie się czy przygotowanie dzieciakom drugiego śniadania, są nieco bardziej złożone.

Jeszcze inne są tak skomplikowane, że jest to aż niezwykłe, w jaki sposób taki mały kawałek tkanki, który wyewoluował miliony lat temu, jest w ogóle w stanie przekształcić je w nawyk. Weźmy choćby wyjeżdżanie samochodem z garażu na ulicę na wstecznym. Kiedy dopiero uczyłeś się prowadzić samochód, wyczyn ten wymagał od ciebie maksymalnej koncentracji, i słusznie: wymagał otworzenia garażu, otwarcia drzwi samochodowych, ustawienia siedzenia, włożenia kluczyka do stacyjki, przekręcenia go zgodnie z ruchem wskazówek zegara, ustawienia lusterek bocznych i lusterka wstecznego, rozejrzenia się, czy na drodze nie ma przeszkód, położenia stopy na hamulcu, ustawienia biegu wstecznego, zabrania nogi z pedału hamulca, oszacowania odległości między garażem a ulicą przy jednoczesnym utrzymaniu kół we właściwej pozycji i sprawdzaniu sytuacji na drodze, obliczenia, w jaki sposób odwrócone obrazy w lusterkach przekładają się na rzeczywiste odległości między zderzakiem, śmietnikiem, żywopłotem, przy jednoczesnym delikatnym wciskaniu pedału gazu i hamulca i, najpewniej, wyjaśnianiu pasażerowi, by przestał choć na chwilę gmerać przy radiu.

Dziś robisz to wszystko za każdym razem, kiedy włączasz się do ruchu, nie zaprzątając sobie myśli całą operacją. Działanie stało się nawykiem.

Miliony ludzi dokonują tej skomplikowanej sztuki każdego ranka, bezrefleksyjnie, ponieważ z chwilą, w której wyciągamy kluczyki, nasze jądra podstawne przejmują stery, identyfikując nawyk zmagazynowany w naszych mózgach jako „wyjeżdżanie samochodem z garażu na wstecznym". Kiedy nawyk zostanie uruchomiony, nasze szare komórki mogą się uspokoić lub poświęcić innym myślom, i to właśnie dzięki temu mamy wystarczającą moc umysłową, aby sobie uświadomić, że Jimmy zapomniał zabrać z domu pudełko z drugim śniadaniem.

Zdaniem naukowców nawyki pojawiają się, ponieważ mózg bezustannie szuka sposobów na ograniczanie wysiłku. Jeżeli tylko dać mu wolną rękę, mózg będzie próbował przekształcić każdą rutynową czynność w nawyk, ponieważ to właśnie nawyki pozwalają naszym umysłom na częstszy urlop. Ten instynkt związany z ograniczaniem wysiłku daje nam olbrzymie korzyści. Wydajny mózg zajmuje mniej miejsca, dzięki czemu głowa może być mniejsza, a to ułatwia poród i ogranicza liczbę śmierci noworodków i ich matek. Wydajny mózg pozwala nam też zaprzestać nieustannego rozmyślania o zachowaniach podstawowych, jak chodzenie czy wybór pożywienia, co z kolei pozwala nam poświęcić energię psychiczną na wynajdowanie włóczni, systemów nawadniających lub, wreszcie, samolotów i gier wideo.

Ale w oszczędzaniu sobie wysiłku umysłowego kryje się haczyk: jeżeli nasze mózgi zmniejszą swoją moc w niewłaściwym momencie, możemy nie zauważyć czegoś istotnego, jak choćby drapieżnika czającego się za krzakami czy samochodu pędzącego po ulicy, na którą właśnie wyjeżdżamy. Nasze jądra podstawne obmyśliły mądry system ustalający, kiedy pozwolić nawykom przejąć kontrolę. Jest to coś, co wydarza się zawsze wtedy, kiedy „pakiet" zachowań się rozpoczyna lub kończy.

W celu zobrazowania, jak to działa, przyjrzyjmy się uważnie wykresowi ponownie przedstawiającemu neurologiczny nawyk szczura. Zwróć uwagę, że aktywność mózgu wzrasta na początku labiryntu, kiedy szczur słyszy kliknięcie poprzedzające ruch przesłony, a potem ponownie, pod koniec całej sekwencji zachowań, kiedy już znajdzie czekoladę.

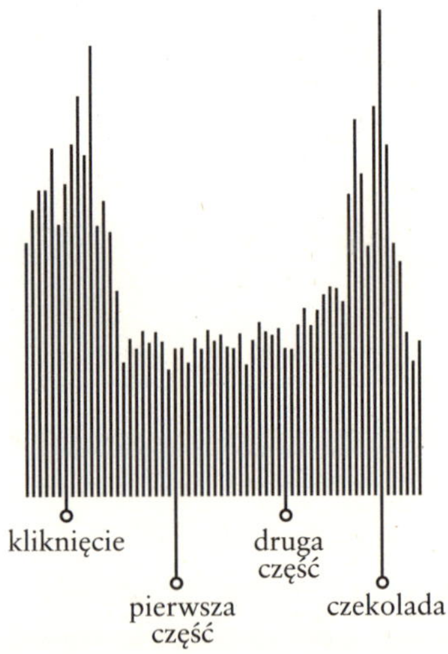

Te wzrosty aktywności są metodą, za pomocą której mózg ustala, kiedy powinien scedować kontrolę na działania nawykowe i który nawyk powinien zostać wykorzystany. Zza przesłony na przykład trudno szczurowi ocenić, czy dalej znajduje się znajomy labirynt, czy też nieznane pomieszczenie z czyhającym kotem. Aby radzić sobie z tą niepewnością, mózg poświęca sporo wysiłku na początku nawyku, szukając czegoś – wskazówki – co pozwoli na podjęcie decyzji, jakie wzorce zachowań należy uruchomić. Gdy szczur usłyszy kliknięcie, wie, że należy wykorzystać nawyk przejścia przez labirynt. Jeśli usłyszy miauknięcie, wybierze wzorzec odmienny. A na końcu aktywności, kiedy pojawia się nagroda, mózg nagle się budzi i upewnia, że wszystko przebiegło zgodnie z oczekiwaniami.

Cały ten proces w naszym mózgu jest trzystopniową pętlą. Po pierwsze mamy *wskazówkę*, wyzwalacz, który mówi mózgowi, aby przeszedł w tryb automatyczny, i podpowiada, który nawyk należy wybrać. Potem jest *zwyczaj*, który może mieć charakter fizyczny, umysłowy czy emocjonalny. I na końcu mamy *nagrodę*, pomagającą mózgowi zdecydować, czy dana pętla warta jest zapamiętania na przyszłość:

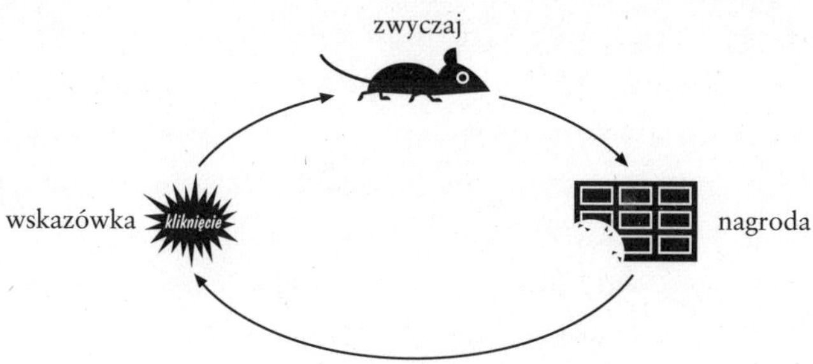

Z czasem ta pętla – wskazówka, zwyczaj, nagroda; wskazówka, zwyczaj, nagroda – staje się coraz bardziej zautomatyzowana.

Wskazówka i nagroda sprzęgają się, aż pojawi się silne poczucie antycypacji i pożądania. I tak oto, albo w chłodnym laboratorium MIT, albo w twoim garażu, rodzi się nawyk[19].

* * *

Nawyki nie są przeznaczeniem. Jak pokażą kolejne dwa rozdziały, nawyki można ignorować, zmieniać lub zastępować. Ale powodem, dla którego odkrycie pętli nawyku jest tak ważne, jest fakt, iż ukazuje ona pewną podstawową prawdę: kiedy rodzi się nawyk, mózg przestaje w pełni uczestniczyć w podejmowaniu decyzji. Przestaje pracować aż tak ciężko lub zwraca się ku innym zadaniom. Wobec tego, o ile nie będziesz *świadomie* zwalczać nawyku – dopóki nie zastąpisz go innym – wzorzec będzie ujawniał się automatycznie.

Już samo zrozumienie działania nawyków – poznanie struktury pętli nawyku – pozwala je łatwiej kontrolować. Gdy rozłożysz nawyk na jego składowe, możesz zacząć się nim bawić.

„Przeprowadzaliśmy eksperymenty, podczas których uczyliśmy szczury biegać po labiryncie tak długo, aż wykształcił się nawyk, a potem wygaszaliśmy go, zmieniając miejsce umieszczenia nagrody", opowiadała mi Ann Graybiel, badaczka z MIT, nadzorująca wiele eksperymentów nad działaniem jąder podstawnych. „Potem, jednego dnia umieściliśmy nagrodę w dawnym miejscu, po czym wpuściliśmy szczura i, wyobraź sobie, że stary nawyk natychmiast się pojawił. Nawyki nigdy nie znikają całkowicie. Są zakodowane w strukturach naszych mózgów i jest to dla nas niesamowicie korzystne, bo głupio byłoby, gdybyśmy po każdych wakacjach musieli się od nowa uczyć, jak prowadzić samochód. Problem polega na tym, że twój mózg nie umie rozróżniać między nawykami dobrymi i złymi, więc jeśli wykształciłeś jakiś nawyk niekorzystny, będzie się on wiecznie gdzieś tam czaił, czyhając na właściwe wyzwalacze i nagrody"[20].

To wyjaśnia, dlaczego tak trudno wyrobić, na przykład, nawyk regularnego uprawiania sportu lub zmienić dietę. Kiedy bowiem już wykształcimy zwyczaj siedzenia na kanapie zamiast biegania albo podjadania za każdym razem, kiedy mijamy pudełko z ciastkami, wzorce te na zawsze pozostaną w naszych głowach. Na tej samej zasadzie, jeżeli nauczymy się wykształcać nowe neurologiczne zwyczaje, które przezwyciężą te zachowania – a więc jeżeli zdobędziemy kontrolę nad pętlą nawyku – możemy zmusić te niekorzystne skłonności do odwrotu, dokładnie tak jak zrobiła to Lisa Allen po swojej wycieczce do Kairu. A gdy już ktoś wytworzy nowy wzorzec, to – jak pokazały badania – uprawianie joggingu lub ignorowanie pączków staje się tak samo automatyczne jak każdy inny nawyk.

Bez pętli nawyku nasze mózgi by się wyłączyły, przeładowane masą szczegółów codziennego życia. Osoby z uszkodzonymi jądrami podstawnymi (w wyniku urazu czy choroby) często ulegają umysłowemu paraliżowi. Mają trudności z wykonywaniem podstawowych czynności, jak otwieranie drzwi czy podjęcie decyzji, co zjedzą. Tracą zdolność ignorowania nieistotnych szczegółów – na przykład w pewnym badaniu wykazano, że pacjenci z uszkodzonymi jądrami podstawnymi nie rozpoznawali wyrazów twarzy, w tym strachu i obrzydzenia, ponieważ nie byli w stanie się zdecydować, na której części twarzy skupić wzrok. Bez jąder podstawnych tracimy dostęp do setek nawyków, na których codziennie polegamy. Czy dziś rano zatrzymałeś się w celu podjęcia decyzji, czy wiązanie butów rozpocząć od buta prawego, czy lewego? Czy poświęciłeś czas na decyzję, czy najpierw myć zęby, a potem iść pod prysznic, czy też zrobić dokładnie odwrotnie?

Oczywiście, że nie. Te decyzje podejmowane są nawykowo i nie wymagają wysiłku. Tak długo, jak długo twoje jądra podstawne działają właściwie, a wskazówki wyzwalające nawyki pozostają niezmienne, zachowania będą się pojawiały bez potrzeby myślenia o nich. (Będąc na wakacjach, możesz ubierać się inaczej i myć zęby o innych porach, zmieniając kolejność porannych czynności i nawet tego nie zauważając).

Niemniej fakt, że mózg tak mocno polega na automatyzmach, może być również niebezpieczny. Nawyki często bowiem są błogosławieństwem i przekleństwem jednocześnie.

Weźmy na przykład Eugene'a. Nawyki pozwoliły mu odzyskać życie po utracie pamięci. A potem wszystko mu zabrały.

III

Im więcej czasu Larry Squire, badacz pamięci, spędzał z Eugene'em, tym silniejsze było jego przekonanie, że pacjent w jakiś sposób uczył się nowych zachowań. Skany mózgu Eugene'a wskazywały, że jego jądra podstawne przetrwały atak wirusowego zapalenia mózgu. Naukowiec zastanawiał się, czy istnieje możliwość, że Eugene – nawet mając tak poważnie uszkodzony mózg – nadal może wykorzystywać pętlę wskazówka – nawyk – nagroda? Czy ten pierwotny proces neurologiczny mógł wyjaśniać, jak Eugene mógł chodzić po swojej okolicy i odnajdować puszkę z orzechami we własnej kuchni?

Squire obmyślił eksperyment, aby sprawdzić, czy Eugene wytwarza nowe nawyki. Wziął szesnaście różnych przedmiotów – kawałki plastiku oraz fragmenty zabawek w jaskrawych kolorach – i przykleił je do kartonowych prostokątów. Potem podzielił je na osiem par. W każdej parze jedna, losowo wybrana tekturka miała na spodzie naklejkę z napisem „prawidłowo"[21].

Eugene zasiadł przy stole, dostał parę przedmiotów i polecenie, by wybrał jeden z nich. Następnie poproszono go, by odwrócił wybraną tekturkę i sprawdził, czy ma ona naklejkę z napisem „prawidłowo". W taki sposób często badana jest pamięć. Jest tylko szesnaście przedmiotów, które zawsze pokazywane są w tych samych ośmiu parach, więc większość osób jest w stanie zapamiętać, który przedmiot jest „prawidłowy" po kilku kolejkach. Małpy są w stanie zapamiętać przedmioty „prawidłowe" po ośmiu do dziesięciu dniach.

Eugene nie był w stanie zapamiętać żadnego z „prawidłowych" przedmiotów, niezależnie od liczby powtórzeń. Powtarzał eksperyment dwa razy w tygodniu przez kilka miesięcy, podczas każdego badania oglądał pary przedmiotów czterdzieści razy.

„Czy wiesz, dlaczego tu dzisiaj jesteś?", zapytał eksperymentator któregoś dnia przed rozpoczęciem badania, po kilku tygodniach regularnego przeprowadzania całej procedury.

„Nie sądzę", odpowiedział Eugene.

„Pokażę ci kilka przedmiotów. Wiesz po co?".

„Mam ci je opisać albo powiedzieć, do czego służą?" – Eugene nie był w stanie przypomnieć sobie wcześniejszych sesji.

Ale wraz z upływem kolejnych tygodni funkcjonowanie Eugene'a się poprawiało. Po dwudziestu ośmiu dniach ćwiczeń Eugene wybierał przedmioty z naklejką „prawidłowo" w 85% prób. Po trzydziestu sześciu dniach jego wybory były prawidłowe w 95% prób. Po którymś z testów Eugene popatrzył na eksperymentatorkę skonsternowany własnymi osiągnięciami.

„Jak ja to robię?", zapytał.

„Opowiedz mi, co się teraz dzieje w twojej głowie", odrzekła. „Czy mówisz sobie w duchu «już to widziałem»?".

„Nie", odpowiedział Eugene. „Po prostu jakoś to tu jest" – wskazał na swoją głowę – „i ręka sama sięga".

Dla Squire'a wszystko, co mówił Eugene, idealnie składało się w całość. Eugene'owi przedstawiano wskazówkę: parę przedmiotów zawsze występujących razem. Była w tym rutyna: wybierał jeden przedmiot i sprawdzał, czy pod spodem jest naklejka; nawet jeżeli nie wiedział dlaczego, czuł przymus odwrócenia tekturki. A potem była nagroda: satysfakcja, którą odczuwał po odnalezieniu naklejki z napisem „prawidłowo". W końcu powstała pętla nawyku.

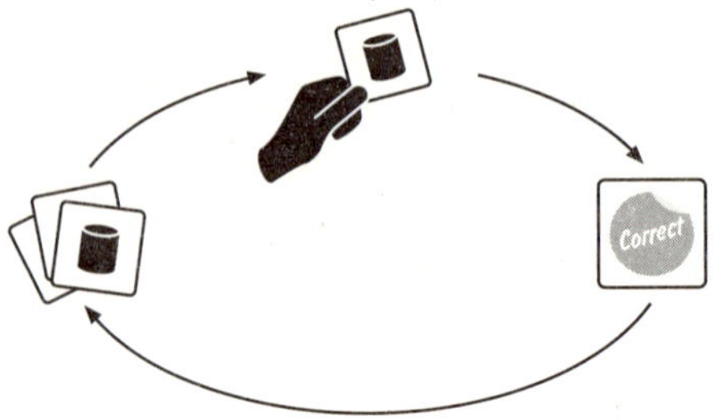

pętla nawyku Eugene'a

Chcąc się upewnić, że powstały wzorzec rzeczywiście jest nawykiem, Squire przeprowadził jeszcze jeden, dodatkowy eksperyment. Wziął wszystkie szesnaście przedmiotów i ustawił je przed Eugene'em w jednym momencie. Poprosił go, by wybrał wszystkie „prawidłowe" przedmioty i odłożył je na osobnym stosie.

Eugene nie miał pojęcia, od czego zacząć. „Rety, jak mam to zapamiętać?", zapytał. Sięgnął po jedną tekturkę i zaczął ją odwracać. Eksperymentatorka go powstrzymała. Nie, powiedziała. Zadanie polega na ułożeniu wszystkich tekturek w jeden *stos*. Po co próbuje je odwrócić?

„Myślę, że mam taki nawyk", odpowiedział.

Nie dał rady wykonać zadania. Przedmioty pokazane mu poza kontekstem pętli nawyku nie miały dla niego żadnego sensu.

Był to dowód, którego Squire szukał. Eksperymenty pokazały, że Eugene umiał wytwarzać nowe nawyki także wtedy, kiedy obejmowały one zadania czy przedmioty, których nie był w stanie zapamiętać dłużej niż kilka sekund. Wyjaśniało to, jak Eugene mógł codziennie rano chodzić na spacer. Wskazówki – określone drzewa czy miejsca, albo rozmieszczenie charakterystycznych skrzynek na listy – były tam za każdym razem, kiedy wychodził na dwór. Dlatego, choć on nie potrafił rozpoznawać własnego domu, nawyki zawsze doprowadzały go do jego własnych drzwi wejściowych. Poczynione obserwacje tłumaczyły również, dlaczego Eugene jadł śniadanie trzy czy cztery razy dziennie, także nie będąc głodnym. Tak długo, jak długo obecne były właściwe wskazówki – jak radio czy poranne promienie słoneczne wpadające przez okna – automatycznie podążał za skryptem, który dyktowały mu jądra podstawne.

Co więcej, w życiu Eugene'a było mnóstwo innych nawyków, które pozostawały niezauważone aż do chwili, w której zaczęto ich szukać. Przykładowo, córka Eugene'a często wpada na chwilę do niego do domu, żeby zobaczyć, co słychać. Przez chwilę rozmawia z ojcem w salonie, potem idzie do matki do kuchni, po czym wychodzi, machając na do widzenia. Eugene, który w chwili, gdy córka wychodzi, zdążył już zapomnieć, że rozmawiali, denerwuje się – dlaczego ona sobie wychodzi, nie zamieniwszy z nim ani słowa? – po czym zapomina, jaki jest powód jego wzburzenia. Ale nawyk emocjonalny się uruchomił i gniew będzie trwał, intensywny i niezrozumiały, aż sam z siebie wygaśnie.

„Czasami wali pięścią w stół albo przeklina, a jak go zapytasz o powody, odpowiada «Nie wiem, ale jestem wściekły!»", powiedziała mi Beverly. Potrafi kopnąć krzesło albo nawrzeszczeć na pierwszą lepszą osobę pojawiającą się w jego zasięgu. Po czym, ledwie kilka minut później, będzie się uśmiechał i rozmawiał o pogodzie. „Można odnieść wrażenie, że jak już zacznie, musi swoją frustrację doprowadzić do końca", mówi Beverly.

Nowe doświadczenie Squire'a pokazało jeszcze coś: nawyki są niebywale delikatne. Gdy wskazówki, którymi kierował się Eugene, zmieniały się choćby w najdrobniejszym szczególe, nawyki się rozsypywały. Pokazało to kilka spacerów po okolicy, kiedy coś było inaczej – naprawiano ulicę albo silny wiatr porozrzucał gałęzie po chodniku – wtedy Eugene się gubił, niezależnie od tego, jak blisko domu się znajdował, i odnajdywał się dopiero, kiedy jakiś przyjazny sąsiad wskazywał mu drogę. Jeśli jego córka zatrzymywała się, by z nim porozmawiać przez dziesięć sekund tuż przed swoim wyjściem, jego nawykowy gniew nigdy się nie pojawiał.

Eksperymenty przeprowadzane przez Squire'a z udziałem Eugene'a zrewolucjonizowały sposób, w jaki społeczność naukowa rozumiała funkcjonowanie mózgu, udowadniając raz na zawsze, że można się uczyć i podejmować nieświadome decyzje bez pamiętania czegokolwiek z lekcji czy procesu decyzyjnego[22]. Eugene udowodnił, że nawyki, w takim samym stopniu jak pamięć i myślenie, są źródłem naszych zachowań. Możemy nie pamiętać doświadczeń, które doprowadziły do ukształtowania się nawyków, ale kiedy już zadomowiły się w naszych mózgach, wywierają wpływ na zachowanie – często bez naszej świadomości tego faktu.

* * *

Od chwili opublikowania pierwszego artykułu Squire'a na temat Eugene'a obszar badań nad powstawaniem nawyków niemalże eksplodował, urastając do potężnego nurtu badawczego. Naukowcy na takich amerykańskich uczeniach jak Duke, Harvard, UCLA, Yale, USC, Princeton, University of Pennsylvania, na uczelniach w Wielkiej Brytanii, Niemczech, Holandii oraz badacze pracujący w korporacjach, jak Procter & Gamble, Microsoft, Google i w setkach innych firm, skupili się na zrozumieniu neurologii i psychologii nawyków, ich mocnych i słabych stron, a także tego, dlaczego się pojawiają i w jaki sposób je zmieniać.

Naukowcy dowiedzieli się, że rolę wskazówek może pełnić niemalże wszystko, od wyzwalacza wzrokowego, jakim jest widok batonika czy reklama telewizyjna, aż po określone miejsce, porę dnia, emocję, sekwencję pojawiających się po sobie myśli albo towarzystwo konkretnych osób. Zwyczaje mogą być nieprawdopodobnie złożone albo fenomenalnie proste (niektóre nawyki, jak te powiązane z emocjami, mierzymy w milisekundach). Wachlarz nagród może sięgać od jedzenia czy narkotyków wywołujących doznania fizyczne po zyski emocjonalne, jak uczucie dumy towarzyszące pochwałom czy gratulowaniu samemu sobie.

I praktycznie w każdym eksperymencie naukowcy dostrzegali to, co Squire odkrył, badając Eugene'a: nawyki są potężne, ale delikatne. Mogą powstawać poza naszą świadomością albo być kształtowane celowo. Często pojawiają się bez naszego przyzwolenia, ale można je przeformować, oddziałując na poszczególne składowe. Kształtują nasze życie w stopniu zdecydowanie większym, niż to sobie uświadamiamy – są tak silne, że nasz mózg czepia się ich kurczowo, wyłączając wszystko inne, w tym zdrowy rozsądek.

Na przykład w serii eksperymentów naukowcy związani z National Institute on Alcohol Abuse and Alcoholism (Narodowy Instytut ds. Nadużywania Alkoholu i Alkoholizmu) nauczyli myszy, żeby naciskały dźwignię w odpowiedzi na określone wskazówki aż do chwili, w której zachowanie to przerodziło się u nich w nawyk. Myszy zawsze nagradzano jedzeniem. Potem badacze zatruli jedzenie i po jego spożyciu zwierzęta gwałtownie chorowały albo podłączali podłogę pod napięcie w taki sposób, że myszy, chcąc dostać się do nagrody, rażone były prądem. Myszy wiedziały, że pożywienie i klatka są niebezpieczne – kiedy oferowano im zatrute granulki w misce albo kiedy widziały elektryczne panele na podłodze, trzymały się z daleka. Ale kiedy widziały stare wskazówki, niewiele myśląc, wciskały dźwignię i zjadały pokarm albo przechodziły po podłodze, także wtedy, kiedy wymiotowały lub podskakiwały rażone prądem. Nawyk był tak silnie zakorzeniony, że myszy nie były w stanie się powstrzymać[23].

Znalezienie analogii w świecie ludzi nie jest szczególnie trudne. Weźmy choćby *fast food*. To sensowne, kiedy wracasz do domu po długim dniu, a dzieci w samochodzie właśnie zamierzają umrzeć z głodu – zatrzymać się, tylko ten jeden raz, w McDonald'sie czy Burger

Kingu. Posiłek nie jest drogi. I taki smaczny. W końcu jednorazowa dawka przetworzonego mięsa, słonych frytek i słodkiego gazowanego napoju nie stanowi wielkiego ryzyka zdrowotnego, nieprawdaż? Przecież nie robisz tego ciągle.

Jednak nawyki kształtują się, nie pytając nas o zgodę. Badania pokazują, że rodziny przeważnie nie mają *intencji* regularnego spożywania śmieciowego jedzenia. Ale już tak się jakoś dzieje, że wzorzec „raz w miesiącu" powoli przepoczwarza się w „raz w tygodniu", potem „dwa razy tygodniowo" – w miarę, jak wskazówki i nagrody kształtują nawyk – aż do sytuacji, w której dzieci pochłaniają niezdrową ilość hamburgerów i frytek. Kiedy naukowcy z University of North Texas i Yale próbowali zrozumieć, dlaczego rodziny stopniowo zwiększają udział śmieciowego jedzenia w swojej diecie, odkryli liczne wskazówki i nagrody[24]. Co ciekawe, większość konsumentów nie miała bladego pojęcia, że pozostaje pod ich wpływem. Odkryli pętlę nawyku.

Każda restauracja McDonald's na przykład wygląda dokładnie tak samo – firma celowo standaryzuje architekturę w każdej placówce i kwestie wypowiadane przez pracowników do klientów, aby wszystko było bezustannym bodźcem wyzwalającym zwyczaje żywieniowe. Jedzenie w niektórych sieciach jest specjalnie przetwarzane w taki sposób, by dostarczało natychmiastowych nagród – na przykład frytki są specjalnie przygotowywane, by zacząć się rozpływać w chwili zetknięcia z twoim językiem. Dzięki temu dostajesz zastrzyk soli i tłuszczu tak szybko, jak to tylko jest możliwe – tak aby twoje ośrodki przyjemności oszalały ze szczęścia, a twój mózg dał się złapać we wzorzec. Optymalna sytuacja, w której pętla nawyku może się mocno zacisnąć[25].

A jednak nawet te wzorce są delikatne. Okazuje się, że gdy restauracja serwująca śmieciowe jedzenie zostanie zamknięta, to rodziny, które do tej pory często się tam stołowały, zaczną raczej jadać posiłki w domu niż szukać alternatywnej knajpy. Nawet małe zmiany mogą przerwać zwyczaj. Ale ponieważ często nie dostrzegamy pętli nawyków i tego, kiedy się one wykształcają, jesteśmy też ślepi na możliwość ich kontrolowania. Niemniej ucząc się zwracać uwagę na wskazówki i nagrody, jesteśmy w stanie zmieniać zwyczaje.

IV

W roku 2000, siedem lat po chorobie Eugene'a, jego życie osiągnęło coś na kształt równowagi. Codziennie rano szedł na spacer. Jadł, co chciał, czasami pięć czy nawet sześć razy dziennie. Jego żona wiedziała, że tak długo, jak długo telewizor jest włączony na kanale historycznym, Eugene zapadnie się w swoim wygodnym fotelu i będzie go oglądał niezależnie od tego, czy nadawane będą powtórki czy nowe programy. On i tak nie widzi różnicy.

Wraz z upływem lat, kiedy Eugene zaczął się starzeć, wpływ nawyków na jego życie stał się niekorzystny. Prowadził bardzo osiadły tryb życia, godzinami oglądając telewizję, ponieważ nigdy go nie nudziła. Lekarze zaczęli się martwić jego sercem. Powiedzieli Beverly, żeby trzymała go na restrykcyjnej, zdrowej diecie. Próbowała, ale trudno było wpływać na częstość i skład jego posiłków. Nigdy nie pamiętał jej upomnień. Nawet wtedy, kiedy lodówka była wypełniona po sam sufit owcami i warzywami, Eugene krążył po kuchni i szukał tak długo, aż znajdował jajka i bekon. Taki miał nawyk. Ponieważ jego kości stawały się coraz bardziej kruche, lekarze zwrócili uwagę, że powinien poruszać się ostrożniej. Ale w swoim mniemaniu i umyśle Eugene był o dwadzieścia lat młodszy. Nigdy nie pamiętał, że powinien na siebie uważać.

„Od zawsze fascynowała mnie pamięć", powiedział mi Squire. „Spotkałem E.P. i zobaczyłem, jak bogate może być życie także wtedy, jeżeli go nie pamiętasz. Mózg ma tę niesamowitą umiejętność znajdowania szczęścia także w sytuacji, w której utracił wszelkie wspomnienia. Trudno to jednak wyłączyć i w końcu zaczyna działać przeciwko niemu".

Beverly starała się wykorzystać swoją wiedzę na temat nawyków, żeby pomóc Eugene'owi unikać problemów pojawiających się wraz z coraz bardziej zaawansowanym wiekiem. Odkryła, że może obejść niektóre najbardziej szkodliwe wzorce, wprowadzając nowe wskazówki. Jeżeli nie będzie trzymać bekonu w lodówce, Eugene nie będzie jadł kilku niezdrowych śniadań dziennie. Kiedy postawi sałatkę niedaleko jego fotela, czasami ją skubnie, a kiedy ten rodzaj posiłku wejdzie mu w nawyk, przestanie odwiedzać kuchnię w poszukiwaniu łakoci. Jego dieta stopniowo się poprawiała.

Niemniej pomimo tych wysiłków zdrowie Eugene'a wciąż się pogarszało. Pewnego wiosennego dnia, kiedy Eugene oglądał telewizję, nagle zaczął krzyczeć. Beverly wbiegła do pokoju i zobaczyła, że trzyma się za klatkę piersiową. Wezwała karetkę. W szpitalu zdiagnozowano niewielki zawał serca. Ból minął i Eugene walczył, by wstać ze szpitalnego łóżka. W nocy wciąż zrywał elektrody umieszczone na jego piersi, by się odwrócić na bok i spać. Rozlegały się alarmy i pielęgniarki wpadały do jego sali. Próbowały go przekonać, żeby przestał grzebać przy czujnikach, przyklejały je z powrotem i mówiły, że jeżeli nie przestanie, to go przywiążą do łóżka. Nic nie działało. Natychmiast zapominał o groźbach.

Później jego córka powiedziała pielęgniarce, by ta spróbowała komplementować go za jego zdolność spokojnego siedzenia i powtarzała ten komplement na okrągło, za każdym razem, kiedy go zobaczy. „Wiesz, chcieliśmy włączyć do działania jego dumę", powiedziała mi jego córka, Carol Rayes. „Mówiliśmy «Och, tato, naprawdę robisz coś ważnego dla nauki, dbając, by te elektrody się nie przesuwały»". Pielęgniarki zaczęły go więc hołubić. A on to kochał. Po kilku dniach robił wszystko, co mu kazały. Wrócił do domu tydzień później.

Potem, jesienią roku 2008, idąc przez pokój, potknął się na progu niedaleko kominka, upadł i złamał biodro. W szpitalu Squire i jego zespół martwili się, że może mieć ataki paniki, bo nie będzie wiedział, gdzie jest. Zostawili więc kartki koło jego łóżka, na których wyjaśnili, co się stało, poprzyklejali też na ścianach zdjęcia jego dzieci. Żona i dzieciaki odwiedzali go codziennie.

Ale on nigdy się nie martwił. Nigdy nie pytał, dlaczego znalazł się w szpitalu. „Wyglądało na to, że jest pogodzony z tą całą niepewnością", mówił Squire. „Od utraty pamięci minęło piętnaście lat. Sprawiało to trochę wrażenie, jakby jego mózg wiedział, że będą takie sprawy, których już nigdy nie zrozumie, i się z tym pogodził".

Beverly przychodziła codziennie do szpitala. „Dużo czasu spędziłam na rozmowach z nim", powiedziała. „Mówiłam mu, że go kocham, opowiadałam o naszych dzieciach i o tym, jakie mieliśmy dobre życie. Wskazywałam na zdjęcia i opowiadałam, jak bardzo był kochany. Byliśmy małżeństwem przez pięćdziesiąt siedem lat, z których czterdzieści dwa były prawdziwym, normalnym małżeństwem. Czasami było mi ciężko, ponieważ tak bardzo chciałam odzyskać mojego dawnego męża. Ale przynajmniej wiedziałam, że on był szczęśliwy".

Kilka tygodni później jego córka przyszła w odwiedziny. „Jaki jest plan?", zapytał Eugene, kiedy weszła. Zabrała go na zewnątrz na wózku, na szpitalny trawnik. „Mamy piękny dzień", powiedział Eugene. „Piękna pogoda, nie?". Ona opowiedziała mu o swoich dzieciach, o tym, jak bawią się z psem. Sądziła, że niebawem będzie mógł wrócić do domu. Słońce zachodziło. Zaczęła przygotowywać go do powrotu do sali.

Eugene popatrzył na nią.

„Jestem szczęśliwy, że mam taką córkę, jak ty", powiedział. Ona oniemiała. Nie pamiętała, kiedy ostatnio powiedział coś tak miłego.

„Jestem szczęśliwa, że jesteś moim tatą", odpowiedziała.

„Rety, ale piękny dzień", rzekł. „Co sądzisz o pogodzie?".

Tej nocy, o godzinie pierwszej, zadzwonił telefon Beverly. Lekarz powiedział, że Eugene doznał rozległego zawału serca i że personel robił wszystko, co było w jego mocy, ale nie był w stanie przywrócić go do życia. Odszedł. Po śmierci był rozsławiany przez naukowców, zdjęcia jego mózgu analizowano w setkach laboratoriów i uczelni medycznych.

„Wiem, że byłby naprawdę dumny, wiedząc, jak wiele wniósł do nauki", stwierdziła Beverly. „Powiedział mi kiedyś, krótko po naszym ślubie, że chciałby zrobić w życiu coś ważnego, coś, co miałoby znaczenie. I zrobił. Tyle, że nic z tego nie zapamiętał".

Przypisy

[1] Lisa Stefanacci i in., Profound Amnesia After Damage to the Medial Temporal Lobe: A Neuroanatomical and Neuropsychological Profile of Patient E.P., *Journal of Neuroscience,* 20, 18, (2000), 7024–7036.

[2] Jestem niezmiernie wdzięczny rodzinom Pauly i Rayes, a także laboratorium Squire'a i takim relacjom, jak materiał Joshuay Foera, Remember This, *National Geographic*, listopad, 2007, 32–57; Don't Forget, *Scientific American Frontiers*, program telewizyjny wyprodukowany przez Chedd-Angier Production Company, PBS, odcinek po raz pierwszy nadany 11 maja, 2004, prowadzenie: Alan Alda; Solved: Two Controversial Brain Teasers, *Bioworld Today*, sierpień, 1999; David E. Graham, UCSD Scientist Unlocks Working of Human Memory, *The San Diego Union-Tribune*, 12.08.1999.

[3] Richard J. Whitley i David W. Kimberlan, Viral Encephalitis, *Pediatrics in Review*, 20, 6, (1999), 192–198.

[4] Niektóre artykuły podają, że H.M. doznał urazu w wieku dziewięciu lat, inne, że siedmiu.

[5] Wcześniejsze badania wskazywały, że H.M. został potrącony przez rower. Nowsze, jeszcze niepublikowane dokumenty sugerują, że mógł spaść z roweru.

[6] Luke Dittrich, The Brain That Changed Everything, *Esquire*, październik 2010.

[7] Eric Hargreaves, H.M., Page O'Neuroplasticity, http://homepages.nyu.edu/~eh597/HM.htm.

[8] Benedict Carey, H.M., Whose Loss of Memory Made Him Unforgettable, Dies, *The New York Times*, 5.12.2008.

[9] W tamtych czasach była to popularna praktyka.

[10] Dittrich, The Brain That Changed Everything; Larry R. Squire, Memory and Brain Systems: 1969–2009, *Journal of Neuroscience,* 29, 41, (2009), 12711–12726; Larry R. Squire, The Legacy of Patient H.M. for Neuroscience, *Neuron,* 61, 1, (2009), 6–9.

[11] Jonathan M. Reed i in., Learning About Categories That Are Defined by Object--Like Stimuli Despite Impaired Declarative Memory, *Behavioral Neuroscience*, 113, (1999), 411–419; B.J. Knowlton, J.A. Mangels i L.R. Squire, A Neostriatal Habit Learning System in Humans, *Science*, 273, (1996), 1399–1402; P.J. Bayley, J.C. Frascino i L.R. Squire, Robust Habit Learning in the Absence of Awareness and Independent of the Medial Temporal Lobe, *Nature*, 436, (2005), 550–553.

[12] B. Bendriem i in., Quantitation of the Human Basal Ganglia with Positron Emission Tomography: A Phantom Study of the Effect of Contrast and Axial Positioning, *IEEE Transactions on Medical Imaging*, 10, 2, (1991), 216–222.

[13] G.E. Alexander i M.D. Crutcher, Functional Architecture of Basal Ganglia Circuits: Neural Substrates of Parallel Processing, *Trends in Neurosciences*, 13, (1990), 266–271; André Parent i Lili-Naz Hazrati, Functional Anatomy of the Basal Ganglia, *Brain Research Reviews*, 20, (1995), 91–127; Roger L. Albin, Anne B. Young i John B. Penney, The Functional Anatomy of Basal Ganglia Disorders, *Trends in Neurosciences*, 12, (1989), 366–375.

[14] Alain Dagher i T.W. Robbins, Personality, Addiction, Dopamine: Insights from Parkinson's Disease, *Neuron*, 61, (2009), 502–510.

[15] Mam dług wdzięczności wobec następujących źródeł, które poszerzyły moje rozumienie prac prowadzonych w laboratoriach MIT, funkcji jąder podstawnych oraz ich roli w nawykach i pamięci: F. Gregory Ashby i John M. Ennis, The Role of the Basal Ganglia in Category Learning, *Psychology of Learning and Motivation,* 46, (2006), 1–36; F.G. Ashby, B.O. Turner i J.C. Horvitz, Cortical and Basal Ganglia Contributions to Habit Learning and Automaticity, *Trends in Cognitive Sciences*, 14, (2010), 208–215; C. Da Cunha i M.G. Packard, Preface: Special Issue on the Role of the Basal Ganglia in Learning and Memory, *Behavioural Brain Research*, 199, (2009), 1–2; C. Da Cunha i in., Learning Processing in the Basal Ganglia: A Mosaic of Broken Mirrors, *Behavioural Brain Research*, 199, (2009), 157–170; M. Desmurget i R.S. Turner, Motor Sequences and the Basal Ganglia: Kinematics, Not Habits, *Journal of Neuroscience*, 30, (2010), 7685–7690; J.J. Ebbers i N.M. Wijnberg, Organizational Memory: From Expectations Memory to Procedural Memory, *British Journal of Management*, 20, (2009), 478–490; J.A. Grahn, J.A. Parkinson i A.M. Owen, The Role of the Basal Ganglia in Learning and Memory: Neuropsychological Studies, *Behavioural Brain Research*, 199, (2009), 53–60; Ann M. Graybiel, The Basal Ganglia: Learning New Tricks and Loving It, *Current Opinion in Neurobiology*, 15, (2005), 638–644; Ann M. Graybiel, The Basal Ganglia and Chunking of Action Repertoires, *Neurobiology of Learning and Memory*, 70, 1–2, (1998), 119–136; F. Gregory Ashby i V. Valentin, Multiple Systems of Perceptual Category Learning: Theory and Cognitive Tests, w: *Handbook of Categorization in Cognitive Science*, Henri Cohen i Claire Lefebvre (red.). (Oxford: Elsevier Science, 2005); S.N. Haber i M. Johnson Gdowski, The Basal Ganglia, w: *The Human Nervous System*, wydanie 2, George Paxinos i Jürgen K. Mai (red.). (San Diego: Academic Press, 2004), 676–738; T.D. Barnes i in., Activity of Striatal Neurons Reflects Dynamic Encoding and Recoding of Procedural Memories, *Nature*,

437, (2005), 1158–1161; M. Laubach, Who's on First? What's on Second? The Time Course of Learning in Corticostriatal Systems, *Trends in Neurosciences*, 28, (2005), 509–511; E.K. Miller i T.J. Buschman, Bootstrapping Your Brain: How Interactions Between the Frontal Cortex and Basal Ganglia May Produce Organized Actions and Lofty Thoughts, w: *Neurobiology of Learning and Memory*, wydanie 2, Raymond P. Kesner i Joe L. Martinez (red.). (Burlington, Vt.: Academic Press, 2007), 339–354; M.G. Packard, Role of Basal Ganglia in Habit Learning and Memory: Rats, Monkeys, and Humans, w: *Handbook of Behavioral Neuroscience*, Heinz Steiner i Kuei Y. Tseng, (red.). 561–569; D.P. Salmon i N. Butters, Neurobiology of Skill and Habit Learning, *Current Opinion in Neurobiology*, 5, (1995), 184–190; D. Shohamy i in., Role of the Basal Ganglia in Category Learning: How Do Patients with Parkinson's Disease Learn? *Behavioral Neuroscience*, 118, (2004), 676–686; M.T. Ullman, Is Broca's Area Part of a Basal Ganglia Thalamocortical Circuit? *Cortex*, 42, (2006), 480–485; N.M. White, Mnemonic Functions of the Basal Ganglia, *Current Opinion in Neurobiology*, 7, (1997), 164–169.

[16] Ann M. Graybiel, Overview at Habits, Rituals, and the Evaluative Brain, *Annual Review of Neuroscience*, 31, (2008), 359–387; T.D. Barnes i in., Activity of Striatal Neurons Reflects Dynamic Encoding and Recoding of Procedural Memories, *Nature*, 437, (2005), 1158–1161; Ann M. Graybiel, Network-Level Neuroplasticity in Cortico-Basal Ganglia Pathways, *Parkinsonism and Related Disorders*, 10, (2004), 293–296; N. Fujii i Ann M. Graybiel, Time-Varying Covariance of Neural Activities Recorded in Striatum and Frontal Cortex as Monkeys Perform Sequential-Saccade Tasks, *Proceedings of the National Academy of Sciences*, 102, (2005), 9032–9037.

[17] Wykresy zamieszczone w tym rozdziale zostały uproszczone, by pokazać najistotniejsze aspekty. Pełen opis można znaleźć w artykułach i wykładach dr Ann M. Graybiel (patrz przyp. 20).

[18] Ann M. Graybiel, The Basal Ganglia and Chunking of Action Repertoires, *Neurobiology of Learning and Memory*, 70, (1998), 119–136.

[19] Więcej informacji patrz: A. David Smith i J. Paul Bolam, The Neural Network of the Basal Ganglia as Revealed by the Study of Synaptic Connections of Identified Neurones, *Trends in Neurosciences*, 13, (1990), 259–265; John G. McHaffle i in., Subcortical Loops Through the Basal Ganglia, Trends in Neurosciences, 28, (2005), 401–407; Ann M. Graybiel, Neurotransmitters and Neuromodulators in the Basal Ganglia, Trends in Neurosciences, 13, (1990), 244–254; J. Yelnik, Functional Anatomy of the Basal Ganglia, Movement Disorders, 17, (2002), 15–21.

[20] Więcej informacji patrz: Catherine A. Thorn i in., Differential Dynamics of Activity Changes in Dorsolateral and Dorsomedial Striatal Loops During Learning, *Neuron*, 66, (2010), 781–795; Ann M. Graybiel, The Basal Ganglia: Learning New Tricks and Loving It, *Current Opinion in Neurobiology*, 15, (2005), 638–644.

[21] Więcej informacji patrz: Peter J. Bayley, Jennifer C. Frascino i Larry R. Squire, Robust Habit Learning in the Absence of Awareness and Independent of the Medial Temporal Lobe, *Nature*, 436, (2005), 550–553; J.M. Reed i in., Learning About

Categories That Are Defined by Object-Like Stimuli Despite Impaired Declarative Memory, *Behavioral Neuroscience*, 133, (1999), 411–419; B.J. Knowlton, J.A. Mangels i L.R. Squire, A Neostriatal Habit Learning System in Humans, *Science*, 273, (1996), 1399–1402.

[22] Warto zauważyć, że praca Squire'a z Paulym nie ograniczała się do nawyków i dostarczyła także danych na temat pamięci przestrzennej i wpływu torowania na mózg. Bardziej szczegółowe omówienie odkryć, których dokonano dzięki Pauly'emu, można znaleźć na stronie Squire'a: http://psychiatry.ucsd.edu/faculty/lsquire.html.

[23] Omówienie patrz: Monica R.F. Hilario i in., Endocannabinoid Signaling Is Critical for Habit Formation, *Frontiers in Integrative Neuroscience,* 1, (2007), 6; Monica R.F. Hilario i Rui M. Costa, High on Habits, Frontiers in Neuroscience, 2, (2008), 208–217; A. Dickinson, Appetitive-Aversive Interactions: Superconditioning of Fear by an Appetitive CS, Quarterly Journal of Experimental Psychology, 29, (1977), 71–83; J. Lamarre i P.C. Holland, Transfer of Inhibition After Serial Feature Negative Discrimination Training, Learning and Motivation, 18, (1987), 319–342; P.C. Holland, Differential Effects of Reinforcement of an Inhibitory Feature After Serial and Simultaneous Feature Negative Discrimination Training, Journal of Experimental Psychology: Animal Behavior Processes, 10, (1984), 461–475.

[24] Jennifer L. Harris, Marlene B. Schwartz i Kelly D. Brownell, Evaluating Fast Food Nutrition and Marketing to Youth, Yale Rudd Center for Food Policy and Obesity, 2010; H. Qin i V.R. Prybutok, Determinants of Customer-Perceived Service Quality in Fast-Food Restaurants and Their Relationship to Customer Satisfaction and Behavioral Intentions, *The Quality Management Journal*, 15, (2008), 35; H. Qin i V.R. Prybutok, Service Quality, Customer Satisfaction, and Behavioral Intentions in Fast--Food Restaurants, *International Journal of Quality and Service Sciences*, 1, (2009), 78. Więcej na ten temat patrz: K.C. Berridge, Brain Reward Systems for Food Incentives and Hedonics in Normal Appetite and Eating Disorders, w: Appetite and Body Weight, Tim C. Kirkham i Steven J. Cooper (red.). (Burlington, Vt.: Academic Press, 2007), 91–215; K.C. Berridge i in., The Tempted Brain Eats: Pleasure and Desire Circuits in Obesity and Eating Disorders, *Brain Research*, 1350, (2010), 43–64; J.M. Dave i in., Relationship of Attitudes Toward Fast Food and Frequency of Fast-Food Intake in Adults, *Obesity*, 17, (2009), 1164–1170; S.A. French i in., Fast Food Restaurant Use Among Adolescents: Associations with Nutrient Intake, Food Choices and Behavioral and Psychosocial Variables, *International Journal of Obesity and Related Metabolic Disorders*, 25, (2001), 1823; N. Ressler, Rewards and Punishments, Goal-Directed Behavior and Consciousness, *Neuroscience and Biobehavioral Reviews*, 28, (2004), 27–39; T.J. Richards, Fast Food, Addiction, and Market Power, *Journal of Agricultural and Resource Economics*, 32, (2007), 425–447; M.M. Torregrossa, J.J. Quinn i J.R. Taylor, Impulsivity, Compulsivity, and Habit: The Role of Orbitofrontal Cortex Revisited, *Biological Psychiatry*, 63, (2008), 253–255; L.R. Vartanian, C.P. Herman i B. Wansink, Are We Aware of the External Factors That Influence Our Food Intake? *Health Psychology*, 27, (2008), 533–538; T. Yamamoto i T. Shimura, Roles of Taste in Feeding

and Reward, w: The Senses: A Comprehensive Reference, Allan I. Basbaum i in. (red.). (New York: Academic Press, 2008), 437–458; F.G. Ashby, B.O. Turner i J.C. Horvitz, Cortical and Basal Ganglia Contributions to Habit Learning and Automaticity, *Trends in Cognitive Sciences*, 14, (2010), 208–215.

[25] K.C. Berridge i T.E. Robinson, Parsing Reward, *Trends in Neurosciences*, 26, (2003), 507–513; Kelly D. Brownell i Katherine Battle Horgen, Food Fight: The Inside Story of the Food Industry, America's Obesity Crisis, and What We Can Do About It (Chicago: Contemporary Books, 2004); Karl Weber, (red.), Food, Inc.: How Industrial Food Is Making Us Sicker, Fatter, and Poorer – and What You Can Do About It (New York: Public Affairs, 2004); Ronald D. Michman i Edward M. Mazze, The Food Industry Wars: Marketing Triumphs and Blunders (Westport, Conn.: Quorum Books, 1998); M. Nestle, Food Politics: How the Food Industry Influences Nutrition and Health (Berkeley: University of California Press, 2002); D.R. Reed i A. Knaapila, Genetics of Taste and Smell: Poisons and Pleasures, w: Progress in Molecular Biology and Translational Science, (red.). Claude Bouchard (New York: Academic Press); N. Ressler, Rewards and Punishments, Goal-Directed Behavior and Consciousness, *Neuroscience and Biobehavioral Reviews*, 28, (2004), 27–39; T. Yamamoto i T. Shimura, Roles of Taste in Feeding and Reward, w: The Senses: A Comprehensive Reference, Allan I. Basbaum i in. (red.). (New York: Academic Press, 2008), 437–458.

2

ZACHCIANKI MÓZGU: JAK WYKSZTAŁCIĆ NOWE NAWYKI

I

PEWNEGO DNIA NA POCZĄTKU XX WIEKU DO ZNANEGO amerykańskiego menedżera Claude'a C. Hopkinsa zwrócił się stary przyjaciel, przedstawiając mu nowy pomysł biznesowy. Ów przyjaciel, jak wyjaśniał, odkrył niezwykły produkt, który – był o tym przekonany – będzie hitem. Była to pasta do zębów, miętowa, pieniąca się mikstura, którą nazwał „Pepsodent". Pojawiło się kilku niezbyt pewnych inwestorów – jeden z nich miał za sobą kilka nieudanych interesów z gruntami, inny, jak głosiły plotki, był związany z mafią – ale ten biznes, obiecywał przyjaciel, będzie wielki. To znaczy, jeżeli Hopkins zgodzi się pomóc w stworzeniu ogólnokrajowej kampanii reklamowej[1].

Hopkins był w tym czasie na samym szczycie rozkwitającej branży, która praktycznie nie istniała jeszcze kilkadziesiąt lat wcześniej: reklama. Hopkins był tym, który przekonał Amerykanów do kupowania piwa Schlitz przechwałkami, że firma czyści swoje butelki „żywą parą", zgrabnie przemilczając fakt, że wszystkie inne firmy wykorzystują dokładnie tę samą metodę. Uwiódł miliony kobiet, przekonując je do zakupu mydła Palmolive – rozgłaszając, że myła się nim Kleopatra, nie bacząc na gwałtowne protesty rozwścieczonych historyków. Rozsławił Puffed Wheat (dmuchaną pszenicę), twierdząc, że „wystrzeliwuje się ją z armaty" tak długo, aż ziarna rozdmuchają się, osiągając „ośmiokrotność swojego normalnego rozmiaru". Przemienił dziesiątki nikomu nieznanych wcześniej produktów – Quaker Oats, opony Goodyear, szczotkę do dywanów Bissell, wieprzowinę z fasolą Van Camp's – w marki znane niemal każdemu. I robiąc to, uczynił sam siebie człowiekiem tak bogatym, że w swojej świetnie sprzedającej się autobiografii *My Life in Advertising* [dosł. Moje życie w reklamie] wiele linijek tekstu poświęcił trudności z wydawaniem tak wielkich pieniędzy.

Claude Hopkins był najbardziej znany ze sformułowania kilku zasad wyjaśniających, jak u konsumentów wytworzyć nowe nawyki. Zasady te zmieniały przemysł i ostatecznie stały się podstawową wiedzą i mądrością ludzi związanych z marketingiem, reformatorów edukacji, specjalistów od zdrowia publicznego, polityków i menedżerów. Nawet dziś zasady Hopkinsa wpływają na wszystko, począwszy od zakupu środków czystości po narzędzia wykorzystywane przez rządy w celu likwidowania chorób. Są fundamentem każdego nowego zwyczaju.

Jednak kiedy przyjaciel zwrócił się do niego z Pepsodentem, Hopkins wyraził jedynie umiarkowane zainteresowanie. Było powszechnie wiadomo, że stan zębów Amerykanów gwałtownie się pogarszał. Naród zaczął się wzbogacać i wzrosło spożycie słodkiej i przetworzonej żywności[2]. Gdy rząd rozpoczął pobór mężczyzn podczas pierwszej wojny światowej, okazało się, że tak wielu z nich miało zepsute zęby, iż złą higienę jamy ustnej uznano za zagrożenie bezpieczeństwa narodowego.

A zatem Hopkins wiedział, że sprzedawanie pasty do zębów było biznesowym i finansowym samobójstwem. Istniała już wszak armia akwizytorów, chodzących od drzwi do drzwi, zachwalając dziwaczne proszki i mikstury do higieny zębów, a większość z nich bankrutowała.

Problem polegał na tym, że prawie nikt nie kupował pasty do zębów, ponieważ – mimo ogólnonarodowego problemu ze stanem uzębienia – prawie nikt zębów nie mył[3].

Dlatego też Hopkins dał sobie czas do namysłu, po czym propozycję przyjaciela odrzucił. Powiedział, że zostanie przy mydłach i płatkach śniadaniowych. „Nie widziałem możliwości wyedukowania laików w technicznych teoriach dotyczących past do zębów", wyjaśnia Hopkins w autobiografii. Ale przyjaciel nie dawał za wygraną. Wracał, wciąż i wciąż, apelując do rozrośniętego ego Hopkinsa, aż człowiek od reklamy uległ.

„W końcu wyraziłem zgodę na podjęcie się kampanii, jeżeli da mi sześciomiesięczną opcję na zakup pakietu akcji", napisał Hopkins. Przyjaciel się zgodził.

Jak się okazało, była to najważniejsza decyzja finansowa w życiu Hopkinsa.

W ciągu pięciu lat współpracy Hopkins zmienił Pepsodent w jeden z najbardziej rozpoznawalnych produktów na świecie i w trakcie tego procesu pomógł wytworzyć nawyk mycia zębów, który ogarnął Amerykę w zaskakującym tempie. Niebawem wszyscy, od Shirley Temple po Clarka Gable'a, chwalili się swoim „Pepsodentowym uśmiechem"[4]. Do roku 1930 Pepsodent sprzedawano w Chinach, Południowej Afryce, Brazylii, Niemczech i wszędzie tam, gdzie Hopkins był w stanie kupić reklamę[5]. Dziesięć lat po pierwszej kampanii reklamującej Pepsodent ankieterzy odkryli, że mycie zębów stało się rytuałem dla ponad połowy Amerykanów[6]. Przy okazji reklamy Pepsodentu Hopkins pomógł wyrobić codzienny nawyk mycia zębów.

Sekretem jego sukcesu, jak sam Hopkins się później szczycił, było odkrycie określonej wskazówki i nagrody, które napędzały dany nawyk. To moc tak potężna, że nawet dziś leżące u jej podstaw zasady wykorzystywane są przez twórców gier komputerowych, firmy produkujące żywność, szpitale i miliony sprzedawców na całym świecie. Eugene Pauly nauczył nas, czym jest pętla nawyku, ale to Claude Hopkins pokazał, jak można nawyki kultywować i rozwijać.

Cóż więc takiego zrobił Hopkins?

Wykreował pragnienie. A to pragnienie – pożądanie, zachcianka – jak się okazuje, sprawia, że wskazówki i nagrody działają. To pragnienie jest bowiem właśnie siłą napędową pętli nawyku.

* * *

Przez całą karierę Claude'a Hopkinsa jedną z wyróżniających go taktyk było wyszukiwanie prostych wyzwalaczy przekonujących konsumentów do codziennego stosowania czy wykorzystywania jego produktów. Na przykład sprzedawał Quaker Oats jako płatki śniadaniowe dostarczające energii na dwadzieścia cztery godziny – ale tylko i wyłącznie wtedy, kiedy zjadałeś ich pełną michę każdego ranka. Zachwalał toniki leczące bóle żołądka, stawów, problemy skórne i „dolegliwości kobiece" – jednak tylko w sytuacji, w której zaczynałeś je zażywać przy pierwszych objawach. Niebawem ludzie pochłaniali owsianki o poranku i popijali z małych brązowych buteleczek, gdy tylko poczuli najdrobniejsze oznaki zmęczenia, które, jak się okazało, często przytrafiały się przynajmniej raz dziennie.

Żeby sprzedawać Pepsodent, Hopkinsowi potrzebny był wyzwalacz, który uzasadniałby codzienne korzystanie z pasty do zębów. Usiadł ze stosem podręczników do stomatologii. „To była nudna lektura", napisał później. „Ale w połowie jednej z książek znalazłem odniesienie do mucyn – białek osadzających się na zębach, tworzących na nich nalot. To podsunęło mi interesujący pomysł. Zdecydowałem, żeby rozreklamować tę pastę jako twórcę piękności, coś, co pomaga radzić sobie z tym ponurym nalotem".

Skupiając się na nalocie na zębach, Hopkins ignorował fakt, że od zawsze pokrywał on zęby ludzi i jak dotąd nikt nie zaprzątał sobie nim uwagi. Nalot ten jest pojawiającą się całkowicie naturalnie osłoną, tworzącą się na zębach niezależnie od tego, co jesz i jak często myjesz zęby[7]. Ludzie nigdy nie zwracali na niego uwagi i nie było też najmniejszego powodu, by było inaczej: możesz się go pozbyć, zjadając jabłko, przejeżdżając po zębach palcem, myjąc je szczoteczką lub energicznie płucząc płynem. Pasta do zębów sama w sobie nie robiła nic, co pomagałoby się pozbyć nalotu lepiej od innych metod. I faktycznie, jeden z wiodących badaczy w stomatologii w tamtym czasie ogłosił, że wszystkie pasty do zębów – a już szczególnie Pepsodent – nie mają żadnej wartości[8].

Nie powstrzymało to jednak Hopkinsa w najmniejszym stopniu przed wykorzystywaniem własnego odkrycia. Tu bowiem właśnie znajdował się wyzwalacz, wskazówka, która mogła uruchomić nawyk. Niebawem miasta zostały zalepione reklamami Pepsodentu.

„Po prostu przejedź językiem po własnych zębach", głosiła jedna. „*Poczujesz nalot* – on właśnie sprawia, że twoje zęby tracą blask i stają się podatne na próchnicę".

„Zwróć uwagę, ile ładnych zębów możesz już zobaczyć w twoim otoczeniu", mówiła inna reklama, na której przedstawiono uśmiechnięte piękności. „Miliony stosują już nową metodę czyszczenia zębów. Dlaczego kobieta ma mieć brudny osad na zębach? Pepsodent usuwa ten nalot!"[9].

Geniusz tych apeli polegał na tym, że opierały się one na wskazówce – osadzie nazębnym – która była uniwersalna i nie dawała się zignorować. Mówienie ludziom, by przejechali sobie językiem po zębach – jak się okazało – rzeczywiście sprawiało, że to robili. A kiedy już to zrobili, szanse, że poczują nalot, były duże. Hopkins znalazł wskazówkę, która była prosta, istniała od wieków i była tak łatwa do uruchomienia, że pod wpływem reklamy ludzie automatycznie wykonywali polecenie.

Co więcej, nagroda – jak to przedstawił Hopkins – była jeszcze bardziej kusząca. Któż by w końcu nie chciał być piękniejszy? Kto nie chciałby mieć ładniejszego uśmiechu? Zwłaszcza kiedy wystarczy po prostu szybko wyszorować zęby Pepsodentem?

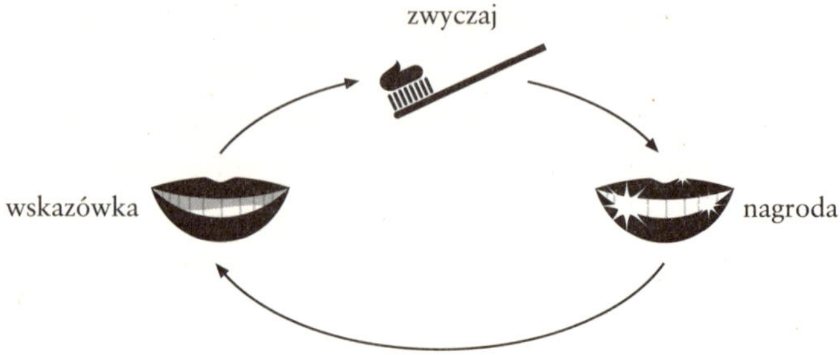

KONCEPCJA HOPKINSA
NA PEPSODENTOWĄ PĘTLĘ NAWYKU

Po rozpoczęciu kampanii reklamowej spokojnie minął tydzień. Potem drugi. W trzecim tygodniu popyt eksplodował. Było tak wiele zamówień na Pepsodent, że firma nie mogła nadążyć z dostawami. Po trzech latach produkt zaczął być sprzedawany na całym świecie, a Hopkins tworzył reklamy po hiszpańsku, niemiecku i chińsku. W ciągu dziesięciu lat Pepsodent[10] był jednym z najlepiej sprzedających się towarów na świecie i pozostał najlepiej sprzedającą się w Stanach Zjednoczonych pastą do zębów przez ponad trzydzieści lat[11].

Zanim pojawił się Pepsodent, jedynie 7 procent Amerykanów miało tubkę pasty do zębów w swoich apteczkach. Dekadę po tym, jak kampania Hopkinsa rozeszła się po całym kraju, odsetek ten wzrósł do 65 procent[12]. Pod koniec drugiej wojny światowej zmartwienie wojska stanem uzębienia rekrutów zmalało, ponieważ tak wielu żołnierzy codziennie myło zęby.

„Zarobiłem na Pepsodencie milion dolarów", napisał Hopkins parę lat po tym, jak produkt pojawił się na sklepowych półkach. Kluczem do sukcesu było, jak to ujął, że „poznał prawdziwą psychologię człowieka". Psychologia ta osadzała się na dwóch podstawowych zasadach:

Po pierwsze, znajdź prostą i oczywistą wskazówkę – coś, co wyzwoli nawyk.

Po drugie, jasno zdefiniuj nagrodę.

Hopkins zapewnia, że jeżeli właściwie zrobisz te dwie rzeczy, zadziała magia. Spójrz na Pepsodent: zidentyfikował wskazówkę – osad nazębny – i nagrodę – piękne zęby – które sprawiły, że miliony ludzi wykształciły nowy codzienny rytuał. Nawet dzisiaj zasady Hopkinsa są podstawą w podręcznikach marketingu i bazą milionów kampanii reklamowych.

Te same zasady posłużyły do ukształtowania tysięcy innych nawyków – a ludzie często nawet nie zdają sobie sprawy, jak blisko im do formuły Hopkinsa. Badania ludzi, którzy z sukcesem wyrobili sobie nawyk ćwiczeń fizycznych, pokazują na przykład, że mają oni większe szanse na wytrwanie przy regularnych treningach, jeżeli wybiorą sobie specyficzną wskazówkę, jak bieganie natychmiast po powrocie do domu z pracy, i wyraźną nagrodę, jak choćby piwo czy wieczór przed telewizorem bez poczucia winy[13]. Badania dotyczące diet pokazują, że wykształcenie nowych nawyków żywieniowych wymaga wcześniej ustalonych wskazówek – jak planowanie menu z wyprzedzeniem – i prostych nagród dla odchudzających się, jeżeli uda im się wytrwać w swoich zamierzeniach[14].

„Nadeszły czasy, w których reklama w wykonaniu niektórych specjalistów zyskała status nauki", napisał Hopkins. „Reklama, kiedyś ryzykowna i uprawiana na chybił trafił, stała się dzięki temu, pod mądrym przywództwem, jednym z najbezpieczniejszych przedsięwzięć biznesowych".

Niezłe przechwałki. Ale okazuje się, że dwie zasady Hopkinsa to nie wszystko. Istnieje jeszcze trzecia zasada, która musi być spełniona, aby powstał nawyk – zasada tak subtelna, że sam Hopkins na niej polegał, nie mając świadomości jej istnienia. Tłumaczy wszystko, począwszy od tego, dlaczego tak trudno zignorować pudełko pełne pączków, po sposób, w jaki poranny jogging może stać się zwyczajem niemal niewymagającym od nas wysiłku.

II

Badacze i osoby zarządzające w Procter & Gamble zebrali się wokół sfatygowanego stołu w małym, pozbawionym okien pomieszczeniu, czytając zapis wywiadu z kobietą mającą dziewięć kotów, kiedy jedna osoba wreszcie wypowiedziała coś, co wszyscy myśleli.

„A jak nas zwolnią, to co właściwie się z nami stanie?", zapytała. „Czy przyjdzie ochrona i nas wyprowadzi, czy też wcześniej dostaniemy jakieś ostrzeżenie?".

Szef zespołu, dawna gwiazda korporacji – Drake Stimson – gapił się na nią.

„Nie wiem", powiedział. Jego włosy były w nieładzie, oczy zmęczone. „Nigdy nie sądziłem, że będzie aż tak źle. Powiedzieli mi, że kierowanie tym projektem jest awansem".

Był rok 1996 i grupa zebrana przy stole właśnie na własnej skórze przekonywała się, jak, mimo zapewnień Hopkinsa, kompletnie nienaukowy stać się może proces sprzedawania jakiegoś dobra. Wszyscy pracowali dla jednej z największych światowych korporacji sprzedającej produkty konsumpcyjne – korporacji znanej z takich marek jak czipsy ziemniaczane Pringles, ręczniki papierowe Bounty, kosmetyki Oil of Olay, CoverGirl, detergenty Dawn i Downy, baterie Duracell i dziesiątek innych. P&G zebrał więcej danych niż jakikolwiek inny sprzedawca na Ziemi i polegał na zaawansowanych metodach statystycznych, by jego kampanie marketingowe były jeszcze skuteczniejsze. Firma była mistrzem w wymyślaniu, jak sprzedawać. Na samym tylko rynku środków do prania ubrań produkty P&G prały co drugi wsad do amerykańskich pralek[15]. Przychody firmy osiągały trzydzieści pięć miliardów dolarów rocznie[16].

Jednak zespół Stimsona, któremu powierzono zaprojektowanie kampanii reklamowej dla jednego z najbardziej obiecujących produktów P&G, był bliski porażki. Korporacja wydała miliony dolarów na opracowanie sprayu usuwającego brzydkie zapachy z niemal każdej tkaniny. A badacze w tym maleńkim, pozbawionym okien pomieszczeniu nie mieli pojęcia, jak nakłonić ludzi do jego zakupu.

Spray został wynaleziony około trzy lata wcześniej, kiedy jeden z chemików zatrudnionych w P&G pracował w laboratorium nad substancją o nazwie hydroksypropylo-beta-cyklodekstryna, inaczej HPBCD. Chemik był palaczem. Jego ciuchy przeważnie śmierdziały jak popielniczka. Pewnego razu, po dniu spędzonym na pracy nad HPBCD, gdy wrócił do domu, żona powitała go przy drzwiach.

„Rzuciłeś palenie?", zapytała.

„Nie", odparł. Nabrał podejrzeń. Ona od lat nękała go, by przestał palić. A to brzmiało jak jakiś odwrócony psychologiczny trik.

„Po prostu nie śmierdzisz dymem", odrzekła.

Nazajutrz wrócił do laboratorium i zaczął eksperymentować z HPBCD i rozmaitymi zapachami. Niebawem dopracował się setek fiolek z tkaninami pachnącymi jak mokry pies, cygara, przepocone skarpetki, chińskie żarcie, zatęchłe podkoszulki i brudne ręczniki. Gdy dodał HPBCD do wody i rozpylił na próbce, zapachy były wchłaniane przez cząsteczki substancji. Po wyschnięciu mgiełki zapach znikał.

Kiedy chemik wyjaśnił działanie swojego odkrycia zarządowi P&G, ten wpadł w zachwyt. Całe lata badania rynku wskazywały, że konsumenci domagali się czegoś, co pozwoliłoby im pozbyć się brzydkich zapachów – nie zamaskować je, ale pozbyć się ich wszystkich razem wziętych. Grupa badaczy przeprowadzająca wywiady z konsumentami odkryła, że wielu z nich zostawia swoje bluzy czy ciuchy na zewnątrz po spędzeniu wieczoru w barze czy na imprezie. „Moje ciuchy są przesiąknięte zapachem papierosów, kiedy wracam do domu, a nie mam ochoty za każdym razem po tym, jak gdzieś wieczorem wyskoczę, płacić za pralnię chemiczną", powiedziała jedna z przepytywanych kobiet.

P&G, dostrzegając szansę, uruchomił tajny projekt przekształcenia HPBCD w produkt. Wydali miliony na udoskonalenie formuły, uzyskując w końcu bezbarwny i bezzapachowy płyn będący w stanie zlikwidować niemal każdy brzydki zapach. Nauka kryjąca się za produktem była tak zaawansowana, że NASA zaczęła go stosować do czyszczenia wnętrz wahadłowców po ich powrocie z przestrzeni kosmicznej. A najlepsze było to, że wytworzenie produktu było tanie, a on sam nie pozostawiał śladów i mógł zmienić każdą śmierdzącą kanapę, starą kurtkę czy poplamioną tapicerkę samochodową w kanapę, kurtkę czy tapicerkę pozbawioną zapachu. Projekt niósł duże ryzyko, ale P&G był przekonany, że zarobi miliardy – jeżeli tylko opracują właściwą kampanię marketingową.

Podjęto decyzję, aby nazwać nowy produkt Febreze[17], i zlecono prowadzenie zespołu marketingowego Stimsonowi, trzydziestojednoletniemu cudownemu dziecku z wykształceniem matematycznym i psychologicznym. Stimson był wysoki i przystojny, miał mocny podbródek, łagodny głos i upodobanie do wyrafinowanej kuchni („Wolałbym, żeby moje dzieci paliły zioło, niż jadały w McDonald'sie", powiedział kiedyś jednemu z kolegów). Przed dołączeniem do P&G spędził pięć lat na Wall Street, tworząc matematyczne modele wyboru akcji. Kiedy przeniósł się do Cincinnati, gdzie mieściła się główna siedziba P&G, był angażowany do pomocy przy zarządzaniu ważnymi liniami produktowymi, w tym płynem do zmiękczania tkanin Bounce i chusteczkami do suszarek Downy. Ale Febreze było czymś innym. Było szansą na wprowadzenie zupełnie nowej kategorii produktów – dodania czegoś do list zakupowych konsumentów, czego nigdy wcześniej tam nie było. Wszystko, czego potrzebował Stimson, to obmyślenie sposobu wbudowania Febreze w nawyk, by produkt znikał ze sklepowych półek jak gorące bułeczki. Jak trudne będzie to zadanie?

Stimson ze współpracownikami zdecydowali wprowadzić Febreze w kilku sklepach na próbę – w Phoenix, Salt Lake City i Boise. Polecieli tam i rozdawali próbki, potem pytali ludzi, czy mogą odwiedzić ich w domach. W ciągu dwóch miesięcy odwiedzili setki gospodarstw domowych. Pierwszy przełom pojawił się, kiedy odwiedzili w Phoenix strażniczkę pracującą w parku narodowym. Była pod trzydziestkę i mieszkała sama. Jej praca polegała na łapaniu zwierząt, które wychodziły poza pustynię. Łapała kojoty, szopy, czasami pumę. I skunksy. Bardzo, bardzo dużo skunksów. Które, gdy je łapała, często jej się odwdzięczały, obstrzykując ją z góry na dół.

„Jestem sama i chciałabym poznać kogoś, z kim mogłabym założyć rodzinę i mieć dzieci", strażniczka powiedziała Stimsonowi i jego ludziom, kiedy siedzieli u niej w salonie. „Chodzę na dużo randek. Myślę, że jestem atrakcyjna, wiecie? Jestem mądra i sądzę, że dobra ze mnie partia".

Ale jej życie miłosne legło w gruzach, ponieważ, jak wyjaśniła, wszystko w jej życiu śmierdziało skunksem. Jej dom, samochód, ubrania, buty, ręce, firanki. Nawet łóżko. Próbowała już wszystkiego. Kupowała specjalne mydła i szampony. Paliła zapachowe świece i stosowała drogi sprzęt do prania dywanów. Nic nie zdawało egzaminu.

„Kiedy jestem na randce i poczuję powiew czegoś, co śmierdzi jak skunks, pojawia się obsesja", powiedziała. „Zaczynam się zastanawiać, czy on to czuje? A jeżeli zaproszę go do domu, a on będzie chciał jak najszybciej sobie pójść?".

„W zeszłym roku spotkałam się cztery razy z naprawdę fajnym facetem, którego szczerze polubiłam, i wiecznie zwlekałam z zaproszeniem go do siebie. W końcu przyszedł i wydawało mi się, że wszystko doskonale przebiega. Ale następnego dnia powiedział, że «potrzebuje przerwy». Był naprawdę uprzejmy, ale ja się cały czas zastanawiam, czy chodziło o zapach?".

„Cóż, w takim razie cieszę się, że mogłaś wypróbować Febreze", powiedział Stimson. „Jakie wrażenia?".

Popatrzyła na niego. Płakała.

„Chcę wam podziękować", odparła. „Ten spray zmienił moje życie".

Po otrzymaniu próbki Febreze przyszła do domu i spryskała kanapę. Spryskała zasłony, dywan, kapę na łóżku, swoje dżinsy, mundur, wnętrze samochodu. Butelka się wyczerpała, więc zdobyła kolejną. I wypryskała wszystko.

„Zaprosiłam do siebie wszystkich przyjaciół", powiedziała kobieta. „Już go nie czują. Smród skunksów zniknął".

Teraz płakała już tak mocno, że jeden z współpracowników Stimsona klepał ją po ramieniu. „Tak bardzo wam dziękuję", mówiła. „Czuję się taka wolna. Dziękuję. Ten produkt jest taki ważny".

Stimson pociągnął nosem w jej salonie. Nie wyczuł zupełnie nic. *Zbijemy na tym majątek*, pomyślał.

* * *

Zespół Stimsona wrócił do siedziby P&G i zaczął analizować kampanię marketingową, którą mieli niebawem zacząć. Uznali, że kluczem do sprzedaży Febreze jest przekazanie tego uczucia ulgi, o którym mówiła strażniczka. Musieli pokazać konsumentom Febreze jako produkt pozwalający ludziom pozbyć się krępujących zapachów. Wszystkim dobrze znane były zasady Hopkinsa czy ich współczesne inkarnacje, wypełniające podręczniki biznesowe. Chcieli, by reklamy były proste: znajdź oczywistą wskazówkę i jasno zdefiniuj nagrodę.

Opracowali dwie reklamy telewizyjne. Pierwsza pokazywała kobietę opowiadającą o części dla palaczy w restauracji. Kiedykolwiek tam je, jej żakiet zawsze przesiąka dymem. Przyjaciółka mówi jej, że użycie Febreze pozwoli na pozbycie się zapachu. Wskazówka: zapach dymu papierosowego. Nagroda: zapach usunięty z ubrań. Druga reklama pokazywała kobietę martwiącą się, że jej pies, Zofia, ciągle siedzi na kanapie. „Zofia zawsze będzie pachniała Zofią", mówi, ale dzięki Febreze „moje meble już nie muszą"[18]. Wskazówka: zwierzę wydziela zapach, co jest doskonale znane siedemdziesięciu milionom gospodarstw domowych, w których mieszkają zwierzęta[19]. Nagroda: dom, który nie pachnie jak psia buda.

Stimson i jego zespół zaczęli nadawać reklamy w roku 1996 w tych samych miastach, w których testowano Febreze. Rozdawali próbki, wrzucali reklamy do skrzynek pocztowych i płacili właścicielom sklepów za ustawianie całych gór Febreze w pobliżu kas. A potem się wygodnie rozsiedli, wyobrażając sobie, jak wydadzą nagrody za odniesiony sukces.

Minął tydzień. Potem dwa. Miesiąc. Dwa miesiące. Sprzedaż była mała i – malała. Ogarnięta paniką firma wysłała badaczy do sklepów w celu sprawdzenia, co się dzieje. Półki uginały się pod ciężarem butelek Febreze, których nigdy żaden klient nawet nie wziął do ręki. Zaczęli odwiedzać gospodynie domowe, które dostały darmowe próbki.

„O tak!" – jedna z nich powiedziała badaczowi P&G. „Ten spray! Pamiętam go. Zaraz, zobaczmy". Uklęknęła w kuchni i zaczęła grzebać w szafce pod zlewem. „Stosowałam go jakiś czas, ale potem o nim zapomniałam. Chyba jest gdzieś tu z tyłu". Wstała. „A może jest w szafie?". Podeszła do szafy i odgarnęła na bok kilka mopów i mioteł. „Tak! Tu jest! Z tyłu! Widzicie? Prawie pełna butelka. Chcecie go z powrotem?".

Febreze był niewypałem.

Dla Stimsona była to katastrofa. Rywalizujący z nim menedżerowie z innych działów wyczuli w jego porażce swoją szansę. Słyszał plotki, że niektórzy lobbują za zabiciem Febreze i przeniesieniem Stimsona do produktów do pielęgnacji włosów Nicky Clarke, co jest produktowym odpowiednikiem zesłania na Syberię.

Prezes jednego z oddziałów P&G zorganizował zebranie kryzysowe, na którym ogłosił, że muszą przyciąć straty na Febreze, zanim członkowie zarządu zaczną zadawać pytania. Szef Stimsona wstał i wygłosił emocjonalny apel. „Wciąż mamy szansę, żeby wszystko odwrócić", zapewnił. „Przynajmniej poprośmy naszych jajogłowych, niech ustalą, co się dzieje". P&G niedawno przechwycił naukowców z takich ośrodków jak Stanford, Carnegie Mellon i paru innych, którzy byli rzekomymi specjalistami od psychologii konsumenta. Prezes oddziału zgodził się dać produktowi jeszcze trochę czasu.

Do zespołu Stimsona dołączyła więc nowa grupa badaczy, która zaczęła prowadzić dodatkowe wywiady[20]. Pierwsze podejrzenie, dlaczego Febreze jest porażką, pojawiło się, kiedy odwiedzili dom pewnej kobiety na obrzeżach Phoenix. Mogli poczuć jej dziewięć kotów, jeszcze zanim weszli do środka. Wnętrze domu było natomiast czyste i porządne. Była maniakiem czystości, jak im wyjaśniła. Odkurzała codziennie i nie lubiła otwierać okien, przez które wiatr nanosił kurz do środka. Kiedy Stimson i naukowcy weszli do salonu, gdzie przebywały koty, odór był tak obezwładniający, że jeden z nich miał odruch wymiotny.

„Co pani robi z zapachem kotów?", naukowiec zapytał kobietę.

„To zazwyczaj nie jest żaden problem", odparła.

„Jak często czuje pani brzydki zapach?".

„Może raz w miesiącu", odpowiedziała kobieta.

Badacze spojrzeli po sobie.

„A teraz pani go czuje?", zapytał badacz.

„Nie", odrzekła.

Ten sam wzorzec powtórzył się w dziesiątkach innych brzydko pachnących domów, które odwiedzili. Ludzie nie wykrywali większości brzydkich zapachów towarzyszących im w codziennym życiu. Jeżeli mieszkasz z dziewięcioma kotami, przestajesz reagować na ich zapach. Palenie papierosów tak dalece uszkadza twój węch, że już nie czujesz zapachu papierosowego dymu. Zapachy są dziwne; nawet te najbardziej intensywne przestają być wyczuwane, jeżeli jesteś na nie narażony bezustannie. Właśnie dlatego – uświadomił sobie Stimson – nikt nie używał Febreze. Wskazówka produktu – to coś, co miało skłaniać do codziennego użytku – była ukryta właśnie przed tymi, którzy najbardziej produktu potrzebowali. Brzydkie zapachy po prostu nie były wystarczająco często uświadamiane, aby uruchomić regularny nawyk. Dlatego Febreze lądował na dnie szaf i szafek. Ludzie z najbardziej palącym wskazaniem do zastosowania sprayu nigdy nie czuli zapachów, które powinny im przypominać, że ich salon potrzebuje odświeżenia.

Zespół Stimsona wrócił do siedziby firmy i zebrał się w pozbawionym okien pomieszczeniu, ponownie czytając zapis wywiadu z kobietą od dziewięciu kotów. Psycholog zapytał, co się dzieje, kiedy cię zwolnią. Stimson oparł głowę na dłoniach. Jeżeli nie potrafi sprzedać Febreze kobiecie z dziewięcioma kotami, to komu *mógł* sprzedać ten produkt? Jak wykształcić nowy nawyk, jeżeli nie ma wskazówki wyzwalającej jego zastosowanie i skoro konsument najbardziej go potrzebujący nie docenia nagrody?

III

Laboratorium należące do Wolframa Schultza, profesora neuronauk na Uniwersytecie Cambridge, nie jest ładnym miejscem. Jego biurko jest przez współpracowników określane zamiennie albo jako czarna dziura, w której dokumenty giną bez śladu i na zawsze, albo płytka Petriego, na której organizmy mogą sobie spokojnie rosnąć przez nikogo nie niepokojone i dzielić się w szaleńczym tempie przez całe lata. Kiedy Schultz musi coś wyczyścić, co nie zdarza się często, nie używa sprayów czy płynów do czyszczenia. Moczy papierowy ręcznik i mocno wyciera. Kiedy jego ubranie śmierdzi dymem lub sierścią kota, on tego nie zauważa. Albo o to nie dba.

A jednak eksperymenty, które przeprowadzał Schultz przez ostatnie dwadzieścia lat, zrewolucjonizowały nasze rozumienie interakcji wskazówek, nagród i nawyków. To on wyjaśnił, dlaczego niektóre wskazówki i nagrody mają większą siłę od innych, i opracował naukową mapę, która pokazuje, dlaczego Pepsodent był hitem, niektórzy fani diet i ćwiczeń fizycznych tak szybko zmieniają nawyki i – w końcu – co było potrzebne, by ruszyła sprzedaż Febreze.

W latach osiemdziesiątych Schultz był jednym z członków grupy naukowców badających mózgi małp, które uczyły się różnych zadań, jak choćby naciskanie dźwigni czy otwieranie klamerek. Celem było ustalenie, które części mózgu odpowiadają za nowe działania.

„Pewnego dnia zauważyłem coś, co mnie zainteresowało", wyznał Schultz. Urodził się w Niemczech i dziś, kiedy mówi po angielsku, brzmi trochę jak Arnold Schwarzenegger, gdyby tylko Terminator był członkiem Towarzystwa Królewskiego. „Kilka małp, które obserwowaliśmy, uwielbiało sok jabłkowy, inne zaś kochały sok winogronowy. I tak oto zacząłem się zastanawiać, co dzieje się w tych małych małpich główkach? Dlaczego różne nagrody mają różny wpływ na mózg?".

Schultz rozpoczął serię eksperymentów, których celem było rozszyfrowanie, w jaki sposób nagrody działają na poziomie neurochemicznym. W latach dziewięćdziesiątych wraz z rozwojem technologii uzyskał dostęp do sprzętu podobnego do oprzyrządowania wykorzystywanego przez badaczy w MIT. Jednak Schultza bardziej niż szczury interesowały małpy, jak Julio, ważący około czterech kilogramów makak z orzechowymi oczami, któremu wszczepiono do mózgu cieniuteńką elektrodę umożliwiającą Schultzowi obserwację pojawiającej się aktywności neuronów[21].

Pewnego dnia Schultz posadził Julia na krześle w słabo oświetlonym pomieszczeniu i włączył monitor komputera. Zadaniem Julia było dotykanie dźwigni, kiedy tylko na monitorze pojawią się kolorowe kształty – małe żółte spiralki, czerwone zawijasy, niebieskie linie. Jeśli Julio dotykał dźwigni w chwili pojawienia się kształtu, przez zawieszoną na suficie rurkę wprost do jego pyska wpadała kropla soku z jagód.

Julio lubił sok z jagód.

Początkowo Julio był średnio zainteresowany tym, co działo się na ekranie. Większość czasu spędzał na próbach uwolnienia się z krzesła.

Ale kiedy pojawiła się pierwsza porcja soku, Julio mocno skupił się na monitorze. Gdy, dzięki wielokrotnym powtórzeniom, małpa zrozumiała, że kształty na ekranie były wskazówką dla wykonania określonego rutynowego zachowania („dotknij dźwignię"), które skutkowało nagrodą (sok z jagód), zaczęła gapić się na ekran z intensywnością lasera. Julio już się nie wiercił. Na widok żółtych zawijasów dotykał dźwigni. Widząc niebieską linię, podskakiwał. A gdy dostawał sok, z zadowoleniem oblizywał pysk.

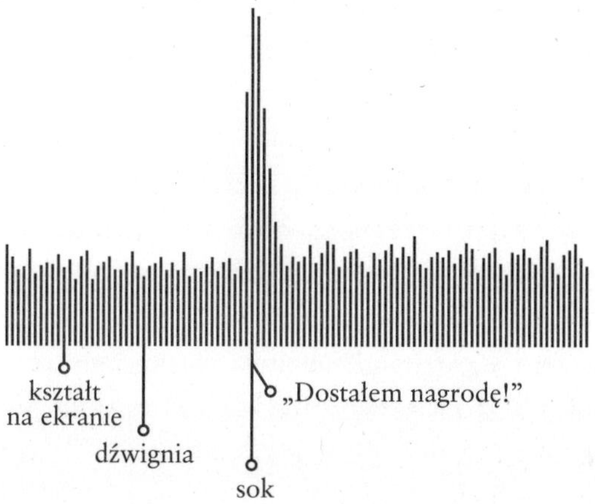

REAKCJA NA NAGRODĘ, KIEDY JULIO DOSTAJE SOK

Monitorując aktywność mózgu Julia, Schultz dostrzegł wyłaniający się wzorzec. Kiedy Julio dostawał swoją nagrodę, aktywność jego mózgu na chwilę gwałtownie wzrastała w sposób sugerujący, że doświadcza on szczęścia[22]. Zapis tej aktywności neuronalnej obrazuje, co się dzieje w sytuacji, w której mózg małpy mówi, ni mniej, ni więcej, „Dostałem nagrodę!".

Schultz wielokrotnie powtarzał eksperyment z Juliem, za każdym razem zapisując reakcję neurologiczną. I zawsze, gdy Julio dostawał swój sok, na komputerze podłączonym do zamieszczonego w mózgu małpy czujnika pojawiał się wzorzec „Dostałem nagrodę!". Stopniowo, z perspektywy neurologicznej, zachowanie Julia przekształcało się w nawyk.

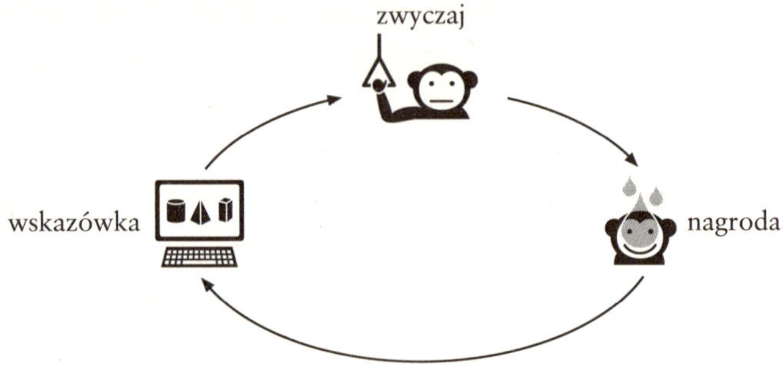

PĘTLA NAWYKU JULIA

Jednak tym, co zainteresowało Schultza najbardziej, były zmiany pojawiające się wraz z trwaniem eksperymentu. Wraz z nabywaniem coraz większej biegłości w wykonywaniu zachowania – kiedy nawyk stawał się coraz silniejszy – mózg Julia zaczął *antycypować* sok z jagód. Czujniki Schultza zaczęły rejestrować wzorzec „Dostałem nagrodę!" w chwili, w której Julio widział kształty na ekranie, *zanim* pojawiał się sok:

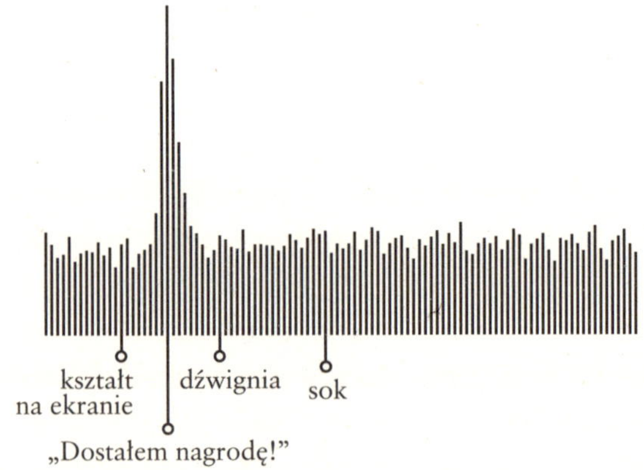

TERAZ REAKCJA JULIA NA NAGRODĘ POJAWIA SIĘ ZANIM DOSTANIE ON SOK

Innymi słowy – kształty na ekranie stały się nie tylko wskazówką naciskania dźwigni, lecz także wskazówką reakcji przyjemności w mózgu małpy. Julio zaczął oczekiwać nagrody, gdy tylko dostrzegał żółte spirale i czerwone zawijasy.

Następnie Schultz zmienił przebieg eksperymentu. Wcześniej Julio dostawał sok, gdy tylko dotknął dźwignię. Teraz czasami sok nie pojawiał się w ogóle, nawet jeśli Julio prawidłowo wykonywał zadanie. Albo pojawiał się z opóźnieniem. A czasem był rozwadniany i smakował tylko w połowie tak słodko.

Kiedy sok się nie pojawiał w ogóle lub wprawdzie się pojawiał, ale z opóźnieniem albo był rozwodniony, Julio się denerwował i wydawał z siebie pełne nieszczęścia odgłosy, czasami wpadał też w przygnębienie. A w mózgu Julia Schultz dostrzegł wyłonienie się nowego wzorca: pragnienia (pożądania). Kiedy Julio spodziewał się soku, ale go nie dostawał, wewnątrz jego czaszki wybuchał neurologiczny wzorzec związany z pożądaniem i frustracją. Gdy Julio widział wskazówkę, zaczynał antycypować radość z otrzymania soku. Ale kiedy soku nie było, radość zamieniała się w pragnienie, które – niezaspokojone – wywoływało u niego gniew i przygnębienie.

Badacze w innych laboratoriach odkryli podobne wzorce. Na przykład małpy zostały nauczone, że sok się pojawi zawsze, kiedy na ekranie widziały kształt. Potem naukowcy próbowali je rozpraszać. Otwierali drzwi laboratorium, umożliwiając wychodzenie na zewnątrz i zabawę z przyjaciółmi. Umieszczali jedzenie w zakamarkach, sprawiając, że mogły jeść, jeżeli przerwały eksperyment.

W przypadku tych małp, które nie wykształciły silnego nawyku, rozpraszanie było skuteczne. Złaziły z krzeseł, wymykały się z pomieszczenia, nawet się nie oglądając. Nie nauczyły się pożądać soku. Natomiast kiedy małpa wykształciła nawyk – kiedy jej mózg zaczął *antycypować* nagrodę – dystrakcja nie była w najmniejszym stopniu kusząca. Zwierzę siedziało wgapione w ekran i wciskało dźwignię, raz za razem, niezależnie od zaoferowanego mu pożywienia czy możliwości wyjścia na zewnątrz. Przewidywanie i poczucie pragnienia było tak obezwładniające, że małpy tkwiły niczym przyklejone do monitora, dokładnie tak, jak hazardzista będzie nadal grał po tym, jak już dawno wszystko przegrał[23].

To właśnie wyjaśnia, dlaczego nawyki są takie potężne: wytwarzają neurologiczną żądzę. Najczęściej pragnienia te pojawiają się stopniowo, tak że nie mamy tak naprawdę świadomości ich istnienia, co sprawia, że często jesteśmy wobec nich bezbronni. Kiedy połączymy wskazówki z określonymi nagrodami, w naszych mózgach powstaje nieświadome pragnienie, uruchamiające pętlę nawyku. Na przykład pewien badacz z Cornell odkrył, jak silnie pragnienie jedzenia czy zapachu może oddziaływać na zachowanie, analizując umiejscowienie w centrach handlowych ciastkarni sieci Cinnabon, oferującej cynamonowe wypieki. Większość sprzedawców jedzenia umiejscawia swoje stoiska w wydzielonych częściach restauracyjnych, ale Cinnabon stara się otwierać swoje sklepy *z dala* od innych stoisk oferujących jedzenie[24]. Dlaczego? Ponieważ szefowie Cinnabon chcą, aby zapach cynamonu unosił się po pasażach i korytarzach centrum handlowego w sposób niezakłócony, powodując, że kupujący zaczną nieświadomie odczuwać chęć na cynamonową babeczkę. Zanim klient centrum handlowego wyjdzie zza rogu i zobaczy sklep Cinnabon, pragnienie w jego głowie zamieni się już w ryczącego potwora i klient, niewiele myśląc, sięgnie po portfel. Pętla nawyku się rozkręca, ponieważ wytworzono pragnienie[25].

„W naszych mózgach nie ma żadnego oprogramowania, które sprawia, że widok pudełka z pączkami automatycznie wywołuje u nas ochotę na coś słodkiego", powiedział mi Schultz. „Ale kiedy mózg się nauczy, że pudełko z pączkami zawiera pychotkowy cukier i inne węglowodany, zacznie *antycypować* cukrowy haj. Nasz własny mózg pchnie nas w stronę pudełka. A potem, jeśli nie zjemy pączka, poczujemy rozczarowanie".

W celu zrozumienia tego procesu przyjrzyjmy się, w jaki sposób ukształtował się nawyk Julia. Najpierw zobaczył kształt na ekranie:

Z czasem Julio zrozumiał, że pojawienie się kształtu sygnalizuje potrzebę wykonania określonego działania. Dotykał więc dźwigni:

W rezultacie Julio dostawał kroplę soku z jagód.

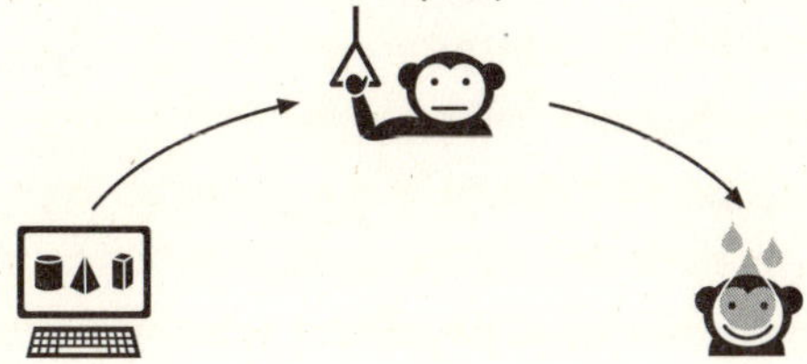

Tak wygląda podstawowy proces uczenia się. Nawyk pojawi się jedynie w sytuacji, w której Julio poczuje *pragnienie* soku na widok wskazówki. Jeśli pragnienie już zaistniało, Julio będzie działał automatycznie. Zrobi to, co dyktuje mu nawyk:

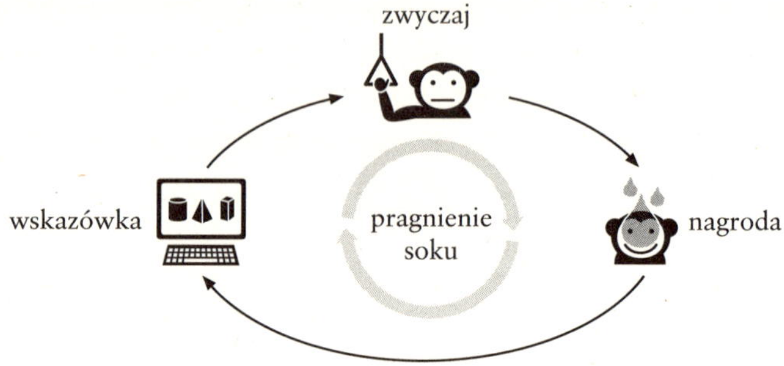

PĘTLA NAWYKU JULIA

Tak oto powstają nowe nawyki: połączenie wskazówki, zwyczaju i nagrody, a potem kultywowanie pragnienia podtrzymującego pętlę[26]. Weźmy, na przykład, palenie papierosów. Kiedy palacz zobaczy wskazówkę – powiedzmy, paczkę marlboro – mózg zaczyna antycypować dopływ nikotyny.

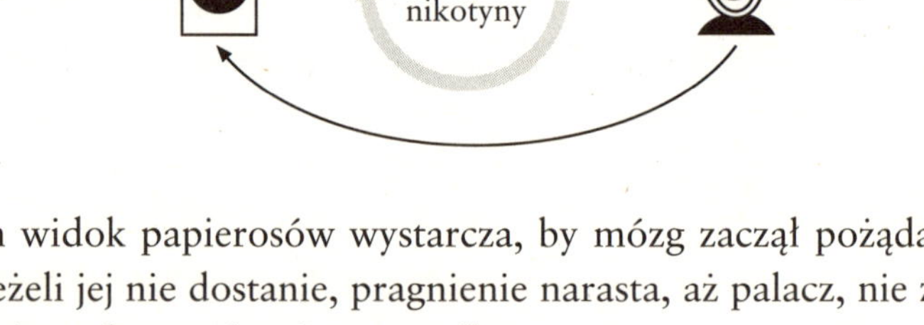

Sam widok papierosów wystarcza, by mózg zaczął pożądać nikotyny. Jeżeli jej nie dostanie, pragnienie narasta, aż palacz, nie zastanawiając się nad tym, sięgnie po marlboro.

Albo weźmy e-maile. Kiedy komputer zapiszczy albo smartfon zawibruje, informując, że nadeszła nowa wiadomość, mózg zaczyna antycypować chwilową rozrywkę, której dostarcza otwieranie poczty elektronicznej. To oczekiwanie, jeżeli nie zostanie zaspokojone, będzie narastało, aż na spotkaniu będziemy mieli tłum podekscytowanych menedżerów sprawdzających pod stołem swoje brzęczące BlackBerry. Także wtedy, kiedy wiedzą, że chodzi jedynie o wyniki „gry w ligę” (*fantasy football*). (A tak na marginesie, wystarczy wyłączyć wibrację – i tym samym usunąć wskazówkę – a ludzie będą pracować całymi godzinami, nie myśląc o sprawdzaniu skrzynek).

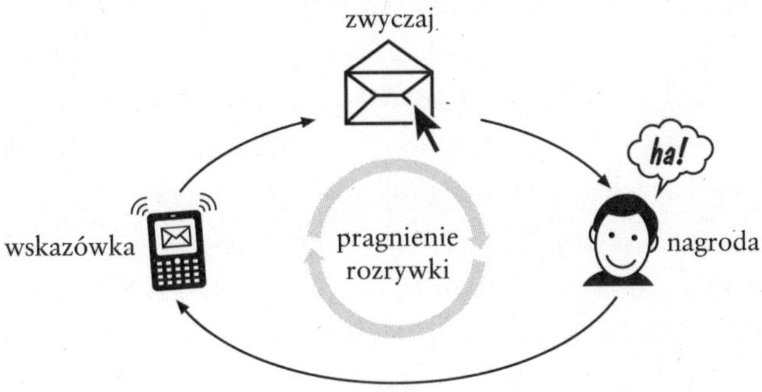

Naukowcy badali mózgi alkoholików, palaczy i osób objadających się, mierząc, w jaki sposób ich neurologia – struktury mózgów i przepływ neuroprzekaźników wewnątrz ich czaszek – zmienia się wraz z zagnieżdżeniem się tam pragnień. Szczególnie silne nawyki, piszą dwaj naukowcy z University of Michigan, wytwarzają reakcje przypominające uzależnienie, kiedy to „chęć przeradza się w obsesyjną żądzę”[27] zdolną zmusić nasz mózg do włączenia autopilota, „nawet w obliczu zagrożeń i możliwości wystąpienia poważnych konsekwencji, jak utrata reputacji, pracy, domu i rodziny”.

A jednak te pragnienia nie mają nad nami całkowitej kontroli. Jak wyjaśni następny rozdział, istnieją mechanizmy, które mogą nam pomóc zignorować pokusy. Niemniej pokonanie nawyku wymaga od nas rozpoznania, jakie pragnienie kieruje naszym zachowaniem. Jeżeli nie uświadamiamy sobie naszej antycypacji, to jesteśmy niczym klient centrum handlowego, który maszeruje prowadzony przez niewidoczną siłę prosto do ciastkarni Cinnabon.

* * *

By zrozumieć potęgę pragnienia w wykształcaniu nawyków, przyjrzyj się, w jaki sposób powstaje zwyczaj regularnego wykonywania ćwiczeń fizycznych. W roku 2002 badacze na New Mexico State University chcieli zrozumieć, dlaczego ludzie wyrabiają sobie zwyczaj uprawiania sportu[28]. Przebadali dwieście sześćdziesiąt sześć osób, z których większość uprawiała sport przynajmniej trzy razy w tygodniu. Odkryli, że wielu z nich zaczęło biegać czy podnosić ciężary pod wpływem impulsu albo dlatego, że nagle mieli trochę wolnego czasu lub chcieli w ten sposób poradzić sobie z nagłym stresem, który pojawił się w ich życiu. Natomiast fakt, że *kontynuowali* – dlaczego zachowanie przekształciło się w nawyk – wiązał się ze specyficzną nagrodą, której zaczęli pragnąć.

W jednej grupie 92 procent osób twierdziło, że ćwiczą regularnie, ponieważ dzięki temu „dobrze się czują" – oczekują i pragną endorfin i innych substancji neurochemicznych, uwalnianych w trakcie wysiłku fizycznego. W innej grupie 67 procent osób mówiło, że ćwiczenia fizyczne dawały im coś w rodzaju poczucia „spełnienia". Ludzie ci zaczęli pragnąć regularnego uczucia triumfu związanego z wytrwaniem w postanowieniach i ta wewnętrzna nagroda wystarczała, by aktywność fizyczna stała się nawykiem.

Jeżeli chcesz zacząć biegać każdego ranka, kluczowy będzie wybór prostej wskazówki (jak wkładanie trampek zawsze przed śniadaniem albo zostawianie ciuchów do biegania koło łóżka) i wyraźnej nagrody (łakoć w ciągu dnia, poczucie spełnienia podczas zapisywania twoich osiągnięć czy przypływ endorfin pojawiający się podczas biegu). Niezliczone badania pokazały jednak, że sama wskazówka i nagroda nie wystarczą, by nowy nawyk się utrzymał. Dopiero kiedy twój mózg zacznie *oczekiwać* nagrody – pragnąć endorfin czy poczucia sukcesu – wiązanie sznurówek każdego ranka się zautomatyzuje. Wskazówka, oprócz uruchamiania zwyczaju, musi jeszcze uruchamiać pragnienie pojawienia się nagrody[29].

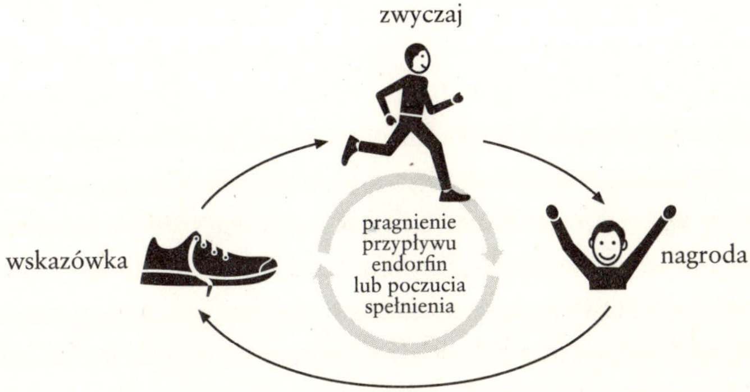

„Pozwól, że zapytam o pewien mój problem", powiedziałem do Wolframa Schultza, neuronaukowca, po tym, jak wyjaśnił mi powstawanie pragnienia. „Mam w domu dwulatka i kiedy jestem w domu i wieczorem go karmię – panierowanym kurczakiem i innymi takimi rzeczami – sam sięgam po jedzenie i zjadam, w ogóle o tym nie myśląc. To nawyk. A teraz zacząłem tyć".

„Każdy to robi", odparł Schultz. Sam ma troje dzieci, dziś wszystkie są już dorosłe. Kiedy były małe, on, automatycznie, podskubywał ich posiłki. „W pewnym stopniu", mówił, „jesteśmy jak te małpy. Gdy nasz wzrok padnie na kurczaka albo frytki na stole, nasze mózgi zaczynają antycypować jedzenie, nawet jeżeli nie jesteśmy głodni. Nasz mózg zaczyna ich pragnąć. Mówiąc szczerze, ja nawet nie *przepadam* za takim jedzeniem, ale nagle trudno sobie poradzić z tą zachcianką. I kiedy tylko zjem, odczuwam przypływ przyjemności, kiedy moje pragnienie zostaje zaspokojone. To upokarzające, ale tak właśnie działają nawyki".

„Myślę, że powinienem być wdzięczny", powiedział, „ponieważ ten sam proces pozwala mi tworzyć dobre nawyki. Ciężko pracuję, bo oczekuję, że będę dumny z odkrycia. Ćwiczę, bo oczekuję dobrego samopoczucia. Chciałbym tylko umieć lepiej wybierać".

IV

Po katastrofalnym wywiadzie z kobietą od kotów Drake Stimson i jego zespół w P&G zaczęli szukać pomocy, wychodząc poza dotychczasowe schematy działania. Zaczęli czytać o eksperymentach, takich jak te prowadzone przez Wolframa Schultza. Poprosili profesora z Harvard Business School o przeprowadzenie badań psychologicznych nad kampaniami Febreze. Przepytywali konsumenta za konsumentem, szukając czegoś, co dałoby im wskazówkę, w jaki sposób przekształcić Febreze w regularną część ich życia.

Pewnego dnia pojechali porozmawiać z kobietą na przedmieściach niedaleko Scottsdale. Miała czterdzieści parę lat i dwoje dzieci. Jej dom był czysty, ale nie obsesyjnie wypucowany. Ku zaskoczeniu badaczy uwielbiała Febreze.

„Stosuję codziennie", powiedziała.

„Naprawdę?", zapytał Stimson. Dom nie wyglądał na miejsce, w którym występowałyby problemy z brzydkimi zapachami. Nie było tu zwierząt. Nikt nie palił. „Po co, jakich zapachów chce się pani pozbyć?".

„Nie używam go z powodu jakiś konkretnych zapachów", odpowiedziała kobieta. „To znaczy, wiecie, mam synów. Są w okresie dojrzewania i kiedy nie posprzątam ich pokoi, to brzydko tam pachnie. Ale nie używam go tak naprawdę do tego – stosuję spray do normalnego sprzątania – parę psiknięć, kiedy skończę sprzątać pokój. To taki miły sposób na sprawienie, by wszystko ładnie pachniało, taki ostatni szlif".

Zapytali, czy mogą się przyjrzeć, jak sprząta dom. W sypialni pościeliła swoje łóżko, ułożyła poduszki, poprawiła pościel, a potem wzięła Febreze i spryskała wygładzoną kołdrę. W salonie odkurzyła, pozbierała buty dzieci, ustawiła stolik i rozpyliła Febreze na świeżo odkurzony dywan. „Wiecie, to jest takie miłe", powiedziała. „Rozpylanie sprayu to taki minirytuał, kiedy skończę sprzątać każdy kolejny pokój". Używając Febreze w taki sposób, jak wyliczył Stimson, kobieta opróżnia jedną butelkę w dwa tygodnie.

P&G zebrał przez lata tysiące godzin nagrań ludzi sprzątających swoje domy. Po powrocie do Cincinnati kilku badaczy spędziło wieczór na oglądaniu taśm. Następnego ranka jeden z naukowców poprosił zespół zajmujący się Febreze, by dołączył do niego do sali konferencyjnej. Puścił nagranie kobiety – dwudziestosześcioletniej matki trójki dzieci – ścielącej łóżko. Wygładziła pościel i ułożyła poduszkę. Potem uśmiechnęła się i wyszła z pokoju.

„Widzieliście to?" zapytał podekscytowany badacz.

Puścił kolejne nagranie. Młodsza, brunetka, wygładziła kolorową pościel, ułożyła poduszkę, po czym uśmiechnęła się, patrząc na efekty swojej pracy. „Znowu!", powiedział badacz. Następna taśma pokazała kobietę sprzątającą kuchnię w roboczych ciuchach, która wytarła blat, po czym przeciągnęła się z ulgą.

Badacz popatrzył na współpracowników.

„Widzicie to?", zapytał.

„Każda z osób robi coś odprężającego lub przyjemnego, kiedy skończy sprzątać", powiedział. „Możemy na tym budować! A gdyby tak użycie Febreze było czymś, co robimy na *zakończenie* sprzątania, a nie na początku? Gdyby tak uczynić stosowanie sprayu tą fajną częścią przywracania czystości?".

Zespół Stimsona wykonał jeszcze jeden test. Uprzednio reklama produktu opierała się na eliminowaniu przykrych zapachów. Teraz firma wydrukowała nowe etykiety, przedstawiające otwarte okna i podmuchy świeżego powietrza. Do receptury dodano więcej środków zapachowych, aby zamiast jedynie neutralizować przykre zapachy, Febreze miał własną wyjątkową nutę zapachową. W reklamach telewizyjnych przedstawiano kobiety spryskujące świeżo poscielone łóżka i dopiero co wypraną odzież. Wcześniejszy slogan głosił „Usuwa przykre zapachy z tkanin". Przerobiono go na „Czyści zapachy życia".

Każda zmiana została zaprojektowana w taki sposób, by odwoływała się do specyficznej, codziennej wskazówki: sprzątnięcia pokoju; poscielenia łóżka; odkurzenia dywanu. W każdej z tych czynności Febreze przedstawiano jako nagrodę: przyjemny zapach pojawiający się po skończeniu sprzątania. Co najważniejsze, każda reklama była nakierowana na wytworzenie pragnienia: że rzeczy będą pachniały równie ładnie, jak wyglądają, kiedy zakończymy sprzątanie. Ironią jest, że produkt stworzony po to, aby usuwać brzydkie zapachy, został przerobiony w produkt służący czemuś zupełnie odwrotnemu. Zamiast usuwać smrodki z brudnych tkanin zamienił się w odświeżacz powietrza, stosowany jako wykończenie i ostatni szlif wtedy, kiedy wszystko już lśniło czystością.

Gdy badacze powrócili do domów konsumentów po uruchomieniu nowej kampanii reklamowej i rozdaniu kolejnych, zmienionych butelek, odkryli, że niektóre panie domu w testowych sklepach zaczęły oczekiwać – pragnąć – zapachu Febreze. Jedna z kobiet powiedziała, że kiedy płyn się skończył, rozpyliła rozwodnione perfumy na upranych tkaninach. „Kiedy na koniec nie czuję przyjemnego zapachu, nie mam wrażenia, że jest czysto", powiedziała.

„Strażniczka z parku narodowego, która miała problem ze skunksami, pokierowała nasze myślenie na złe tory", powiedział mi Stimson. „Sprawiła, że zaczęliśmy myśleć, iż Febreze odniesie sukces, dostarczając rozwiązania problemu. Ale kto chce się przyznać, że w jego domu śmierdzi?".

„Patrzyliśmy na tę sprawę zupełnie z niewłaściwej strony. Nikt nie pragnie braku zapachu. Z drugiej strony wielu ludzi pożąda przyjemnego zapachu, kiedy właśnie poświęcili trzydzieści minut na sprzątanie".

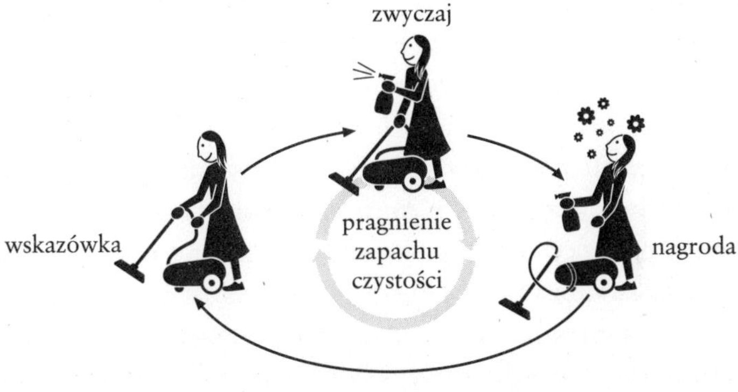

PĘTLA NAWYKU FEBREZE

Ponowne wprowadzenie Febreze na rynek odbyło się w lecie 1998 roku. W ciągu dwóch miesięcy sprzedaż się podwoiła. W ciągu roku klienci wydali na produkt ponad 230 milionów dolarów[30]. Od tamtej pory Febreze rozmnożyło się na dziesiątki produktów pochodnych – odświeżaczy powietrza, świec, detergentów do prania i sprayów kuchennych – wszystko to razem wzięte daje dziś sprzedaż przekraczającą miliard dolarów rocznie. Ostatecznie P&G zaczął edukować klientów, że oprócz ładnego zapachu Febreze może także likwidować brzydkie zapachy.

Stimson dostał awans, a jego zespół otrzymał nagrody. Formuła zadziałała. Znaleźli proste i oczywiste wskazówki. Jasno zdefiniowali nagrodę.

Jednak dopiero kiedy stworzyli pragnienie – chęć, aby wszystko pachniało tak ładnie, jak wygląda – Febreze stało się hitem. Owo pragnienie jest kluczowym elementem wzoru na wykształcenie nowych nawyków, którego Claude Hopkins, człowiek od reklamy Pepsodentu, nigdy nie odkrył.

V

Pod koniec życia Hopkins zaczął wykładać. Jego wykłady dotyczące „Zasad naukowej reklamy" przyciągały tysiące ludzi. Z katedry często porównywał się do Tomasza Edisona i Jerzego Waszyngtona, roztaczając szalone prognozy naszej przyszłości (przeważały latające samochody). Ale nigdy nie wspomniał o pragnieniach albo o neurologicznych podstawach pętli nawyków. Ostatecznie musiało minąć jeszcze siedemdziesiąt lat, zanim MIT i Wolfram Schultz zaczęli przeprowadzać swoje eksperymenty.

Jak w takim razie Hopkinsowi udało się stworzyć tak potężny nawyk mycia zębów bez skorzystania z tej wiedzy?

Cóż, okazuje się, że w rzeczywistości on jednak *skorzystał* z zasad później odkrytych w MIT i w laboratorium Schultza, nawet jeżeli wtedy jeszcze nikt nie zdawał sobie z tego sprawy.

Doświadczenia Hopkinsa z Pepsodentem nie były takie proste, jak je on przedstawia w swoich wspomnieniach. Choć przechwalał się, że to on odkrył tę fantastyczną wskazówkę w postaci nalotu na zębach, i szczycił się, że to on jako pierwszy pokazał konsumentom konkretną nagrodę w postaci pięknych zębów, to okazało się jednak, że Hopkins nie był twórcą tej taktyki. Bynajmniej. Przyjrzyj się na przykład innym reklamom pasty do zębów, które ukazywały się w czasopismach i gazetach, zanim jeszcze Hopkins wiedział o istnieniu Pepsodentu.

„Składniki tego środka zostały specjalnie stworzone z myślą o przeciwdziałaniu odkładania się *kamienia nazębnego* wokół szyjek zębów", głosiła jedna z reklam pasty dentystycznej Dra Sheffielda, która powstała przed Pepsodentem. „Usuń ten brudny osad!".

„Twoje białe szkliwo tylko *schowało się* pod nalotem", można było przeczytać w reklamie, która powstała w czasie, gdy Hopkins przegryzał się przez literaturę stomatologiczną. „Pasta do zębów Sanitol szybko przywróci naturalną biel, usuwając nalot".

„Urok pięknego uśmiechu zależy od piękna twoich zębów", głosiła trzecia reklama. „Piękne, gładkie jak satyna zęby są często sekretem atrakcyjności pięknej dziewczyny. Stosuj pastę do zębów S.S. White Toothpaste!".

Dziesiątki innych speców od reklamy posługiwały się tym samym językiem, który pojawił się w reklamach Pepsodentu całe lata wcześniej, zanim Hopkins dołączył do gry. Wszystkie ich reklamy obiecywały usunąć nalot nazębny i oferowały nagrodę w postaci pięknych, białych zębów. Żadna nie zadziałała.

W chwili, w której Hopkins rozpoczął swoją kampanię, sprzedaż Pepsodentu eksplodowała. Dlaczego Pepsodent był inny?

Dlatego, że sukces Hopkinsa napędzany był przez te same czynniki, które pchały małpę Julia do naciskania dźwigni oraz gospodynie domowe do rozpylania Febreze na świeżo pościelone łóżka. Pepsodent wytworzył pragnienie.

Hopkins nie poświęcił w żadnej ze swoich autobiografii miejsca na omówienie składników Pepsodentu, niemniej receptura podana na wniosku o przyznanie patentu i dane firmy ukazują coś interesującego: inaczej niż pozostałe pasty tamtego okresu, Pepsodent zawierał kwas cytrynowy, a także trochę olejku miętowego i innych substancji chemicznych[31]. Wynalazca Pepsodentu wykorzystał te składniki, aby Pepsodent smakował świeżo. Ale one miały jeszcze jeden, nieprzewidziany skutek: są drażniące, przez co wywołują uczucie chłodu i mrowienia na języku i dziąsłach.

Gdy Pepsodent zaczął dominować na rynku, badacze z konkurencyjnych firm koniecznie chcieli się dowiedzieć, dlaczego tak się dzieje. I dokonali odkrycia: konsumenci mówili, że kiedy zapomnieli użyć Pepsodentu, uświadamiali sobie swój błąd, ponieważ brakowało im chłodnego mrowienia w ustach. Oczekiwali – *pragnęli* – tego delikatnego podrażnienia. Kiedy się nie pojawiało, nie czuli, że ich usta są czyste.

Claude Hopkins nie sprzedawał pięknych zębów. Sprzedawał doznanie. Kiedy ludzie zaczęli pragnąć tego uczucia chłodu i mrowienia – kiedy postawili znak równości między tym doznaniem a czystością – mycie zębów stało się nawykiem.

Z chwilą, gdy inne firmy odkryły, co tak naprawdę sprzedaje Hopkins, zaczęły go naśladować. Po kilkudziesięciu latach niemal każda pasta do zębów zawierała olejki i substancje chemiczne drażniące dziąsła. I szybko Pepsodent zaczął tracić swoją pozycję rynkowego lidera. Nawet dziś prawie wszystkie pasty zawierają składniki, których jedyną funkcją jest sprawianie, by twoja buzia mrowiła po tym, jak wyszczotkujesz zęby.

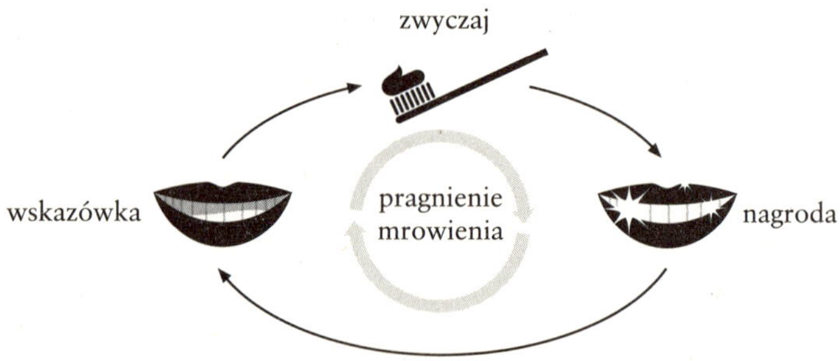

PRAWDZIWA PĘTLA NAWYKU PEPSODENTU

„Konsumenci potrzebują jakiegoś sygnału, że produkt działa", powiedziała mi Tracy Sinclair, brand menedżer odpowiedzialna za pasty Oral-B i Crest Kids. „Możemy dać pastom do zębów dowolny smak – jagody, zielona herbata – i tak długo, jak długo zostawia ona to chłodne mrowienie, ludzie czują, że ich zęby są czyste. Mrowienie wcale nie zwiększa skuteczności pasty. Po prostu przekonuje ludzi, że pasta robi, co do niej należy".

Każdy może wykorzystać tę podstawową formułę wykształcenia nawyków na własny użytek. Chcesz więcej ćwiczyć? Wybierz wskazówkę, jak choćby chodzenie na gimnastykę zaraz po wstaniu z łóżka, i nagrodę, jak świeżo wyciskany sok po każdym treningu. Potem myśl o soku lub o przypływie endorfin. Pozwól sobie na antycypację nagrody. W rezultacie to pragnienie ułatwi ci codzienne wejście na siłownię.

Chcesz wykształcić nowe nawyki żywieniowe? Naukowcy związani z National Weight Control Registry[32] – projektem obejmującym ponad sześć tysięcy osób, które schudły ponad czternaście kilogramów – przyglądali się nawykom osób z sukcesem zrzucających kilogramy i odkryli, że 78 procent osób codziennie rano jadło śniadania, a posiłek wyzwalała pora dnia[33]. Ale większość osób, którym udało się skutecznie schudnąć, *także* wyobrażało sobie określoną nagrodę za wytrwanie na diecie – bikini, które chcieli założyć, albo poczucie dumy, które pojawiało się, gdy codziennie stawali na wadze – coś, co starannie sobie wybrali i czego naprawdę chcieli. Skupiali się na pragnieniu związanym z tą nagrodą, kiedy pojawiały się pokusy. Kultywowali owo pragnienie, aż przybrało formę łagodnej obsesji. A pragnienie tej nagrody, jak wykazali naukowcy, skutecznie wypierało pokusę, by złamać zasady diety. Pragnienie nakręcało pętlę nawyku.

Dla firm zrozumienie naukowych podstaw pragnień było rewolucją. Istnieją dziesiątki codziennych rytuałów, które *powinniśmy* wykonywać codziennie, które nigdy nie zamienią się w nawyki. Powinniśmy ograniczać sól i pić więcej wody. Powinniśmy jeść więcej warzyw i mniej tłuszczu. Powinniśmy przyjmować witaminy i smarować się kremami z filtrem przeciwsłonecznym. Pod względem tego ostatniego fakty nie mogą być bardziej jednoznaczne: wklepanie w twarz odrobiny kremu z filtrem istotnie obniża ryzyko raka skóry. A jednak, choć niemal każdy myje zęby, niecałe 10 procent Amerykanów codziennie używa filtrów przeciwsłonecznych[34]. Dlaczego?

Dlatego, że nie istnieje pragnienie, które przekształciłoby używanie kremu z filtrem w codzienny nawyk. Niektóre firmy próbują to zmienić, dodając do kremów składniki wywołujące uczucie mrowienia czy coś, co pozwoli ludziom poczuć, że nałożyli na skórę filtr przeciwsłoneczny. Mają nadzieję, że stanie się to wskazówką w taki sam sposób, w jaki pragnienie mrowienia w jamie ustnej przypomina nam o myciu zębów. Podobną taktykę zastosowano już w setkach innych produktów.

„Piana jest ogromną nagrodą", mówi Sinclair, brand menedżer. „Szampony wcale nie muszą się pienić, ale dodajemy chemikalia wytwarzające pianę, ponieważ ludzie oczekują jej, kiedy myją włosy. To samo z płynami do prania. I pastą do zębów – dziś każda firma dodaje laurosiarczan sodu, żeby pasta się mocniej pieniła. Nie zwiększa to skuteczności mycia, ale ludzie lepiej się czują, kiedy mają usta pełne piany. Gdy klient zacznie oczekiwać piany, nawyk zaczyna się umacniać".

Pragnienia są więc motorem nawyków. A zrozumienie, jak rozpalić pragnienie, ułatwia wytworzenie nowego nawyku. Dziś jest to prawdziwe w takim samym stopniu, w jakim sprawdzało się sto lat temu. Co wieczór miliony ludzi szorują zęby, by w ich ustach pojawiło się uczucie mrowienia; każdego ranka miliony wkładają buty do biegania, by doznać przypływu endorfin, którego nauczyli się pożądać.

A kiedy wracają do domu, po sprzątnięciu kuchni czy ogarnięciu sypialni, niektórzy z nich rozpylą trochę Febreze.

Przypisy

[1] Oto osoby, którym należy się moja wdzięczność za historię Hopkinsa, Pepsodentu i higieny jamy ustnej w Stanach Zjednoczonych: Scott Swank, kustosz w Dr. Samuel D. Harris National Museum of Dentistry; James L. Gutmann, DDS; i David A. Chemin, wydawca *Journal of the History of Dentistry*. Ponadto polegałem na: James Twitchell, Twenty Ads That Shook the World (New York: Three Rivers Press, 2000); Dr. Samuel D. Harris National Museum of Dentistry; *Journal of the History of Dentistry*; Mark E. Parry, Crest Toothpaste: The Innovation Challenge, Social Science Research Network, październik, 2008; Robert Aunger, Tooth Brushing as Routine Behavior, *International Dental Journal*, 57, (2007), 364–376; Jean-Paul Claessen i in., Designing Interventions to Improve Tooth Brushing, *International Dental Journal*, 58, (2008), 307–320; Peter Miskell, Cavity Protection or Cosmetic Perfection: Innovation and Marketing

of Toothpaste Brands in the United States and Western Europe, 1955–1985, *Business History Review*, 78, (2004), 29–60; James L. Gutmann, The Evolution of America's Scientific Advancements in Dentistry in the Past 150 Years, *The Journal of the American Dental Association*, 140, (2009), 8S–15S; Domenick T. Zero i in., The Biology, Prevention, Diagnosis and Treatment of Dental Caries: Scientific Advances in the United States, The Journal of the American Dental Association, 140, (2009), 25S–34S; Alyssa Picard, Making of the American Mouth: Dentists and Public Health in the Twentieth Century (New Brunswick, N.J.: Rutgers University Press, 2009); S. Fischman, The History of Oral Hygiene Products: How Far Have We Come in 6,000 Years? *Periodontology 2000*, 15, (1997), 7–14; Vincent Vinikas, Soft Soap, Hard Sell: American Hygiene in the Age of Advertisement (Ames: University of Iowa Press, 1992).

[2] H.A. Levenstein, Revolution at the Table: The Transformation of the American Diet (New York: Oxford University Press, 1988); Scott Swank, Paradox of Plenty: The Social History of Eating in Modern America (Berkeley: University of California Press, 2003).

[3] Alyssa Picard, Making of the American Mouth: Dentists and Public Health in the Twentieth Century (New Brunswick, N.J.: Rutgers University Press, 2009).

[4] Więcej informacji na temat celebrytów reklamujących pastę do zębów, patrz: Steve Craig, The More They Listen, the More They Buy: Radio and the Modernizing of Rural America, 1930–1939, *Agricultural History*, 80, (2006), 1–16.

[5] Kerry Seagrave, America Brushes Up: The Use and Marketing of Toothpaste and Toothbrushes in the Twentieth Century (Jefferson, N.C.: McFarland, 2010); Alys Eve Weinbaum, i in., The Modern Girl Around the World: Consumption, Modernity, and Globalization (Durham, N.C.: Duke University Press, 2008), 28–30.

[6] Scripps-Howard, Market Records, from a Home Inventory Study of Buying Habits and Brand Preferences of Consumers in Sixteen Cities (New York: Scripps--Howard Newspapers, 1938).

[7] C. McGaughey i E.C. Stowell, The Adsorption of Human Salivary Proteins and Porcine Submaxillary Mucin by Hydroxyapatite, *Archives of Oral Biology*, 12, 7, (1967), 815–828; Won-Kyu Park i in., Influences of Animal Mucins on Lysozyme Activity in Solution and on Hydroxyapatite Surface, *Archives of Oral Biology*, 51, 10, (2006), 861–869.

[8] William J. Gies, Experimental Studies of the Validity of Advertised Claims for Products of Public Importance in Relation to Oral Hygiene or Dental Therapeutics, *Journal of Dental Research*, 2, (wrzesień, 1920), 511–529.

[9] Mam dług wdzięczności wobec cyfrowego zbioru reklam na Duke University.

[10] Kerry Seagrave, America Brushes Up: The Use and Marketing of Toothpaste and Toothbrushes in the Twentieth Century (Jefferson, N.C.: McFarland, 2010); Jeffrey L. Cruikshank i Arthur W. Schultz, The Man Who Sold America: The Amazing (but True!) Story of Albert D. Lasker and the Creation of the Advertising Century (Cambridge, Mass.: Harvard Business Press, 2010), 268–281.

[11] Pepsodent został w końcu pokonany przez Crest, który zawierał fluor – pierwszy składnik pasty do zębów, który rzeczywiście czynił ją skuteczną w walce z dziurami.

[12] Peter Miskell, Cavity Protection or Cosmetic Perfection: Innovation and Marketing of Toothpaste Brands in the United States and Western Europe, 1955–1985, *Business History Review*, 78, (2004), 29–60.

[13] H. Aarts, T. Paulussen i H. Schaalma, Physical Exercise Habit: On the Conceptualization and Formation of Habitual Health Behaviours, Health Education Research, 3, (1997), 363–374.

[14] Krystina A. Finlay, David Trafimow i Aimee Villarreal, Predicting Exercise and Health Behavioral Intentions: Attitudes, Subjective Norms, and Other Behavioral Determinants, Journal of Applied Social Psychology, 32, (2002), 342–356.

[15] Tara Parker-Pope, P&G Targets Textiles Tide Can't Clean, *The Wall Street Journal*, kwiecień, 29, 1998.

[16] Peter Sander i John Slatter, The 100 Best Stocks You Can Buy (Avon, Mass.: Adams Business, 2009), 294.

[17] Historia Febreze pochodzi z wywiadów i artykułów, w tym: Procter & Gamble – Jager's Gamble, *The Economist*, październik, 28, 1999; Christine Bittar, P&G's Monumental Repackaging Project, *Brandweek*, marzec, 2000, 40–52; Jack Neff, Does P&G Still Matter? *Advertising Age*, 71, (2000), 48–56; Roderick E. White i Ken Mark, Procter & Gamble Canada: The Febreze Decision, Ivey School of Business, London, Ontario, 2001. Procter & Gamble został poproszony o komentarz do treści zawartych w tym rozdziale, oto treść oświadczenia: „P&G dba o poufność informacji, którymi dzielą się z nami nasi konsumenci. Dlatego nie jesteśmy w stanie potwierdzić czy sprostować informacji pozyskanych od źródeł spoza P&G".

[18] Christine Bittar, Freshbreeze at P&G, *Brandweek*, październik, 1999.

[19] American Veterinary Medical Association, dane z badań rynkowych w roku 2001.

[20] A.J. Lafley i Ram Charan, The Game Changer: How You Can Drive Revenue and Profit Growth with Innovation (New York: Crown Business, 2008).

[21] Przegląd badań prowadzonych przez Wolframa Schultza można znaleźć w: Behavioral Theories and the Neurophysiology of Reward, *Annual Review of Psychology*, 57, (2006), 87–115; Wolfram Schultz, Peter Dayan i P. Read Montague, A Neural Substrate of Prediction and Reward, *Science*, 275, (1997), 1593–1599; Wolfram Schultz, Predictive Reward Signal of Dopamine Neurons, *Journal of Neurophysiology*, 80, (1998), 1–27; L. Tremblya i Wolfram Schultz, Relative Reward Preference in Primate Orbitofrontal Cortex, *Nature*, 398, (1999), 704–708; Wolfram Schultz, Getting Formal with Dopamine and Reward, *Neuron*, 36, (2002), 241–263; W. Schultz, P. Apicella i T. Ljungberg, Responses of Monkey Dopamine Neurons to Reward and Conditioned Stimuli During Successive Steps of Learning a Delayed Response Task, *Journal of Neuroscience*, 13, (1993), 900–913.

[22] Należy tu wskazać, że sam Schultz nie twierdzi, iż te wzrosty aktywności przedstawiają szczęście. Dla naukowca taki wzrost aktywności neuronalnej jest po prostu wzrostem, a przypisywanie mu subiektywnych właściwości wykracza poza sferę sprawdzalnych wyników. W wymianie elektronicznej korespondencji, której celem

było sprawdzenie faktów, Schultz wyjaśnia: „Nie możemy mówić o przyjemności czy szczęściu, ponieważ nie znamy uczuć zwierzęcia. (...) Próbujemy unikać stwierdzeń nie popartych dowodami i po prostu szukamy faktów. Już to sobie wyjaśniliśmy. A jednak każdy, kto kiedykolwiek widział małpę albo trzyletnie dziecko, którym dano sok, może potwierdzić, że wyniki bardzo przypominają szczęście".

[23] W wymianie korespondencji elektronicznej, której celem było sprawdzenie faktów, Schultz wyjaśnia, że jego badania nie skupiały się wyłącznie na nawykach, ale także na innych zachowaniach: „Nasze dane nie ograniczają się do nawyków, które są jedną z postaci zachowania. Nagrody i błędne przewidywanie nagrody odgrywają ogólną rolę we wszystkich zachowaniach. Niezależnie od tego, czy mamy do czynienia z nawykiem, czy też nie, kiedy nie dostaniemy tego, czego się spodziewamy, czujemy się rozczarowani. Nazywamy to negatywnym błędem przewidywania (negatywna różnica między tym, co dostajemy, a tym, czego się spodziewaliśmy)".

[24] Brian Wansink, Mindless Eating: Why We Eat More Than We Think (New York: Bantam, 2006); Sheila Sasser i David Moore, Aroma-Driven Craving and Consumer Consumption Impulses, prezentacja na sesji konferencyjnej 2.4, American Marketing Association Summer Educator Conference, San Diego, California, sierpień, 8–11, 2008; David Fields, In Sales, Nothing You Say Matters, Ascendant Consulting, 2005.

[25] Harold E. Doweiko, Concepts of Chemical Dependency (Belmont, Calif.: Brooks Cole, 2008), 362–382.

[26] K.C. Berridge i M.L. Kringelbach, Affective Neuroscience of Pleasure: Reward in Humans and Animals, *Psychopharmacology*, 199, (2008), 457–480; Wolfram Schultz, Behavioral Theories and the Neurophysiology of Reward, Annual Review of Psychology, 57, (2006), 87–115.

[27] T.E. Robinson i K.C. Berridge, The Neural Basis of Drug Craving: An Incentive-Sensitization Theory of Addiction, Brain Research Reviews, 18, (1993), 247–291.

[28] Krystina A. Finlay, David Trafimow i Aimee Villarreal, Predicting Exercise and Health Behavioral Intentions: Attitudes, Subjective Norms, and Other Behavioral Determinants, *Journal of Applied Social Psychology*, 32, (2002), 342–356.

[29] Henk Aarts, Theo Paulussen i Herman Schaalma, Physical Exercise Habit: On the Conceptualization and Formation of Habitual Health Behaviours, *Health Education Research*, 12, (1997), 363–374.

[30] Christine Bittar, Freshbreeze at P&G, *Brandweek*, październik, 1999.

[31] Patent 1.619.067, przypisany Rudolphowi A. Kueverowi.

[32] Pełen wykaz badań z rejestrów National Weight Control Registry, patrz: http://www.nwcr.ws/Research/published%20research.htm.

[33] J. Brug, E. de Vet, J. de Nooijer i B. Verplanken, Predicting Fruit Consumption: Cognitions, Intention, and Habits, *Journal of Nutrition Education and Behavior*, 38, (2006), 73–81.

[34] D.I. McLean i R. Gallagher, Sunscreens: Use and Misuse, *Dermatologic Clinics*, 16, (1998), 219–226.

3

ZŁOTA ZASADA ZMIANY NAWYKU: DLACZEGO ZACHODZI TRANSFORMACJA

I

WISZĄCY NA DRUGIM KOŃCU BOISKA ZEGAR POKAZUJĄCY CZAS gry informuje, że pozostało jeszcze osiem minut i dziewiętnaście sekund. Właśnie w tej chwili Tony Dungy, nowy główny trener drużyny Tampa Bay Buccaneers – jednej z najgorszych drużyn w National Football League, żeby nie wspomnieć całej historii zawodowego futbolu amerykańskiego – zaczyna dostrzegać nieśmiałą iskierkę nadziei[1].

Jest późne niedzielne popołudnie, 17 listopada 1996 roku. Drużyna Buccaneers gra w San Diego z drużyną Chargers, która pojawiła się rok wcześniej w rozgrywkach Super Bowl[2]. Bucksi przegrywają 17 do 16. Przegrywali przez cały czas trwania meczu. Przegrywali przez cały sezon. Przerywali przez ostanie dziesięć lat. Drużyna Buccaneers nie wygrała ani jednego meczu na Zachodnim Wybrzeżu w ciągu ostatnich szesnastu lat, a wielu obecnych graczy było w podstawówce, kiedy Bucksi mogli się pochwalić swoim ostatnim dobrym sezonem. W tym roku ich wyniki to 2–8. W jednym z tych meczy drużyna Detroit Lions – tak zła, że później będzie opisywana jako drużyna uosabiająca *bez*miar w *bez*nadziejności[3] – pokonała Bucksów 21 do 6, a trzy tygodnie później znowu dała im łupnia 27 do 0. Jeden z komentatorów prasowych zaczął nazywać Bucksów „Pomarańczową Wycieraczką

Ameryki”[4]. ESPN[5] przewiduje, że Dungy, który rozpoczął pracę z drużyną w styczniu, zostanie zwolniony nim rok się skończy.

Dungy dostrzega, że jego drużyna zaczyna się ustawiać na liniach bocznych przed kolejną zagrywką i wygląda na to, że słońce wreszcie przedarło się przez gęste chmury. Nie uśmiecha się. Nigdy podczas gry nie ujawnia swoich emocji. Ale na boisku coś się zaczyna dziać, coś, na co przez lata pracował. Podczas gdy ze strony wrogo nastawionego pięćdziesięciotysięcznego tłumu spadają na niego szyderstwa, Tony Dungy widzi coś, czego nie dostrzega nikt poza nim. Dostrzega dowody, że jego plan zaczyna działać.

* * *

Tony Dungy czekał na tę pracę całą wieczność. Przez siedemnaście lat łaził wzdłuż linii bocznych jako asystent trenera, najpierw na University of Minnesota, potem z drużyną Pittsburgh Steelers, potem Kansas City Chiefs, następnie znów w Minnesocie, tym razem z Vikings. Czterokrotnie w ciągu minionych dziesięciu lat zapraszany był na rozmowy w sprawie stanowiska głównego trenera dla drużyn w National Football League.

I wszystkie cztery rozmowy nie przebiegły dobrze.

Częścią problemu była filozofia szkoleniowa Dungy’ego. Podczas rozmów o pracę cierpliwie tłumaczył, że w jego przekonaniu kluczem do wygrywania jest zmiana nawyków zawodników. Chciał, by zawodnicy nie podejmowali podczas gry tak wielu decyzji. Jego celem jest sprawienie, by reagowali automatycznie, nawykowo. Jeżeli udałoby mu się wykształcić właściwe nawyki, jego drużyna będzie wygrywać. Kropka.

„Czempioni nie robią niezwykłych rzeczy”, twierdził Dungy. „Robią rzeczy całkiem zwyczajne, ale robią je, nie myśląc, a przez to zbyt szybko, by drużyna przeciwna mogła zareagować. Wykonują nawyki, które opanowali”.

A jak, pytali właściciele drużyn, zamierza pan wykształcić te nawyki?

Ależ nie, oponował wtedy Dungy. On nie zamierzał wykształcać *nowych* nawyków. Gracze spędzali całe swoje życie na kształtowaniu rutynowych zachowań, które pozwoliły im dostać się do National Football League. Żaden sportowiec nie porzuci swoich nawyków tylko dlatego, że nowy trener powie, że ma to zrobić.

Zamiast więc wykształcać nowe nawyki Dungy chciał *zmieniać* stare nawyki drużyny. A sekret zmiany starych nawyków tkwił w wykorzystaniu wszystkiego, co już było w głowach zawodników. Nawyki są pętlą złożoną z trzech elementów – wskazówki, rutynowego czy nawykowego działania oraz nagrody – a Dungy chciał jedynie zaatakować element środkowy – rutynowe postępowanie. Z doświadczenia wiedział, że łatwiej jest przekonać kogoś do przyjęcia nowego zachowania, jeżeli na jego początku i na końcu jest coś znanego[6].

Ta strategia szkoleniowa zawierała aksjomat, Złotą Zasadę zmiany nawyku, która, jak pokazują coraz liczniejsze badania, jest jednym z najpotężniejszych narzędzi umożliwiających wprowadzenie zmiany. Dungy zrozumiał, że nigdy nie jesteś w stanie w pełni wyplenić złego nawyku.

Aby więc nawyk zmienić, musisz zachować starą wskazówkę i dostarczyć starej nagrody, ale pomiędzy wstawić nowy zwyczaj.

Zasada brzmi: Jeśli weźmiesz tę samą wskazówkę i dostarczysz tej samej nagrody, jesteś w stanie zmodyfikować zwyczaj i zmienić nawyk. Niemal każde zachowanie może zostać zmienione, jeżeli wskazówka i nagroda pozostaną niezmienne.

Złota Zasada wpłynęła na sposób leczenia alkoholizmu, otyłości, zaburzenia obsesyjno-kompulsyjnego i setek innych destrukcyjnych zachowań, a jej zrozumienie może pomóc każdemu zmienić swoje własne nawyki. (Na przykład próby odzwyczajenia się od podjadania będą często nieskuteczne dopóty, dopóki nie pojawi się inny zwyczaj zaspokajający pragnienia wywoływane starą wskazówką i nagrodą. Palacz przeważnie nie może się rozstać z nałogiem, dopóki nie znajdzie sobie jakiegoś działania zastępującego papierosy, kiedy już uruchomione zostanie pragnienie nikotyny).

Cztery razy Dungy wyjaśniał swoją filozofię opartą na nawykach właścicielom drużyn. Cztery razy grzecznie go wysłuchali, podziękowali za poświęcony czas i zatrudnili kogoś innego.

Po czym w 1996 roku zadzwonili załamani Buccaneers. Dungy poleciał do Tampa Bay i znowu wyłożył swój plan pracy i pomysł na to, jak drużyna mogłaby zacząć wygrywać. Dzień po ostatniej rozmowie kwalifikacyjnej zaproponowano mu pracę.

ZŁOTA ZASADA ZMIANY NAWYKU

Nie możesz wyplenić złego nawyku,
możesz go jedynie zmienić.

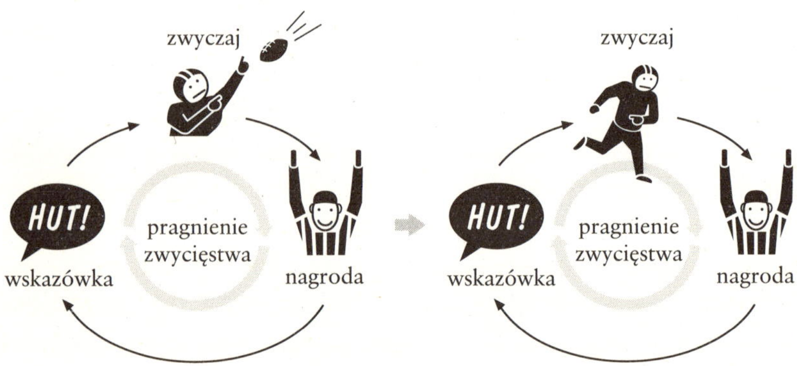

JAK TO DZIAŁA:
WYKORZYSTAJ TĘ SAMĄ WSKAZÓWKĘ.
DOSTARCZ TEJ SAMEJ NAGRODY. ZMIEŃ ZWYCZAJ

System Dungy'ego ostatecznie zmienił Bucksów w jedną z najlepszych drużyn w lidze. On sam stanie się jedynym trenerem w historii NFL, który doszedł do fazy rozgrywek play-off przez dziesięć kolejnych lat, pierwszym trenerem Afroamerykaninem, który wygrał Super Bowl, i jedną z najbardziej szanowanych osobistości w sporcie zawodowym. Jego techniki szkoleniowe rozpowszechnią się w lidze i we wszystkich możliwych dyscyplinach sportowych. Jego podejście wyraźnie pokaże, jak zmieniać nawyki w życiu każdego z nas.

Ale to wszystko miało przyjść później. Dziś, w San Diego, Dungy chciał tylko wygrać.

* * *

Z linii bocznej Dungy patrzy na zegar: jeszcze osiem minut i dziewiętnaście sekund. Bucksi cały mecz zostawali z tyłu, marnując okazję za okazją, w tak typowy dla siebie sposób. Jeżeli ich obrona nie zrobi czegoś właśnie teraz, gra definitywnie się zakończy. San Diego ma piłkę, a rozgrywający drużyny Chargers, Stan Humphries, przygotowuje się do zagrania, które może zakończyć mecz. Zegar zaczyna odliczanie i Humphries jest gotów do działania.

Ale Dungy nie patrzy na Humphriesa. W zamian skupia wzrok na własnych zawodnikach, ustawionych w formację, którą od miesięcy doprowadzali do perfekcji. Tradycyjnie futbol jest sportem dywersji i przeciwdziałania im, trików i wyprowadzania przeciwnika w pole. Zazwyczaj wygrywają trenerzy z najgrubszymi książkami sztuczek i najbardziej skomplikowanymi schematami. Ale Dungy postawił na podejście całkiem odwrotne. Nie jest zainteresowany komplikowaniem czy zaciemnianiem obrazu. Kiedy obrońcy Dungy'ego się ustawiają, dla wszystkich jest najzupełniej jasne, co zamierzają zrobić.

Dungy opowiedział się za takim podejściem, ponieważ, teoretycznie, zwodzenie przeciwnika nie jest mu potrzebne. On po prostu potrzebuje, by jego drużyna była szybsza niż wszyscy inni. W futbolu liczą się milisekundy. A więc zamiast uczyć swoich graczy setek ustawień, kazał im opanować zaledwie kilka, ale ćwiczył je z nimi, aż zachowania się zautomatyzowały. Jeżeli ta strategia się sprawdzi, jego zawodnicy będą się poruszać z prędkością nieosiągalną dla innych[7].

Niemniej stanie się tak jedynie wtedy, kiedy zadziała nawyk. Jeżeli jego zawodnicy będą za dużo myśleć lub się zawahają albo nie zaufają natychmiast swoim instynktom, system się rozpadnie. A do tej pory jego zawodnicy byli w rozsypce.

Tym razem jednak, kiedy Bucksi ustawiają się na linii, coś wygląda inaczej. Choćby Regan Upshaw, obrońca drużyny Buccaneers, który właśnie zajął pozycję na linii początkowej. Zamiast patrzeć w tę i z powrotem, starając się pozyskać tyle informacji, ile tylko się da, Upshaw skupia wzrok jedynie na tych wskazówkach, na których kazał mu się skupiać Dungy. Najpierw patrzy na zewnętrzną stopę swojego bezpośredniego przeciwnika (palce wskazują, że zamierza się cofnąć i blokować, kiedy rozgrywający będzie przebiegał); potem Upshaw patrzy na ramiona liniowego (lekko zrotowane do środka) oraz na przestrzeń między nim a następnym graczem (trochę mniejsza niż można by się tego spodziewać).

Upshaw ćwiczył, jak reagować na każdą z tych wskazówek tyle razy, że teraz nie musi się zastanawiać, co robić. Po prostu podąża za swoimi nawykami.

Rozgrywający San Diego zbliża się do linii początkowej, patrzy w prawo, potem w lewo, rozpoczyna odliczanie i bierze piłkę. Cofa się pięć kroków i stoi z uniesioną głową, rozglądając się w poszukiwaniu wolnego zawodnika, który mógłby złapać piłkę. Od rozpoczęcia gry minęły trzy sekundy. Oczy stadionu i kamery telewizyjne skierowane są na niego.

Dlatego większość obserwatorów nie dostrzega, co dzieje się teraz w szeregach Buccaneers. Kiedy tylko Humphries się namyślił, Upshaw wkroczył do akcji. W ciągu pierwszej sekundy gry wyskoczył w prawo, wzdłuż linii początkowej, tak szybko, że zawodnik przeciwnej drużyny nie był w stanie go zablokować. W ciągu kolejnych sekund

Upshaw przebiegł kolejne cztery kroki w zawrotnym tempie. Przez następne sekundy Upshaw zbliżył się o dalsze trzy susy do rozgrywającego, a jego trasa była niemożliwa do przewidzenia przez obrońcę przeciwnika.

W czwartej sekundzie Humphries, rozgrywający drużyny San Diego, nagle jest sam. Waha się, kątem oka zauważa Upshawa. I właśnie wtedy Humphries popełnia błąd. Zaczyna *myśleć*.

Humphries dostrzega innego gracza ze swojej drużyny, żółtodzioba Briana Roche'a jakieś dwadzieścia jardów dalej. Dużo bliżej stoi inny zawodnik San Diego, który machając rękami woła, by to do niego podać piłkę. Krótkie podanie byłoby bezpiecznym wyborem. Jednak pod presją Humphries w ułamku sekundy dokonuje analizy i wybiera podanie do Roche'a.

I ta wymuszona w pośpiechu decyzja jest dokładnie tym, na co liczył Dungy. Gdy tylko piłka jest w powietrzu, rusza się zawodnik Buccaneers, John Lynch. Jego zadanie jest proste: po rozpoczęciu gry pobiegł w określone miejsce boiska i czekał na swoją wskazówkę. W takich sytuacjach pojawia się ogromna presja, by improwizować. Ale Dungy wyćwiczył Lyncha do takiego stopnia, że jego rutynowe zachowanie się zautomatyzowało. W rezultacie, kiedy rozgrywający wypuszcza piłkę z dłoni, Lynch stoi dziesięć jardów od Roche'a i czeka.

Widząc piłkę w powietrzu, Lynch odczytuje swoje wskazówki – kierunek, w którym zwrócone są maska i dłonie rozgrywającego, odległość zawodnika, który ma ją złapać – i zaczyna biec zanim jeszcze wiadomo, gdzie piłka wyląduje. Roche, zawodnik San Diego, wyskakuje, ale Lynch go omija i przechwytuje podanie. Zanim Roche jest w stanie zareagować, Lynch pędzi do strefy końcowej przeciwnika. Pozostali zawodnicy Buccaneers są idealnie usytuowani, by zapewnić mu swobodny bieg. Lynch pędzi dziesięć, potem piętnaście, potem dwadzieścia i w końcu dwadzieścia pięć jardów, zanim ostatecznie dobiegnie do końca boiska. Cała zagrywka trwa mniej niż dziesięć sekund.

Dwie minuty później Buccaneers mają przyłożenie, po raz pierwszy w całym meczu wysuwając się na prowadzenie. Kilka minut później zaliczają strzał na bramkę. Równocześnie obrona Dungy'ego udaremnia wszelkie próby odzyskania piłki przez przeciwnika. Buccaneers wygrywają 25 do 17, jedna z największych niespodzianek sezonu.

Na koniec gry Lynch i Dungy wspólnie schodzą z boiska. „Coś tu było inaczej", powiedział Lynch, gdy wchodzili w korytarz.

„Zaczynamy wierzyć", odparł Dungy.

II

Żeby zrozumieć, w jaki sposób skupienie trenera na nawykach mogło przekształcić drużynę, konieczne jest wyjście poza świat sportu. Daleko, do obskurnej piwnicy na Lower East Side w Nowym Jorku roku 1934, gdzie rodziła się jedna z największych i najskuteczniejszych prób zmiany nawyków na szeroką skalę.

W piwnicy[8] siedział trzydziestodziewięcioletni alkoholik, Bill Wilson[9]. Lata wcześniej Wilson wypił swojego pierwszego drinka podczas szkolenia wojskowego w New Bedford, w stanie Massachusetts, gdzie uczył się obsługiwać karabiny maszynowe przed zaokrętowaniem i wysłaniem do Francji na front pierwszej wojny światowej. Mieszkające w pobliżu bazy wojskowej rodziny prominentów często zapraszały oficerów na kolacje, a pewnego niedzielnego wieczoru Wilson trafił na przyjęcie, na którym poczęstowano go zapiekanką i piwem. Miał dwadzieścia dwa lata i nigdy wcześniej nie pił alkoholu. Jedyną uprzejmą rzeczą, tak mu się wydawało, było wypicie podanego mu płynu. Kilka tygodni po tym zdarzeniu ponownie został zaproszony na eleganckie przyjęcie. Panowie byli w smokingach, kobiety flirtowały. Kamerdyner podszedł i włożył do ręki Wilsona koktajl – mieszankę ginu, wytrawnego i słodkiego wermutu i soku pomarańczowego. Wziął łyk i poczuł – jak to później określił – jakby odnalazł „eliksir życia"[10].

W połowie lat trzydziestych XX wieku, po powrocie z Europy jego małżeństwo zaczęło się rozpadać, fortuna ze sprzedaży akcji wyparowała, a Wilson wypijał trzy butelki mocnego alkoholu dziennie. Pewnego chłodnego listopadowego dnia, kiedy siedział osowiały, zadzwonił kumpel, z którym dawniej pijał. Wilson zaprosił go do siebie i zmieszał dzban soku ananasowego i ginu. Nalał koledze i podał mu szklankę[11].

Przyjaciel mu ją oddał. Powiedział, że od dwóch miesięcy nie pije.

Wilson był zdziwiony. Zaczął opisywać swoją własną walkę z alkoholem, w tym bójkę, w jaką uwikłał się w klubie, która kosztowała go utratę pracy. Próbował przestać pić, powiedział, ale nie dawał rady. Był na detoksie, brał tabletki. Obiecywał żonie i dołączał do grup abstynentów. Nic nie działało. Jak, zapytał Wilson przyjaciela, jemu się udało?

„Mam religię", odparł on na to. Mówił o piekle i pokusach, grzechach i szatanie. „Zdaj sobie sprawę, że jesteś alkoholikiem, przyznaj się do tego i zechciej powierzyć swoje życie Bogu".

Wilson pomyślał, że kolega oszalał. „Ostatniego lata zwariowany alkoholik; dziś, jak podejrzewałem, zwariowany na punkcie religii", napisał później. Kiedy przyjaciel wyszedł, Wilson dokończył flaszkę i poszedł spać.

Miesiąc później, w grudniu 1934 roku, Wilson zgłosił się do szpitala – Charles B. Towns Hospital for Drug and Alcohol Addictions – ekskluzywnego ośrodka detoksykacyjnego na Manhattanie. Lekarz zaczął aplikować mu co godzinę lek halucynogenny – belladonnę – wtedy ostatni krzyk mody w terapii alkoholizmu. Wilson na zmianę tracił przytomność i ją odzyskiwał, leżąc w łóżku w małym pokoju.

Potem zdarzyło się coś, co zostało opisane miliony razy na spotkaniach w kantynach, salach i kościelnych piwnicach – Wilson zaczął się skręcać w potwornym bólu. Przez wiele dni miał halucynacje. Bóle towarzyszące odstawieniu sprawiały, że czuł, jakby po jego ciele pełzały insekty. Było mu tak niedobrze, że ledwo mógł się ruszać, jednak ból był zbyt silny, by trwać nieruchomo. „Jeżeli Bóg istnieje, to niech się teraz pokaże!", wrzasnął Wilson do pustego pokoju. „Jestem gotów zrobić wszystko. Wszystko!". W tej chwili, jak później napisał[12], pokój wypełniło białe światło, ból zniknął, a on poczuł się tak, jakby był na szczycie góry i „wiał wiatr, ale nie było to powietrze, a duch. I nagle ogarnął mnie silny powiew i byłem wolnym człowiekiem. Powoli ekstaza mijała. Leżałem na łóżku, ale teraz przez jakiś czas byłem w innym świecie, w nowym świecie świadomości".

Bill Wilson nigdy więcej nie sięgnął po alkohol. Przez następne trzydzieści sześć lat, aż do śmierci z powodu rozedmy płuc w roku 1971, poświęcił się stworzeniu, budowaniu i rozpowszechnianiu Anonimowych Alkoholików, aż stali się największą, najbardziej znaną i najskuteczniejszą organizacją zmieniającą nawyki na świecie.

Szacuje się, że pomocy u Anonimowych Alkoholików szuka rocznie 2,1 miliona ludzi[13], a aż dziesięć milionów alkoholików dzięki grupie AA wyszło z nałogu[14]. AA nie działa na wszystkich – trudno też zmierzyć wskaźniki skuteczności ze względu na anonimowość uczestników – ale miliony ludzi przypisują AA zasługi w uratowaniu ich życia. Założenie leżące u podstaw AA, słynne dwanaście kroków, stało się kulturowym magnesem włączanym w programy terapeutyczne dla osób z takimi problemami, jak objadanie się, hazard, długi, seks, narkotyki, zbieractwo, samookaleczanie, palenie, uzależnienie od gier wideo, zależność emocjonalna i dziesiątki innych, destrukcyjnych zachowań. Techniki grupy pod wieloma względami oferują jedną z najpotężniejszych recept na zmianę.

Wszystko to jest mocno zaskakujące, gdyż AA nie ma praktycznie żadnego umocowania w nauce czy ogólnie akceptowanych metodach terapeutycznych.

Oczywiście, że alkoholizm jest czymś więcej niż tylko nawykiem. Jest fizycznym uzależnieniem z psychologicznymi, a może i genetycznymi uwarunkowaniami. Tym, co jest ciekawe w odniesieniu do AA, jest fakt, że program nie uderza bezpośrednio w wiele psychiatrycznych czy biochemicznych kwestii, które są według naukowców często podstawową przyczyną picia u alkoholików[15]. W rzeczywistości metody AA zdają się omijać wszystkie naukowe i medyczne odkrycia razem wzięte, podobnie jak rodzaje interwencji, których, zdaniem psychiatrów, alkoholicy naprawdę potrzebują[16].

W zamian AA dostarcza metodę uderzenia w *nawyki*, które towarzyszą nadużywaniu alkoholu. Mówiąc krótko, AA jest gigantyczną maszynerią zmieniającą pętle nawyków. I choć nawyki powiązane z alkoholizmem są skrajne, to lekcje płynące z działalności AA pokazują, w jaki sposób w zasadzie każdy nawyk – nawet ten najbardziej uporczywy – może zostać zmieniony.

***

Przed założeniem AA Bill Wilson nie czytał naukowych czasopism ani nie konsultował się z wieloma lekarzami. Kilka lat po tym, jak sam przestał pić, siedząc kiedyś na łóżku, w pośpiechu sformułował słynne dziś dwanaście kroków[17]. Wybrał dwanaście, ponieważ tylu właśnie było apostołów[18]. Kilka elementów programu nie tylko nie ma charakteru naukowego, lecz także może się wydawać kompletnie dziwaczne.

Weźmy na przykład nacisk kładziony w AA na to, by alkoholicy odbyli „dziewięćdziesiąt spotkań w dziewięćdziesiąt dni" – okres czasu wybrany, tak mogłoby się wydawać, przypadkowo. Albo intensywną koncentrację programu na duchowości, co wyrażono w trzecim kroku[19], głoszącym, że alkoholicy są w stanie osiągnąć trzeźwość przez podjęcie decyzji o „powierzeniu naszej woli i naszego życia opiece Boga, jakkolwiek Go pojmujemy". Siedem z dwunastu kroków odwołuje się do Boga lub duchowości, co wydaje się dziwne w odniesieniu do programu stworzonego przez kogoś, kto był agnostykiem i kto w ciągu własnego życia był w otwarty sposób wrogo nastawiony do zorganizowanej religii. Spotkania AA nie mają określonej struktury czy przebiegu. Przeważnie zaczynają się od tego, że któryś z uczestników opowiada swoją historię, po czym do rozmowy włączają się pozostali uczestnicy. Nie ma żadnego specjalisty, który kierowałby przebiegiem dyskusji, jest zaledwie kilka zasad określających przebieg spotkania. Przez minione pięćdziesiąt lat, kiedy to niemal każdy aspekt psychiatrii i badań nad uzależnieniami został zrewolucjonizowany odkryciami z obszaru nauk behawioralnych, farmakologii i naszego zrozumienia działania mózgu, w AA czas się zatrzymał.

Badacze i teoretycy często krytykowali program ze względu na brak rygoru podczas spotkań[20]. Nacisk, jaki AA kładzie na duchowość, sprawia – tak twierdzili niektórzy – że jest to bardziej kult niż terapia. Niemniej w ciągu ostatnich piętnastu lat podjęto się ponownej oceny. Dziś uczeni twierdzą, że metody wykorzystywane w programie dostarczają cennych lekcji. Na wydziałach Harvardu, Yale, University of Chicago, University of New Mexico i w dziesiątkach innych ośrodków badawczych odkryto coś w rodzaju podstaw naukowych AA, podobnych do tych, które Tony Dungy zastosował na boisku. Odkrycia przemawiają za Złotą Zasadą zmiany nawyków: program AA jest skuteczny, ponieważ pomaga alkoholikom wykorzystać te same wskazówki i uzyskać tę samą nagrodę, ale zmienić leżący pomiędzy nimi zwyczaj.

Badacze mówią, że AA działa, ponieważ program zmusza ludzi do zidentyfikowania wskazówek i nagród wzmacniających ich alkoholowe nawyki, a potem pomaga znaleźć nowe zachowania. Kiedy Claude Hopkins sprzedawał Pepsodent, odkrył sposób wykształcenia nowego nawyku przez stworzenie nowego pragnienia. Ale żeby zmienić utrwalony nawyk, musisz odnieść się do starego pragnienia. Musisz zachować te same wskazówki i nagrody i zaspokoić pragnienie, włączając nowy zwyczaj.

Weźmy krok czwarty (by zrobić „gruntowny i odważny obrachunek moralny") i piąty (wyznać „Bogu, sobie i drugiemu człowiekowi istotę naszych błędów").

„Nie wynika to bezpośrednio ze sformułowań[21], ale żeby przejść te kroki człowiek musi stworzyć listę wszystkich wyzwalaczy swoich alkoholowych pragnień", powiedział J. Scott Tonigan, badacz z University of New Mexico, który analizował program AA przez ponad dziesięć lat. „Kiedy robisz inwentaryzację samego siebie, odkrywasz wszystkie te rzeczy, które sprawiają, że sięgasz po alkohol. A przyznanie się komuś do wszystkich brzydkich rzeczy, których się dopuściłeś, jest dobrym sposobem na odkrycie tych momentów, kiedy sprawy wymknęły się spod kontroli".

Potem AA prosi alkoholików, by poszukali nagród, które daje im alkohol. Jakie pragnienia, pyta program, napędzają twoją pętlę nawyku? Często samo odurzenie nie kończy listy. Alkoholicy pragną się napić, ponieważ alkohol daje im możliwość ucieczki, odprężenie, towarzystwo, uśmierzenie lęków i emocjonalną ulgę. Mogą czuć ochotę na drinka, żeby zapomnieć o swoich zmartwieniach. Niekoniecznie muszą pragnąć bycia pod wpływem alkoholu. Fizyczne skutki alkoholu są często na samym końcu listy nagród, jakich osobom uzależnionym dostarcza picie.

„Alkohol ma składnik hedonistyczny", powiedział Ulf Mueller, niemiecki neurolog badający aktywność mózgu alkoholików. „Ale ludzie piją alkohol także dlatego, że chcą o czymś zapomnieć lub zaspokoić inne pragnienia, a pragnienia związane z poczuciem ulgi ujawniają się w zupełnie innych obszarach mózgu niż pragnienia fizycznej przyjemności".

W celu zaoferowania alkoholikom tych samych nagród, których dostarcza im wyjście do baru, program AA stworzył system spotkań i towarzyszenia sobie – „sponsor", z którym pracuje każdy uczestnik, dąży do zapewnienia mu maksymalnie wielu możliwości ucieczki, odwrócenia uwagi i katharsis, jak piątkowowieczorne chlanie. Jeżeli ktoś potrzebuje ulgi, może jej doświadczyć, rozmawiając ze swoim sponsorem lub idąc na spotkanie, zamiast wznosić toast za zdrowie kompana od kieliszka.

„AA wymusza stworzenie nowych zwyczajów na spędzanie wieczorów", powiedział Tonigan. „Możesz się odprężyć i przegadać swoje lęki na spotkaniu. Wyzwalacze i nagroda zostają niezmienne, modyfikacji ulega jedynie zachowanie".

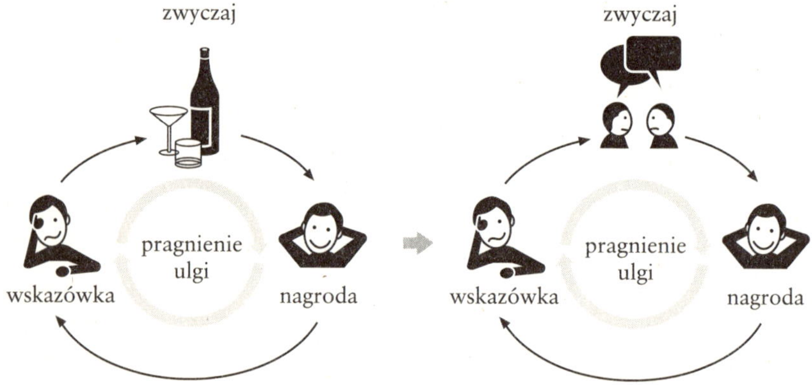

ZOSTAW WSKAZÓWKĘ,
DOSTARCZ TEJ SAMEJ NAGRODY, WPROWADŹ NOWY ZWYCZAJ

Szczególnie dramatyczny przykład, w jaki sposób wskazówki i nagrody alkoholika mogą zostać przeniesione do nowych zwyczajów, ujawnił się w roku 2007, kiedy Mueller, wspomniany niemiecki neurolog, i jego współpracownicy na Uniwersytecie w Magdeburgu umieścili miniaturowe urządzenia w mózgach pięciu alkoholików, wielokrotnie próbujących wyjść z nałogu[22]. Każdy z badanych alkoholików spędził przynajmniej pół roku na odwyku – bezskutecznie. Jeden z nich przechodził detoksykację ponad sześćdziesiąt razy.

Urządzenia umieszczone w głowach mężczyzn ulokowano w jądrach podstawnych – tej samej części mózgu, w której naukowcy z MIT znaleźli pętlę nawyku. Emitowały one ładunki elektryczne przerywające neurologiczną nagrodę, uruchamiającą nawykowe pragnienie. Gdy mężczyźni doszli do siebie po operacji, poddano ich działaniu wskazówek dawniej wywołujących u nich ochotę sięgnięcia po alkohol, jak na przykład zdjęcia piwa czy wyprawy do baru. W normalnej sytuacji oparcie się pokusie wypicia drinka byłoby dla nich niewykonalne. Ale urządzenia w ich głowach „zagłuszyły" neurologiczne pragnienie w głowie każdego z mężczyzn. Nie tknęli ani kropli.

„Jeden z nich powiedział mi, że pragnienie zniknęło, kiedy tylko włączyliśmy prąd", powiedział Mueller. „Później, kiedy prąd wyłączyliśmy, pragnienie natychmiast pojawiło się z powrotem".

Okazało się jednak, że usunięcie neurologicznego pragnienia nie wystarczyło, by zatrzymać nawyki związane z piciem. Czterech uczestników wróciło do nałogu krótko po operacji, co poprzedzone było przeważnie jakimś stresującym zdarzeniem. Sięgnęli po butelkę, ponieważ właśnie w taki sposób, automatycznie, radzą sobie z lękiem. Ale kiedy nauczyli się alternatywnych zwyczajów i metod radzenia sobie ze stresem, picie ustało na dobre. Na przykład jeden z pacjentów zaczął chodzić na spotkania AA. Inni udali się na terapię. A kiedy już nowe sposoby radzenia sobie ze stresem i lękiem stały się częścią ich życia, sukces był spektakularny. Mężczyzna, który miał za sobą sześćdziesiąt detoksów, nigdy więcej nie tknął alkoholu. Dwaj inni pacjenci, którzy zaczęli picie, mając lat dwanaście, stali się alkoholikami w wieku lat osiemnastu i pili codziennie, są trzeźwi już od czterech lat.

Zwróć uwagę, jak bardzo to badanie łączy się ze Złotą Zasadą zmiany nawyków: nawet chirurgiczna ingerencja w mózgi alkoholików nie wystarczyła. Stare wskazówki i pragnienie nagrody wciąż istniały, czekając na stosowną chwilę, by wyskoczyć z ukrycia. Alkoholicy zmienili się całkowicie dopiero wtedy, kiedy wykształcili nowe zwyczaje, które bazowały na tych samych wyzwalaczach i dostarczały znanego poczucia ulgi. „Niektóre mózgi są tak mocno uzależnione od alkoholu, że tylko chirurgia może to zmienić", powiedział Mueller. „Ale ci ludzie potrzebują też nowego sposobu na radzenie sobie ze swoim życiem".

AA dostarcza podobnego, choć mniej inwazyjnego systemu wbudowania nowych zwyczajów w stare pętle nawyku. Kiedy naukowcy zaczęli rozumieć zasady działania programu AA, rozpoczęli wykorzystywanie metod AA w odniesieniu do innych nawyków, jak napady złości u dwulatków, uzależnienie od seksu, a nawet mniej poważnych tików behawioralnych. Wraz z rozpowszechnianiem się metod AA przekształcono je w terapie mogące przerwać niemal każdy wzorzec.

* * *

W lecie roku 2006 do poradni przy Mississippi State University przyszła dwudziestoczteroletnia studentka o imieniu Mandy[23]. Prawie całe swoje życie Mandy obgryzała paznokcie, aż do krwi[24]. Wielu ludzi obgryza paznokcie. U osób przewlekle obgryzających paznokcie problemem jest skala zjawiska. Mandy gryzła często dotąd, aż płytka paznokcia odchodziła od ciała. Opuszki jej palców pokryte były małymi strupkami. Końce jej palców utraciły czucie z powodu braku chroniących je paznokci i czasami mrowiały lub swędziały, co było oznaką uszkodzenia nerwów. Nawyk obgryzania paznokci zrujnował życie społeczne kobiety. Tak bardzo wstydziła się swoich dłoni przed przyjaciółmi, że cały czas trzymała je w kieszeniach, a na randkach koncentrowała się na układaniu dłoni w pięści. Próbowała przestać, malując palce paskudnie smakującymi lakierami i obiecując sobie, że *od teraz* znajdzie siłę woli konieczną, by przestać. Jednak kiedy tylko zaczynała odrabiać zadania domowe czy oglądać telewizję, jej palce trafiały do ust.

Poradnia[25] wysłała Mandy do doktoranta psychologii, który zajmował się badaniem metody zwanej „treningiem zmiany nawyków" (ang. *habit reversal training*). Psycholog był doskonale obeznany ze Złotą Zasadą zmiany nawyków. Wiedział, że zmiana nawyku obgryzania paznokci przez Mandy wymaga wstawienia nowego zwyczaju do jej życia.

„Co czujesz na chwilę przed włożeniem palca do ust, żeby obgryźć paznokieć?", zapytał.

„W moich palcach jest jakieś takie napięcie", mówi Mandy. „Trochę boli, o tutaj, na brzegu paznokcia. Czasami dotykam takiego miejsca kciukiem, szukając zadartych fragmentów paznokcia, i kiedy coś znajdę, biorę do ust. A potem już lecę palec po palcu, obgryzając wszystkie nierówne krawędzie. Kiedy już zacznę, muszę w taki sposób potraktować wszystkie palce".

Prośba o opisanie, co wyzwala nawykowe zachowanie ludzi, określana jest jako trening świadomości i podobnie, jak nacisk programu AA na zmuszenie alkoholików do dostrzeżenia im właściwych wskazówek, jest pierwszym krokiem na drodze do zmiany nawyku. Napięcie, które Mandy odczuwa w palcach, wyzwala jej nawyk obgryzania paznokci.

„Większość nawyków występuje tak długo, że ludzie nie zwracają już uwagi na wywołujące je wskazówki", powiedział Brad Dufrene, który pracował z Mandy. „Miałem pacjentów jąkających się, których pytałem, jakie słowa lub sytuacje wywołują u nich jąkanie, a oni nie umieli odpowiedzieć, ponieważ tak dawno temu przestali zwracać na to uwagę".

Następnie terapeuta poprosił Mandy o opisanie, dlaczego gryzie paznokcie. Początkowo miała kłopot z podaniem powodu. Jednak w trakcie rozmowy jasne się stało, że zaczynała gryźć paznokcie z nudów. Terapeuta stworzył typowe sytuacje, jak oglądanie telewizji czy odrabianie zadań domowych, a ona zaczynała gryźć. Kiedy już przerobiła wszystkie palce, odczuwała chwilowe poczucie spełnienia, powiedziała. To była nagroda: fizyczna stymulacja, której nauczyła się pragnąć.

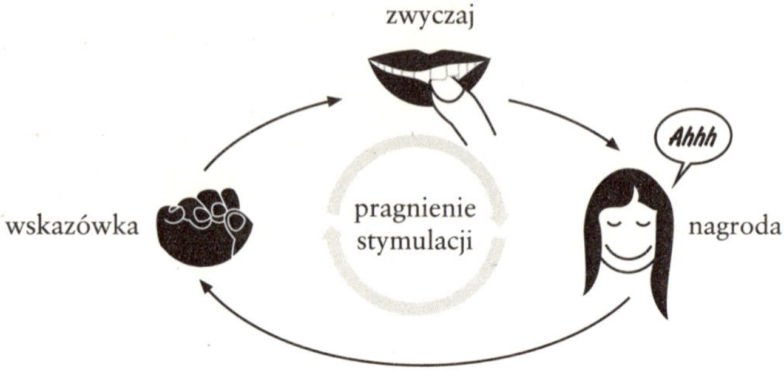

PĘTLA NAWYKU MANDY

Na zakończenie pierwszej sesji terapeuta odesłał Mandy do domu z zadaniem domowym: noś ze sobą specjalną kartę, na której za każdym razem, kiedy poczujesz wskazówkę – napięcie w palcach – zaznaczaj ten fakt. Wróciła tydzień później z dwudziestoma ośmioma zaznaczeniami na karcie. W tej chwili miała już dotkliwą świadomość doznań poprzedzających jej nawyk. Wiedziała, ile razy pojawiało się podczas zajęć czy oglądania telewizji.

Potem terapeuta nauczył Mandy czegoś, co jest znane jako „reakcja współzawodnicząca" (ang. *competing response*). Powiedział jej, że gdy tylko poczuje owo napięcie w palcach, ma natychmiast włożyć ręce do kieszeni albo na nich usiąść, albo chwycić ołówek lub cokolwiek innego, co uniemożliwi jej włożenie palców do ust. Potem Mandy miała poszukać czegoś, co dostarczy jej szybkiej fizycznej stymulacji – jak choćby potarcie ramienia czy stukanie kostkami dłoni o blat – cokolwiek, co wywoła fizyczną reakcję.

Wskazówki i nagrody zostały niezmienione. Zmienił się tylko zwyczaj.

Przez około trzydzieści minut ćwiczyli w gabinecie terapeuty, po czym Mandy została odesłana do domu z nową pracą domową: nadal noś ze sobą kartę, ale tym razem zaznaczaj ptaszkiem, kiedy poczujesz napięcie w palcach, a krzyżykiem, kiedy skutecznie uda ci się przezwyciężyć nawyk.

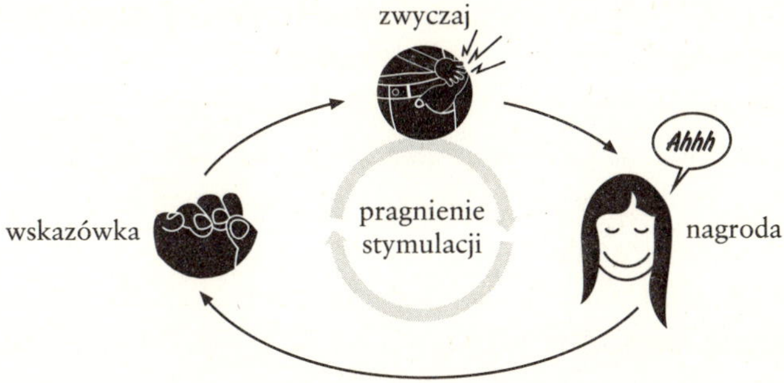

NOWA PĘTLA NAWYKU MANDY

Tydzień później Mandy obgryzła paznokcie tylko trzy razy, a reakcję współzawodniczącą wykonała siedem razy. Nagrodziła się wizytą u manikiurzystki, wciąż prowadząc zapis. Po miesiącu nawyk obgryzania paznokci zanikł. Reakcje współzawodniczące się zautomatyzowały. Jeden nawyk zastąpił inny.

„To brzmi aż absurdalnie prosto, ale kiedy już zrozumiesz, na jakiej zasadzie działają twoje nawyki, kiedy dostrzeżesz wskazówki i nagrody, jesteś w połowie drogi do zmiany", powiedział Nathan Azrin, jeden z twórców treningu zmiany nawyków[26]. „Wydawać by się mogło, że powinno to być bardziej skomplikowane. Prawda jest jednak taka, że mózg można przeprogramować. Musisz tylko zdawać sobie z tego sprawę i działać w sposób celowy"[27].

Dziś[28] trening zmiany nawyków wykorzystywany jest do terapii słownych i fizycznych tików, depresji, palenia, problemów z hazardem, lęków, moczenia nocnego, odkładania wszystkiego na ostatnią chwilę, zaburzeń obsesyjno-kompulsyjnych i innych problemów behawioralnych[29]. Jego techniki odsłaniają fundamentalną zasadę nawyków: często nie w pełni rozumiemy pragnienia kierujące naszym zachowaniem, dopóki nie zaczniemy im się przyglądać. Mandy nie zdawała sobie sprawy, że obgryzanie paznokci w jej przypadku wywoływane było pragnieniem fizycznej stymulacji, ale kiedy już rozłożyła swój nawyk na czynniki pierwsze, znalezienie nowego zwyczaju, dostarczającego tej samej nagrody, było łatwe.

Powiedzmy, że chcesz przestać podjadać w pracy. Czy nagrodą, do której dążysz, jest zaspokojenie głodu? A może chodzi o przerwanie nudy? Jeżeli podjadasz, by doświadczyć chwilowej ulgi, łatwo znajdziesz inny sposób – jak szybki spacer lub danie sobie trzech minut na rozrywkę w internecie – który dostarczy takiej samej przerwy bez odkładania się na biodrach.

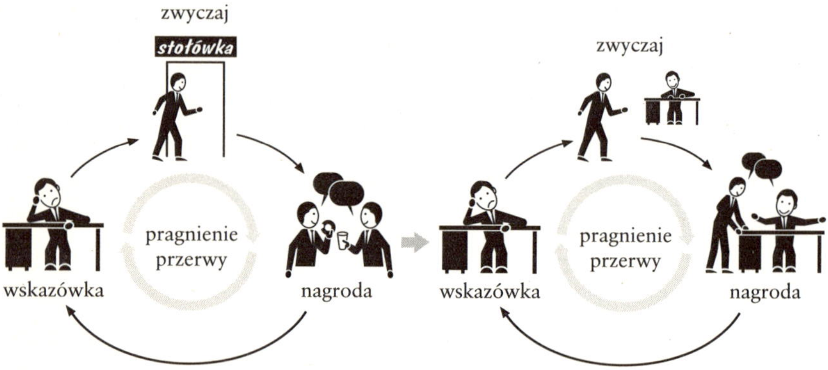

Jeżeli chcesz rzucić palenie, zadaj sobie pytanie, czy palisz dlatego, że kochasz nikotynę, czy dlatego, że palenie dostarcza ci przypływu stymulacji, struktury dnia lub sposobu na zawieranie kontaktów towarzyskich? Jeżeli palisz dlatego, że pragniesz stymulacji, to, według badań, dawka kofeiny popołudniu zwiększa szanse na rzucenie palenia. Ponad trzydzieści badań byłych palaczy[30] pokazało, że zidentyfikowanie wskazówek i nagród, które łączyli z papierosami, a potem wybranie nowych zwyczajów dostarczających podobnych korzyści – guma Nicorette, szybka seria pompek czy po prostu danie sobie kilku minut na poprzeciąganie się i relaks – zwiększa szanse na uwolnienie się od nałogu.

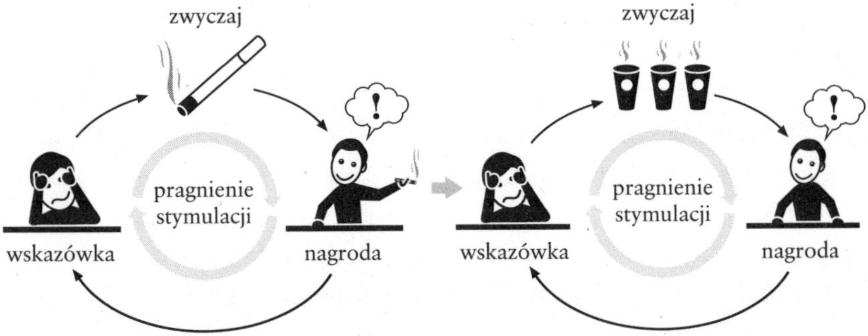

Jeżeli zidentyfikujesz wskazówki i nagrody, możesz zmienić rutynowe postępowanie.

Przynajmniej w większości sytuacji. W przypadku niektórych nawyków jednak istnieje jeszcze jeden, niezbędny składnik: wiara.

III

„Oto sześć powodów, dla których wszyscy sądzą, że nie jesteśmy w stanie wygrać", powiedział Dungy do swojej drużyny Buccaneers po tym, jak został ich trenerem w roku 1996. To było kilka miesięcy przed początkiem sezonu, wszyscy siedzieli w szatni. Dungy zaczął wymieniać teorie, o których wszyscy czytali w gazetach lub słyszeli w radio: zarządzanie drużyną było w rozsypce; nowy trener nie był sprawdzony; zawodnicy są rozwydrzeni; miastu nie zależy; kluczowi zawodnicy są kontuzjowani; nie mają dość talentu.

„To są domniemane powody", powiedział Dungy. „A fakty są takie: nikt nie będzie pracował lepiej niż my".

Strategia, rozpoczął wyjaśnienia Dungy, zakładała taką zmianę zachowań drużyny, by stały się one automatyczne. Nowy trener nie uważał, by drużyna Buccaneers potrzebowała najgrubszego podręcznika ze strategiami gry. Nie uważał, by zawodnicy musieli zapamiętywać setki informacji. Mieli po prostu opanować kilka kluczowych ruchów i robić je dobrze za każdym razem.

Ale perfekcję w futbolu trudno osiągnąć. „W każdym meczu futbolu – w każdym meczu – ktoś coś spieprzy", powiedział Herm Edwards, jeden z trenerów asystentów Dungy'ego w Tampa Bay. „Najczęściej nie jest to sprawa fizyczna. To coś mentalnego"[31]. Zawodnicy wszystko psują, kiedy zaczynają za dużo myśleć lub analizować swoją grę. Celem, który chciał osiągnąć Dungy, było przeniesienie całego procesu decyzyjnego poza boisko.

Żeby go osiągnąć, musiał sprawić, by zawodnicy spostrzegli istniejące nawyki i zaakceptowali nowe sposoby działania.

Zaczął od przyglądania się grze drużyny.

„Popracujmy nad obroną", Dungy krzyczał któregoś ranka podczas treningu. „Numer pięćdziesiąt pięć, na co masz patrzeć?".

„Obserwuję biegacza i guarda", odparł Derrick Brooks, zewnętrzny wspomagający.

„Na co dokładnie *patrzysz*? Gdzie pada twój wzrok?"

„Patrzę, jak rusza się guard", odrzekł Brooks. „Patrzę na nogi i biodra rozgrywającego, kiedy ten dostanie piłkę. I szukam luk w linii, żeby zobaczyć, czy zrobią podanie i czy rozgrywający rzuci w moją stronę czy w drugą".

W futbolu takie wzrokowe wskazówki mają kluczowe znaczenie dla każdego meczu. Innowacja Dungy'ego polegała na wykorzystaniu tych wskazówek jako wyzwalaczy przepracowanych nawyków. Wiedział, że czasami Brooks na początku rozgrywki waha się o chwilę zbyt długo. Musiał myśleć o tylu rzeczach – czy guard występuje z formacji? Czy stopa biegacza wskazuje, że ten szykuje się do biegu, czy podania? – i to go czasami spowalniało.

Celem Dungy'ego było uwolnienie umysłu Brooksa od wszystkich tych analiz. Tak jak program Anonimowych Alkoholików, Dungy wykorzystywał te same wskazówki, do których już przyzwyczaił się

Brooks, ale wyposażył go w inne rutynowe działania, które, ostatecznie, zaczęły pojawiać się automatycznie.

„Chcę, żebyś wykorzystywał te same wskazówki", powiedział Dungy do Brooksa. „Ale najpierw skup się tylko na biegaczu. Po prostu. Rób to bez namysłu. Kiedy już przyjmiesz pozycję, *wtedy* patrz na rozgrywającego".

To nie była wielka zmiana – oczy Brooksa szukały tych samych wskazówek, ale zamiast patrzeć w jednej chwili w kilka miejsc na raz, Dungy ułożył je w sekwencję i zawczasu powiedział, jakich ma dokonać wyborów na widok każdej z nich. Geniusz tego systemu polegał na tym, że likwidował on konieczność podejmowania decyzji. Pozwolił Brooksowi ruszać się szybciej, ponieważ wszystko było reakcją – i w końcu nawykiem – a nie wyborem.

Dungy dał każdemu zawodnikowi podobne wytyczne i ćwiczył ustawienia po wielokroć. Trwało prawie rok, nim nawyki Dungy'ego się utrwaliły. Drużyna przegrywała pierwsze, łatwe mecze. Dziennikarze sportowi pytali, po co Bucksi marnują tyle czasu na psychologiczne czary-mary.

Jednak powoli następowała poprawa. W końcu wzorce stały się dla graczy tak naturalne, że pojawiały się automatycznie wraz z wejściem na boisko. W drugim sezonie Dungy'ego jako trenera drużyna wygrała pięć pierwszych meczy i weszła do rozgrywek play-off pierwszy raz od piętnastu lat. W roku 1999 wygrali mistrzostwa dywizji.

Sposób szkolenia zawodników, jaki prezentował Dungy, zaczął przyciągać uwagę całej nacji. Media sportowe zakochały się w jego spokojnym głosie, pobożności i wadze, którą przypisywał właściwej równowadze między pracą i życiem rodzinnym. Gazety rozpisywały się o tym, jak przyprowadzał na stadion swoich synów, Erica i Jamiego, by mogli z nim być podczas treningów. Odrabiali lekcje w jego gabinecie i zbierali ręczniki w szatni. Wyglądało na to, że w końcu nadszedł sukces.

W roku 2000 drużyna Buccaneers ponownie zakwalifikowała się do rozgrywek play-off, potem dokonała tego znowu w roku 2001. Teraz kibice co tydzień wypełniali stadion. Sprawozdawcy sportowi zaczęli widzieć drużynę w rozgrywkach Super Bowl. Wszystko stawało się rzeczywistością.

* * *

Ale pomimo faktu, że Bucceneers stali się potęgą, pojawił się poważny problem. Często rozgrywali solidne, zdyscyplinowane mecze. Jednak podczas kluczowych, bardzo stresujących chwil, wszystko się waliło[32].

W roku 1999, po uzbieraniu sześciu zwycięstw pod rząd na koniec sezonu, Bucksi schrzanili mistrzostwa konferencji, przegrywając przeciwko St. Luis Rams. W roku 2000 brakowało im jednego meczu, by wejść do rozgrywek Super Bowl, kiedy się pogubili w meczu z Philadelphia Eagles, przegrywając 21 do 3. W kolejnym roku stało się dokładnie to samo, przegrali z Philadelphia Eagles 31 do 9, pozbawiając się szansy na awans.

„Trenujemy, wszystko się świetnie składa, a potem wychodzimy na boisko podczas tego bardzo ważnego spotkania i nagle dzieje się tak, jakby treningów wcale nie było", powiedział mi Dungy. „Później moi zawodnicy mi powiedzą «Cóż, to była tak ważna gra i sięgnąłem do wszystkiego, co znałem», albo «czułem, że muszę to ustawić». Tak *naprawdę* mówili przez to, że ufają naszemu systemowi przez większość czasu, jednak kiedy gra jest o wszystko, ta wiara się załamuje"[33].

Na zamknięcie sezonu 2001, kiedy Bucksi po raz drugi z rzędu o włos nie załapali się do rozgrywek Super Bowl, prezes drużyny zaprosił Dungy'ego do swojego domu. Dungy zaparkował obok wielkiego dębu, wszedł do środka i po trzydziestu sekundach był zwolniony.

Bucsi wygrali Super Bowl w następnym roku, wykorzystując ustawienia i zawodników Dungy'ego, a także bazując na nawykach, które on ukształtował. Oglądał w telewizji, jak trener, który zajął jego miejsce, podnosi puchar Lombardiego. Ale wtedy on sam był już daleko.

IV

Około sześćdziesiąt osób – matki, które wożą swoje dzieci z jednych zajęć na kolejne, prawnicy podczas przerw obiadowych, podstarzali faceci z wyblakłymi tatuażami i hipsterzy w obcisłych jeansach – siedzi w kościele, słuchając mężczyzny z lekko wystającym brzuchem i krawatem podkreślającym jasnoniebieskie oczy. Wygląda jak odnoszący sukcesy polityk, charyzmatyczny i pewny reelekcji.

„Mam na imię John", mówi, „i jestem alkoholikiem".

„Cześć John", odpowiadają wszyscy zebrani.

„Po raz pierwszy postanowiłem szukać pomocy, kiedy mój syn złamał rękę", kontynuuje John. Stoi za podium. „Miałem romans z kobietą z pracy, która poinformowała mnie, że chce to zakończyć. Więc poszedłem do baru, wypiłem dwie wódki i wróciłem do swojego biurka. W przerwie obiadowej poszedłem z kolegą do knajpy i każdy z nas wypił kilka piw, potem koło drugiej po południu wyszedłem z innym kolegą i znaleźliśmy miejsce, gdzie serwowali dwa drinki w cenie jednego. Tego dnia to ja miałem odebrać dzieci ze szkoły – moja żona jeszcze wtedy nie wiedziała o moim romansie – więc podjechałem pod szkołę i je zgarnąłem. Jechałem drogą, którą przebyłem wcześniej już tysiące razy, i przywaliłem w znak stop. Wjechałem na chodnik i bum, centralnie w znak. Sammy – to mój syn – nie zapiął pasów, więc przeleciał, uderzył w szybę i złamał rękę. W miejscu, w które uderzył nosem, była krew, przednia szyba była rozbita, byłem przerażony. W tamtej chwili podjąłem decyzję, że potrzebuję pomocy.

Udałem się więc do kliniki, potem ją opuściłem, i przez jakiś czas wszystko wyglądało dobrze. Przez około trzynaście miesięcy było świetnie. Czułem, że wszystko mam pod kontrolą, co kilka dni chodziłem na spotkania, ale w końcu zacząłem myśleć *Nie jestem przecież takim ofermą, żebym musiał spędzać czas z bandą pijaków*. Więc przestałem chodzić.

Potem moja matka zachorowała na raka i zadzwoniła do mnie do pracy. To było prawie dwa lata po tym, jak przestałem pić. Wracała do domu po wizycie u lekarza i powiedziała: «Mówił, że możemy to leczyć, ale że choroba jest mocno zaawansowana». Pierwszą rzeczą, jaką zrobiłem po odłożeniu słuchawki, było udanie się do baru. Przez kolejne dwa lata bywałem solidnie pijany, aż moja żona się wyprowadziła. Znowu miałem odebrać dzieci ze szkoły. Byłem wtedy naprawdę w kiepskim stanie. Przyjaciel uczył mnie zażywania kokainy, więc każdego popołudnia w biurze wciągałem działkę, by po pięciu minutach poczuć tę małą ściekającą kropelkę w gardle i wciągnąć jeszcze jedną działkę.

Tak czy owak, to była moja kolej, żeby odebrać dzieci. Jechałem do szkoły i czułem się zupełnie dobrze, jakbym był królem świata Wjechałem na to skrzyżowanie na czerwonym świetle i ta wielka ciężarówka walnęła w mój samochód. Można powiedzieć, że dała mi prztyczka, spychając samochód na bok. Nie miałem nawet zadrapania. Wysiadłem i podjąłem próby zepchnięcia samochodu z drogi, bo sobie wykombinowałem, że jeśli dam radę dotrzeć do domu i zniknąć, nim przyjedzie policja, będzie dobrze. Oczywiście nie udało się i kiedy aresztowali mnie za prowadzenie samochodu pod wpływem alkoholu, pokazali mi, że strona pasażera była całkowicie zmiażdżona. Zazwyczaj właśnie tam siedział Sammy. Gdyby był ze mną, zginąłby.

Zacząłem więc znowu chodzić na spotkania, a mój sponsor powiedział mi, że moje poczucie, iż sprawuję kontrolę, nie ma najmniejszego znaczenia. Bez siły wyższej w moim życiu, bez przyznania się do bezsilności, nic nie zadziała. Pomyślałem, że to bzdura – jestem ateistą. Ale wiedziałem, że jeżeli coś się nie zmieni, pozabijam własne dzieci. Więc zacząłem nad tym pracować – pracować, by uwierzyć w coś większego niż ja sam. I to działa. Nie wiem, czy to jest Bóg czy coś innego, ale istnieje siła, która pomaga mi wytrwać w trzeźwości przez ostatnie siedem lat i która wzbudza mój respekt. Nie budzę się trzeźwy każdego ranka – to znaczy od siedmiu lat nie piłem, ale są takie poranki, kiedy budzę się z uczuciem, że dziś mogę nie wytrzymać. W takie dni szukam tej siły wyższej, dzwonię do mojego sponsora i przez większość czasu nie rozmawiamy o piciu. Gadamy o życiu, o małżeństwie, o mojej pracy, i kiedy już jestem gotów iść pod prysznic, w mojej głowie znowu wszystko się ułożyło".

Pierwsze rysy na teorii, że program Anonimowych Alkoholików działa jedynie dzięki przeprogramowaniu nawyków uczestników, zaczęły się pojawiać trochę ponad dziesięć lat temu i powstały w związku z historiami takich alkoholików jak John. Badacze zaczęli odkrywać, że zastępowanie dawnych nawyków nowymi działało w wypadku wielu osób bardzo dobrze tak długo, jak długo stresy w ich życiu – np. wiadomość, że mama choruje na raka albo że rozpada się twoje małżeństwo – nie staną się zbyt silne. Jeżeli przekroczą pewien poziom, alkoholicy często wykolejają się i znowu wpadają w ciąg. Naukowcy zaczęli się zastanawiać, dlaczego, jeżeli zastępowanie nawyków jest takie skuteczne, nie sprawdza się w takich krytycznych momentach. I kiedy zaczęli przekopywać historie alkoholików w poszukiwaniu odpowiedzi na to pytanie, odkryli, że nowe nawyki zamieniają się w trwałe nowe zachowania jedynie wtedy, kiedy towarzyszy im coś jeszcze.

Na przykład jedna z grup badawczych, pracująca w Alcohol Research Group w Kalifornii, zaobserwowała podczas wywiadów pewien wzór. Wciąż na nowo alkoholicy mówili to samo: zidentyfikowanie wskazówek i wybór nowych zwyczajów są ważne, ale bez jeszcze jednego dodatkowego składnika nowe nawyki nigdy w pełni się nie utrzymywały.

Sekretem, jak mówili alkoholicy, był Bóg.

Naukowcom bardzo się to nie podobało. Bóg i duchowość nie były sprawdzalnymi hipotezami. Kościoły pełne są pijaków, którzy, mimo pobożności, nadal piją. Jednak w rozmowach z osobami uzależnionymi duchowość wciąż wyskakuje jak filip z konopii. Dlatego w roku 2005 grupa naukowców – tym razem związanych z UC Berkeley, Brown University i National Institutes of Health – zaczęła pytać alkoholików o wszelkie możliwe kwestie związane z religijnością i duchowością[34]. Potem przyjrzeli się danym w poszukiwaniu korelacji między przekonaniami religijnymi a długością wytrwania w trzeźwości[35].

Wyłoniła się prawidłowość. Dane wskazywały, że alkoholicy, którzy posługiwali się techniką zmiany nawyków, byli często w stanie wytrwać w trzeźwości do chwili pojawienia się w ich życiu stresującego zdarzenia – w tym momencie pewna liczba ponownie zaczynała pić, niezależnie od tego, ile nowych zwyczajów opanowali.

Natomiast ci alkoholicy, którzy, tak jak John w Brooklynie, wierzyli, że nad ich życiem czuwa jakaś wyższa siła, mieli większe szanse na poradzenie sobie z trudnym okresem na trzeźwo.

Badaczom udało się ustalić, że nie chodziło o Boga. Znaczenie miała wiara sama w sobie. Kiedy ludzie nauczyli się w coś wierzyć, umiejętność ta zaczynała rozprzestrzeniać się na inne aspekty ich życia aż do chwili, w której zaczynali wierzyć, że są w stanie się zmienić. Wiara była tym składnikiem, który zamieniał przeprojektowaną pętlę nawyku w trwałe zachowania.

„Rok temu bym tego nie powiedział – to pokazuje, jak szybko zmienia się nasze rozumienie", powiedział Tonigan, badacz z University of New Mexico. „Ale wiara jest kluczowa. Nie musisz wierzyć w Boga, ale musisz umieć uwierzyć, że będzie dobrze".

„Nawet jeżeli wyposażysz ludzi w lepsze nawyki, nie naprawi to przyczyn, dla których zaczęli pić. W końcu będą mieli jakiś gorszy dzień, a żaden nowy zwyczaj nie sprawi nagle, że wszystko będzie w porządku. Tym, co może czynić różnicę, jest *wiara*, że są w stanie poradzić sobie ze stresem bez sięgnięcia po alkohol".

Dając alkoholikom możliwość uczestniczenia w spotkaniach, na których takie przekonanie istnieje – gdzie, de facto, wiara jest integralną częścią dwunastu kroków – AA uczy ludzi, jak uwierzyć w coś do chwili, w której uwierzą w program i w siebie. Pozwala ludziom ćwiczyć wiarę, że wszystko się jednak ułoży, aż rzeczywiście tak się stanie".

„W pewnym momencie ludzie uczestniczący w programie AA rozglądają się po pokoju i myślą *jeśli to zadziałało u tego faceta, to sądzę, że zadziała i u mnie*", powiedziała Lee Ann Kaskutas, badaczka w Alcohol Research Group. „Grupy i dzielenie się doświadczeniami mają w sobie ogromną moc. Ludzie mogą być sceptyczni w odniesieniu do swojej zdolności do zmiany, kiedy są sami ze sobą. Ale grupa jest w stanie ich przekonać, aby przestali wątpić. Społeczność daje wiarę".

Kiedy John opuszczał spotkanie AA, zapytałem go, dlaczego program działa teraz, po tym, jak nie sprawdził się w przeszłości. „Gdy zacząłem przychodzić na spotkania po wypadku z ciężarówką, ktoś poprosił chętnych do pomocy o odniesienie krzeseł", powiedział. „Podniosłem rękę. To nie była żadna wielka sprawa, zajęło pięć minut, ale poczułem się dobrze, że zrobiłem coś, w czym nie chodziło o *mnie*. Mam wrażenie, że to doświadczenie ukierunkowało mnie na inne tory.

Za pierwszym razem nie byłem gotów poddać się grupie, ale kiedy wróciłem, byłem gotowy, by zacząć w coś wierzyć".

V

W ciągu tygodnia od zwolnienia Dungy'ego ze stanowiska trenera Buccaneers właściciel drużyny Indianapolis Colts zostawił mu na automatycznej sekretarce płomienną piętnastominutową wiadomość. Drużyna, mimo że w jej szeregach gra Peyton Manning, jeden z najlepszych rozgrywających w NFL, ma właśnie za sobą koszmarny sezon.

Właściciel potrzebował pomocy. Powiedział, że ma dość przegrywania. Dungy przeprowadził się do Indianapolis i został nowym trenerem drużyny.

Natychmiast przystąpił do wdrażania tego samego podstawowego planu gry: przekształcenie rutynowych zachowań zawodników i nauczenie ich wykorzystywania starych wskazówek do utworzenia przepracowanych nawyków. W pierwszym wspólnym sezonie Colts uzyskali 10–6 i zakwalifikowali się do play-off. W kolejnym sezonie było to już 12–4 i trafili do półfinału Super Bowl. Sława Dungy'ego rosła. W prasie i w telewizji w całym kraju ukazywały się informacje na jego temat. Fani się zlatywali, żeby odwiedzić kościół, do którego chodzi Dungy. Jego synowie stali się stałymi gośćmi w szatni drużyny i na liniach bocznych. W roku 2005 Jamie, jego najstarszy syn, skończył szkołę średnią i poszedł do college'u na Florydzie.

I choć sukcesy Dungy'ego były coraz liczniejsze, ujawniał się ten sam problematyczny wzorzec. Colts grali cały sezon zdyscyplinowany, skuteczny futbol, a potem zacinali się pod presją meczów w play-off.

„Wiara jest najważniejszą składową sukcesu w zawodowym futbolu", powiedział mi Dungy. „Drużyna *chciała* wierzyć, ale kiedy robiło się gorąco, wracali do swojej strefy komfortu i dawnych nawyków".

Colts ukończyli sezon 2005 z czternastoma wygranymi i dwoma przegranymi meczami, najlepszy wynik w ich historii.

A potem doszło do tragedii.

Trzy dni przed Świętami Bożego Narodzenia w środku nocy zadzwonił telefon Tony'ego Dungy'ego. Odebrała jego żona i przekazała mu słuchawkę w przekonaniu, że to któryś z zawodników. Na linii była pielęgniarka. Syn Dungy'ego Jamie został przywieziony wieczorem do szpitala z urazem szyi i ze śladami duszenia. Jego dziewczyna znalazła go w mieszkaniu, wiszącego na pasku. Ratownicy szybko przewieźli go do szpitala, ale próby reanimacji się nie powiodły. Zmarł[36].

Przyleciał kapelan, by być z rodziną w święta. „Życie już nigdy nie będzie takie samo", powiedział im, „ale nie zawsze będziecie czuli się tak, jak teraz".

Kilka dni po pogrzebie Dungy wrócił na boisko. Potrzebował czegoś, co odwracałoby jego uwagę, a zarówno żona, jak i zawodnicy zachęcali go do powrotu. „Byłem oszołomiony ich miłością i wsparciem", napisał później. „Jako grupa zawsze na sobie polegaliśmy w trudnych chwilach; potrzebowałem ich teraz bardziej niż kiedykolwiek wcześniej".

Drużyna przegrała swój pierwszy mecz w rozgrywkach play-off, zamykając sezon. Ale w następstwie towarzyszenia Dungy'emu w jego tragedii „coś się zmieniło", jak powiedział mi jeden z jego zawodników z tamtego czasu. „Widzieliśmy, jak nasz trener przechodzi przez tę straszną tragedię, i wszyscy chcieliśmy mu jakoś pomóc".

Sugestia, że śmierć młodego człowieka może mieć wpływ na mecze futbolowe, jest uproszczeniem, a nawet nonszalancją. Dungy zawsze mówił, że nie ma na świecie rzeczy ważniejszej dla niego niż jego rodzina. Ale w następstwie śmierci Jamiego, kiedy Colts zaczęli się przygotowywać do kolejnego sezonu, coś się zmieniło, jak stwierdzili jego zawodnicy. Zespół podporządkował się wizji Dungy'ego na temat tego, jak powinni grać w futbol, w sposób, w jaki nie ulegli jej nigdy wcześniej. Uwierzyli.

„Spędziłem sporo poprzednich sezonów na martwieniu się o mój kontrakt i wynagrodzenie", powiedział jeden z graczy, który, tak jak inni, opowiadali o tym czasie pod warunkiem zachowania anonimowości. „Kiedy trener wrócił po pogrzebie, chciałem dać mu wszystko, co tylko mogłem, żeby choć trochę ulżyć jego cierpieniu. W jakimś sensie oddałem się drużynie".

„Niektórzy mężczyźni lubią się nawzajem przytulać", powiedział inny zawodnik. „Ja nie. Przez dziesięć lat nie przytulałem moich synów. Ale kiedy trener wrócił, podszedłem do niego i przytulałem go tak długo, jak tylko mogłem, bo chciałem, aby wiedział, że byłem tam dla niego".

Po śmierci syna Dungy'ego drużyna zaczęła grać inaczej. Wśród graczy pojawiło się przekonanie o sile strategii zaproponowanej przez Dungy'ego. Podczas treningów i meczów towarzyskich przed początkiem sezonu 2006 drużyna grała skuteczny, precyzyjny futbol.

„Większość drużyn futbolowych nie jest tak naprawdę drużynami. To są po prostu faceci, którzy razem pracują", powiedział trzeci z przepytywanych przeze mnie graczy z tamtego okresu. „Ale my staliśmy się *drużyną*. To było niesamowite uczucie. Trener był tą iskrą, ale chodziło o coś więcej. Po jego powrocie poczuliśmy, że naprawdę w siebie wierzymy, jakbyśmy teraz wiedzieli jak ze sobą grać w sposób, w jaki nie wiedzieliśmy tego wcześniej".

Dla drużyny Colts wiara – we własną drużynę i w taktykę Dungy'ego i możliwość zwycięstwa – zaczęła się wyłaniać po doświadczeniu tragedii. Ale równie często podobna wiara może pojawić się bez leżących u jej podstaw przykrości.

Na przykład w badaniu przeprowadzonym na Harvardzie w roku 1994 przyglądano się ludziom, którzy radykalnie zmienili swoje życie[37]. Wykazano, że niektórzy z nich zmienili swoje nawyki po osobistej tragedii, jak rozwód czy choroba zagrażająca życiu. Inni je zmienili, widząc, jak przyjaciel przechodzi przez coś strasznego – tak jak zawodnicy Dungy'ego zmienili nawyki, widząc jego cierpienie.

Równie często jednak nie było żadnej tragedii poprzedzającej transformację. Zmienili się, ponieważ byli w grupach społecznych, które taką zmianę ułatwiały. Jedna z kobiet powiedziała, że całe jej życie się zmieniło, kiedy zapisała się na kurs psychologii i trafiła do wspaniałej grupy. „Otworzyła się puszka Pandory", powiedziała badaczom. „Już nie mogłam dłużej tolerować status quo. Zmieniłam się gruntownie". Pewien mężczyzna powiedział, że znalazł nową grupę przyjaciół, gdzie mógł ćwiczyć swoją towarzyskość. „Kiedy już włożę wysiłek w pokonanie mojej nieśmiałości, mam poczucie, że to tak naprawdę nie działam ja, ale ktoś inny", powiedział. Ale ćwicząc zachowania w nowej grupie, przestał się czuć, jakby odgrywał jakąś rolę. Uwierzył, że nie jest nieśmiały, i w rezultacie przestał taki być. Gdy ludzie dołączają do grup, w których zmiana wydaje się możliwa, szanse, że faktycznie zajdzie, nabierają realnych kształtów. Większość tych ludzi nie doświadcza ważnych życiowych momentów czy dramatów wywracających ich życie do góry nogami. Czasami to po prostu społeczności – a bywa, że tylko jedna osoba – sprawiają, że zaczynamy wierzyć w realność zmiany. Pewna kobieta powiedziała badaczom, że jej życie się zmieniło po tym, jak spędziła jeden dzień na myciu toalet – i po tygodniach omawiania z pozostałymi osobami z serwisu sprzątającego, że powinna odejść od męża.

„Zmiana pojawia się wśród innych ludzi", powiedział jeden z psychologów zaangażowanych w badanie, Todd Heatherton. „Wydaje się realna, kiedy dostrzegamy ją w oczach innych ludzi".

Szczegółowe mechanizmy wiary nadal pełne są tajemnic. Nikt nie ma pewności, dlaczego grupa, która spotyka się na zajęciach z psychologii, jest w stanie przekonać kobietę, że wszystko jest inaczej, albo dlaczego drużyna Dungy'ego nagle się zjednoczyła po śmierci syna trenera. Wielu ludzi opowiada przyjaciołom o nieszczęśliwych małżeństwach, z których się nigdy nie wyzwalają; wiele drużyn widzi, że w życiu ich trenerów dzieją się złe rzeczy, i nigdy się nie jednoczy.

Ale wiemy, że po to, aby nawyki zmieniły się w sposób trwały, ludzie muszą uwierzyć, że zmiana jest możliwa. Ten sam proces, który sprawia, że program AA jest tak skuteczny – siła grupy ucząca wiary – zachodzi zawsze, kiedy ludzie się spotykają, by pomagać komuś w zmianie. W grupie łatwiej uwierzyć.

* * *

Dziesięć miesięcy po śmierci Jamiego w futbolu rozpoczął się sezon 2006. Colts grali w sposób niemający sobie równych, wygrywając pierwsze dziewięć meczów i zamykając rok z wynikiem 12–4. Wygrali swój pierwszy mecz w rozgrywkach play-off, potem pokonali Baltimore Ravens, uzyskując tytuł w dywizji. W tym momencie od rozgrywek Super Bowl dzielił ich już tylko krok w mistrzostwach konferencji – mecz, który Dungy przegrywał już osiem razy.

Do starcia doszło 21 stycznia 2007, mecz z New England Patriots, tą samą drużyną, która już dwukrotnie zniweczyła aspiracje Colts do rozgrywek Super Bowl.

Drużyna Colts zaczęła mecz mocno, ale przed końcem pierwszej połowy zaczęła się rozsypywać. Zawodnicy albo bali się popełnienia błędów, albo byli tak napaleni na finał Super Bowl, że pozapominali, na czym mają się skupić. Przestali polegać na nawykach i zaczęli za dużo myśleć. Niechlujne bloki prowadziły do utraty piłki. Jedno z podań Peytona Manninga zostało przechwycone i zakończyło się przyłożeniem dla przeciwnika. Drużyna przeciwna, Patriots, doprowadzili do stanu 23–3. Żaden zespół w historii NFL nigdy nie poradził sobie z taką przewagą w mistrzostwach konferencji. Po raz kolejny drużyna prowadzona przez Dungy'ego miała przegrać[38].

W przerwie zawodnicy weszli do szatni, a Dungy poprosił wszystkich o zebranie się. Z zewnątrz dobiegały stadionowe hałasy, ale w środku wszyscy byli cicho. Dungy popatrzył na swoich graczy.

Powiedział, że muszą uwierzyć.

„Mieliśmy do czynienia z tą samą sytuacją – z tą samą drużyną – w roku 2003", powiedział Dungy. W tamtym meczu do wygranej zabrakło tak niewiele. „Szykujcie się, bo tym razem to my wygramy. To *nasz* mecz. To *nasz* czas"[39].

Colts wyszli na boisko w drugiej połowie i zaczęli grać tak, jak we wszystkich poprzedzających meczach. Byli skupieni na swoich wskazówkach i nawykach. Precyzyjnie wykonywali zagrywki, które trenowali przez ostatnie pięć lat aż do ich pełnego zautomatyzowania. Ich obrona pokonała siedemdziesiąt sześć jardów, przeprowadzając w tym czasie czternaście akcji. Następnie, trzy minuty po kolejnej zbiórce, znowu zdobyli punkty.

Gdy czwarta kwarta dobiegała końca, drużyny wyrównały punkty. Colts Dungy'ego doprowadzili do remisu, ale nie byli w stanie zdobyć przewagi. Kiedy do końca gry zostały jeszcze trzy minuty i czterdzieści dziewięć sekund, Patriots zdobyli trzy punkty dające im przewagę nad drużyną Dungy'ego – było 34 do 31. Colts zdobyli piłkę i zaczęli biec. Pokonali siedemdziesiąt jardów w dziewiętnaście sekund, docierając do pola punktowego. Po raz pierwszy Colts objęli prowadzenie 38 do 34. Zegar pokazywał sześćdziesiąt sekund do końca. Jeżeli drużynie Dungy'ego uda się zatrzymać Patriots przed zdobyciem przyłożenia, Colts wygrają mecz.

Sześćdziesiąt sekund to w futbolu wieczność.

Rozgrywający drużyny Patriots, Tom Brady, zdobywał przyłożenia w dużo krótszym czasie. Było więc oczywiste, że w ciągu kilku sekund po rozpoczęciu zagrywki Brady ruszył swoją drużynę o pół boiska. Mając jeszcze siedemnaście sekund, Patriots znaleźli się we właściwej odległości, gotowi na ostatni wielki zryw pogrążający Dungy'ego w kolejnej klęsce, zadający definitywny cios marzeniom Colts o Super Bowl.

Patriots zbliżyli się do linii wznowienia gry, obrona Colts zajęła pozycje. Marlin Jackson, cornerback drużyny, stał dziesięć jardów od linii. Szukał swoich wskazówek: szerokości przerw między zawodnikami linii przeciwnika i pochylenia biegacza. Obie wskazówki sugerowały, że zdecydują się na grę górą. Tom Brady, rozgrywający Patriots, wykonał snap [rodzaj zagrania między nogami – przyp. tłum.] i został w tyle, by podać piłkę. Jackson już się ruszał. Brady zamachnął się i wyrzucił piłkę wysoko. Jego celem był skrzydłowy Patriots, oddalony o dwadzieścia dwa jardy, wolny i stojący blisko połowy boiska. Gdyby skrzydłowy złapał piłkę, istniało spore prawdopodobieństwo, że dałby radę zbliżyć się do pola punktowego i zdobyć przyłożenie. Piłka leciała. Jackson, cornerback drużyny Colts, już biegł, podążając za swoimi nawykami. Wybiegł przed prawym ramieniem skrzydłowego, wyskakując przed niego dokładnie w chwili, w której nadleciała piłka. Ściągnął piłkę z powietrza, przechwycił ją, przebiegł jeszcze kilka kroków i padł na ziemię, przyciskając piłkę do piersi. Całość nie trwała nawet pięciu sekund. Mecz się zakończył. Dungy i drużyna Colts odnieśli zwycięstwo.

Dwa tygodnie później wygrali Super Bowl. Istnieją dziesiątki powodów, mogących wyjaśnić, dlaczego Colts wreszcie tego roku zdobyli puchar. Może mieli szczęście. Może to był ich czas. Ale zawodnicy Dungy'ego mówią, że stało się tak, gdyż *uwierzyli,* a ta wiara sprawiła, że wszystko, czego się nauczyli – wszystkie rutynowe zachowania, które ćwiczyli aż do ich zautomatyzowania – pasowało i zadziałało, nawet w najbardziej stresującym momencie.

„Jesteśmy dumni, że wygraliśmy te mistrzostwa dla naszego szefa, trenera Dungy'ego", powiedział później ludziom Peyton Manning, trzymając w ramionach puchar Lombardiego.

Dungy wrócił do żony. „Udało nam się", powiedział.

* * *

Jak zmieniają się nawyki?

Niestety nie istnieje konkretny zestaw kroków gwarantujący skuteczność w wypadku wszystkich osób. Wiemy, że nawyku nie da się wykorzenić – trzeba go raczej zastąpić innymi. I wiemy, że nawyki są najbardziej plastyczne, kiedy zastosujemy Złotą Zasadę zmiany nawyków: jeżeli utrzymamy tę samą wskazówkę i tę samą nagrodę, to możemy pomiędzy nie wstawić nową rutynę.

Ale to nie wszystko. Żeby zmieniony nawyk się utrzymał, ludzie muszą uwierzyć, że zmiana jest możliwa. I, najczęściej, taka wiara wyłania się jedynie z pomocą grupy.

Jeśli chcesz rzucić palenie, wymyśl sobie inny zwyczaj, który zaspokoi pragnienia zaspokajane obecnie przez papierosy. Potem znajdź grupę wsparcia, kilku byłych palaczy, albo jakąś społeczność, która pomoże ci uwierzyć, że jesteś w stanie porzucić nikotynę, i korzystaj ze wsparcia tej grupy zawsze wtedy, kiedy czujesz, że możesz nie wytrwać.

Jeżeli chcesz schudnąć, przyjrzyj się swoim nawykom i określ, dlaczego tak *naprawdę* odchodzisz od swojego biurka, żeby połasuchować, a potem znajdź kogoś, kto dla odmiany pójdzie z tobą na spacer, poplotkuje raczej przy biurku niż w stołówce, grupę ludzi, którzy wspólnie chcą mieć kontrolę nad swoją wagą, albo kogoś, kto także woli mieć pod ręką jabłka zamiast chipsów.

Dowody są jednoznaczne: jeżeli chcesz zmienić nawyk, musisz znaleźć alternatywny zwyczaj, a twoje szanse na sukces gwałtownie wzrosną, jeśli zaangażujesz się w zmianę, będąc członkiem grupy. Wiara ma znaczenie kluczowe, a rodzi się z doświadczeń wspólnoty, nawet wtedy, kiedy cała wspólnota składa się z dwóch osób.

Wiemy, że zmiana *jest możliwa*. Alkoholicy mogą przestać pić. Palacze mogą rzucić palenie. Wieczni pokonani mogą zostać mistrzami. Możesz przestać obgryzać paznokcie lub podjadać w pracy, wrzeszczeć na dzieci, zarywać noce albo martwić się błahostkami. I jak odkryli naukowcy – kiedy zajmiemy się nawykami, zmienić się może nie tylko życie pojedynczych osób. Zmienić mogą się firmy, organizacje i społeczności, co pokazują kolejne rozdziały.

Przypisy

[1] Mam dług wdzięczności wobec Tony'ego Dungy'ego i Nathana Whitackera, zarówno za ich czas, jak i twórczość, w tym: *Quiet Strength: The Principles, Practices, and Priorities of a Winning Life* (Carol Stream, Ill.: Tyndale House, 2008); *The Mentor Leader: Secrets to Building People and Teams That Win Consistently* (Carol Stream, Ill.:

Tyndale House, 2010); *Uncommon: Finding Your Path to Significance* (Carol Stream, Ill.: Tyndale House, 2011). Osoby, którym jestem również wdzięczny, to: Jene Bramel z Footballguys.com; Matthew Bowen z National Football Post i St. Louis Rams, Green Bay Packers, Washington Redskins, i Buffalo Bills; Tim Layden z *Sports Illustrated* oraz jego książka: *Blood, Sweat, and Chalk*: *The Ultimate Football Playbook: How the Great Coaches Built Today's Teams* (New York: Sports Illustrated, 2010); Pat Kirwan, *Take Your Eye Off the Ball: How to Watch Football by Knowing Where to Look* (Chicago: Triumph Books, 2010); Nunyo Demasio, The Quiet Leader, *Sports Illustrated,* luty, 2007; Bill Plaschke, Color Him Orange, *Los Angeles Times,* 1.09.1996; Chris Harry, „Pups" Get to Bark for the Bucs, *Orlando Sentinel,* 5.09.2001; Jeff Legwold, Coaches Find Defense in Demand, *Rocky Mountain News,* 11.11.2005; oraz Martin Fennelly, Quiet Man Takes Charge with Bucs, *The Tampa Tribune,* 9.08.1996.

[2] Jestem wdzięczny Fox Sports za udostępnienie taśm z nagraniami meczów, adresatami moich podziękowań są też: Kevin Kernan, The Bucks Stomp Here, *The San Diego Union-Tribune,* 18.11.1996; Jim Trotter, Harper Says He's Done for Season, *The San Diego Union-Tribune,* 18.11.1996; Les East, Still Worth the Wait, *The Advocate* (Baton Rouge, La.), 21.11.1996.

[3] Mitch Albom, The Courage of Detroit, *Sports Illustrated,* 22.09.2009.

[4] Pat Yasinskas, Behind the Scenes, *The Tampa Tribune,* 19.11.1996.

[5] ESPN – Entertainment and Sports Programming Network – amerykańska całodobowa sportowa stacja telewizyjna (przyp. tłum.).

[6] W wymianie korespondencji, której celem było sprawdzenie faktów, Dungy podkreślał, że nie były to nowe strategie, ale podejścia, których „nauczyłem się, pracując z drużyną Steelers w latach siedemdziesiątych i osiemdziesiątych. Tym, co było wyjątkowe i co się, tak sądzę, szerzy, to pomysł, w jaki sposób te idee wdrożyć (...). [Moim planem] nie było przytłoczenie przeciwników strategią czy obfitością zagrywek i ustawień, ale wygrywanie sposobem działania. Mając ogromną pewność tego, co robimy, i robieniem tego dobrze. Minimalizowaniem popełnianych błędów. Graniem szybkością, ponieważ nie skupialiśmy się na zbyt wielu sprawach".

[7] Więcej na temat obrony Tampa 2 patrz: Rick Gosselin, The Evolution of the Cover Two, *The Dallas Morning News,* 3.11.2005; Mohammed Alo, Tampa 2 Defense, *The Football Times,* 4.07.2006; Chris Harry, Duck and Cover, *Orlando Sentinel,* 26.08.2005; Jason Wilde, What to Do with Tampa-2? *Wisconsin State Journal,* 22.09.2005; Jim Thomas, Rams Take a Run at Tampa 2, *St. Louis Post-Dispatch,* 16.10.2005; Alan Schmadtke, Dungy's 'D' No Secret, *Orlando Sentinel,* 6.09.2006; Jene Bramel, Guide to NFL Defenses, *The Fifth Down* (blog), *The New York Times,* 6.09.2010.

[8] William L. White, *Slaying the Dragon* (Bloomington, Ill.: Lighthouse Training Institute, 1998).

[9] Światowy serwis Anonimowych Alkoholików, *The A.A. Service Manual Combined with Twelve Concepts for World Service* (New York: Alcoholics Anonymous, 2005); Światowy serwis Anonimowych Alkoholików, *Alcoholics Anonymous: The*

Story of How Many Thousands of Men and Women Have Recovered from Alcoholism (New York: Alcoholics Anonymous, 2001); Światowy serwis Anonimowych Alkoholików, *Alcoholics Anonymous Comes of Age: A Brief History of A.A.* (New York: Alcoholics Anonymous, 1957); Światowy serwis Anonimowych Alkoholików, *As Bill Sees It* (New York: Alcoholics Anonymous, 1967); Bill W., *Bill W.: My First 40 Years— An Autobiography by the Cofounder of Alcoholics Anonymous* (Hazelden Center City, Minn.: Hazelden Publishing, 2000); Francis Hartigan, *Bill W.: A Biography of Alcoholics Anonymous Cofounder Bill Wilson* (New York: Thomas Dunne Books, 2009).

[10] Susan Cheever, *My Name Is Bill: Bill Wilson – His Life and the Creation of Alcoholics Anonymous* (New York: Simon and Schuster, 2004).

[11] Tamże.

[12] Ernest Kurtz, *Not-God: A History of Alcoholics Anonymous* (Hazelden Center City, Minn.: Hazelden Publishing,1991).

[13] Dane dostarczone przez AA General Service Office Staff, na podstawie danych z 2009 roku.

[14] Uzyskanie pełnych danych na temat członkostwa w AA czy informacji o osobach, które wyszły z nałogu dzięki programowi, jest niebywale trudne, częściowo dlatego, że członkostwo jest anonimowe, a po części dlatego, że nie istnieje wymóg rejestrowania się. Niemniej liczba dziesięciu milionów osób, wywiedziona z wywiadów z badaczami pracującymi dla AA, wydaje się rozsądna (choć nieweryfikowalna), jeżeli weźmiemy pod uwagę długoletnią historię programu.

[15] W psychologii takie podejście – skupienie się na nawykach – często określane jest szerokim pojęciem „terapii poznawczo-behawioralnej", a wcześniej „prewencją nawrotu". Terapia poznawczo-behawioralna (*cognitive behavioral therapy*, CTB) stosowana jest przeważnie grupowo i zawiera pięć podstawowych technik: (1) uczenie się – kiedy terapeuta wyjaśnia pacjentowi istotę jego choroby i uczy go identyfikować objawy; (2) monitorowanie – kiedy pacjent posługuje się dzienniczkiem, by kontrolować zachowania i sytuacje, które je wyzwalają; (3) reakcje alternatywne – kiedy pacjent uczy się nowych zwyczajów, jak choćby technik relaksacyjnych, by wyprzeć zachowania problematyczne; (4) restrukturyzację poznawczą – kiedy terapeuta pomaga pacjentowi ponownie przemyśleć i ocenić sytuację; oraz (5) ekspozycję – podczas której terapeuta pomaga pacjentowi narazić się na działanie sytuacji wyzwalających zachowania.

[16] Przebieg linii oddzielającej nawyki od uzależnień jest często trudny do ustalenia. Na przykład American Society of Addiction Medicine definiuje uzależnienie jako „pierwotne, przewlekłe schorzenie mózgowych obwodów nagrody, motywacji, pamięci i innych obwodów powiązanych. (...) Uzależnienie charakteryzuje się zakłóceniem kontroli behawioralnej, pragnieniem, niezdolnością do wytrwania w abstynencji i ograniczonymi relacjami".

Z taką definicją, jak zauważają niektórzy badacze, trudno jest ustalić, dlaczego wydawanie pięćdziesięciu dolarów tygodniowo na kokainę jest złe, a wydawanie takiej samej kwoty na kawę jest w porządku. Ktoś, kto każdego popołudnia odczuwa ogromną ochotę na latté, może wydawać się uzależniony w oczach kogoś, dla kogo pięć dolarów wydane na kawę jest już „zakłóceniem kontroli behawioralnej". Czy ktoś, kto woli iść pobiegać niż zjeść śniadanie z dziećmi, jest uzależniony od ćwiczeń fizycznych?

Ogólnie mówiąc, wielu naukowców twierdzi, że choć uzależnienie jest skomplikowane i wciąż niewiele na ten temat wiemy, to jednak wiele wiążących się z uzależnieniem zachowań jest często napędzanych przez nawyki. Niektóre substancje, jak narkotyki, papierosy czy alkohol, mogą wywołać uzależnienie fizyczne. Ale takie fizyczne pragnienia często zanikają, kiedy trwamy w abstynencji. Fizyczne uzależnienie od nikotyny na przykład trwa tak długo, jak długo substancja znajduje się w krwiobiegu palacza – około stu godzin po wypaleniu ostatniego papierosa. Wiele utrzymujących się pragnień, które interpretujemy jako fizyczne uzależnienie od nikotyny, jest w istocie przejawem behawioralnych nawyków – po miesiącu pragniemy papierosa po śniadaniu nie dlatego, że potrzebujemy go fizycznie, ale dlatego, że tak ciepło wspominamy uczucie, którego nam kiedyś każdego ranka dostarczał. Uderzenie w zachowania, o których sądzimy, że są przejawami uzależnienia, przez modyfikację otaczających je nawyków okazało się w badaniach klinicznych jedną z najskuteczniejszych metod terapii. (Warto jednak wspomnieć że niektóre substancje chemiczne, jak choćby opiaty, mogą wywoływać utrzymujące się w czasie uzależnienie fizyczne, a niektóre badania wskazują, że niewielka grupa ludzi zdaje się być predysponowana do poszukiwania substancji uzależniających, niezależnie od interwencji behawioralnych. Liczba substancji wywołujących długotrwałe uzależnienie fizyczne jest jednak względnie mała, a liczba osób ze skłonnością do uzależnień jest szacowana znacznie niżej niż liczba alkoholików i innych uzależnionych poszukujących pomocy).

[17] Kurtz, *Not-God.*

[18] Wymienione osoby zasługują na moją szczególną wdzięczność: Brendan I. Koerner, za jego rady i artykuł: Secret of AA: After 75 Years, We Don't Know How It Works, *Wired,* lipiec, 2010; D.R. Davis i G.G. Hansen, Making Meaning of Alcoholics Anonymous for Social Workers: Myths, Metaphors, and Realities, *Social Work* 43, 2, (1998), 169–182.

[19] Światowy serwis Anonimowych Alkoholików, *Twelve Steps and Twelve Traditions* (New York: Alcoholics Anonymous World Services, Inc., 2002), 34. Światowy serwis Anonimowych Alkoholików, *Alcoholics Anonymous: The Big Book,* wydanie 4. (New York: Alcoholics Anonymous World Services, Inc., 2002), 59.

[20] Arthur Cain, Alcoholics Anonymous: Cult or Cure? *Harper's Magazine,* luty, 1963, 48–52; M. Ferri, L. Amato i M. Davoli, Alcoholics Anonymous and Other 12-Step Programmes for Alcohol Dependence, *Addiction,* 88, 4, (1993), 555–562; Harrison M. Trice i Paul Michael Roman, Delabeling, Relabeling, and Alcoholics Anonymous, *Social Problems,* 17, 4, (1970), 538–546; Robert E. Tournie, Alcoholics Anonymous as Treatment and as Ideology, *Journal of Studies on Alcohol,* 40, 3, (1979), 230–239; P.E. Bebbington, The Efficacy of Alcoholics Anonymous: The Elusiveness of Hard Data, *British Journal of Psychiatry,* 128, (1976), 572–580.

[21] Emrick i in., Alcoholics Anonymous: What Is Currently Known?; J.S. Tonigan, R. Toscova i W.R. Miller, Meta-analysis of the Literature on Alcoholics Anonymous:

Sample and Study Characteristics Moderate Findings, *Journal of Studies on Alcohol*, 57, (1995), 65–72; J. S. Tonigan, W.R. Miller i G.J. Connors, Project MATCH Client Impressions About Alcoholics Anonymous: Measurement Issues and Relationship to Treatment Outcome, *Alcoholism Treatment Quarterly*, 18, (2000), 25–41; J.S. Tonigan, Spirituality and Alcoholics Anonymous, *Southern Medical Journal* 100, 4, (2007), 437–440.

[22] Heinze i in., Counteracting Incentive Sensitization in Severe Alcohol Dependence Using Deep Brain Stimulation of the Nucleus Accumbens: Clinical and Basic Science Aspects, *Frontiers in Human Neuroscience*, 3, 22, (2009).

[23] „Mandy" jest pseudonimem używanym przez autora w opisie przypadku, z którego pochodzi to zdanie.

[24] B.A. Dufrene, Steuart Watson i J.S. Kazmerski, Functional Analysis and Treatment of Nail Biting, *Behavior Modification*, 32, (2008), 913–927.

[25] W korespondencji mającej na celu weryfikację informacji autor tego opisu, Brad Dufrene, napisał, że pacjentka „wyraziła zgodę na korzystanie z terapii w klinicznym ośrodku akademickim, będącym ośrodkiem szkoleniowo-badawczym. Pod koniec udziału w terapii wyraziła zgodę na wykorzystywanie danych z jej terapii w celach badawczych, w prezentacjach i publikacjach".

[26] N.H. Azrin i R.G. Nunn, Habit-Reversal: A Method of Eliminating Nervous Habits and Tics, *Behaviour Research and Therapy* 11, 4, (1973), 619–628; Nathan H. Azrin i Alan L. Peterson, Habit Reversal for the Treatment of Tourette Syndrome, *Behaviour Research and Therapy*, 26, 4, (1988), 347–351; N.H. Azrin, R.G. Nunn i S.E. Frantz, Treatment of Hairpulling (Trichotillomania), A Comparative Study of Habit Reversal and Negative Practice Training, *Journal of Behavior Therapy and Experimental Psychiatry*, 11, (1980), 13–20; R.G. Nunn i N.H. Azrin, Eliminating Nail-Biting by the Habit Reversal Procedure, *Behaviour Research and Therapy*, 14, (1976), 65–67; N.H. Azrin, R.G. Nunn i S.E. Frantz-Renshaw, Habit Reversal Versus Negative Practice Treatment of Nervous Tics, *Behavior Therapy*, 11, 2, (1980), 169–178; N.H. Azrin, R.G. Nunn i S.E. Frantz-Renshaw, Habit Reversal Treatment of Thumbsucking, *Behaviour Research and Therapy*, 18, 5, (1980), 395–399.

[27] Ważne jest, by podkreślić, że choć proces zmiany nawyków łatwo opisać, nie jest to wcale równoznaczne z tym, że łatwo tego dokonać. Łatwo dać do zrozumienia, że palenie papierosów, alkoholizm, objadanie się czy inne mocno zakorzenione wzorce mogą zostać pokonane bez prawdziwego wysiłku. Ale prawdziwa zmiana wymaga pracy i zrozumienia zachowań, którymi kierują pragnienia. Zmiana każdego nawyku wymaga determinacji. Nikt nie przestanie palić jedynie dlatego, że narysuje sobie pętlę nawyku.

Niemniej dzięki zrozumieniu mechanizmu działania nawyków uzyskujemy wgląd umożliwiający łatwiejsze nabywanie nowych zachowań. Każdy, kto zmaga się z uzależnieniem czy destrukcyjnymi zachowaniami, może skorzystać z pomocy oferowanej przez wiele instytucji, w tym przez wyszkolonych terapeutów, lekarzy, pracowników społecznych i osoby duchowne. Jednak nawet profesjonaliści w tych dziedzinach są zgodni, że większość alkoholików, palaczy i innych osób przejawiających zachowania problematyczne może sobie z nimi poradzić na własną rękę, bez formalnego programu terapeutycznego. Najczęściej zmiany te osiągane są właśnie dzięki temu, że ludzie analizują wskazówki, pragnienia i nagrody popychające ich do danych zachowań i znajdują sposób na zastąpienie własnych autodestrukcyjnych zwyczajów zdrowszymi alternatywami, nawet jeżeli nie mają świadomości, że tak właśnie postępują. Zrozumienie wskazówek i pragnień napędzających twoje nawyki nie sprawi, że nagle znikną – ale pozwoli ci stworzyć plan zmiany wzorca.

[28] W korespondencji mającej na celu weryfikację informacji Dufrene podkreślał, że metody, jak te wykorzystane w terapii Mandy – znane jako „uproszczony trening zmiany nawyków" – czasami nieco się różnią od metod treningu zmiany nawyków (HRT). „Ja rozumiem to tak, że uproszczony trening zmiany nawyków jest skuteczny w redukcji nawyków (np. wyrywaniu włosów, obgryzaniu paznokci, ssaniu kciuka), tików (ruchowych i werbalnych) i jąkania się", napisał. Natomiast inne problemy mogą wymagać intensywniejszych form HRT. „Skuteczna terapia depresji, palenia, problemów z hazardem itp. kryje się pod obszernym pojęciem terapii poznawczo-behawioralnej", napisał Dufrene, podkreślając, że uproszczony trening zmiany nawyków często nie jest w wypadku tych problemów skuteczny, gdyż wymagają one intensywniejszych interwencji.

[29] R.G. Nunn, K.S. Newton i P. Faucher, 2.5 Years Follow-up of Weight and Body Mass Index Values in the Weight Control for Life! Program: A Descriptive Analysis, *Addictive Behaviors*, 17, 6, (1992), 579–585; D.J. Horne, A.E. White i G.A. Varigos, A Preliminary Study of Psychological Therapy in the Management of Atopic Eczema, *British Journal of Medical Psychology*, 62, 3, (1989), 241–248; T. Deckersbach i in., Habit Reversal Versus Supportive Psychotherapy in Tourette's Disorder: A Randomized Controlled Trial and Predictors of Treatment Response, *Behaviour Research and Therapy*, 44, 8, (2006), 1079–1090; Douglas W. Woods i Raymond G. Miltenberger, Habit Reversal: A Review of Applications and Variations, *Journal of Behavior Therapy and Experimental Psychiatry*, 26, 2, (1995), 123–131; D.W. Woods, C.T. Wetterneck i C.A. Flessner, A Controlled Evaluation of Acceptance and Commitment Therapy Plus Habit Reversal for Trichotillomania, *Behaviour Research and Therapy*, 44, 5, (2006), 639–656.

[30] J.O. Prochaska i C.C. DiClemente, Stages and Processes of Self-Change in Smoking: Toward an Integrative Model of Change, *Journal of Consulting and Clinical Psychology*, 51, 3, (1983), 390–395; James Prochaska, Strong and Weak Principles for Progressing from Precontemplation to Action on the Basis of Twelve Problem Behaviors, *Health Psychology*, 13, (1994), 47–51; James Prochaska i in., Stages of Change and Decisional Balance for 12 Problem Behaviors, *Health Psychology*, 13, (1994), 39–46; James Prochaska i Michael Goldstein, Process of Smoking Cessation: Implications for Clinicians, *Clinics in Chest Medicine*, 12, 4, (1991), 727–735; James O. Prochaska, John Norcross i Carlo DiClemente, *Changing for Good: A Revolutionary Six-Stage Program for Overcoming Bad Habits and Moving Your Life Positively Forward* (New York: HarperCollins, 1995).

[31] Devin Gordon, Coach Till You Drop, *Newsweek,* wrzesień, 2, 2002, 48.

[32] W korespondencji mającej na celu weryfikację informacji Dungy stwierdził „nie użyłbym określenia, że wszystko się rozpadało podczas ważnych meczów. Nazwałbym to niewystarczająco dobrą grą w kluczowych sytuacjach, nieumiejętnością przełożenia lekcji na praktykę, kiedy o to właśnie chodziło. St Luis miał jedną z największych przewag w historii NFL. Udało im się zrobić w tym meczu przyłożenie na trzy minuty przed końcem. Drużyna, która miała 38 punktów w każdym meczu, miała jedno przyłożenie i jedno zagranie na bramkę przeciwko obronie, więc nie wydaje mi się, że właściwym jest stwierdzenie, że «wszystko się waliło»".

[33] W korespondencji mającej na celu weryfikację informacji Dungy stwierdził: „ponownie przegraliśmy w play-off z Philadelphią, w kolejnym kiepskim meczu. To była chyba nasza najgorsza gra, która rozegrała się w oparach plotek, wszyscy wiedzieli, że (...) właściciel planuje zmianę trenera. Myślę, że mieliśmy w przeszłości przykłady braku pełnego zaufania do systemu, ale tym razem nie wydaje mi się, żeby o to chodziło. Philadelphia była po prostu dla nas twardym przeciwnikiem i nie daliśmy im rady. A ponieważ nie graliśmy dobrze, wynik był paskudny. Jednak to był jeden z naszych najgorszych meczów od sezonu 1996".

[34] John W. Traphagan, Multidimensional Measurement of Religiousness/Spirituality for Use in Health Research in Cross-Cultural Perspective, *Research on Aging,* 27, (2005), 387–419. Wiele tych badań wykorzystywał skalę opublikowaną w: G.J. Conners i in., Measure of Religious Background and Behavior for Use in Behavior Change Research *Psychology of Addictive Behaviors,* 10, 2 (lipiec, 1996), 90–96.

[35] Sarah Zemore, A Role for Spiritual Change in the Benefits of 12-Step Involvement, *Alcoholism: Clinical and Experimental Research,* 31, (2007), 76s–79s; Lee Ann Kaskutas i in., The Role of Religion, Spirituality, and Alcoholics Anonymous in Sustained Sobriety, *Alcoholism Treatment Quarterly,* 21, (2003), 1–16; Lee Ann Kaskutas i in., Alcoholics Anonymous Careers: Patterns of AA Involvement Five Years After Treatment Entry, *Alcoholism: Clinical and Experimental Research,* 29, 11, (2005), 1983–1990; Lee Ann Kaskutas, Alcoholics Anonymous Effectiveness: Faith Meets Science, *Journal of Addictive Diseases,* 28, 2, (2009), 145–157; J. Scott Tonigan, W.R. Miller i Carol Schermer, Atheists, Agnostics, and Alcoholics Anonymous, *Journal of Studies on Alcohol,* 63, 5 (2002), 534–554.

[36] Jarrett Bell, Tragedy Forces Dungy „to Live in the Present", *USA Today,* wrzesień, 1, 2006; Ohm Youngmisuk, The Fight to Live On, New York *Daily News,* wrzesień, 10, 2006; Phil Richards, Dungy: Son's Death Was a „Test", *The Indianapolis Star,* 25.01.2007; David Goldberg, Tragedy Lessened by Game, *Tulsa World,* 30.01.2007; Dungy Makes History After Rough Journey, *Akron Beacon Journal,* 5.02.2007; From Pain, a Revelation, *The New York Times,* lipiec, 2007; Son of Colts' Coach Tony Dungy Apparently Committed Suicide, Associated Press, 22.12.2005; Larry Stone, Colts Take Field with Heavy Hearts, *The Seattle Times,* 25.12.2005; Clifton Brown, Dungy's Son Is Found Dead; Suicide Suspected, *The New York Times,* grudzień, 23, 2005; Peter King, A Father's Wish, *Sports Illustrated,* luty, 2007.

[37] Todd F. Heatherton i Patricia A. Nichols, Personal Accounts of Successful Versus Failed Attempts at Life Change, *Personality and Social Psychology Bulletin*, 20, 6, (1994), 664–675.

[38] Mam dług wdzięczności wobec Michaela Smitha, „Simple" Scheme Nets Big Gains for Trio of Defenses, ESPN.com, 26.12.2005.

[39] Michael Silver, This Time, It's Manning's Moment, *Sports Illustrated*, luty, 2007.

Część 2.

NAWYKI SKUTECZNYCH ORGANIZACJI

4

KLUCZOWE NAWYKI ALBO BALLADA O PAULU O'NEILLU: KTÓRE NAWYKI SĄ NAJWAŻNIEJSZE

I

PEWNEGO WIETRZNEGO PAŹDZIERNIKOWEGO DNIA 1987 ROKU grupa prominentnych inwestorów i analityków giełdowych z Wall Street zebrała się w sali balowej wytwornego hotelu na Manhattanie. Spotkali się, aby powitać nowego Dyrektora Generalnego (CEO) firmy Aluminium Company of America – znanej jako Alcoa – korporacji, która niemal przez stulecie wytwarzała wszystko, od folii, w którą zawijane są czekolady Hershey's, i metalu w puszkach Coca-Coli po śruby trzymające w kupie satelity[1].

Założyciel Alcoa wynalazł proces wytapiania aluminium wiek wcześniej i od tamtej pory firma stała się jedną z największych na świecie. Wielu ludzi zebranych dziś w hotelu zainwestowało miliony dolarów w akcje Alcoa, ciesząc się stałym zyskiem. Jednak w ciągu minionego roku inwestorzy zaczęli wyrażać swoje niezadowolenie. Menedżerowie Alcoa popełniali błąd za błędem, nierozsądnie starając się poszerzyć produkcję o nowe linie w czasie, gdy konkurencja podbierała klientów i zyski.

Dlatego z chwilą, w której zarząd Alcoa ogłosił, że czas na nowego przywódcę, wyraźnie dało się wyczuć ulgę. Ale ta ulga zamieniła się w niepokój, kiedy ogłoszono, na kogo padł wybór: nowym dyrektorem generalnym ma zostać były rządowy biurokrata – Paul O'Neill. Wielu ludzi z Wall Street nigdy o nim nie słyszało. Kiedy Alcoa planowała to powitalne spotkanie w sali balowej na Manhattanie, każdy liczący się inwestor chciał dostać zaproszenie.

Kilka minut przed dwunastą O'Neill wszedł na scenę. Miał pięćdziesiąt jeden lat, był ubrany w elegancki szary garnitur w prążki i czerwony krawat. Miał siwe włosy i wojskową, wyprostowaną sylwetkę. W podskokach pokonał schody i ciepło się uśmiechnął. Wyglądał dostojnie, wiarygodnie i pewnie. Jak dyrektor generalny.

A potem zaczął mówić.

„Chcę z wami porozmawiać o bezpieczeństwie pracowników", powiedział. „Co roku liczni pracownicy Alcoa doznają na tyle poważnych zranień, że opuszczają dzień pracy. Nasze dane dotyczące bezpieczeństwa wskazują, że jesteśmy lepsi niż przeciętne amerykańskie przedsiębiorstwo, szczególnie jeżeli uwzględnimy, że nasi pracownicy mają do czynienia z metalami rozgrzanymi nawet do 800 stopni Celsjusza i maszynami mogącymi z łatwością oderwać człowiekowi rękę. Ale to nie wystarczy. Moją intencją jest przekształcenie Alcoa w najbezpieczniejszą firmę w Ameryce. Moim celem jest zero urazów".

Publiczność była zakłopotana. Takie spotkania przeważnie odbywały się według ustalonego schematu: nowy dyrektor generalny zaczyna od przedstawienia się, robi kilka niewybrednych dowcipów na swój temat, w których nieco sam się deprecjonuje – coś w stylu, jak przespał większość zajęć na studiach w Harvard Business School – a potem obiecuje zwiększyć zyski i zmniejszyć koszty. Potem następuje ostra krytyka podatków, regulacji prawnych i gospodarczych i czasami, z energią sugerującą osobiste doświadczenia podczas rozprawy rozwodowej, prawników. Na koniec pada lawina modnych słów typu „synergia", „reduptymalizacja" i „współkonkurencja" – po czym wszyscy mogą wrócić do swoich biur z pełnym przekonaniem, że kapitalizm jest bezpieczny przynajmniej do jutra.

O'Neill nie powiedział nic o zyskach. Słowem nie wspomniał podatków. Nie było przemowy na temat „wykorzystania optymalizacji w celu osiągnięcia synergicznej korzyści rynkowej typu *win-win*". Jedyne, co wiedział teraz każdy, kto słyszał tę przemowę o bezpieczeństwie pracowników, to fakt, że O'Neill jest zwolennikiem przepisów. Albo jeszcze gorzej, demokratą. Przerażająca perspektywa.

„A teraz, zanim przejdę dalej", powiedział O'Neill, „chcę wskazać wyjścia ewakuacyjne w tym pomieszczeniu". Wskazał na tyły sali balowej. „Z tyłu jest kilkoro drzwi, i w mało prawdopodobnej sytuacji wybuchu pożaru czy innego niebezpieczeństwa powinniście spokojnie opuścić salę, zejść po schodach do głównego holu i opuścić budynek".

Cisza. Jedynym słyszalnym dźwiękiem był szum ruchu drogowego zza okien. Bezpieczeństwo? Wyjścia awaryjne? Czy to jest żart? Jeden z inwestorów na widowni wiedział, że O'Neill był w Waszyngtonie w latach sześćdziesiątych. *Chłopak musiał się wtedy porządnie naćpać*, pomyślał.

W końcu ktoś podniósł rękę i zapytał o stan zapasów w dziale lotnictwa i kosmonautyki. Ktoś inny chciał wiedzieć, jak wygląda w firmie stosunek kapitału do należności niepewnych.

„Nie jestem pewien, czy mnie usłyszeliście", powiedział O'Neill. „Jeżeli chcecie zrozumieć, jak działa Alcoa, musicie patrzeć na nasze wskaźniki bezpieczeństwa pracy. Jeżeli obniżymy liczbę wypadków i obrażeń, to nie stanie się tak za sprawą cheerleaderek czy tych głupot, które czasami słyszycie z ust innych dyrektorów generalnych. Będzie to zasługą tych ludzi w tej firmie, którzy zgodzili się stać częścią czegoś ważnego: poświęcili się wykształceniu nawyku doskonałości. Bezpieczeństwo będzie wskaźnikiem, że robimy postępy w zmianie naszych nawyków w całej organizacji. W taki sposób powinniśmy być oceniani".

W chwili zakończenia prezentacji zebrani inwestorzy niemal uciekali w popłochu. Jeden wbiegł do holu, znalazł telefon i obdzwonił dwudziestu swoich największych klientów.

„Powiedziałem «Zarząd mianował na osobę zarządzającą jakiegoś szalonego hipisa, który zrujnuje firmę»", oznajmił mi ten inwestor. „Kazałem im natychmiast sprzedać wszystkie akcje, zanim inni wybiegną z sali i zaczną obdzwaniać swoich klientów, mówiąc im dokładnie to samo".

„I to była dosłownie najgorsza rada, jakiej udzieliłem w trakcie całej mojej kariery".

W ciągu roku od przemówienia O'Neilla zyski Alcoa osiągnęły rekordową wysokość. Kiedy w roku 2000 O'Neill przechodził na emeryturę, roczny przychód netto firmy był pięciokrotnie wyższy niż przed jego przyjściem, a kapitalizacja rynkowa wzrosła o dwadzieścia siedem miliardów dolarów. Ktoś, kto zainwestował milion dolarów w Alcoa w dniu, w którym pojawił się tam O'Neill, zarobił drugi milion w dywidendach w czasie, w którym firmą kierował „szalony hipis". Wartość akcji do chwili, w której O'Neill odchodził z firmy, wzrosła pięciokrotnie.

Co więcej, cały ten wzrost pojawił się w czasie, w którym Alcoa stała się jedną z najbezpieczniejszych firm na świecie. Przed przyjściem O'Neilla w każdej fabryce należącej do Alcoa dochodziło do przynajmniej jednego wypadku tygodniowo. Od wdrożenia jego planu bezpieczeństwa niektóre placówki pracowały całe lata bez utraty nawet jednego dnia pracy przez wypadek. Odsetek zranień i urazów pracowników spadł do jednej dwudziestej amerykańskiej średniej.

Jak więc O'Neill zmienił jedną z największych, najbardziej ociężałych i potencjalnie najniebezpieczniejszych firm w maszynkę do zarabiania i bastion bezpieczeństwa?

Uderzając w jeden nawyk, a następnie przyglądając się, jak zmiany rozprzestrzeniają się w całej organizacji.

„Wiedziałem, że muszę zmienić Alcoa", powiedział mi O'Neill. „Ale nie możesz ludziom *polecić*, żeby się zmienili. Nie tak działa mózg. A więc zdecydowałem, że zacznę od skupienia się na jednej rzeczy. Gdyby udało mi się zmienić nawyki związane z tą jedną sprawą, będę w stanie przejść na poziom całej organizacji".

O'Neill wierzył, że niektóre nawyki są w stanie wywołać reakcję łańcuchową, zmieniając różne zwyczaje w całej organizacji. Innymi słowy, niektóre nawyki mają większe znaczenie niż inne w przekształcaniu biznesu i życia. Są to „nawyki kluczowe" i mogą wpływać na sposób, w jaki ludzie pracują, jedzą, żyją, wydają pieniądze i się komunikują. Kluczowe nawyki inicjują proces, który z czasem przekształca wszystko inne.

Kluczowe nawyki oznaczają, że sukces nie zależy od tego, żeby zawsze i wszystko robić dobrze, ale od tego, żeby zidentyfikować kilka priorytetów i przemodelować je w potężne dźwignie. Pierwsza cześć prezentowanej książki wyjaśniała, w jaki sposób nawyki działają, jak można je wytworzyć i zmieniać. Gdzie w takim razie powinien zacząć ktoś aspirujący do tytułu mistrza nawyków? Odpowiedź na to pytanie kryje się w zrozumieniu nawyków kluczowych: najważniejszymi nawykami stają się te, które zaczynają zmieniać, usuwać czy przekształcać inne wzorce.

Kluczowe nawyki wyjaśniają, w jaki sposób Michael Phelps został mistrzem olimpijskim i dlaczego niektórzy studenci są dużo lepsi od swoich rówieśników. Opisują, dlaczego niektórzy ludzie, po latach prób, nagle chudną dwadzieścia kilogramów, stając się jednocześnie bardziej wydajni w pracy i wciąż docierają do domu na czas, żeby zjeść kolację z dziećmi. Kluczowe nawyki pozwalają też wyjaśnić, jak Alcoa stała się jedną z najlepiej radzących sobie spółek giełdowych, stając się równocześnie jednym z najbezpieczniejszych miejsc na świecie.

* * *

Kiedy Alcoa po raz pierwszy zwróciła się do O'Neilla, proponując mu stanowisko dyrektora generalnego, nie był on pewien, czy chce przyjąć tę ofertę. Już zarabiał bardzo dużo pieniędzy, a jego żona lubiła Connecticut, gdzie mieszkali. Nie wiedzieli nic o Pittsburghu, gdzie mieściła się siedziba główna Alcoa. Ale przed odrzuceniem oferty O'Neill poprosił o czas do namysłu. Żeby ułatwić sobie podjęcie decyzji, zaczął pracować nad listą priorytetów, gdyby jednak ofertę przyjął.

O'Neill zawsze bardzo wierzył we wszelkiego rodzaju listy. Dzięki listom organizował własne życie. W college'u Fresno State – gdzie ukończył cały program w nieco ponad trzy lata, jednocześnie pracując trzydzieści godzin tygodniowo – O'Neill przygotowywał listy wszystkiego, czego miał nadzieję dokonać w swoim życiu, w tym, na samej górze, „zmienić świat na lepsze". Po ukończeniu uczelni w latach sześćdziesiątych, po zachętach ze strony przyjaciela, O'Neill zgłosił się na staż federalny i razem z trzystoma tysiącami innych osób podszedł do rządowego egzaminu na urzędnika państwowego. Do etapu rozmów kwalifikacyjnych wybrano trzy tysiące osób. Trzysta osób z tej grupy dostało pracę. O'Neill był jedną z nich[2].

Rozpoczął jako menedżer średniego szczebla w Urzędzie do spraw Kombatantów, gdzie kazano mu nauczyć się, jak działają systemy komputerowe. O'Neill nie przestawał pisać swoich list, zaznaczając, dlaczego niektóre projekty szły lepiej niż inne, którzy dostawcy byli terminowi, a którzy nie. Awansował każdego roku. I wraz ze wspinaniem się po szczeblach kariery w Urzędzie do spraw Kombatantów zasłynął z tego, że jest osobą, której listy zawsze zdawały się zawierać punkt, pozwalający rozwiązać każdy problem.

W połowie lat sześćdziesiątych takie umiejętności były w cenie w Waszyngtonie. Robert McNamara dopiero co przebudował Pentagon, zatrudniając kadrę młodych matematyków, statystyków i programistów. Prezydent Johnson też chciał mieć wokół siebie takie cudowne dzieci. I tak oto O'Neill został zatrudniony w miejscu, które ostatecznie zostało nazwane Office of Management and Budget (Biurem ds. Zarządzania i Budżetu) i stało się jedną z najpotężniejszych agencji w Waszyngtonie. Po upływie dziesięciu lat, jako trzydziestoośmiolatek, został awansowany na zastępcę dyrektora i nagle znalazł się w grupie najbardziej wpływowych ludzi w mieście.

Właśnie w tym momencie rozpoczęła się edukacja O'Neilla w zakresie nawyków organizacyjnych. Jednym z pierwszych zadań O'Neilla było stworzenie narzędzia analitycznego, pozwalającego na monitorowanie sposobu wydatkowania przez rząd pieniędzy na ochronę zdrowia. Szybko dostrzegł, że rządowe wysiłki, które powinny rządzić się logicznymi zasadami i przemyślanymi priorytetami, w rzeczywistości kierowały się dziwacznymi instytucjonalnymi procesami, które, na wiele sposobów, przypominały nawyki. Biurokraci i politycy zamiast podejmować decyzje reagowali na wskazówki zautomatyzowanymi działaniami, których celem były awanse lub reelekcja. To była pętla nawyku – przekładająca się na tysiące ludzi i miliardy dolarów.

Przykładowo, po drugiej wojnie światowej Kongres opracował program budowy publicznych szpitali. Ćwierć wieku później sprawa wciąż się ciągnęła, i kiedy tylko ustawodawcy alokowali nowe środki na ochronę zdrowia, biurokraci natychmiast rozpoczynali budowę. Miasta, w których powstawały nowe szpitale, niekoniecznie *potrzebowały* więcej szpitalnych łóżek, ale to było bez znaczenia. Tym, co

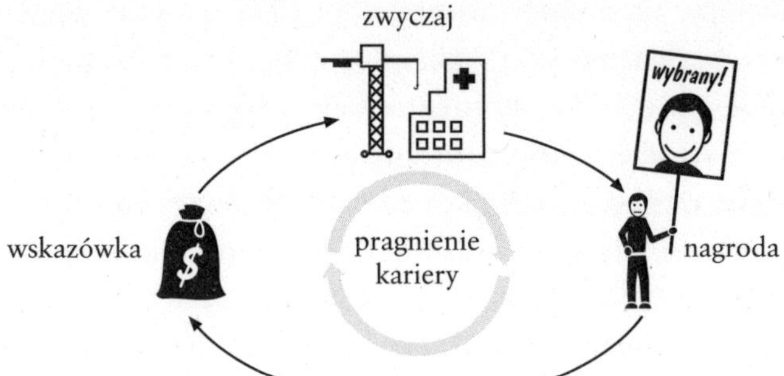

miało znaczenie, było wzniesienie wielkiego gmachu, na który mógłby wskazywać polityk szukający przed wyborami głosów[3].

Pracownicy federalni „spędzają miesiące na dysputach na temat niebieskich czy żółtych zasłon, zastanawianiu się, ile telewizorów powinno być w sali chorych czy na projektowaniu dyżurki pielęgniarek, na sprawach zupełnie drugorzędnych", powiedział O'Neill. „Najczęściej nikt nigdy nie zadawał pytania, czy miasto chce szpitala. Biurokraci wykształcili zwyczaj rozwiązywania każdego medycznego problemu za pomocą zbudowania czegoś, tak, aby kongresmen mógł powiedzieć «Oto, co zrobiłem!». To kompletnie nie miało sensu, ale wszyscy na okrągło dokładnie to robili".

Naukowcy odkryli nawyki instytucjonalne w niemal każdej organizacji czy firmie, którą wzięli pod lupę. „Pojedynczy ludzie mają swoje nawyki; grupy mają swoje zwyczaje", napisał naukowiec, Geoffrey Hodgson, który zbudował swoją karierę na badaniu wzorców w organizacjach. „Procedury są organizacyjnym analogiem nawyków"[4].

Zdaniem O'Neilla tego rodzaju nawyki są niebezpieczne. „Najogólniej można powiedzieć, że cedowaliśmy decyzje na procesy zachodzące bezmyślnie i bezrefleksyjnie", powiedział O'Neill. Ale w innych agencjach, gdzie w powietrzu wisiała zmiana, dobre nawyki organizacyjne przyczyniały się do sukcesu.

Niektóre wydziały w NASA na przykład reorganizowały się celowo, wdrażając organizacyjne procedury zachęcające inżynierów do podejmowania większego ryzyka. Kiedy bezzałogowe rakiety eksplodowały podczas startów, szefowie działów bili brawo, tak, by wszyscy wiedzieli, że podległe im zespoły próbowały i im się nie udało, ale przynajmniej próbowały. W końcu centrum kontroli lotów kosmicznych wypełniało się oklaskami za każdym razem, kiedy coś drogiego wyleciało w powietrze. Stało się to nawykiem organizacyjnym[5]. Albo weźmy na przykład Agencję Ochrony Środowiska (Environmental Protection Agency), utworzoną w roku 1970. Pierwszą osobą zarządzającą EPA był William Ruckelshaus, który świadomie kształtował nawyki organizacyjne zachęcające inspektorów do skutecznej egzekucji. Kiedy prawnicy pytali o zgodę, by wnieść sprawę do sądu czy rozpocząć działania egzekucyjne, rozpoczynał się proces akceptacji[6]. Z założenia dostawali autoryzację dla dalszych działań. Przekaz był jasny: w EPA agresja jest nagradzana. Około roku 1975 EPA opracowywała ponad półtora tysiąca nowych ustaw dotyczących środowiska[7].

„Za każdym razem, kiedy przyglądałem się innej części rządu i jego agencji, dostrzegałem owe nawyki, pozwalające wyjaśnić, dlaczego pewne sprawy szły w stronę sukcesu, inne zaś były porażką", powiedział mi O'Neill. „Najlepsze agencje rozumiały ważkość procedur. Złymi zarządzali ludzie, którzy nigdy o tym nie myśleli, a potem się zastanawiali, dlaczego nikt nie wypełniał ich poleceń".

W roku 1977, po szesnastu latach spędzonych w Waszyngtonie, O'Neill zdecydował, że czas odejść. Pracował piętnaście godzin na dobę przez siedem dni w tygodniu, a jego żona miała dość samotnego wychowywania czwórki dzieci. O'Neill napisał rezygnację i wylądował w International Paper, największej firmie produkującej masę celulozową i papier. W końcu stał się jej dyrektorem generalnym.

Niektórzy jego starzy przyjaciele z czasów rządowych byli wtedy w zarządzie Alcoa. Kiedy okazało się, że firma potrzebuje nowego dyrektora generalnego, pomyśleli o nim, i tak oto znalazł się w sytuacji tworzenia listy priorytetów na wypadek decyzji o przyjęciu proponowanego mu stanowiska.

W tym czasie Alcoa walczyła z trudnościami. Krytycy twierdzili, że pracownicy firmy nie byli wystarczająco rozgarnięci, a jakość wyrobów była słaba. Ale na szczycie swojej listy priorytetów O'Neill nie napisał „jakość" czy „wydajność". W firmie tak dużej i tak starej jak Alcoa nie możesz po prostu wcisnąć guzika i oczekiwać, że nagle wszyscy będą pracowali ciężej i wytwarzali więcej. Poprzedni dyrektor generalny próbował odgórnie zarządzić ulepszenia i piętnaście tysięcy pracowników rozpoczęło strajk. Sprawy zaszły tak daleko, że na parking przynosili manekiny ubrane w garnitury, symbolizujące menedżerów, i je palili. „Alcoa nie była szczęśliwą rodziną", ktoś z tamtego okresu mi powiedział. „Przypominała bardziej rodzinę Mansona, jednak dysponującą dodatkowo stopionym metalem".

O'Neill wymyślił, że jego główny priorytet, gdyby zdecydował się przyjąć tę propozycję, musiałby być czymś, co każdy – związkowcy *oraz* menedżerowie – uznają za ważne. Musiał się skupić na czymś, co zjednoczyłoby ludzi, co umożliwiłoby mu zmianę sposobu pracy i komunikacji w firmie.

„Skupiłem się na podstawach", powiedział. „Każdy zasługuje na to, by wychodzić z pracy, będąc równie bezpiecznym, jak w chwili przyjścia, prawda? Nie powinieneś się bać, że zapewnienie bytu twojej rodzinie może cię zabić. I właśnie na tym postanowiłem się skupić: na zmianie nawyków bezpieczeństwa wszystkich zatrudnionych w organizacji".

Na samym szczycie swojej listy O'Neill napisał „BEZPIECZEŃSTWO" i postawił sobie zuchwały cel: zero urazów. Nie zero urazów w fabryce. Zero urazów. Kropka. Temu się poświęci, nieważne, ile to go będzie kosztować.

O'Neill zdecydował się wziąć tę pracę.

* * *

„Naprawdę się cieszę, że tu jestem", zwrócił się O'Neill do sali pełnej pracowników huty w Tennessee kilka miesięcy po tym, jak został zatrudniony. Nie wszystko poszło gładko. Wall Street wciąż panikowała. Związki zawodowe były zaniepokojone. Niektórzy zastępcy dyrektora w Alcoa byli wkurzeni, że zostali pominięci w awansie. A O'Neill mówił o bezpieczeństwie w miejscu pracy.

„Będę szczęśliwy, mogąc z wami wszystko negocjować", powiedział O'Neill. Objeżdżał wszystkie amerykańskie fabryki Alcoa, zanim wyruszył w podróż do należących do firmy placówek w trzydziestu jeden innych krajach. „Ale jest jedna rzecz, której nigdy nie będę z wami negocjował, i to są kwestie bezpieczeństwa. Nie chcę, by ktokolwiek kiedykolwiek powiedział, że nie zrobiliśmy wszystkiego, by ludzie nie ulegali wypadkom. Jeżeli chcecie się ze mną sprzeczać w tej kwestii, jesteście na z góry przegranej pozycji".

Geniusz tego podejścia polegał na tym, że oczywiście nikt nie chciał się sprzeczać z O'Neillem o kwestie bezpieczeństwa. Związki zawodowe walczyły o bezpieczniejsze warunki pracy przez całe lata. Menedżerowie także nie chcieli się o to spierać, gdyż wypadki oznaczały utratę wydajności i niskie morale.

Ludzie nie zdawali sobie jednak sprawy, że plan O'Neilla – doprowadzić do całkowitego wyeliminowania zranień i wypadków – obejmował najbardziej radykalną restrukturyzację w historii Alcoa. Kluczem do ochrony pracowników Alcoa było, tak wierzył O'Neill, przede wszystkim zrozumienie, *dlaczego* dochodzi do wypadków. A zrozumienie *dlaczego* dochodzi do wypadków wymagało przeanalizowania, *co* było nie tak w procesie produkcyjnym. Żeby zaś zrozumieć, *co* jest nie tak w procesie produkcyjnym, trzeba było wprowadzić do firmy ludzi, którzy będą edukować pracowników na temat kontroli jakości i najbardziej wydajnych procesów pracy, żeby wszystko dało się zrobić łatwiej, a właściwa praca jest równoznaczna z pracą bezpieczną.

Innymi słowy, aby chronić pracowników, Alcoa musiała się stać najlepszą i najnowocześniejszą firmą produkującą aluminium na świecie.

W rezultacie plan poprawy bezpieczeństwa O'Neilla opierał się na pętli nawyku. Zidentyfikował prostą wskazówkę: urazy pracowników. Wprowadził w firmie automatyczną procedurę, rutynę[8]: za każdym razem, kiedy ktoś ulegał wypadkowi, dyrektor działu miał to zgłosić

O'Neillowi w ciągu dwudziestu czterech godzin wraz z programem naprawczym zapewniającym, że podobny wypadek nie przytrafi się nigdy więcej[9]. I była nagroda: jedynymi ludźmi, którzy mogli liczyć na awans, byli ci, którzy przyjęli ten system.

Dyrektorzy działów byli zapracowanymi ludźmi. Żeby zameldować O'Neillowi o wypadku w ciągu dwudziestu czterech godzin, musieli sami zostać o nim przez swoich zastępców poinformowani bezzwłocznie. Dlatego wicedyrektorzy musieli pozostawać w ciągłym kontakcie z menedżerami niższych szczebli. A menedżerowie najniższego szczebla musieli sprawić, by pracownicy natychmiast ostrzegali, kiedy tylko zauważą jakiś problem, i na bieżąco prowadzić listę z sugestiami naprawy, aby w chwili, w której wicedyrektor pyta o plan, już istniało pudełko pełne możliwych rozwiązań. Żeby to wszystko mogło się zadziać, każdy dział musiał stworzyć nowe systemy komunikacji, ułatwiające przepływ informacji i możliwość zakomunikowania pomysłu pracownika z najniższych szczebli najwyższemu z menedżerów tak szybko, jak to tylko możliwe. Aby umożliwić przystosowanie do programu zwiększania bezpieczeństwa pracy, który opracował O'Neill, niemal wszystko w sztywnej hierarchii Alcoa musiało się zmienić. O'Neill budował nowe nawyki korporacyjne.

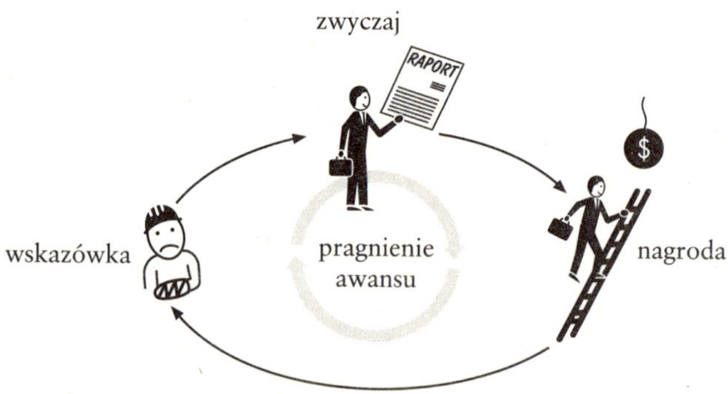

ORGANIZACYJNA PĘTLA NAWYKU W ALCOA

Wraz ze zmianami we wzorcach związanych z bezpieczeństwem i higieną pracy w Alcoa w coraz szybszym tempie zaczęły się zmieniać także inne aspekty firmy. Zasady, którym od dziesięcioleci sprzeciwiały się związki zawodowe – jak choćby pomiar indywidualnej wydajności pracowników – nagle były możliwe do wprowadzenia, ponieważ takie pomiary pomagały wszystkim wychwycić, które elementy procesu produkcyjnego nie działały właściwie, stanowiąc ryzyko dla bezpieczeństwa pracy. Zasady, którym od dawna opierali się menedżerowie – jak danie pracownikom autonomii do wyłączenia linii produkcyjnej w sytuacji, w której tempo zaczynało ich przerastać – były teraz witane z otwartymi ramionami, gdyż stanowiły doskonałą metodę zapobiegania wypadkom. Firma zmieniła się tak bardzo, że niektórzy pracownicy zdali sobie z tego sprawę i nawyki związane z bezpieczeństwem zaczęły przenosić się także na inne sfery ich życia.

„Dwa czy trzy lata temu siedzę sobie w biurze, patrzę z okna na most przy Dziewiątej Ulicy i widzę kilku facetów, którzy nie stosują się do zasad bhp", powiedział Jeff Shockey, obecny dyrektor ds. bezpieczeństwa pracy w Alcoa. Jeden z nich stał na szczycie bariery ochronnej, a drugi trzymał go za pasek. Nie używali pasów bezpieczeństwa ani lin. „Pracowali dla jakiejś firmy, która nie miała z nami nic wspólnego, ale nawet się nad tym nie zastanawiając, wstałem z fotela, zszedłem pięć pięter, podszedłem do mostu i powiedziałem tym facetom, że ryzykują własnym życiem, że powinni stosować pasy bezpieczeństwa i wyposażenie ochronne". Mężczyźni wytłumaczyli, że ich szef zapomniał przynieść im sprzęt. Więc Shockey zadzwonił do miejscowego biura do spraw bezpieczeństwa pracy i zdrowia i doniósł na szefa mężczyzn pracujących na moście.

„Inny menedżer mi powiedział, że któregoś dnia zatrzymał się przy robotnikach pracujących przy wykopie niedaleko jego domu, ponieważ ściany wykopu nie były właściwie zabezpieczone przed osunięciem, i wygłosił przemowę na temat wagi procedur. To był weekend, a on zatrzymał samochód, w którym siedziały jego dzieci, żeby pouczać pracowników miasta na temat bezpieczeństwa robót ziemnych. To nie jest naturalne, ale właśnie o to chodzi. Teraz robimy takie rzeczy, w ogóle się nad tym nie zastanawiając".

O'Neill nigdy nie obiecywał, że jego skupienie na bezpieczeństwie pracy zwiększy zyski Alcoa. Niemniej wraz z rozprzestrzenianiem się w organizacji wprowadzanych przez niego zwyczajów koszty spadały, jakość się poprawiała, a wydajność rosła w nieprawdopodobnym tempie. Jeżeli płynny metal, rozpryskując się, ranił pracowników, przerabiano system rozlewania, dzięki czemu urazów było mniej. Oszczędzało to także pieniądze, ponieważ Alcoa traciła mniej surowca, który już się nie rozlewał. Jeżeli maszyna wciąż się psuła, była zastępowana nową, co oznaczało mniejsze ryzyko, że zepsute urządzenie urwie komuś rękę. To oznaczało także lepszą jakość produktów, ponieważ, jak odkryto w Alcoa, złe funkcjonowanie urządzeń było główną przyczyną niepełnowartościowego aluminium.

Badacze odkryli podobną dynamikę w dziesiątkach innych sytuacji, w tym w życiu poszczególnych osób.

Weźmy na przykład badania z ostatniego dziesięciolecia, skupiające się na wpływie ćwiczeń na codzienne zwyczaje i rutynowe zachowania[10]. Kiedy ludzie zaczynają regularnie ćwiczyć, nawet tak rzadko, jak raz w tygodniu, zaczynają zmieniać inne, niepowiązane z tym wzorce w swoim życiu, często nie mając tego świadomości. Zazwyczaj ludzie, którzy uprawiają sporty, zaczynają się zdrowiej odżywiać i stają się wydajniejsi w pracy. Mniej palą i wykazują więcej cierpliwości w relacjach ze współpracownikami i członkami rodziny. Rzadziej korzystają z kart kredytowych i twierdzą, że czują się mniej zestresowani. Nie wiadomo tak do końca, dlaczego tak się dzieje. Ale w wypadku wielu ludzi ćwiczenia fizyczne są nawykiem kluczowym, który pociąga za sobą daleko idące zmiany. „Ćwiczenia fizyczne rozlewają się na całe twoje życie", powiedział James Prochaska, badacz z University of

Rhode Island. „Jest w nich coś takiego, co sprawia, że łatwiej wprowadzamy też inne dobre nawyki".

Badania udokumentowały, że rodziny, w których istnieje zwyczaj wspólnego jedzenia kolacji, wychowują dzieci z lepszymi kompetencjami w sferze prac domowych, lepszymi ocenami, większą kontrolą emocjonalną i większą pewnością siebie[11]. Ścielenie łóżka każdego ranka koreluje z wyższą wydajnością, lepszym samopoczuciem i umiejętnością trzymania się budżetu. I nie chodzi o to, że wspólna kolacja czy pościelone łóżko *powodują* lepsze stopnie czy mniej beztroskiego wydawania pieniędzy[12]. Ale w jakiś sposób te wstępne zmiany wywołują reakcje łańcuchowe, pomagające wytrwać także przy innych korzystnych nawykach.

Skupiając się na zmianie lub kultywowaniu kluczowych nawyków, możesz doprowadzić do daleko idących zmian. Ale zidentyfikowanie takich kluczowych nawyków wcale nie jest takie proste, jak mogłoby się to wydawać. Żeby je znaleźć, musisz wiedzieć, gdzie szukać. Odkrywanie kluczowych nawyków oznacza poszukiwanie określonych charakterystyk. Nawyki kluczowe dają coś, co w literaturze akademickiej określane jest jako „małe zwycięstwa". Pomagają rozkwitnąć innym nawykom, wytwarzając nowe struktury i kształtują kultury, w których zmiany stają się zaraźliwe.

Ale, jak odkrył O'Neill i setki innych, przekroczenie granicy między rozumieniem tych zasad a wykorzystywaniem ich w praktyce wymaga nieco pomysłowości.

II

Kiedy budzik Michaela Phelpsa zadzwonił o 6.30 13 sierpnia 2008 roku, ten wywlókł się z łóżka w wiosce olimpijskiej w Pekinie i od razu wszedł w nawykowe działanie.

Włożył dres i poszedł na śniadanie. W tym tygodniu zdobył już trzy złote medale – co dało mu w sumie dziewięć złotych krążków w karierze – a tego dnia miał przed sobą dwa wyścigi. O siódmej był w stołówce, spożywając śniadanie typowe dla dni startowych, złożone z jajek, owsianki i czterech energetycznych koktajli, pierwszą porcję z ponad sześciu tysięcy kalorii, które przyjmie w ciągu nadchodzących szesnastu godzin[13].

Pierwszy wyścig Phelpsa – dwieście metrów stylem motylkowym, jego najmocniejszy dystans – ustalono na godzinę dziesiątą. Dwie godziny przed startem zawodnik rozpoczął swoje rutynowe ćwiczenia rozciągające, zaczynając od ramion, potem plecy, i kolejno wszystkie partie ciała aż do kostek, które były tak elastyczne, że mogły się rozciągnąć ponad dziewięćdziesiąt stopni, dalej niż u baletnicy w pozycji *en pointe*. O ósmej trzydzieści wszedł do basenu, rozpoczynając pierwszą rozgrzewkę, osiemset metrów mieszanymi stylami, potem sześćset metrów tylko z wyprostowanymi nogami, czterysta metrów z boją między nogami, dwieście metrów ćwiczenia stylu, po czym serie dwudziestopięciometrowych sprintów na podniesienie częstości bicia serca. Trening trwał dokładnie czterdzieści pięć minut.

O dziewiątej piętnaście wyszedł z basenu i zaczął się wciskać w swój strój pływacki LZR Racer, tak ciasny, że założenie go wymagało dwudziestu minut szarpaniny. Potem założył na uszy słuchawki, włączył hiphopową składankę, której słuchał przed każdym startem, i czekał.

Phelps zaczął pływać w wieku siedmiu lat, żeby spalić trochę energii, która doprowadzała jego mamę i nauczycieli do szaleństwa. Kiedy miejscowy trener pływania, Bob Bowman, zobaczył jego długi tułów, wielkie dłonie i stosunkowo niedługie nogi (które były mniejszym obciążeniem w wodzie), wiedział, że Phelps ma zadatki na mistrza. Ale Phelps był emocjonalny. Miał trudności z wyciszeniem się przed startami. Jego rodzice się rozwodzili, a on miał kłopoty z radzeniem sobie ze stresem. Bowman kupił książkę na temat technik relaksacyjnych i poprosił mamę Phelpsa, by co wieczór czytała mu ją na głos. Książka zawierała skrypt – „Zaciśnij prawą dłoń w pięść, potem ją rozluźnij. Wyobraź sobie, jak napięcie odpływa" – który napinał i rozluźniał każdy fragment ciała Phelpsa przed zaśnięciem.

Bowman wierzył, że dla pływaków kluczem do zwycięstwa jest wykształcenie odpowiednich nawyków. Phelps, o czym Bowman był przekonany, miał idealne ciało, wprost stworzone do pływania. Ale każdy, kto w końcu staje do walki o olimpijskie medale, ma idealną muskulaturę. Bowman dostrzegł też, że mimo młodego wieku Phelps miał potencjał do wykształcenia pewnego rodzaju obsesyjności, która czyniła z niego idealnego sportowca. Ale znowu, wszyscy najlepsi zawodnicy są obsesyjni.

Tym, w co Bowman mógł wyposażyć Phelpsa – co dałoby mu przewagę nad innymi zawodnikami – były nawyki, które uczyniłyby z niego najsilniejszego psychicznie pływaka w basenie. Nie musiał kontrolować każdej sfery życia Phelpsa. Wszystko, czego potrzebował, to skupić się na kilku specyficznych nawykach, które nie miały nic wspólnego z pływaniem, były natomiast ściśle powiązane z wytworzeniem właściwego mentalnego nastawienia. Opracował kilka zachowań, dzięki którym Phelps mógł się wyciszyć i skoncentrować przed każdym startem – i w ten sposób znaleźć te maleńkie przewagi, które w sporcie, w którym liczą się milisekundy, zrobią zasadniczą różnicę.

Na przykład, kiedy Phelps był nastolatkiem, po każdym treningu Bowman mówił mu, by szedł do domu i pooglądał nagranie. „Miał je oglądać przed pójściem spać i po przebudzeniu".

Nagranie nie było niczym rzeczywistym. Było umysłową wizualizacją idealnego wyścigu. Co noc przed zaśnięciem i każdego ranka tuż po przebudzeniu Phelps wyobrażał sobie siebie, jak wskakuje do basenu i, w zwolnionym tempie, płynie idealnie. Wizualizował ruchy, ściany basenu, nawroty i końcówkę. Wyobrażał sobie ślad za swoim ciałem, wodę kapiącą z ust, gdy jego twarz wynurzała się z wody i uczucie zdejmowania czepka pod koniec. Leżał w łóżku z zamkniętymi oczami i oglądał całe zawody, z najdrobniejszymi szczegółami, wciąż na nowo, aż znał na pamięć każdą jedną sekundę.

W trakcie treningów Bowman, każąc mu płynąć z prędkością wyścigową, krzyczał „Włącz taśmę!" i Phelps dawał z siebie wszystko, do kresu własnych możliwości. To, co teraz robił, mogło nawet być rozczarowujące. Robił to już tyle razy w swojej głowie, że teraz miał poczucie powtarzania z pamięci czegoś, co wykuł na blachę. Ale działało. Był szybszy i szybszy. W końcu wszystko, co Bowman musiał robić przed zawodami, to szepnąć „Przygotuj taśmę" – i Phelps się uspokajał, po czym miażdżył przeciwników.

Po tym, jak Bowman ustawił kilka podstawowych zwyczajów w życiu Phelpsa, wszystkie inne nawyki – dieta i harmonogram treningów, zwyczaje związane z ćwiczeniami rozciągającymi i snem – poukładały się same. Powodem, dla którego te nawyki były tak skuteczne, dlaczego posłużyły za nawyki kluczowe, było coś, co w literaturze naukowej określamy jako „małe zwycięstwa".

* * *

Małe zwycięstwa są dokładnie tym, czym się wydają, i są częścią procesu, w którym kluczowe nawyki prowadzą do daleko idących zmian. Ogromna liczba badań wykazała, że małe zwycięstwa mają olbrzymią moc i wywierają wpływ zupełnie nieproporcjonalny do osiągnięć idących z nimi w parze. „Małe zwycięstwa są ciągłym stosowaniem małych przewag", napisał jeden z profesorów z Cornell University w 1984 roku. „Kiedy udało się osiągnąć małe zwycięstwo, uruchamiamy siły sprzyjające osiągnięciu kolejnego"[14]. Małe zwycięstwa napędzają zmiany, przekształcając małe przewagi we wzorce, przekonując ludzi, iż większe osiągnięcia są w ich zasięgu[15].

Przykładowo, kiedy organizacja walcząca o prawa osób homoseksualnych zaczęła prowadzić kampanie przeciwko homofobii pod koniec lat sześćdziesiątych, ich początkowe wysiłki były jednym wielkim pasmem niepowodzeń. Naciskali na uchylenie praw wykorzystywanych w celu ścigania gejów i dostawali srogie baty od władzy ustawodawczej. Nauczyciele próbowali układać plany zajęć w taki sposób, by wspierać homoseksualną młodzież, i byli zwalniani za sugestie, że homoseksualizm należy zaakceptować. Wyglądało na to, że większe cele społeczności homoseksualnej – zakończenie dyskryminacji i nękania przez policję, przekonanie Amerykańskiego Towarzystwa Psychiatrycznego, by zaprzestało definiować homoseksualizm w kategoriach zaburzenia psychicznego – są poza zasięgiem[16].

I wtedy, na początku lat siedemdziesiątych, organizacja działająca na rzecz obrony praw osób homoseksualnych, American Library Assotiation's Task Force on Gay Liberation, zdecydowała się skupić na celach pomniejszych: na przekonaniu Biblioteki Kongresu do przeklasyfikowania książek na temat ruchu wyzwolenia osób homoseksualnych z HQ 71471 (Abnormal Sexual Relations, Including Sexual Crimes, „Nienormalne relacje seksualne, w tym przestępstwa seksualne") do innej, mniej pejoratywnie naznaczonej kategorii[17].

W roku 1972 po otrzymaniu listu z żądaniem zmiany klasyfikacji Biblioteka Kongresu zgodziła się na zmianę, przepisując książki do nowo utworzonej kategorii HQ 76.5 Homosexuality, Lesbianism – Gay Liberation Movement, Homophile Movement (Homoseksualizm – Ruch wyzwolenia osób homoseksualnych, Ruch, na rzecz osób homoseksualnych). Było to drobne wygładzenie starego instytucjonalnego nawyku dotyczącego poukładania książek na półkach, ale skutki były elektryzujące. Informacje na temat nowej polityki rozeszły się po kraju. Organizacje broniące praw osób homoseksualnych, cytując to zwycięstwo, zaczęły starać się o fundusze. W ciągu kilku lat jawnie homoseksualni politycy starali się o urzędy w Kalifornii, Nowym

Jorku, Massachusetts i Oregonie, wielu z nich powoływało się na decyzję Biblioteki Kongresu. W roku 1973 Amerykańskie Towarzystwo Psychiatryczne, po trwających kilka lat wewnętrznych dyskusjach, ponownie sformułowało definicję homoseksualizmu, który nie był już zaburzeniem psychicznym – otwierając tym samym drogę ustawom delegalizującym dyskryminowanie ludzi ze względu na ich orientację seksualną.

A wszystko zaczęło się od małego zwycięstwa.

„Małe zwycięstwa nie łączą się ze sobą gładko, bezszwowo, seryjnie, sprawiając, że osiągnięcie każdego kolejnego małego zwycięstwa przybliża nas o wyraźny krok do jakiegoś wcześniej określonego celu", napisał Karl Weick, uznany psycholog organizacyjny. „Dużo częściej mamy do czynienia z okolicznościami, w których małe zwycięstwa są rozproszone (...) jak miniaturowe eksperymenty sprawdzające ukryte teorie na temat oporu i możliwości, które odkrywają zarówno zasoby, jak i bariery, niewidoczne, zanim sytuacja nie została wywołana".

I dokładnie to stało się z Michaelem Phelpsem. Kiedy Bob Bowman zaczął pracę z Phelpsem i jego mamą nad kluczowymi nawykami dotyczącymi wizualizacji i relaksacji, ani Bowman, ani Phelps nie mieli za bardzo pojęcia, co takiego robią. „Eksperymentowaliśmy, wypróbowywaliśmy różne rzeczy, aż znaleźliśmy coś, co zadziałało", powiedział mi Bowman. „W końcu odkryliśmy, że najlepiej jest się koncentrować na tych małych momentach sukcesu i wbudować je w umysłowe wyzwalacze. Przerobiliśmy je w zwyczaje. Jest seria rzeczy, które robimy przed każdym startem, które zostały stworzone specjalnie po to, aby dać Michaelowi poczucie budowania zwycięstwa".

„Gdyby zapytać Michaela, co dzieje się w jego głowie bezpośrednio przed zawodami, odrzekłby, że nie myśli o niczym konkretnym. Po prostu realizuje program. Ale to nie tak. Bardziej chodzi o to, że kontrolę przejęły jego nawyki. Kiedy nadchodzą zawody, on zrealizował już ponad połowę planu, osiągając zwycięstwo na każdym kroku.

Wszystkie ćwiczenia przebiegły tak, jak zostały zaplanowane. Etap rozgrzewki odbył się dokładnie tak, jak to sobie wizualizował. Z jego słuchawek płyną dokładnie te dźwięki, które mają płynąć. Sam wyścig jest po prostu kolejnym krokiem we wzorcu, który rozpoczął się nieco wcześniej tego dnia i który był jednym pasmem zwycięstw. Wygrana w zawodach jest naturalną kontynuacją".

Wróćmy do Pekinu, była godzina 9.56 – cztery minuty przed startem – i Phelps stał za swoim słupkiem startowym, lekko kiwając się na palcach. Kiedy spiker wypowiedział jego imię, Phelps stanął na słupku tak, jak robił to zawsze przed startem, a potem z niego zszedł, jak zawsze. Trzykrotnie zamachał ramionami, jak robił to przed każdym wyścigiem od ukończenia dwunastego roku życia. Ponownie wszedł na słupek, przyjął pozycję, a kiedy rozległ się sygnał startu, wskoczył.

Phelps wiedział, że coś jest nie tak, od chwili zetknięcia się z wodą. W jego okularach była woda. Nie potrafił powiedzieć, czy przeciekały z góry czy od dołu, ale kiedy się wynurzył i zaczął płynąć, miał nadzieję, że przeciek się nie powiększy[18].

Jednak po drugim nawrocie wszystko było już zamazane. Kiedy zbliżał się do trzeciego nawrotu i końcowej długości, jego okulary były już całkowicie napełnione wodą. Phelps nic nie widział. Ani linii wzdłuż toru na dnie basenu, ani czarnego T wskazującego na zbliżającą się ścianę. Nie widział, ile jeszcze ruchów musi wykonać do końca. Dla większości pływaków utrata możliwości widzenia w samym środku olimpijskiego finału byłaby powodem do paniki.

Phelps był spokojny.

Wszystko inne tego dnia przebiegło zgodnie z planem. Przeciekające okulary były drobnym odstępstwem, ale odstępstwem, na które był przygotowany. Bowman kiedyś kazał Phelpsowi pływać w ciemnościach w basenie w Michigan, wierząc, że musi on być gotów na każdą niespodziankę. Niektóre nagrania w umyśle Phelpsa dotyczyły właśnie takich problemów jak ten. W myślach przećwiczył, jak zareaguje na cieknące okulary. Kiedy rozpoczął ostatnią długość, Phelps oszacował, ile ruchów wymaga finalny odcinek – dziewiętnaście lub dwadzieścia, może dwadzieścia jeden – i zaczął liczyć. Był całkowicie rozluźniony i płynął z maksymalną siłą. W połowie długości basenu zwiększył wysiłek, by na samym końcu eksplodować, co stało się jedną z jego głównych technik zdobywania przewagi nad rywalami. Po osiemnastym uderzeniu zaczął spodziewać się ściany. Słyszał krzyczący tłum, ale ponieważ nic nie widział, nie potrafił ocenić, czy doping był skierowany do niego, czy do kogoś innego. Dziewiętnaście, potem dwadzieścia. Miał wrażenie, że potrzebny jest jeszcze jeden ruch. Tak mówiła mu taśma w jego głowie. Wykonał ostatni, potężny ruch, wyskoczył z rękoma wyciągniętymi do przodu i dotknął ściany. Wymierzył idealnie. Gdy zerwał z twarzy okulary i popatrzył na tablicę świetlną, zobaczył na niej dwie litery – „WR", world record, rekord świata – obok własnego nazwiska. Zdobył kolejne złoto.

Po wyścigu reporter zapytał go, jak się czuł, płynąc i nic nie widząc. „Tak, jak to sobie wyobrażałem", odparł Phelps. To była kolejna wygrana na przestrzeni życia pełnego małych zwycięstw[19].

* * *

Sześć miesięcy po tym, jak Paul O'Neill został dyrektorem generalnym Alcoa, w środku nocy zadzwonił jego telefon. Na linii był spanikowany menedżer fabryki w Arizonie, mówiący o tym, jak przestała działać wytłaczarka, a jeden z pracowników – młody mężczyzna, który podjął pracę w fabryce kilka tygodni wcześniej, nadgorliwiec, ponieważ w ofercie było ubezpieczenie zdrowotne dla jego ciężarnej żony – chciał ją naprawić. Przeskoczył przez żółtą ściankę bezpieczeństwa okalającą wytłaczarkę i wszedł pod spód. W zawiasie mierzącego sześć stóp ramienia zaklinował się kawałek aluminium. Młody człowiek szarpnął za ten fragment aluminium, usuwając go. Maszyna była naprawiona. Znajdujące się za nim uwolnione ramię maszyny podjęło pracę i poleciało wprost na jego głowę. Kiedy uderzyło, roztrzaskało mu czaszkę. Zginął na miejscu[20].

Czternaście godzin później O'Neill wydał wszystkim kierownikom fabryk – a także menedżerom najwyższego szczebla Alcoa w Pittsburghu – polecenie, aby stawili się na nadzwyczajnym spotkaniu kryzysowym. Przez większość dnia drobiazgowo odtwarzali wypadek, tworząc schematy i oglądając wciąż od nowa nagrania wideo. Zidentyfikowali dziesiątki błędów, które złożyły się na tę śmierć, w tym dwóch kierowników, którzy widzieli, jak mężczyzna przeskakuje przez barierę ochronną, ale go nie powstrzymali; program szkoleniowy, który nie wyjaśnił mężczyźnie, że nikt nie będzie go winił za zepsutą maszynę; brak instrukcji, że pracownik powinien wezwać menedżera, zanim podejmie jakiekolwiek próby naprawy urządzenia; oraz brak czujnika automatycznie unieruchamiającego maszynę w sytuacji, w której ktoś pod nią stanie.

„Zabiliśmy tego człowieka", powiedział do zebranych O'Neill z grobowym wyrazem twarzy. „To jest moja porażka jako przywódcy. Spowodowałem jego śmierć. I jest to także porażka was wszystkich, w całym łańcuchu dowodzenia".

Zebranych w sali menedżerów zatkało. Jasne, zdarzył się nieszczęśliwy wypadek, ale nieszczęśliwe wypadki były częścią życia Alcoa. To było olbrzymie przedsiębiorstwo, którego pracownicy mieli do czynienia z rozgrzanym do czerwoności metalem i niebezpiecznymi maszynami. „Paul przyszedł z zewnątrz i kiedy zaczął mówić o bezpieczeństwie, pojawiło się mnóstwo sceptycyzmu", powiedział Bill O'Rourke, jeden z ważniejszych menedżerów firmy. „Założyliśmy, że to potrwa kilka tygodni, a potem on sam skupi się na czymś innym. Ale to spotkanie naprawdę wszystkimi wstrząsnęło. On mówił najzupełniej poważnie, dla niego było to tak ważne, że nie mógł spać po nocach i martwił się jakimś pracownikiem, którego w życiu na oczy nie widział. I to właśnie wtedy wszystko zaczęło się zmieniać".

W ciągu tygodnia od tego spotkania wszystkie barierki zabezpieczające we wszystkich fabrykach Alcoa zostały pomalowane na jaskrawożółto, spisano nowe procedury. Menedżerowie poinformowali pracowników, że nie mają się bać proaktywnego sugerowania koniecznych prac konserwacyjnych, a zasady zostały wyjaśnione w taki sposób, by nikt nie podejmował się prób dokonywania niebezpiecznych napraw. Nowo powstała czujność przyniosła szybki i wyraźny spadek notowanych urazów i wypadków. Alcoa doświadczyła małego zwycięstwa.

Potem O'Neill błyskawicznie zaatakował.

„Chcę wszystkim pogratulować obniżenia liczby wypadków, nawet jeżeli mówimy na razie tylko o dwóch tygodniach", napisał w notatce, która dotarła do wszystkich w organizacji. „Nie powinniśmy świętować tego, że postąpiliśmy zgodnie z przepisami, czy dlatego, że obniżyliśmy jakąś liczbę. Powinniśmy świętować, ponieważ ratujemy życie".

Pracownicy robili kopie notatki i przyczepiali je na swoich szafkach. Ktoś namalował mural z O'Neillem na jednej ze ścian huty, zamieszczając pod nim cytat z notatki. Tak, jak nawyki Michaela Phelpsa nie miały nic wspólnego z pływaniem, wszystko zaś łączyło je z sukcesem, tak wysiłki O'Neilla zaczęły nabierać tempa i przekształcać się w zmiany niepowiązane z bezpieczeństwem, ale prowadzące do przemiany.

„Powiedziałem do pracowników zatrudnianych na godziny «Jeżeli wasi kierownicy nie stosują się do zasad bhp, to dzwońcie do mnie do domu, oto mój numer»", powiedział mi O'Neill. „Pracownicy zaczęli dzwonić, ale nie chcieli rozmawiać o wypadkach. Chcieli rozmawiać o tych wszystkich innych doskonałych pomysłach".

Na przykład fabryka Alcoa, która wytwarzała aluminiowe elementy na sidingi dla domów, od dawna borykała się z problemem wynikającym z faktu, że menedżerowie zawsze starali się przewidzieć popularne kolory i ciągle im to nie wychodziło. Płacili miliony dolarów konsultantom, którzy wybierali odcienie farb, a sześć miesięcy później magazyny były zapchane po sufit „słoneczną żółcią" i ogołocone z nagle modnej „zieleni myśliwskiej". Pewnego dnia jeden z pracowników najniższego szczebla poczynił sugestię, która piorunem dotarła do dyrektora generalnego: gdyby zgrupowali wszystkie maszyny malujące, mogliby szybciej zmieniać barwniki i sprawniej reagować na zmiany w upodobaniach klientów. W ciągu roku zyski z sidingów aluminiowych się podwoiły.

Małe zwycięstwa, które zapoczątkowały skupienie O'Neilla na bezpieczeństwie pracy, stworzyły klimat, w którym wszelkie nowe pomysły mogły nagle zacząć swobodnie pączkować.

„Okazuje się, że ten człowiek proponował zmianę w malowaniu sidingów od dziesięciu lat, ale nie powiedział o niej nikomu z kadry zarządzającej", powiedział mi jeden z menedżerów Alcoa. „A potem doszedł do wniosku, że skoro pytamy o rekomendacje dotyczące bezpieczeństwa, to może warto powiedzieć także o *innych* pomysłach. To było trochę tak, jakby podał nam właściwe liczby w totka".

III

Kiedy młody Paul O'Neill pracował dla rządu i tworzył ramy dla analiz wydatkowania funduszy federalnych na ochronę zdrowia, jedną ze spraw najbardziej martwiących oficjeli była śmiertelność noworodków i niemowląt. W tym czasie Stany Zjednoczone należały do najbogatszych państw świata. A mimo to miały wyższą śmiertelność niemowląt niż większość państw europejskich i niektóre kraje Ameryki Południowej. Zwłaszcza obszary wiejskie wykazywały zdumiewające liczby dotyczące dzieci, które nie dożyją swoich pierwszych urodzin[21].

Przed O'Neillem postawiono zadanie zgłębienia, dlaczego tak się dzieje. Poprosił inne agencje federalne, by zaczęły analizować dane na temat śmiertelności niemowląt, i za każdym razem, kiedy ktoś przynosił mu odpowiedź, on zadawał kolejne pytanie, próbując dotrzeć do sedna i odkryć najgłębsze przyczyny problemu. Gdy tylko do biura

O'Neilla przychodził ktoś z odkryciem, O'Neill zaczynał go wypytywać i zasypywać tematami na dalsze dochodzenie. Doprowadzał ludzi do obłędu swoim nigdy niekończącym się pragnieniem, by wiedzieć jeszcze więcej, by zrozumieć, o co *tak naprawdę* chodzi. („Uwielbiam Paula O'Neilla, ale nie ma takich pieniędzy, które mogłyby sprawić, bym chciał znów z nim pracować", powiedział mi jeden z urzędników. „Ten facet jeszcze nigdy nie napotkał odpowiedzi, której nie umiałby przerobić na kolejne dwadzieścia godzin pracy").

Niektóre badania na przykład wskazywały, że najpoważniejszą przyczyną wysokiej śmiertelności niemowląt były przedwczesne narodziny. A powodem, dla którego dzieci przychodziły na świat przedwcześnie, było niedożywienie matek podczas ciąży. A więc w celu obniżenia śmiertelności niemowląt należałoby poprawić diety ciężarnych kobiet. Proste, prawda? Ale w celu zatrzymania niedożywienia kobiety powinny poprawić swoją dietę *zanim* zajdą w ciążę. A to oznacza, że rząd powinien zacząć edukować kobiety na temat zasad żywienia przed podjęciem przez nie aktywności seksualnej. Co z kolei oznacza, że należałoby do szkół średnich wprowadzić zajęcia na temat odżywiania.

Jednak kiedy O'Neill zaczął wypytywać, w jaki sposób można by takie zajęcia wprowadzić, odkrył, że wielu nauczycieli w szkołach średnich położonych na obszarach wiejskich nie miało wystarczającej wiedzy przyrodniczej, by nauczać o odżywianiu. A zatem rząd musiałby wziąć pod lupę system kształcenia nauczycieli w college'ach, wyposażając ich w solidniejszą podstawową wiedzę biologiczną, umożliwiającą im ostatecznie przekazywanie wiedzy o zasadach zdrowego odżywiania nastoletnim dziewczynkom, by te nastolatki zaczęły się zdrowiej odżywiać zanim rozpoczną życie seksualne i ażeby były dobrze odżywione, zachodząc w ciążę i rodząc dzieci.

I tak oto, jak ostatecznie odkryli urzędnicy pracujący z O'Neillem, to właśnie kiepskie wykształcenie nauczycieli było główną przyczyną wysokiego odsetka śmiertelności niemowląt. Kiedy zapytasz lekarzy czy urzędników od zdrowia publicznego, jak powinien wyglądać plan zapobiegania śmiertelności niemowląt, żaden z nich nie wskaże na zmianę sposobu kształcenia nauczycieli. Nie będą wiedzieć, że istnieje powiązanie. A jednak ucząc biologii studentów college'u, umożliwiasz przekazanie tej wiedzy nastolatkom, które zaczną zdrowiej jeść, a parę lat później urodzą silniejsze dzieci. Dziś śmiertelność niemowląt w Ameryce jest o 68 procent niższa niż wtedy, kiedy O'Neill zaczął swoją pracę[22].

Doświadczenia O'Neilla ze śmiertelnością niemowląt pokazują drugi sposób, w jaki kluczowe nawyki wzmacniają zmianę: tworząc struktury umożliwiające rozkwit także innych nawyków. W przypadku przedwczesnych zgonów zmiana programu nauczania przyszłych nauczycieli w college'u spowodowała reakcję łańcuchową, która ostatecznie przełożyła się na sposób kształcenia dziewcząt na terenach wiejskich i na to, czy były właściwie odżywione, zachodząc w ciążę. A nawyk O'Neilla – nieustannego naciskania innych urzędników, by kontynuowali poszukiwania, aż do odnalezienia podstawowych przyczyn problemu – zrewolucjonizował sposób myślenia instytucji rządowych o takich problemach jak śmiertelność niemowląt.

To samo może się zadziać w życiu ludzi. Na przykład jeszcze jakieś dwadzieścia lat temu mądrość ludowa głosiła, że najlepszym sposobem na schudnięcie jest całkowita i radykalna zmiana swojego życia. Lekarze przepisywali otyłym pacjentom surowe diety i kazali zapisywać się na gimnastykę, chodzić na regularne spotkania z doradcą – czasami nawet codziennie – i zmienić codzienne zwyczaje, jak choćby chodzenie po schodach zamiast korzystania z windy. Sądzono, że dopiero kompletne wywrócenie czyjegoś życia do góry nogami może zreformować złe nawyki.

Ale kiedy badacze zaczęli analizować skuteczność tych metod na dłuższą metę, okazało się, że były one skazane na porażkę. Pacjenci chodzili schodami przez kilka tygodni, ale pod koniec miesiąca stawało się to dla nich już zbyt dokuczliwe. Rozpoczynali diety i zapisywali się na ćwiczenia, ale po początkowym zapale ich entuzjazm słabł i powracali do dawnych nawyków żywieniowo-kanapowych[23]. Komasowanie tak wielu zmian naraz sprawiało, że utrzymanie którejkolwiek z nich stawało się niemożliwe.

A potem, w roku 2009, grupa badaczy finansowana przez National Institutes of Health opublikowała badanie dotyczące odmiennego podejścia do obniżania masy ciała[24]. Zebrali grupę złożoną z tysiąca sześciuset otyłych osób i poprosili ich o zapisywanie wszystkiego, co jedzą przez przynajmniej jeden dzień w tygodniu.

Na początku było ciężko. Badani zapominali, aby nosić ze sobą dzienniczki jedzenia, albo podjadali i nie zapisywali. Jednak powoli zaczęli notować wszystkie swoje posiłki raz w tygodniu – a czasami i częściej. Wielu uczestników zaczęło prowadzić regularną ewidencję spożywanych pokarmów. Ostatecznie weszło im to w nawyk. I oto stało się coś niespodziewanego. Uczestnicy zaczęli przyglądać się swoim wpisom i identyfikować wzorce, z których istnienia nie zdawali sobie sprawy. Niektórzy zauważali, że zawsze podjadają około dziesiątej rano, więc zaczęli mieć wtedy pod ręką jabłko czy banana na swoje poranne przekąski. Inni zaczęli wykorzystywać swoje dzienniczki w celu planowania przyszłych jadłospisów i kiedy zbliżała się kolacja, jedli coś zdrowego zamiast mrożonego śmieciowego jedzenia przyrządzonego naprędce w mikrofali.

Badacze nie sugerowali uczestnikom żadnego z tych zachowań. Po prostu poprosili wszystkich o zapisywanie, co jedzą przez jeden dzień w tygodniu. Ale ten kluczowy nawyk – zapisywanie, co się je – wytworzył strukturę pomagającą rozwinąć się innym nawykom. Po sześciu miesiącach trwania badania ludzie zapisujący codziennie co jedzą stracili dwa razy więcej kilogramów niż pozostali uczestnicy.

„Po pewnym czasie dzienniczek stał się częścią mnie", powiedziała mi jedna z osób uczestniczących w eksperymencie[25]. „Zacząłem inaczej myśleć o posiłkach. Dał mi pewien system myślenia o jedzeniu bez wpadania w przygnębienie".

Coś podobnego wydarzyło się w Alcoa po tym, jak dowodzenie przejął O'Neill. Tak jak dzienniczki dostarczały struktury, na bazie której mogły rozwijać się inne nawyki, tak wprowadzane przez O'Neilla procedury bezpieczeństwa wytworzyły klimat, w którym ujawniły się inne zachowania. Na początku O'Neill podjął nietypowe działania, żądając, by biura Alcoa na całym świecie połączyły się w elektroniczną sieć. Stało się to na początku lat osiemdziesiątych, kiedy wielkie, międzynarodowe sieci raczej nie były połączone z komputerami stojącymi u ludzi na biurkach. O'Neill uzasadniał swoje żądanie, argumentując, że ma to kluczowe znaczenie dla stworzenia systemu danych na temat bezpieczeństwa funkcjonującego w czasie rzeczywistym, który może być wykorzystywany przez menedżerów do dzielenia się pomysłami. W wyniku tych działań Alcoa rozwinęła jeden z pierwszych naprawdę ogólnoświatowych korporacyjnych systemów poczty elektronicznej.

O'Neill logował się do systemu każdego ranka i rozsyłał wiadomości w celu sprawdzenia, czy wszyscy inni także już się zalogowali. Początkowo ludzie używali systemu głównie do omawiania kwestii związanych z bezpieczeństwem. Później, wraz z rozwojem i oswojeniem nawyku korzystania z elektronicznej poczty, zaczęli wymieniać się informacjami na wszelkie inne tematy, jak stan lokalnych rynków, dane sprzedażowe czy problemy biznesowe. Menedżerowie z najwyższych szczebli mieli obowiązek co piątek przesyłać raport, który mógł przeczytać każdy wewnątrz firmy. Menedżer z Brazylii korzystał z sieci, wysyłając koledze z Nowego Jorku informacje na temat zmian cen stali. Nowojorczyk wykorzystywał tę informację, by uzyskać szybki zarobek dla firmy na Wall Street. Wkrótce wszyscy używali systemu do przekazywania sobie wszelkich możliwych informacji. „Wysyłałem mój raport na temat wypadków i wiedziałem, że wszyscy go przeczytają, więc stwierdziłem, że nic nie stoi na przeszkodzie, by dołączyć informacje na temat cen czy danych o konkurencji", powiedział jeden z menedżerów. „To było tak, jakbyśmy odkryli coś w rodzaju tajnej broni. Konkurencja nie mogła zrozumieć, jak to robimy".

Gdy sieć rozkwitła, Alcoa miała doskonałą pozycję, by czerpać z tego faktu korzyści. Kluczowy nawyk O'Neilla – bezpieczeństwo pracy – stworzył platformę wzmacniającą inną praktykę – korzystanie z poczty elektronicznej – całe lata przed konkurencją.

* * *

W roku 1996 Paul O'Neill pracował dla Alcoa już niemal dziesięć lat. Jego sposób zarządzania był analizowany przez Harvard Business School i Kennedy School of Government. Był regularnie wymieniany jako potencjalny kandydat na sekretarza handlu lub obrony. Jego pracownicy i związki zawodowe wystawiali mu wysokie oceny. Pod jego nadzorem ceny akcji Alcoa wzrosły o ponad 200 procent. Był ogólnie uznawany za człowieka sukcesu.

W maju tegoż roku na spotkaniu akcjonariuszy w centrum Pittsburgha, w trakcie sesji pytań i odpowiedzi, wstała zakonnica benedyktynka i oskarżyła O'Neilla o kłamstwo. Siostra Mary Margaret reprezentowała grupę obrońców społecznych, zatroskanych płacami i warunkami w fabrykach Alcoa w Ciudad Acuña w Meksyku. Powiedziała, że podczas gdy O'Neill wychwalał zasady bezpieczeństwa, pracownicy w Meksyku chorowali z powodu szkodliwych oparów.

„To nieprawda", ogłosił zebranym O'Neill. Na swoim laptopie wyświetlił dane z fabryki w Meksyku. „Widzicie?", powiedział, pokazując wszystkim wysokie wyniki osiągane przez tę fabrykę w zakresie bezpieczeństwa, dbałości o środowisko i badań satysfakcji pracowniczej. Menedżer zarządzający tą fabryką, Robert Barton, był jednym z najbardziej doświadczonych menedżerów w Alcoa. Był w firmie od dziesięcioleci i odpowiadał za kilka największych spółek wewnątrz Alcoa.

Zakonnica powiedziała, że publiczność nie powinna ufać O'Neillowi i usiadła.

Po spotkaniu O'Neill zaprosił ją do swojego gabinetu. Zakon, z którego się wywodziła, posiadał pięćdziesiąt akcji Alcoa i od miesięcy domagał się głosowania w sprawie rezolucji mającej na celu przeanalizowanie meksykańskich oddziałów firmy. O'Neill zapytał siostrę Mary, czy sama kiedykolwiek była w którejś z fabryk. Odpowiedziała, że nie. Żeby mieć zupełną pewność, O'Neill poprosił dyrektora personalnego w Alcoa i głównego radcę prawnego, by polecieli do Meksyku sprawdzić, o co chodzi.

Dotarłszy na miejsce, menedżerowie zaczęli się przekopywać przez dane fabryki w Acuña i znaleźli raport na temat wypadku, który nigdy nie został zgłoszony centrali. Kilka miesięcy wcześniej w budynku doszło do spiętrzenia oparów. Było to zdarzenie o niewielkim znaczeniu. Dyrektor fabryki, Barton, zainstalował wentylatory usuwające gazy. Ludzie, którzy się rozchorowali, w pełni odzyskali zdrowie w ciągu dnia czy dwóch.

Ale Barton nigdy nie zgłosił faktu zachorowania.

Kiedy menedżerowie wrócili do Pittsburgha i przedstawili wyniki swojego dochodzenia, O'Neill miał jedno pytanie.

„Czy Bob Barton *wiedział*, że ludzie się rozchorowali?".

„Nie spotkaliśmy się z nim", odparli. „Ale tak, z danych dość jasno wynika, że wiedział".

Dwa dni później Barton został zwolniony.

Jego zwolnienie było dla ludzi z zewnątrz szokiem. Barton był wymieniany w artykułach prasowych jako jeden z najcenniejszych menedżerów przedsiębiorstwa. Jego odejście było ciosem dla ważnych spółek joint-venture.

Ale w Alcoa nikt nie był zdziwiony. Zajście było spostrzegane jako nieunikniona konsekwencja kultury, którą w firmie zbudował O'Neill.

„Barton sam się zwolnił", powiedział któryś z jego kolegów. „Tu nie było najmniejszego nawet pola manewru".

To jest ostatni ze sposobów, w jaki kluczowe nawyki prowadzą do rozprzestrzeniania się zmiany: przez tworzenie kultury, w której zakorzeniają się nowe wartości. Kluczowe nawyki czynią trudne wybory – jak zwolnienie czołowego menedżera – łatwiejszymi, ponieważ w sytuacji, w której ktoś sprzeniewierza się panującej kulturze, oczywiste jest, że musi odejść. Czasami takie kultury manifestują się w szczególnym słownictwie, którego stosowanie samo staje się nawykiem definiującym organizację. Na przykład w Alcoa mieliśmy „Najważniejsze Programy" (Core Programs) i „Filozofie Bezpieczeństwa" (Safety Philosophies), określenia działające niczym walizki, zawierające całe dyskusje na temat priorytetów, celów i sposobów myślenia.

„W innej firmie zapewne bardzo trudne byłoby zwolnienie kogoś, kto pracował tak długo", powiedział w rozmowie ze mną O'Neill. „Dla mnie nie było to trudne. Było zupełnie jasne, co nakazują nam nasze wartości. Został zwolniony, ponieważ nie zgłosił incydentu i nikt nie miał możliwości czerpać z niego nauki. Niedzielenie się możliwością uczenia się jest grzechem kardynalnym".

W każdej organizacji z kluczowych nawyków wyłaniają się kultury, niezależnie od tego, czy ich przywódcy są tego świadomi, czy nie. Na przykład kiedy naukowcy zaczęli badać nową grupę kadetów w West Point, mierzyli arytmetyczną średnią ocen, możliwości fizyczne, umiejętności wojskowe i samodyscyplinę. Kiedy skorelowali te czynniki z informacją, czy studenci porzucili szkołę, czy też ją ukończyli, ku własnemu zaskoczeniu stwierdzili, że wszystkie one razem wzięte miały mniejsze znaczenie niż coś, co naukowcy określili mianem „determinacji"[26], zdefiniowanej jako skłonność do „ciężkiej pracy nakierowanej na osiągnięcie założonych celów, utrzymywanie wysokiego poziomu wysiłku i zainteresowania przez lata mimo doświadczeń porażki, przeciwności losu i braku postępów"[27].

Najciekawsze w determinacji jest to, w jaki sposób się kształtuje. Wyrasta z kultury, którą kadeci sami dla siebie tworzą, a która często kształtuje się na bazie kluczowych nawyków przyjmowanych w West Point. „Tyle elementów w tej szkole jest trudnych", powiedział mi jeden z kadetów. „Pierwsze lato nazywają tu «bestialskimi koszarami», ponieważ chcą cię wykończyć. Masa ludzi rezygnuje zanim szkoła w ogóle się zacznie (...). Ale podczas kilku pierwszych dni spędzonych tutaj poznałem tę grupę chłopaków i zaczęliśmy robić takie coś, że każdego ranka się spotykaliśmy i upewnialiśmy, że każdy z nas czuje się silny. Idę do nich, kiedy czymś się martwię lub mam doła i wiem, że oni mnie postawią na nogi. Jest nas tylko dziewięciu i nazywamy się muszkieterami. Bez nich, tak sądzę, wytrzymałbym to może miesiąc".

Kadeci odnoszący w West Point sukces przyjeżdżają tu już wyposażeni w nawyki umysłowej i fizycznej dyscypliny. Te atuty jednak nie wystarczą. Żeby dać radę, potrzebują kluczowego nawyku, który wykształci kulturę – jak choćby codzienne zbieranie się podobnie myślących przyjaciół – która pomoże znaleźć w sobie siłę na stawienie czoła przeciwnościom. Kluczowe nawyki przekształcają nas za pośrednictwem tworzenia kultur jasno określających wartości, o których moglibyśmy inaczej, w ferworze trudnych decyzji czy w chwilach niepewności, zapomnieć.

* * *

W roku 2000 O'Neill odszedł z Alcoa na emeryturę i na prośbę świeżo wybranego prezydenta George'a W. Busha został sekretarzem skarbu[28]. Opuścił stanowisko dwa lata później i dziś spędza większość czasu, ucząc szpitale, jak skupić się na bezpieczeństwie pracowników i kluczowych nawykach w celu obniżenia liczby błędów medycznych, a także zasiada w różnych radach nadzorczych.

A tymczasem firmy i organizacje, jak Ameryka długa i szeroka, przyjęły ideę wykorzystywania kluczowych nawyków do przemiany miejsc pracy. Na przykład w IBM Lou Gerstner przebudował korporację, skupiając się początkowo na jednym kluczowym nawyku: na zwyczajach sprzedażowych i badawczych w IBM. W firmie doradczej McKinsey & Company tworzona jest kultura ciągłego ulepszania za pośrednictwem kluczowego nawyku daleko idącej wewnętrznej krytyki, leżącej u podstaw każdego zadania. U podstaw zaś każdej decyzji w Goldman Sachs leży kluczowy nawyk oceny ryzyka.

W Alcoa wciąż żyje spuścizna po O'Neillu. Nawet pod jego nieobecność liczba wypadków wciąż spada. W roku 2010 82 procent fabryk Alcoa nie odnotowało ani jednego dnia straty pracy przez pojedynczego pracownika z powodu wypadku czy urazu, co jest bliskie rekordowi wszechczasów. Średnio pracownicy doświadczają większego ryzyka urazu w firmie zajmującej się oprogramowaniem, filmami animowanymi czy rozliczaniem podatków niż podczas kontaktu z płynnym aluminium w hucie Alcoa.

„Kiedy zostałem szefem fabryki", powiedział Jeff Shockley, menedżer Alcoa, „pierwszego dnia, kiedy parkowałem, zobaczyłem te wszystkie miejsca parkingowe obok drzwi wejściowych z tytułami osób. Szef tego czy tamtego. Ludzie ważni mieli najlepsze miejsca parkingowe. Pierwszą rzeczą, jaką zrobiłem, było wydanie polecenia szefowi utrzymania obiektu, by zamalował te wszystkie tytuły. Chciałem, żeby każdy, kto wcześnie przyjedzie do pracy, miał najlepszy parking. Wszyscy zrozumieli mój przekaz: liczy się każdy człowiek. To było przedłużenie tego, co Paul O'Neill robił w kwestiach bezpieczeństwa pracy. To zelektryzowało całą fabrykę. Niebawem wszyscy przyjeżdżali do pracy coraz wcześniej".

Przypisy

[1] Szczegóły na temat życia O'Neilla i Alcoa poznałem dzięki Paulowi O'Neillowi, który był łaskaw poświęcić mi mnóstwo czasu, podobnie, jak liczni menedżerowie Alcoa. Opierałem się też na: Pamela Varley, Vision and Strategy: Paul H. O'Neill at OMB and Alcoa, Kennedy School of Government, 1992; Peter Zimmerman, Vision and Strategy: Paul H. O'Neill at OMB and Alcoa Sequel, Kennedy School of Government, 1994; Kim B. Clark and Joshua Margolis, Workplace Safety at Alcoa (A), *Harvard Business Review,* 31.10.1999; Steven J. Spear, Workplace Safety at Alcoa (B), *Harvard Business Review,* 22.12.1999; Steven Spear, *Chasing the Rabbit: How Market Leaders Outdistance the Competition and How Great Companies Can Catch Up and Win* (New York: McGraw-Hill, 2009); Peter Kolesar, Vision, Values, and Milestones: Paul O'Neill Starts Total Quality at Alcoa, *California Management Review,* 35, 3, (1993), 133–165; Ron Suskind, *The Price of Loyalty: George W. Bush, the White House, and the Education of Paul O'Neill* (New York: Simon and Schuster, 2004); Michael Arndt, How O'Neill Got Alcoa Shining, *Business Week,* luty, 2001; Glenn Kessler, O'Neill Offers Cure for Workplace Injuries, *The Washington Post,* 31.03.2001; Pittsburgh Health Initiative May Serve as US Model, Reuters, maj, 31; S. Smith, America's Safest Companies: Alcoa: Finding True North, *Occupational Hazards,* 64, 10, (2002), 53; Thomas A. Stewart, A New Way to Wake Up a Giant, *Fortune,* październik, 1990; O'Neill's Tenure at Alcoa Mixed, Associated Press, 21.12.2000; Leslie Wayne, Designee Takes a Deft Touch and a Firm Will to Treasury, *The New York Times,* 16.01.2001; Terence Roth, Alcoa Had Loss of $14.7 Million in 4th Quarter, *The Wall Street Journal,* 21.01.1985; Daniel F. Cuff, Alcoa Hedges Its Bets, Slowly, *The New York Times,* 24.10.1985; Alcoa Is Stuck as Two Unions Reject Final Bid, *The Wall Street Journal,* 2.06.1986; Mark Russell, Alcoa Strike Ends as Two Unions Agree to Cuts in Benefits and to Wage Freezes, *The Wall Street Journal,* 7.07.1986; Thomas F. O'Boyle i Peter Pae, The Long View: O'Neill Recasts Alcoa with His Eyes Fixed on the Decade Ahead, *The Wall Street Journal,* 9.04.1990; Tracey E. Benson, Paul O'Neill: True Innovation, True Values, True Leadership, *Industry Week,* 242, 8, (1993), 24; Joseph Kahn, Industrialist with a Twist, *The New York Times,* 21.12.2000.

[2] Michael Lewis, O'Neill's List, *The New York Times,* styczeń, 123, 2002; Ron Suskind, *The Price of Loyalty: George W. Bush, the White House, and the Education of Paul O'Neill* (New York: Simon and Schuster, 2004).

[3] W rozmowie mającej na celu weryfikację informacji O'Neill jasno powiedział, że porównanie zwyczajów i procedur organizacyjnych i indywidualnych nawyków jest analogią, którą rozumie i z którą się zgadza, choć wtedy nie było to dla niego w tak bezpośredni sposób oczywiste. „Mogę do tego nawiązać, ale nie jestem twórcą tej idei", powiedział. Wtedy, tak jak i teraz, uważa zwyczaje, jak choćby program budowania szpitali, znany jako Hill-Burton Act, za konsekwencję wzorca. „Powody, dla których wciąż budowali, wynikają z utrzymujących się politycznych instynktów, które każą ludziom wierzyć, że przynoszenie pieniędzy z powrotem do domu, do swojego

okręgu wyborczego jest sposobem na reelekcję, nieważne, jak wielkie i jak bardzo niepotrzebne tworzą w ten sposób nadwyżki", powiedział.

[4] Geoffrey M. Hodgson, The Nature and Replication of Routines, niepublikowany manuskrypt, University of Hertfordshire, 2004, http://www.gredeg.cnrs.fr/routines/workshop/papers/Hodgson.pdf.

[5] W rozmowie mającej na celu weryfikację informacji O'Neill chciał podkreślić, że te przykłady z NASA i EPA, choć obrazowe, nie wywodzą się z jego osobistych przemyśleń czy doświadczeń. Zostały opisane niezależnie od niego.

[6] Karl E. Weick, Small Wins: Redefining the Scale of Social Problems, *American Psychologist,* 39, (1984), 40–49.

[7] http://www.epa.gov/history/topics/epa/15b.htm.

[8] W rozmowie mającej na celu weryfikację informacji O'Neill podkreślał swoje przekonanie, że awanse i bonusy nie powinny być powiązane z bezpieczeństwem pracy w większym stopniu niż z uczciwością. W zamian bezpieczeństwo jest wartością, którą każdy pracownik Alcoa powinien przyswoić, niezależnie od nagród. „To jak powiedzenie «będziemy płacić ludziom za to, że nie kłamią», co sugeruje, że w porządku jest trochę kłamać, bo wtedy zapłacą nam tylko trochę mniej", powiedział. Niemniej ważne jest, żeby powiedzieć, iż w wywiadach inni menedżerowie Alcoa z tamtego okresu podkreślali, że było ogólnie wiadomo, że awanse dostępne były jedynie dla tych pracowników, którzy potrafili wykazać się zaangażowaniem w sprawy bezpieczeństwa w pracy, a ta obietnica awansu działała jak nagroda, nawet jeżeli nie było to intencją O'Neilla.

[9] W rozmowie mającej na celu weryfikację informacji O'Neill wyjaśnił, że wtedy nieznane mu było pojęcie pętli nawyku. I nie do końca myślał o tych programach w kategoriach spełniania kryteriów nawyku, choć retrospektywnie docenia fakt, że jego wysiłki wpisują się w bardziej współczesne badania wskazujące, w jaki sposób wyłaniają się organizacyjne zwyczaje i procedury.

[10] P. Callaghan, Exercise: A Neglected Intervention in Mental Health Care? *Journal of Psychiatric and Mental Health Nursing,* 11, (2004), 476–483; S.N. Blair, Relationships Between Exercise or Physical Activity and Other Health Behaviors, *Public Health Reports,* 100, (2009), 172–180; K.J. Van Rensburg, A. Taylor i T. Hodgson, The Effects of Acute Exercise on Attentional Bias Toward Smoking-Related Stimuli During Temporary Abstinence from Smoking, *Addiction,* 104, 11, (2009), 1910–1917; E.R. Ropelle i in., IL-6 and IL-10 Anti-inflammatory Activity Links Exercise to Hypothalamic Insulin and Leptin Sensitivity Through IKKb and ER Stress Inhibition, *PLoS Biology,* 8, 8, (2010), P.M. Dubbert, Physical Activity, and Exercise: Recent Advances and Current Challenges, *Journal of Consulting and Clinical Psychology,* 70, (2002), 526–536; C. Quinn, Training as Treatment, *Nursing Standard,* 24, (2002), 18–19.

[11] S.K. Hamilton i J.H. Wilson, Family Mealtimes: Worth the Effort? *Infant, Child, and Adolescent Nutrition,* 1, (2009), 346–350; American Dietetic Association, Eating Together as a Family Creates Better Eating Habits Later in Life, ScienceDaily.com, 4.09.2007, dostęp 1.04.2011.

[12] Richard Layard, *Happiness: Lessons from a New Science* (New York: Penguin Press, 2005); Daniel Nettle, *Happiness: The Science Behind Your Smile* (Oxford: Oxford University Press, 2005); Marc Ian Barasch, *Field Notes on the Compassionate Life: A Search for the Soul of Kindness* (Emmaus, Penn.: Rodale, 2005); Alfie Kohn, *Unconditional Parenting: Moving from Rewards and Punishments to Love and Reason* (New York: Atria Books, 2005); P. Alex Linley i Stephen Joseph, (red.), *Positive Psychology in Practice* (Hoboken, N.J.: Wiley, 2004).

[13] Jestem wdzięczny Bobowi Bowmanowi za czas i pomoc w zrozumieniu treningów Phelpsa, moja wdzięczność należy się także samemu Phelpsowi oraz następującym osobom: Alan Abrahamson, *No Limits: The Will to Succeed* (New York: Free Press, 2009); Michael Phelps i Brian Cazeneuve, *Beneath the Surface* (Champaign, Ill.: Sports Publishing LLC, 2008); Bob Schaller, *Michael Phelps: The Untold Story of a Champion* (New York: St. Martin's Griffi n, 2008); Karen Crouse, Avoiding the Deep End When It Comes to Jitters, *The New York Times,* 26.07.2009; Mark Levine, Out There, *The New York Times,* 3.08.2008; Eric Adelson, And After That, Mr. Phelps Will Leap a Tall Building in a Single Bound, ESPN.com, 28.08.2008; Sean Gregory, Michael Phelps: A Real GOAT, *Time,* 13.08.2008; Norman Frauenheim, Phelps Takes 4th, 5th Gold Medals, *The Arizona Republic,* 12.08.2008.

[14] Karl E. Weick, Small Wins: Redefining the Scale of Social Problems, *American Psychologist,* 39, (1984), 40–49.

[15] Small Wins – The Steady Application of a Small Advantage, Center for Applied Research, 1998, dostęp 24.06.2011, http://www.cfar.com/Documents/Smal_win.pdf.

[16] Więcej szczegółów na ten temat można znaleźć we wspaniałym programie: Alix Spiegel's „81 Words", wyemitowane w *This American Life,* 18.01.2002, http://www.thisamericanlife.org/.

[17] Malcolm Spector i John I. Kitsuse, *Constructing Social Problems* (New Brunswick, N.J.: Transaction Publishers, 2001).

[18] Phelps i Abrahamson, *No Limits.*

[19] Bardziej szczegółowe omówienie nawyków i pływaków olimpijskich patrz: Daniel Chambliss, The Mundanity of Excellence, *Sociological Theory,* 7, (1989), 70–86.

[20] Przemówienie Paula O'Neilla, 25.06.2002 w Juran Center, Carlson School of Management, University of Minnesota, Minneapolis.

[21] Infant Mortality Rates, 1950–2005, http://www.infoplease.com/ipa/A0779935.html; William H. Berentsen, German Infant Mortality 1960–1980, *Geographical Review,* 77, (1987), 157–170; Paul Norman i in., Geographical Trends in Infant Mortality: England and Wales, 1970–2006, *Health Statistics Quarterly,* 40, (2008), 18–29.

[22] Bank Światowy, Wskaźniki rozwoju świata (World Development Indicators). W mailu nadesłanym jako odpowiedź na pytania weryfikujące informacje O'Neill napisał: „To prawda, ale nie chcę przypisywać sobie zasług za to, że nasze społeczeństwo lepiej sobie radzi z obniżaniem śmiertelności niemowląt".

[23] T.A. Wadden, M.L. Butryn i C. Wilson, Lifestyle Modification for the Management of Obesity, *Gastroenterology,* 132, (2007), 2226–2238.

[24] J.F. Hollis i in., Weight Loss During the Intensive Intervention Phase of the Weight-Loss Maintenance Trial, *American Journal of Preventative Medicine*, 35, (2008), 118–126. Patrz też: L.P. Svetkey i in., Comparison of Strategies for Sustaining Weight Loss, the Weight Loss Maintenance Randomized Controlled Trial, *JAMA*, 299 (2008), 1139–1148; A. Fitch i J. Bock, Effective Dietary Therapies for Pediatric Obesity Treatment, *Reviews in Endocrine and Metabolic Disorders*, 10, (2009), 231–236; D. Engstrom, Eating Mindfully and Cultivating Satisfaction: Modifying Eating Patterns in a Bariatric Surgery Patient, *Bariatric Nursing and Surgical Patient Care*, 2, (2007), 245–250; J.R. Peters i in., Eating Pattern Assessment Tool: A Simple Instrument for Assessing Dietary Fat and Cholesterol Intake, *Journal of the American Dietetic Association*, 94, (1994), 1008–1013; S.M. Rebro i in., The Effect of Keeping Food Records on Eating Patterns, *Journal of the American Dietetic Association*, 98, (1998), 1163–1165.

[25] Więcej na temat badań nad redukcją masy ciała patrz: R.R. Wing i James O. Hill, Successful Weight Loss Maintenance, *Annual Review of Nutrition*, 21, (2001), 323–341; M.L. Klem i in., A Descriptive Study of Individuals Successful at Long-Term Maintenance of Substantial Weight Loss, *American Journal of Clinical Nutrition*, 66, (1997), 239–246; M.J. Mahoney, N.G. Moura i T.C. Wade, Relative Efficacy of Self--Reward, Self-Punishment, and Self-Monitoring Techniques for Weight Loss, *Journal of Consulting and Clinical Psychology*, 40, (1973), 404–407; M.J. Franz i in., Weight Loss Outcomes: A Systematic Review and Meta-Analysis of Weight-Loss Clinical Trials with a Minimum 1-Year Follow-up, *Journal of the American Dietetic Association*, 107, (2007), 1755–1767; A. DelParigi i in., Successful Dieters Have Increased Neural Activity in Cortical Areas Involved in the Control of Behavior, *International Journal of Obesity*, 31, (2007), 440–448.

[26] Jonah Lehrer, The Truth About Grit, *The Boston Globe*, 2.08.2009.

[27] A.L. Duckworth i in., Grit: Perseverance and Passion for Long-Term Goals, *Journal of Personality and Social Psychology*, 92, (2007), 1087–1101.

[28] Urzędowanie O'Neilla w Ministerstwie Skarbu nie było takim sukcesem jak jego kariera w Alcoa. Niemal natychmiast po przejęciu urzędu zaczął się skupiać na kilku kluczowych zagadnieniach, w tym między innymi bezpieczeństwie pracy, tworzeniu miejsc pracy, odpowiedzialności osób zarządzających i walce z afrykańską biedą. Jednak polityka prowadzona przez O'Neilla nie pokrywała się z polityką prezydenta Busha i O'Neill rozpoczął wewnętrzną walkę przeciwko zaproponowanym przez Busha cięciom podatkowym. Został poproszony o podanie się do dymisji pod koniec roku 2002. „To, co moim zdaniem było właściwe dla polityki ekonomicznej, było całkowicie sprzeczne z tym, czego chciał Biały Dom", powiedział mi O'Neill. „A to nie jest zdrowe na stanowisku sekretarza skarbu, więc zostałem zwolniony".

5

STARBUCKS I NAWYK SUKCESU: KIEDY SIŁA WOLI STAJE SIĘ AUTOMATYCZNA

I

TRAVIS LEACH MIAŁ DZIEWIĘĆ LAT, kiedy po raz pierwszy zobaczył swojego ojca po przedawkowaniu narkotyków. Jego rodzina właśnie przeprowadziła się do małego mieszkania na końcu uliczki, ostatnia z na pozór nie kończących się przeprowadzek, które niedawno zmusiły ich do porzucenia poprzedniego domu w środku nocy, wrzucenia wszystkiego co mieli do czarnych worków na śmieci po otrzymaniu zawiadomienia o eksmisji. Zbyt wielu ludzi przychodziło i wychodziło po nocach, powiedział gospodarz. Za dużo hałasu.

Czasami, w starym domu, Travis po powrocie ze szkoły zastawał wysprzątany dom, resztki jedzenia starannie popakowane w lodówce, a saszetki z ostrym sosem i keczupem poukładane w pojemnikach. Wiedział, co to oznacza: jego rodzice chwilowo porzucili heroinę na rzecz amfetaminy i spędzili dzień w szale sprzątania. To się przeważnie źle kończyło. Travis czuł się bezpieczniej, kiedy w domu był bałagan, a rodzice leżeli na kanapie z na wpół przymkniętymi oczami, oglądając kreskówki. Na końcu heroinowego zamroczenia nie ma chaosu.

Ojciec Travisa był spokojnym człowiekiem, który uwielbiał gotować i, poza pobytem w marynarce, całe swoje życie spędził w odległości kilku mil od domu swoich rodziców w Lodi, w stanie Kalifornia.

Matka Travisa w chwili przeprowadzki do mieszkania w zaułku odsiadywała wyrok za posiadanie heroiny i prostytucję. Jego rodzice byli, w gruncie rzeczy, funkcjonującymi społecznie narkomanami i rodzina utrzymywała pozory normalności. W każde wakacje jeździli na kemping, w większość piątkowych wieczorów przychodzili na mecze rozgrywane przez jego siostrę i brata. Kiedy Travis miał cztery lata, pojechał z tatą do Disneylandu i został po raz pierwszy w życiu sfotografowany przez pracownika parku rozrywki. Ich własny aparat fotograficzny został lata wcześniej sprzedany w lombardzie.

Rankiem tego dnia, kiedy jego ojciec przedawkował, Travis z bratem bawili się w salonie na stercie koców, które co wieczór rozkładali na podłodze do spania. Ojciec Travisa szykował się do robienia naleśników i udał się do łazienki. Niósł skarpetę, w której trzymał swoją igłę, łyżkę, zapalniczkę i watę. Kilka chwil później wyszedł, otworzył lodówkę, żeby wyjąć jajka, i upadł na podłogę. Kiedy dzieci przybiegły do kuchni, ich ojciec miał drgawki, a jego twarz stawała się sina.

Rodzeństwo Travisa widziało już, jak wygląda przedawkowanie, i znało procedury. Brat położył go na boku. Siostra otworzyła mu usta, żeby nie zadławił się własnym językiem, i powiedziała Travisowi, by pobiegł do sąsiada i, korzystając z jego telefonu, zadzwonił na numer alarmowy.

„Mam na imię Travis, mój tata zasłabł, nie wiemy, co się stało. On nie oddycha", Travis skłamał policyjnemu operatorowi. Nawet mając dziewięć lat, wiedział, dlaczego jego ojciec stracił przytomność. Ale nie chciał tego mówić przy sąsiedzie. Trzy lata wcześniej jeden z kolegów taty zmarł w ich piwnicy po złotym strzale. Kiedy sanitariusze zabrali ciało, sąsiedzi gapili się na Travisa i jego siostrę, jednocześnie trzymając otwarte drzwi dla noszy. Jeden z sąsiadów miał kuzyna, którego syn chodził z Travisem do klasy, więc niebawem wszyscy w szkole wiedzieli.

Po odłożeniu słuchawki Travis wyszedł na ulicę i czekał na karetkę. Ojcem rano zajęto się w szpitalu, po południu przedstawiono mu zarzuty na komisariacie policji, a wieczorem był znów w domu. Zrobił spaghetti. Kilka tygodni później Travis skończył dziesięć lat.

***

Mając szesnaście lat, Travis rzucił szkołę. „Miałem dość bycia nazywanym ciotą", powiedział, „dość ludzi, którzy leźli za mną do domu, obrzucając mnie wszystkimi możliwymi rzeczami. Czułem się przytłoczony. Łatwiej było wszystko rzucić i pójść gdzie indziej". Wyprowadził się do Fresno, dwie godziny drogi na południe, i dostał pracę w myjni samochodowej. Zwolniono go za brak subordynacji. Pracował jeszcze w McDonald'sie i Hollywood Video, ale kiedy klienci stawali się nieuprzejmi – „Chciałem *sos majonezowy*, palancie!" – tracił panowanie nad sobą.

„Spadaj od mojego okienka!", nawrzeszczał na kobietę, rzucając w jej samochód kurczakiem, zanim menedżerowi udało się wciągnąć go na zaplecze.

Czasami był tak zdołowany, że zaczynał płakać w trakcie swojej zmiany. Często się spóźniał albo robił sobie wolne bez przyczyny. Rankami zdarzało mu się krzyczeć do własnego odbicia w lustrze, nakazywał sobie poprawę i umiejętność zniesienia tego wszystkiego. Ale nie potrafił poradzić sobie z ludźmi i nie był wystarczająco silny, by znosić ciągłą krytykę i niegodziwości z ich strony. Kiedy kolejka przy jego stanowisku robiła się zbyt długa i menedżer na niego krzyczał, ręce Travisa zaczynały się trząść i czuł, że nie może złapać oddechu. Zastanawiał się, czy tak czuli się jego rodzice, tak bezbronni wobec życia, kiedy zaczęli brać narkotyki.

Pewnego dnia stały klient Hollywood Video, który trochę poznał Travisa, zasugerował mu, aby pomyślał o pracy w Starbucksie. „Otwieramy nowy sklep w Fort Washington, a ja będę zastępcą kierownika", powiedział mu mężczyzna. „Powinieneś złożyć papiery". Miesiąc później Travis pracował jako barista na porannej zmianie.

To było sześć lat temu. Dziś, w wieku dwudziestu pięciu lat, Travis jest kierownikiem dwóch lokali Starbucksa, w których nadzoruje pracę czterdziestu pracowników i odpowiada za przychody przekraczające dwa miliony dolarów rocznie. Zarabia czterdzieści cztery tysiące dolarów rocznie, ma dobry plan emerytalny i nie ma długów. Nigdy się nie spóźnia. Nie denerwuje się w pracy. Kiedy jedna z jego pracownic rozpłakała się po tym, jak nakrzyczała na nią klientka, Travis wziął ją na stronę.

„Twój fartuch jest tarczą", powiedział. „Nic, co ktokolwiek do ciebie mówi, nie może cię zranić. Zawsze będziesz tak silna, jak chcesz być".

On sam odebrał tę lekcję na jednym ze szkoleń w Starbucksie, w programie, który rozpoczął się pierwszego dnia pracy i trwa całą jego karierę. Program jest wystarczająco ustrukturyzowany, by za ukończenie poszczególnych modułów można było zbierać punkty dla college'u. Trening, jak mówi Travis, zmienił jego życie. Starbucks nauczył go, jak żyć, jak się skupiać, jak punktualnie przychodzić do pracy i jak radzić sobie z emocjami. A co najważniejsze, nauczył go siły woli.

„Starbucks jest najważniejszą rzeczą, jaka mi się kiedykolwiek przytrafiła", powiedział w rozmowie ze mną. „Wszystko zawdzięczam tej firmie".

* * *

Travisa i tysiące innych ludzi Starbucks – podobnie jak kilka innych firm – z sukcesem nauczył takich życiowych umiejętności, których nie były w stanie nauczyć ich szkoły, rodziny i społeczności. Można powiedzieć, że dziś, zatrudniając sto trzydzieści siedem tysięcy osób i mając ponad milion absolwentów, Starbucks jest jednym z największych edukatorów w kraju. Wszyscy ci pracownicy podczas pierwszego tylko roku pracy spędzili przynajmniej pięćdziesiąt godzin na lekcjach w Starbucksie, i o wiele więcej czasu w domu nad podręcznikami Starbucksa i na rozmowach z przypisanymi im mentorami Starbucksa.

U podstaw tej edukacji leży silne skupienie na arcyważnym nawyku: sile woli. Dziesiątki badań pokazują, że siła woli jest najważniejszym pojedynczym kluczowym nawykiem, zapewniającym człowiekowi sukces[1]. W pewnym badaniu z roku 2005 na przykład badacze z University of Pennsylvania przeanalizowali stu sześćdziesięciu czterech uczniów klas ósmych, mierząc ich iloraz inteligencji i inne czynniki, w tym poziom siły woli, ujawniony w testach badających tę zmienną.

Uczniowie z wysokim poziomem siły woli częściej mieli lepsze stopnie i dostawali się do szkół stawiających kandydatom wyższe wymagania. Mieli mniej nieobecności, mniej czasu spędzali przed telewizorem, więcej zaś nad pracą domową i nauką. „Mocno zdyscyplinowani adolescenci wypadali lepiej od swoich bardziej impulsywnych rówieśników pod względem wszystkich zmiennych związanych z osiągnięciami szkolnymi", napisali badacze. „Samodyscyplina pozwalała trafniej przewidzieć osiągnięcia szkolne niż iloraz inteligencji. Samodyscyplina pozwalała również przewidzieć, którzy uczniowie poprawią swoje oceny w ciągu roku szkolnego, podczas gdy iloraz inteligencji takich przewidywań nie umożliwiał (...). Samodyscyplina ma silniejszy wpływ na osiągnięcia szkolne niż zdolności intelektualne"[2].

A najlepszym sposobem wzmacniania siły woli i wsparcia uczniów jest, jak pokazują badania, przekształcenie jej w nawyk. „Czasami wygląda to tak, jakby ludzie z potężną samokontrolą wcale się nie wysilali – ale to dlatego, że działają automatycznie", powiedziała mi Angela Duckworth, jedna z badaczek z University of Pennsylvania. „Ich siła woli się ujawnia, a oni wcale nie muszą o tym myśleć".

Dla Starbucksa siła woli jest czymś więcej niż naukową ciekawostką. Kiedy pod koniec lat dziewięćdziesiątych firma zaczęła planować swoją potężną strategię rozwojową, menedżerowie zrozumieli, że sukces wymaga kultywowania środowiska, które uzasadnia płacenie czterech dolarów za wymyślny kubek kawy. Firma musiała nauczyć swoich pracowników dostarczania razem z latté i ciastkiem także radości. A więc bardzo wcześnie Starbucks zaczął sprawdzać, jak mogą nauczyć pracowników panowania nad własnymi emocjami, i ćwiczyć ich samodyscyplinę, aby wraz z każdym zamówieniem dostarczali klientom paru podnoszących na duchu słów. Dopóty, dopóki osoby stojące za kontuarem nie będą umiały odłożyć na bok własnych problemów, emocje niektórych pracowników w nieunikniony sposób przełożą się na sposób obsługiwania klientów. Natomiast jeżeli pracownik będzie potrafił się skupić i zachowywać w sposób zdyscyplinowany, to nawet na koniec ośmiogodzinnej zmiany wciąż będzie w stanie dostarczać w barze szybkiej obsługi usług wysokiej jakości, której oczekują klienci Starbucksa.

Firma wydała miliony dolarów na opracowanie programu szkoleniowego, uczącego pracowników samodyscypliny. Menedżerowie pisali podręczniki, które, w rezultacie, są przewodnikami, w jaki sposób uczynić siłę woli nawykiem w życiu każdego pracownika[3]. Programy te są, częściowo, odpowiedzialne za to, że Starbucks rozwinął się z sennej firmy z Seattle w giganta z ponad siedemnastoma tysiącami sklepów i przychodami przekraczającymi dziesięć miliardów dolarów rocznie.

Jak Starbucks to robi? Jak to jest, że biorą takich ludzi jak Travis – syna narkomanów, który rzucił szkołę i nie miał dość samokontroli, by utrzymać pracę w McDonald'sie – i uczą ich nadzorowania dziesiątek pracowników i dziesiątek tysięcy dolarów comiesięcznych przychodów? Czego dokładnie nauczył się Travis?

II

Każdy, kto wszedł do sali, w której odbywał się eksperyment na Case Western Reserve University, musiał przyznać jedno: ciastka pachniały obłędnie. Dopiero co wyjęto je z pieca i leżały teraz w misce, pełne kawałków czekolady. Na stole obok ciastek stała miska z rzodkiewkami. Cały dzień do pomieszczenia wchodzili głodni studenci, siadali naprzeciwko obu misek i nieświadomie brali udział w teście ich własnej siły woli, który doprowadzi nas do zrozumienia, w jaki sposób działa samodyscyplina.

W tym czasie sile woli nie poświęcano szczególnie dużo naukowej uwagi. Psychologowie uważali takie tematy za aspekty czegoś, co nazywali „samoregulacją", ale nie był to obszar budzący wielką ciekawość. W latach sześćdziesiątych przeprowadzono jeden słynny eksperyment, w którym badacze ze Stanford testowali siłę woli grupy czterolatków. Dzieci zostały umieszczone w pokoju, po czym pokazano im różne cukierki, w tym cukierki marshmellow. Zaproponowano im układ: mogą zjeść jednego cukierka od razu, albo, jeżeli zaczekają kilka minut, dostaną dwa. Poczym eksperymentator wychodził z pokoju. Część dzieciaków ulegała pokusie i zjadała cukierka natychmiast po opuszczeniu pomieszczenia przez osobę dorosłą. Około 30 procent dzieci udało się zapanować nad swoim pragnieniem do powrotu badacza do sali po piętnastu minutach, dzięki czemu podwoiły ilość otrzymanych słodyczy. Naukowcy przyglądający się dzieciom zza weneckiego lustra dokładnie notowali, które dziecko wykazało się wystarczającą samokontrolą, żeby zarobić dodatkowego cukierka.

Kilka lat później odszukano wielu uczestników tamtego badania. Byli teraz w szkole średniej. Badacze pytali o ich oceny i wyniki testu osiągnięć szkolnych, umiejętności podtrzymywania przyjaźni, zdolności „radzenia sobie z ważnymi problemami". Odkryli, że adolescenci, którzy jako czterolatki potrafili odroczyć gratyfikację najdłużej, mieli najlepsze stopnie i średnio dwieście dziesięć punktów więcej w teście osiągnięć szkolnych. Byli bardziej popularni wśród rówieśników i rzadziej używali narkotyków. Jeżeli wiedziałeś, w jaki sposób w przedszkolu oprzeć się pokusie sięgnięcia po cukierka, to wyglądało na to, że będąc starszym także wiedziałeś, jak punktualnie zjawić się na lekcjach i odrobić zadanie domowe, a także jak nawiązywać przyjaźnie i nie ulegać presji grupy. Wyglądało na to, że dzieci potrafiące zignorować cukierka miały umiejętność samokontroli, która dawała im przewagę w ciągu całego ich życia[4].

Naukowcy zaczęli przeprowadzać podobne eksperymenty, próbując odkryć, jak pomóc dzieciom podnosić swoje umiejętności samoregulacyjne. Odkryli, że uczenie ich prostych sztuczek – jak odwrócenie

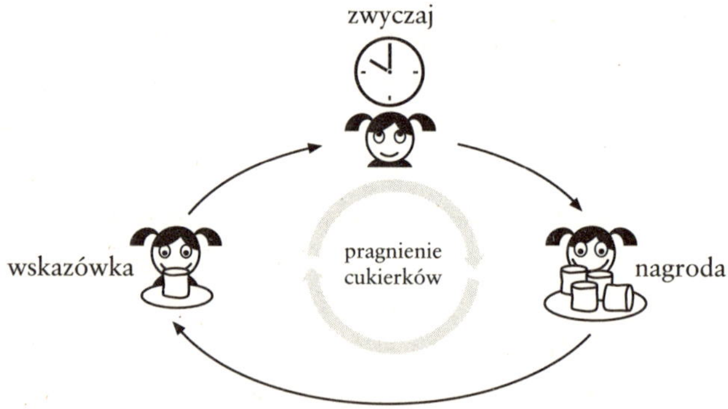

KIEDY DZIECI WYKSZTAŁCAJĄ NAWYKI
ODRACZANIA ZASPOKOJENIA PRAGNIENIA...

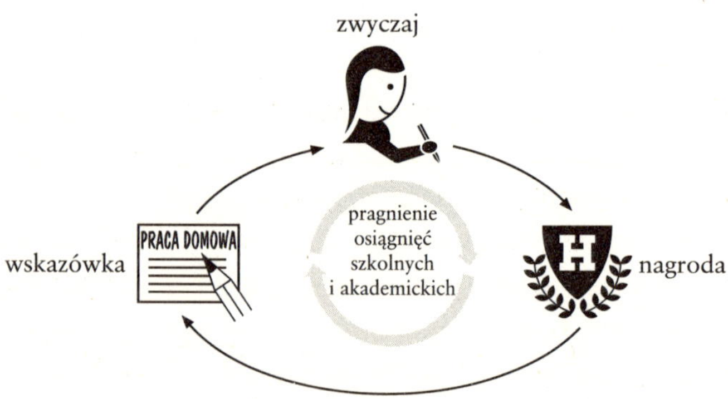

NAWYKI TE ROZPRZESTRZENIAJĄ SIĘ TAKŻE
NA INNE SFERY ICH ŻYCIA

uwagi od cukierka rysowaniem albo wyobrażanie sobie ramki wokół cukierka, żeby bardziej przypominał zdjęcie, a mniej rzeczywistą pokusę – pomagało im nauczyć się samokontroli. W latach osiemdziesiątych sformułowano ogólnie akceptowaną teorię: siła woli jest umiejętnością, której można się nauczyć, tak samo jak dzieci uczą się matematyki czy mówienia „dziękuję". Ale fundusze na badania były skromne. Temat siły woli nie był modny. Wielu badaczy ze Stanford zajęło się innymi zagadnieniami.

A jednak kiedy grupa doktorantów studiujących psychologię w Case Western – w tym Mark Muraven – odkryli te badania w połowie lat dziewięćdziesiątych, zaczęli zadawać pytania, na które poprzednie prace naukowe nie odpowiedziały. Dla Muravena model siły woli jako umiejętności nie był wyjaśnieniem satysfakcjonującym. Ostatecznie umiejętność jest czymś, co nie zmienia się z dnia na dzień. Jeżeli potrafisz zrobić omlet w środę, wciąż będziesz wiedzieć jak tego dokonać w piątek.

Doświadczenie Muravena podpowiadało mu, że czasami zdarzało mu się zapominać, jak wykazać się siłą woli. Czasami po powrocie z pracy nie miał żadnych problemów, żeby iść pobiegać. Kiedy indziej zaś nie był w stanie zmusić się do niczego poza leżeniem na kanapie i gapieniem się w telewizor. Było trochę tak, jakby mózg – albo przynajmniej ta jego część, która odpowiadała za uprawianie sportu – zapominała, w jaki sposób wezwać siłę woli, by ta wykopała go za drzwi. Czasami jadał zdrowo. Ale kiedy był zmęczony, podchodził do automatów i zapychał się słodyczami i czipsami.

Jeżeli siła woli jest umiejętnością, zastanawiał się Muraven, to dlaczego nie utrzymuje się na stałym poziomie każdego dnia? Podejrzewał, że za zjawiskiem siły woli kryje się więcej, niż ujawniły to wcześniejsze eksperymenty. Ale jak to sprawdzić w laboratorium?

* * *

Rozwiązaniem Muravena było pomieszczenie z miską świeżo upieczonych ciastek i miską rzodkiewek. Sala była w zasadzie szafą z weneckim lustrem, w której był stół, drewniane krzesło, dzwonek i toster. Zwerbowano sześćdziesięciu siedmiu studentów, których poproszono, aby opuścili posiłek. Jeden po drugim, zasiadali naprzeciwko dwóch misek.

„Celem eksperymentu jest sprawdzenie spostrzegania smaku", mówił każdemu ze studentów eksperymentator, co było nieprawdą. Chodziło o zmuszenie studentów – ale tylko *niektórych* studentów – do ujawnienia siły woli. Dlatego połowie z nich powiedziano, by jedli ciastka i ignorowali rzodkiewki; druga połowa miała jeść rzodkiewki i ignorować ciastka. Teoria Muravena zakładała, że ignorowanie ciastek jest trudne i wymaga siły woli. Natomiast ignorowanie rzodkiewek nie wymaga najmniejszego nawet wysiłku.

„Pamiętaj", mówiła badaczka, „jedz tylko to, co zostało ci przydzielone". Potem wychodziła z pomieszczenia.

Kiedy studenci zostawali sami, zaczynali przeżuwać. Ci spośród nich, którzy jedli ciastka, byli w siódmym niebie. Jedzący rzodkiewki cierpieli. Czuli się źle wobec konieczności ignorowania ciepłych ciasteczek. Przez lustro weneckie badacze obserwowali, jak jeden z rzodkiewkożerców wziął do ręki ciastko, długo je wąchał, po czym odłożył z powrotem do miski. Inny chwycił kilka ciastek i je połknął, a potem z lubością zlizywał rozpuszczoną czekoladę z palców.

Po pięciu minutach do pomieszczenia ponownie wchodziła badaczka. W ocenie Muravena siła woli rzodkiewkożerców została poddana poważnej próbie podczas jedzenia ostrych rzodkiewek i konieczności ignorowania słodkości; ciastkożercy nie musieli w najmniejszym stopniu sięgać do własnych pokładów samodyscypliny.

„Musimy poczekać około piętnastu minut, aż zatrze się pamięć sensoryczna smaku jedzenia", mówiła każdemu uczestnikowi. Żeby czas szybciej mijał, każdemu też proponowała łamigłówkę. Z pozoru wyglądała bardzo prosto: trzeba przeciągnąć ołówkiem, bez odrywania go od kartki i bez przeciągania dwa razy po tej samej linii, po geometrycznym wzorze. Jeżeli uczestnik będzie chciał przerwać zadanie, mówiła badaczka, niech użyje dzwonka. Sugerowała, że wykonanie zadania nie zajmie dużo czasu.

W rzeczywistości łamigłówka była zadaniem niemożliwym do wykonania.

Łamigłówka nie była sposobem na wypełnienie czasu; była najważniejszą częścią eksperymentu. Potrzebna była niebywała siła woli, aby kontynuować pracę nad łamigłówką, zwłaszcza że każda kolejna próba kończyła się niepowodzeniem. Naukowcy zastanawiali się, czy studenci, którzy już nadwyrężyli swoją siłę woli na walkę z pokusą sięgnięcia po ciastko, szybciej poddadzą się przy łamigłówce? Innymi słowy, czy siła woli jest zasobem, który się wyczerpuje?

Badacze uważnie patrzyli przez lustro weneckie. Ciastkożercy z niewyczerpanymi rezerwami samodyscypliny zaczęli pracę nad łamigłówką. Ogólnie wyglądali na odprężonych. Jeden z nich postanowił zastosować podejście bezpośrednie, doszedł do bariery i spróbował ponownie. I jeszcze raz. I znów od początku. Niektórzy pracowali ponad pół godziny, zanim badaczka poprosiła, by skończyli. Średnio każdy ciastkożerca spędził dziewiętnaście minut, próbując poradzić sobie z łamigłówką, zanim użył dzwonka.

Natomiast rzodkiewkożercy, z nadwyrężoną już siłą woli, zachowywali się całkowicie odmiennie. Pracując mamrotali. Okazywali frustrację. Jeden zaczął się skarżyć, że całe to badanie to jedna wielka strata czasu. Niektórzy kładli głowy na stole i zamykali oczy. Jedna z osób naskoczyła na badaczkę, gdy ta weszła do pomieszczenia. Średnio, rzodkiewkożercy pracowali nad łamigłówką tylko około ośmiu minut, czyli poświęcili jej 60 procent mniej czasu niż ciastkożercy, zanim zrezygnowali. Kiedy badaczka pytała ich później, jak się czuli, jeden z rzodkiewkożerców odparł, że „ma po dziurki w nosie tego głupiego badania".

„Sprawiając, że ludzie wykorzystali trochę swojej siły woli, by oprzeć się ciastkom, wprowadziliśmy ich w stan, w którym chcieli szybciej skończyć zadanie", powiedział Muraven. „Od tamtej pory przeprowadzono ponad dwieście badań tego zjawiska, i wszystkie wykazały to samo. Siła woli nie jest po prostu umiejętnością. Jest mięśniem, jak mięśnie w twoich ramionach czy nogach, który się męczy, gdy zmuszany jest do ciężkiej pracy, i zostaje mu wtedy mniej siły na inne rzeczy".

Badacze sięgnęli do tych rezultatów w celu wyjaśniania wszelkich możliwych zjawisk. Niektórzy zasugerowali, że to właśnie tłumaczy, dlaczego odnoszący zazwyczaj sukcesy ludzie wikłają się w pozamałżeńskie romanse (które najczęściej przytrafiają się wieczorem, po ciężkim dniu, podczas którego już zużyliśmy siłę woli na pracę) albo dlaczego dobrzy lekarze robią głupie błędy (które najczęściej przytrafiają się po wykonaniu długiej, skomplikowanej procedury, wymagającej intensywnego skupienia)[5]. „Jeżeli chcesz zrobić coś, co wymaga siły woli – jak bieganie po pracy – musisz oszczędzać swój «mięsień» siły woli w ciągu dnia", powiedział Muraven. Jeżeli zmęczysz go zbyt wcześnie jakiś nudnym zadaniem typu pisanie e-maili czy wypełnianie skomplikowanych i nudnych kosztorysów, cała siła zostanie zużyta zanim dotrzesz do domu"[6].

* * *

Ale jak dalece można stosować tę analogię? Czy ćwiczenie mięśnia siły woli sprawia, że staje się on silniejszy w takim samym stopniu, jak hantle wzmacniają biceps?

W roku 2006 dwoje australijskich badaczy – Megan Oaten i Ken Cheng – próbowali odpowiedzieć na to pytanie, tworząc program ćwiczeń silnej woli. Przyjęli dwadzieścia cztery osoby w wieku między osiemnaście a pięćdziesiąt lat do programu ćwiczeń fizycznych i, przez dwa miesiące, kazali im podnosić coraz więcej ciężarów, serwowali coraz intensywniejszy trening wytrzymałościowy i aerobik[7]. Z tygodnia na tydzień ludzie zmuszali się do coraz częstszego ćwiczenia, wykorzystując coraz więcej siły woli, by kontynuować ćwiczenia.

Po dwóch miesiącach badacze przeanalizowali pozostałe sfery życia uczestników w celu sprawdzenia, czy zwiększona siła woli na ćwiczeniach fizycznych skutkowała także większą siłą woli w domu. Przed rozpoczęciem eksperymentu większość uczestników była samozwańczymi kanapowcami, spędzającymi mnóstwo czasu przed telewizorem. Teraz oczywiście byli w lepszej formie fizycznej. Ale byli także zdrowsi w innych sferach swojego życia. Im więcej czasu spędzali na sali gimnastycznej, tym mniej wypalali papierosów i wypijali alkoholu, kofeiny i tym mniej jedli śmieciowego jedzenia. Więcej czasu poświęcali różnym domowym zajęciom czy pracy domowej, a mniej oglądaniu telewizji. Byli też mniej przygnębieni.

Być może, zastanawiali się Oaten i Cheng, wyniki te nie mają nic wspólnego z siłą woli. Może to ćwiczenia fizyczne sprawiają, że ludzie są szczęśliwsi i mają mniejszą ochotę na byle jakie jedzenie?

Przygotowali więc kolejny eksperyment[8]. Tym razem przyjęli dwadzieścia dziewięć osób na czteromiesięczny program zarządzania pieniędzmi. Ustalili cele oszczędzania i poprosili uczestników, by odmawiali sobie luksusów typu jadanie w restauracjach czy kino. Uczestnicy zostali poproszeni o prowadzenie szczegółowych notatek na temat wszystkiego, co kupują, co początkowo było irytujące, ale ostatecznie ludzie wypracowali w sobie samodyscyplinę, by skrzętnie odnotowywać każdy zakup.

Finanse uczestników poprawiały się wraz z trwaniem programu. Co jednak było bardziej zaskakujące, palili również mniej papierosów, pili mniej alkoholu i kofeiny – średnio dwie filiżanki kawy mniej, dwa piwa mniej i, wśród palaczy, piętnaście papierosów mniej każdego dnia[9]. Jedli mniej śmieciowego jedzenia i byli wydajniejsi w pracy i szkole. Było tak, jak w przypadku badania z programem ćwiczeń fizycznych: wraz z wzmacnianiem mięśnia siły woli w jednej sferze swojego życia – ćwiczeń fizycznych lub w programie zarządzania finansami – ta siła promieniowała także na ich sposób odżywiania czy pracy. Kiedy siła woli się wzmacniała, działała na wszystko.

Oaten i Cheng przeprowadzili jeszcze jeden eksperyment. Zwerbowali czterdziestu pięciu studentów do programu poprawy osiągnięć akademickich, który skupiał się na kształtowaniu właściwych nawyków studiowania[10]. Jak można było przypuszczać, umiejętności uczenia się uczestników uległy poprawie. Studenci także mniej palili, mniej pili, oglądali mniej telewizji, więcej ćwiczyli i zdrowiej jedli, choć wszystkie te sprawy nie zostały nigdy wspomniane podczas programu. I znowu, wraz z wzmocnieniem się mięśnia siły woli, dobre nawyki zdawały się rozprzestrzenić na inne obszary ich życia.

„Zdobywając umiejętność zmuszania się do pójścia na gimnastykę albo rozpoczęcia pracy domowej, albo zjedzenia sałatki zamiast hamburgera, zmieniasz w sobie także sposób myślenia", powiedział Todd Heatherton, naukowiec z Dartmouth, uczestniczący w badaniach nad siłą woli[11]. „Ludzie lepiej radzą sobie z kontrolą impulsu. Uczą się, jak odwracać uwagę od pokus. A kiedy już wejdziesz w ten rytm związany z siłą woli, twój mózg jest wyćwiczony w pomaganiu ci, żebyś mógł się skupić na celu".

Dziś niemal na każdej większej uczelni setki naukowców badają siłę woli. Szkoły publiczne i społeczne w Filadelfii, Seattle, Nowym Jorku i w innych miejscach zaczęły włączać lekcje mające na celu wzmacnianie siły woli do swoich programów nauczania. W KIPP (Knowledge Is Power Program – działająca w całym kraju grupa szkół społecznych dla mniej zamożnych uczniów) nauczanie samokontroli jest częścią filozofii szkoły. (Jedna ze szkół z grupy KIPP w Filadelfii rozdała uczniom koszulki z napisem „Nie zjadaj cukierka"). Wiele z tych szkół nieprawdopodobnie poprawiło wyniki osiągane przez uczniów[12].

„To właśnie dlatego zapisywanie dziecka na lekcje pianina czy zajęcia sportowe jest takie ważne. Nie chodzi o to, by dziecko stało się wirtuozem czy pięcioletnią gwiazdą piłki nożnej", powiedział Heatherton. „Kiedy nauczysz się, jak zmusić się do godzinnych ćwiczeń czy przebiegnięcia piętnastu okrążeń, zaczynasz budować własną siłę samoregulacji. Pięciolatek, który jest w stanie biec za piłką przez dziesięć minut, wyrośnie na szóstoklasistę, który będzie umiał o czasie zająć się swoją pracą domową"[13].

Gdy badania nad siłą woli stały się gorącym tematem w naukowych czasopismach i artykułach prasowych, temat zaczął także przenikać do amerykańskich korporacji. Firmy pokroju Starbucksa – Gap, Walmart, restauracje i wszelkie inne biznesy bazujące na pracownikach z niewielkimi kwalifikacjami, dla których jest to często ich pierwsza praca – borykają się z podobnym problemem: nieważne, jak bardzo ich pracownicy *chcą* świetnie pracować, to i tak wielu z nich polegnie, ponieważ brakuje im samodyscypliny. Przychodzą zbyt późno. Potrafią krzyknąć na niemiłych klientów. Rozpraszają się lub dają wciągnąć w rozgrywki w miejscu pracy. Rezygnują bez powodu.

„Dla wielu pracowników Starbucks jest pierwszym doświadczeniem zawodowym", powiedziała Christine Deputy, która pomagała nadzorować prowadzone wewnątrz firmy programy szkoleniowe przez ponad dziesięć lat. „Jeżeli twoi rodzice lub nauczyciele przez całe twoje życie mówili ci, co masz robić, a nagle klienci zaczynają na ciebie krzyczeć, a twój szef jest zbyt zajęty, by udzielić ci wskazówek, możesz naprawdę poczuć się oszołomiony. Wielu ludzi po prostu nie umie się przestawić. Więc my próbujemy odkryć, jak wyposażyć pracowników w samodyscyplinę, której nie nauczyli się w szkole".

Niemniej, kiedy firmy typu Starbucksa próbowały przełożyć lekcje na temat siły woli płynące z takich badań, jak eksperyment z ciastkami i rzodkiewkami, na świat pracy, napotykały trudności. Finansowali zajęcia odchudzające i dawali pracownikom karnety do siłowni, w nadziei, że korzyści przełożą się na sposób, w jaki podają kawę[14]. Pracownicy uczestniczyli w zajęciach w kratkę. Ciężko było wysiedzieć na zajęciach czy popędzić na trening po całym dniu pracy, narzekali. „Jeżeli ktoś ma kłopoty z samodyscypliną w pracy, będzie zapewne także miał trudności ze zmobilizowaniem się do uczestniczenia w programie, którego celem jest wzmocnienie samodyscypliny *po* pracy", powiedział Muraven.

Ale Starbucks był zdeterminowany, by problem rozwiązać. Około roku 2007, w gorączce ekspansji firma otwierała siedem nowych sklepów dziennie i zatrudniała tysiąc pięciuset nowych pracowników tygodniowo[15]. Uczenie ich doskonałej obsługi klienta – przychodzenia na czas, nie irytowania się z powodu upomnień i obsługiwanie wszystkich z uśmiechem, jednocześnie pamiętając zamówienia i, jeśli możliwe, także imiona klientów – było kluczowe. Ludzie oczekują, że drogie latté zostanie im podane z odrobiną polotu. „Nie działamy w branży kawowej obsługującej ludzi", powiedział mi w rozmowie Howard Behar, poprzedni prezes Starbucksa. „Działamy w branży ludzkiej, podając kawę. Cały nasz model biznesowy opiera się na fantastycznej obsłudze klienta. Bez niej jesteśmy ugotowani".

Rozwiązaniem, które znalazł Starbucks, było przekształcenie samodyscypliny w nawyk organizacyjny.

III

W roku 1992 brytyjska psycholożka weszła do dwóch najbardziej obleganych szpitali ortopedycznych w Szkocji i zwerbowała pięćdziesięciu pacjentów do eksperymentu, który – jak miała nadzieję – pozwoli znaleźć odpowiedź na pytanie, jak podnieść siłę woli u ludzi wyjątkowo na zmianę opornych[16].

Pacjenci mieli, średnio, sześćdziesiąt osiem lat. Większość zarabiała poniżej dziesięciu tysięcy dolarów rocznie i nie przekroczyła edukacji na poziomie szkoły średniej. Wszyscy przeszli niedawno operacje wymiany stawu biodrowego czy kolana, ale ze względu na to, że byli niezamożni i niezbyt wykształceni, wielu z nich czekało na operację całe lata. Byli emerytami, starymi mechanikami czy sprzedawcami. Stali u kresu życia i większość z nich nie odczuwała najmniejszej potrzeby zmiany.

Powrót do zdrowia po operacji biodra jest niebywale żmudny. Operacja zakłada uszkodzenie mięśni wokół stawu i piłowanie kości. Podczas rekonwalescencji najdrobniejsze ruchy – przekręcenie się w łóżku czy zgięcie stawu – mogą być koszmarnie bolesne. Niemniej rozpoczęcie ćwiczeń niemal natychmiast po wybudzeniu z narkozy ma ogromne znaczenie. Muszą zacząć poruszać nogami i biodrami zanim mięśnie i skóra się zagoją, zanim blizny unieruchomią staw, niszcząc jego elastyczność. Ponadto, jeśli pacjenci nie zaczną ćwiczyć, ryzykują powstanie zakrzepów. Ból jest tak potworny, że często ludzie opuszczają zajęcia rehabilitacyjne. Pacjenci, zwłaszcza ci starsi, często odmawiają wykonywania zaleceń lekarza.

Uczestnicy szkockiego badania byli osobami z największym ryzykiem opuszczenia rehabilitacji. Badaczka przeprowadzająca eksperyment chciała sprawdzić, czy istnieje możliwość, by pomóc im okiełznać siłę woli. Każdemu uczestnikowi wręczyła po operacji broszurę, dokładnie opisującą przebieg rehabilitacji, na końcu broszury zaś było trzynaście dodatkowych stron – po jednej na każdy tydzień – z pustym miejscem i instrukcjami: „Moje cele na ten tydzień to ___. Zapisz dokładnie, co zamierzasz zrobić. Na przykład, jeżeli zamierzasz w tym tygodniu wyjść na spacer, zapisz kiedy i dokąd zamierzasz pójść". Poprosiła pacjentów, by zapełnili każdą z tych stron szczegółowymi i specyficznymi planami. Potem porównała przebieg powrotu do sił osób, które zapisały cele, z tymi, którzy dostali takie same broszury, ale nic nie zapisali.

Absurdem wydaje się założenie, że danie ludziom kilku pustych kartek może mieć wpływ na to, jak szybko wrócą do zdrowia po operacji.

Ale kiedy badaczka odwiedziła pacjentów trzy miesiące później, odkryła uderzające różnice między obiema grupami. Pacjenci, którzy zapisali swoje cele i plany, zaczęli chodzić niemal dwukrotnie szybciej od tych, którzy tego nie zrobili. Zaczęli siadać i wstawać z krzeseł bez pomocy niemal trzykrotnie szybciej. Wkładali buty, robili pranie i przyrządzali sobie posiłki wcześniej niż pacjenci, którzy nie zapisali sobie żadnych celów z wyprzedzeniem.

Psycholożka chciała zrozumieć, dlaczego tak się stało. Przeanalizowała broszury i odkryła, że większość pustych miejsc zapełniono specyficznymi, szczegółowymi planami, dotyczącymi najbardziej przyziemnych aspektów powrotu do zdrowia. Na przykład jeden z pacjentów napisał: „Jutro pójdę na przystanek autobusowy, żeby odebrać moją żonę wracającą z pracy", potem zaznaczył, o której godzinie wyjdzie z domu, jaką trasą pójdzie, jak będzie ubrany, który płaszcz zabierze dla żony na wypadek deszczu i jakie tabletki weźmie, jeśli ból stanie się trudny do wytrzymania. Inny pacjent, w podobnym badaniu, zapisał serię bardzo szczegółowych harmonogramów dotyczących ćwiczeń, które będzie wykonywał za każdym razem, kiedy pójdzie do łazienki. Inny opisał rozpisany na minuty plan swojego spaceru po okolicy.

Kiedy psycholożka analizowała broszury, dostrzegła, że wiele planów miało wspólną cechę: skupiały się na tym, w jaki sposób pacjenci zamierzają sobie poradzić ze specyficzną sytuacją, w której spodziewają się bólu. Mężczyzna ćwiczący w drodze do łazienki na przykład wiedział, że za każdym razem, kiedy będzie wstawał z kanapy, ból będzie trudny do zniesienia. Więc opracował plan poradzenia sobie z nim: od razu, automatycznie zrobi pierwszy krok, żeby nie przyszło mu do głowy ponownie usiąść. Pacjent, który chciał spotkać żonę na przystanku, bał się popołudni, ponieważ ten spacer był każdego dnia najdłuższy i najbardziej bolesny. Więc wyszczególnił każdą przeszkodę, na jaką może się natknąć, i zawczasu opracował rozwiązania.

Wyrażając to inaczej, plany pacjentów zostały stworzone wokół punktów krytycznych – chwil, o których wiedzieli, że ból – a zarazem pokusa, aby zarzucić plany – będą najsilniejsze. Pacjenci mówili sobie, w jaki sposób zamierzają pokonać te najtrudniejsze chwile.

Każdy z nich, intuicyjnie, zastosował tę samą zasadę, z której skorzystał Claude Hopkins, żeby sprzedać Pepsodent. Zidentyfikowali proste wskazówki i oczywiste nagrody. Mężczyzna, który spotykał się z żoną na przystanku, na przykład zidentyfikował bardzo łatwą wskazówkę: *jest 15.30, żona wraca do domu!* – i jasno określił nagrodę – *Kochanie, jestem!* Kiedy pokusa, by się poddać, pojawiała się w połowie spaceru, pacjent mógł ją zignorować, ponieważ przekształcił samodyscyplinę w nawyk.

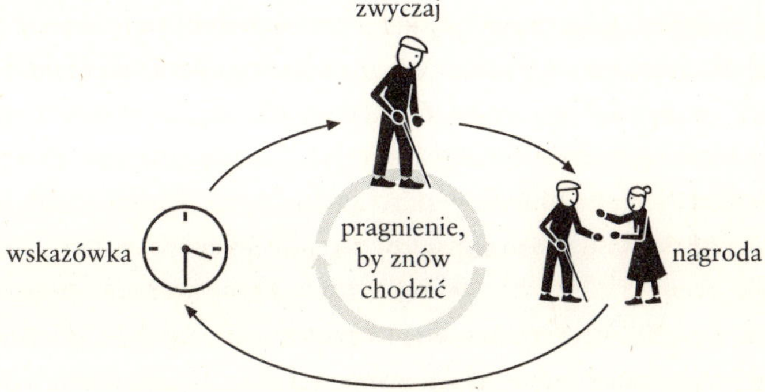

PACJENCI WYTWORZYLI NAWYKI SILNEJ WOLI,
KTÓRE POMOGŁY IM PRZEZWYCIĘŻYĆ BÓL

Nie ma powodu, dla którego pozostali pacjenci – ci, którzy nie zrobili planów swojego powrotu do zdrowia – nie mogli postąpić tak samo. Wszyscy dostali te same instrukcje i ostrzeżenia w szpitalu. Wszyscy wiedzieli, że ćwiczenia mają podstawowe znaczenie dla odzyskania sprawności. Wszyscy spędzili tygodnie na rehabilitacji.

Ale pacjenci, którzy nie spisali żadnych planów, byli wyraźnie w gorszej sytuacji, ponieważ nigdy nie wybiegali myślami, planując, w jaki sposób poradzić sobie z bólem. Nigdy świadomie nie wykształcili nawyków silnej woli. Nawet jeżeli mieli zamiar, żeby przejść się po okolicy, ich postanowienie znikało, kiedy musieli stawić czoła piekielnemu bólowi towarzyszącemu pierwszym krokom.

* * *

Kiedy próby Starbucksa, żeby wzmocnić siłę woli swoich pracowników za pomocą karnetów do klubów sportowych i zajęć dotyczących zdrowego odżywiania się, nie przyniosły oczekiwanych rezultatów, menedżerowie uznali, że potrzebują innego podejścia. Zaczęli się dokładniej przyglądać temu, co dzieje się w ich lokalach. Dostrzegli, że podobnie jak szkoccy pacjenci, ich pracownicy nie radzili sobie z sytuacjami trudnymi. To, czego potrzebowali, to nawyków organizacyjnych, które pomagałyby im wykrzesać z siebie samodyscyplinę.

Menedżerowie ustalili, że w pewnym stopniu błędnie myśleli o sile woli. Jak się potem okazało, pracownicy, którym zdarzały się wpadki, wcale nie mieli trudności z właściwym wykonywaniem pracy przez większość czasu. Przeważnie, w przeciętne dni, tacy pracownicy nie funkcjonowali wcale inaczej niż wszyscy inni. Ale czasami, szczególnie w obliczu niespodziewanego stresu czy niepewności, pyskowali i tracili kontrolę. Na przykład klient mógł zacząć krzyczeć, a zazwyczaj spokojny pracownik tracił panowanie nad sobą. Zniecierpliwiony tłum mógł przytłoczyć pracownika stojącego za barem i nagle był on na skraju płaczu[17].

Tak naprawdę tym, czego potrzebowali pracownicy, były jasne instrukcje, jak radzić sobie w takich momentach – coś w stylu broszury, jaką dostali szkoccy pacjenci: procedura, według której mogą postępować, kiedy ich mięsień siły woli wiotczeje. I firma opracowała nowe materiały szkoleniowe, obejmujące rutynowe zachowania, z których mogą korzystać pracownicy w trudnych sytuacjach. Instrukcje uczyły, w jaki sposób reagować na specyficzne wskazówki, jak wrzeszczący klient czy długa kolejka przy kasie. Menedżerowie ćwiczyli z pracownikami, odgrywali scenki do momentu, w którym reakcje stawały się automatyczne. Firma zidentyfikowała specyficzne nagrody – wdzięcznego klienta, pochwałę od szefa – które były dla pracowników dowodem, że dobrze wywiązali się ze swojego zadania[18].

Starbucks nauczył swoich pracowników, jak radzić sobie z nieprzyjemnymi sytuacjami, dając im pętle nawyków związanych z silną wolą. Na przykład kiedy Travis rozpoczął pracę w Starbucksie, jego szef natychmiast przedstawił mu owe nawyki. „Jedną z najtrudniejszych rzeczy w tej pracy jest radzenie sobie z rozzłoszczonymi klientami", powiedział mu kierownik. „Kiedy nagle ktoś zaczyna się na ciebie wydzierać, bo dostał nie taki napój, co będzie twoją pierwszą reakcją?".

„Nie wiem" odparł Travis. „Myślę, że się wystraszę. Albo rozzłoszczę".

„To jest naturalne", powiedział menedżer. „Ale nasza praca polega na dostarczaniu najlepszej obsługi, nawet pod presją". Menedżer otworzył instrukcje Starbucksa i pokazał Travisowi stronę, która była prawie pusta. Na samej górze widniał napis „Kiedy klient jest niezadowolony, mój plan to______".

„Ten podręcznik jest dla ciebie, żebyś mógł sobie wyobrazić nieprzyjemne sytuacje i opisać plan reagowania na nie", powiedział. „Jeden z używanych przez nas systemów nazwaliśmy metodą LATTE. *Słuchamy* klienta (Listen), *uznajemy* jego skargę (Acknowledge), *działamy*, rozwiązując problem (Take action), *dziękujemy* im (Thank), po czym *wyjaśniamy,* dlaczego problem wystąpił (Explain)[19].

„Poświęć kilka minut na napisanie planu, jak radzić sobie ze wściekłymi klientami. Zastosuj metodę LATTE, potem możemy trochę poćwiczyć nowy nawyk w scenkach".

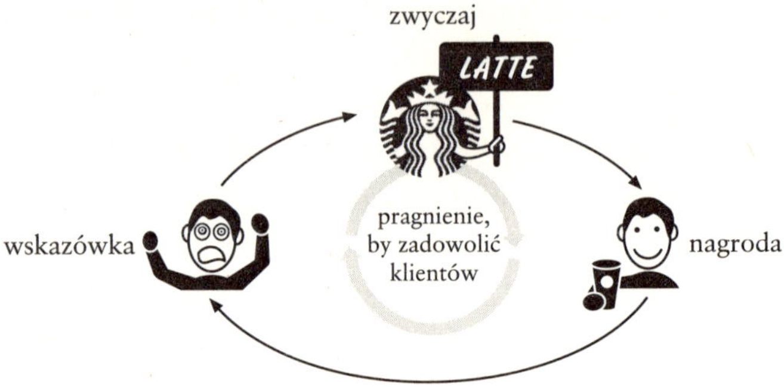

PĘTLA NAWYKU LATTE

Starbucks ma dziesiątki procedur, których uczeni są pracownicy, aby mogli je stosować podczas stresujących momentów. Jest system *Co Co Jak* (What What Why) do udzielania upomnień oraz *Nawiąż kontakt, Odkryj, Zareaguj* (Connect, Discover, and Respond) służący zbieraniu zamówień, kiedy robi się gorąco. Są nawyki pomagające obsłudze rozróżnić, kto po prostu chce kawy („Klient w pośpiechu ma pośpiech także w głosie, może też okazywać zniecierpliwienie spoglądaniem na zegarek"), a tymi, którzy oczekują, że zostaną nieco bardziej dopieszczeni („Stały klient zna imiona personelu i przeważnie zamawia ten sam napój każdego dnia"). W podręczniku zawarto dziesiątki pustych stron, na których pracownicy mogą zapisywać swoje plany działania, przewidujące, w jaki sposób przezwyciężą trudne sytuacje. A potem ćwiczą te plany, wciąż od nowa, aż staną się automatyczne[20].

I tak właśnie siła woli staje się nawykiem: wybór określonych zachowań zawczasu, a potem podążanie obraną drogą, gdy na horyzoncie pojawi się trudność. Szkoccy pacjenci, wypełniając swoje broszury, albo Travis, studiujący metodę LATTE, wcześniej podjęli decyzje, w jaki sposób zareagują na wskazówki – bolący mięsień czy wściekłego klienta. Kiedy pojawiła się wskazówka, wystąpiła też przemyślana wcześniej reakcja.

Starbucks nie jest jedyną firmą stosującą takie metody szkoleniowe. Na przykład w Deloitte Consulting, największej na świecie firmie świadczącej usługi w obszarze podatków i finansów, pracownicy są szkoleni według programu nazwanego „Chwile, które mają znaczenie" (Moments That Matter), skupiającym się na radzeniu sobie z krytycznymi sytuacjami, jak klient skarżący się na wysokość stawek, zwolnienie kolegi albo błąd konsultanta Deloitte. Dla każdej z takich sytuacji istnieją wcześniej zaprogramowane procedury i zwyczaje – *Okaż ciekawość* (Get Curious), *Powiedz to, czego nie chce powiedzieć nikt inny* (Say What No One Else Will), *Stosuj zasadę 5/5/5* (Apply the 5/5/5/ Rule) – pokazujące pracownikom, jak powinni reagować. W Container Store pracownicy otrzymują ponad sto osiemdziesiąt pięć godzin szkoleń tylko podczas pierwszego roku pracy. Są uczeni rozpoznawania trudnych momentów, jak rozzłoszczony współpracownik czy wybuchający klient, oraz nawyków, jak procedury uspokajania klientów czy rozładowanie konfliktów. Na przykład kiedy do sklepu przychodzi wyraźnie nabuzowany klient, pracownik natychmiast prosi o wyobrażenie sobie przestrzeni w domu, którą chce przeorganizować, i o opisanie odczuć, kiedy wszystko będzie już uporządkowane i na swoim miejscu. „Mieliśmy już klientów, którzy stwierdzali «To jest lepsze niż wizyta u mojego terapeuty»", powiedział kiedyś dziennikarzowi dyrektor generalny firmy[21].

IV

Howard Schultz, mężczyzna, który zmienił Starbucksa w giganta, w pewnych kwestiach nie różni się od Travisa[22]. Dorastał na osiedlu komunalnym w Brooklynie, dzieląc niewielkie mieszkanko z rodzicami i dwójką rodzeństwa. Kiedy miał siedem lat, jego ojciec złamał kostkę i stracił pracę jako kierowca ciężarówki. I to było wszystko, co było konieczne, by wpędzić rodzinę w poważne tarapaty. Ojciec po tym, jak jego kostka się zrosła, zaczął krążyć od jednej kiepsko płatnej pracy do następnej. „Mój ojciec nigdy się nie odnalazł", powiedział mi Schultz. „Widziałem, jak traci poczucie własnej wartości. Czułem, że mógł osiągnąć o wiele więcej".

Szkoła, do której chodził Schultz, była dzikim, przeludnionym miejscem z asfaltowymi boiskami i dzieciakami grającymi w futbol, koszykówkę i najróżniejsze odmiany baseballu, jakie tylko mogły wymyślić. Kiedy twoja drużyna przegrała, czasami trzeba było czekać godzinę, żeby znowu wejść na boisko. Więc Schultz dbał o to, aby jego drużyna zawsze wygrywała, nieważne, ile miałoby to kosztować. Wracał do domu z poobdzieranymi kolanami i łokciami, które mama przemywała mokrą watą. „Nie poddajesz się", mówiła.

Jego skłonność do współzawodnictwa przyniosła mu w college'u stypendium futbolowe (złamał szczękę i nigdy nie zagrał w żadnym meczu), stopień naukowy z komunikacji i w końcu pracę handlowca w Xeroxie w Nowym Jorku. Budził się codziennie rano i szedł do kolejnego biurowca w centrum, jechał windą na samą górę, po czym maszerował od drzwi do drzwi, grzecznie pytając, czy ktoś jest zainteresowany tonerami czy kserokopiarkami. Potem wsiadał do windy, zjeżdżał piętro niżej i zaczynał całą procedurę od nowa.

Na początku lat osiemdziesiątych Schultz pracował dla producenta tworzyw sztucznych. Zwrócił uwagę, że jakiś detalista z Seattle zamawiał nadzwyczajną liczbę filtrów do kawy. Schultz tam poleciał i zakochał się w przedsiębiorstwie. Dwa lata później, kiedy usłyszał, że Starbucks, wtedy mający zaledwie sześć punktów, został wystawiony na sprzedaż, poprosił wszystkich znajomych o pieniądze i go kupił.

Stało się to w roku 1987. Po trzech latach istniały już osiemdziesiąt cztery lokale; po sześciu latach było ich ponad tysiąc. Dziś istnieje siedemnaście tysięcy placówek w ponad pięćdziesięciu krajach.

Czym Schultz tak bardzo różnił się od innych dzieciaków na szkolnym boisku? Niektórzy jego dawni koledzy są dziś policjantami lub strażakami na Brooklynie. Inni siedzą w więzieniach. Schultz wart jest ponad miliard dolarów. Został ogłoszony jednym z najznamienitszych dyrektorów generalnych dwudziestego wieku. Skąd czerpał determinację – siłę woli – aby wspiąć się z komunalnego osiedla do prywatnego odrzutowca?

„Nie wiem tak naprawdę", powiedział. „Moja mama zawsze mówiła «Będziesz w naszej rodzinie pierwszą osobą, która pójdzie do college'u, będziesz specjalistą, będziemy z ciebie wszyscy bardzo dumni». Zadawała takie drobne pytania w stylu «Jak zamierzasz się dziś uczyć?, Co będziesz robił jutro?, Skąd wiesz, że już umiesz wszystko na klasówkę?». To nauczyło mnie stawiania sobie celów.

Miałem naprawdę dużo szczęścia. I naprawdę szczerze wierzę, że jeżeli powiesz ludziom, że mają wszystko, czego im potrzeba, żeby osiągnąć sukces, udowodnią ci, że masz rację".

Skupienie Schultza na szkoleniu pracowników i obsłudze klienta uczyniło ze Starbucksa jedną z najlepszych firm na świecie. Przez lata on sam osobiście angażował się w niemal każdy aspekt zarządzania przedsiębiorstwem. W roku 2000, wyczerpany, oddał codzienne działania operacyjne menedżerom, i w tym momencie Starbucks zaczął się potykać. W ciągu kilku lat klienci zaczęli się skarżyć na jakość oferowanych napojów i obsługi. Menedżerowie, skupieni na szaleńczej ekspansji, często puszczali te skargi mimo uszu. Pracownicy stawali się coraz bardziej niezadowoleni. Ankiety wskazywały, że ludzie zaczynają kojarzyć Starbucksa z letnią kawą i pustymi uśmiechami.

Dlatego w roku 2008 Schultz ponownie przejął dowodzenie. Wśród jego priorytetów znalazła się restrukturyzacja programów szkoleniowych firmy, żeby odnowić koncentrację na różnych tematach, w tym wzmocnienie u pracowników – czy „partnerów", jak zwykło się mawiać w Starbucksie – ich siły woli i pewności siebie. „Musieliśmy odzyskać zaufanie klientów i partnerów", powiedział Schultz.

Mniej więcej w tym samym czasie pojawiła się nowa fala badań nad naukowymi podstawami siły woli, prowadzonymi w nieco odmienny sposób. Uwagę naukowców zwrócił fakt, że niektórzy ludzie, jak Travis, byli w stanie wykształcić nawyki związane z siłą woli stosunkowo łatwo. Jednak inni walczyli, niezależnie od liczby szkoleń i otrzymywanego wsparcia. Na czym polegała różnica?

Mark Muraven, który wtedy był już profesorem na University of Albany, zaprojektował nowy eksperyment[23]. Umieścił uczniów w pokoju, w którym był talerz z ciepłymi, świeżymi ciastkami, i poprosił ich, by nie zwracali uwagi na słodycze. Połowę uczestników potraktowano łagodnie. „Prosimy nie jeść ciastek, w porządku?", powiedziała badaczka prowadząca eksperyment. Potem omówiła cel eksperymentu, wyjaśniając, że chodzi o pomiar ich zdolności oparcia się pokusie. Podziękowała im za poświęcenie swojego czasu. „Jeżeli macie jakiekolwiek sugestie albo przemyślenia, jak możemy poprawić coś w naszym eksperymencie, proszę mi o tym powiedzieć. Chcemy, byście nam pomogli, żeby to doświadczenie było tak pozytywne, jak to tylko jest możliwe".

Druga grupa uczestników nie została już tak dopieszczona. Im po prostu wydano polecenia.

„*Nie wolno* wam jeść ciastek", powiedziała zebranym badaczka. Nie wyjaśniła celów eksperymentu, nie mówiła im nic miłego, nie pokazała żadnego zainteresowania ich spojrzeniem na sprawę. Kazała postępować zgodnie z instrukcjami. „Zaczynamy", powiedziała.

Uczniowie z obu grup mieli ignorować ciepłe ciastka przez pięć minut po tym, jak eksperymentatorka wyszła z pomieszczenia. Nikt nie uległ pokusie.

Następnie badaczka wróciła. Poprosiła każdego ucznia, by patrzył na ekran komputera. Komputer był zaprogramowany, aby wyświetlać liczby, po jednej, przez pięćset milisekund każdą. Uczestnicy zostali poproszeni o naciskanie klawisza spacji za każdym razem, kiedy na ekranie pojawi się „6", a zaraz potem „4". Stało się to standardową procedurą pomiaru siły woli – koncentrowanie uwagi na nudnej sekwencji migających liczb wymaga podobnego skupienia jak praca nad nierozwiązywalną łamigłówką.

Uczniowie, których potraktowano uprzejmie, dobrze radzili sobie z testem. Kiedy tylko pojawiała się „6", a po niej „4", naciskali klawisz spacji. Byli w stanie utrzymać uwagę skupioną na zadaniu przez całe dwanaście minut. Mimo konieczności ignorowania ciastek, mieli rezerwy silnej woli.

Uczniowie, którzy zostali potraktowani opryskliwie, nie radzili sobie w ogóle. Zapominali uderzać w klawisz spacji. Mówili, że są zmęczeni i nie mogą się skupić. Ich mięsień siły woli, jak ustalili badacze, zmęczył się szorstką instrukcją.

Kiedy Muraven zaczął analizować, dlaczego uczniowie, których potraktowano uprzejmie, mieli więcej silnej woli, ustalił, że kluczowe znaczenie miało ich własne poczucie kontroli nad sytuacją. „Wykazywaliśmy to wielokrotnie", powiedział mi Muraven. „Kiedy ludzie proszeni są o zrobienie czegoś, co wymaga samokontroli – kiedy czują, że jest to kwestia wyboru czy też coś, co sprawia im przyjemność, ponieważ komuś pomagają – znacznie mniej ich to obciąża. Kiedy zaś czują brak autonomii, kiedy po prostu muszą wykonywać rozkazy, ich mięśnie siły woli męczą się znacznie szybciej. W obu przypadkach ludzie ignorowali ciastka. Ale kiedy uczniów potraktowano jak trybiki, nie jak ludzi, kosztowało ich to znacznie więcej siły woli".

Dla firm i organizacji ten wniosek miał kolosalne znaczenie. Po prostu danie podwładnym poczucia decyzyjności – uczucia, że mają kontrolę, że mogą podejmować decyzje – może radykalnie zwiększyć poziom energii i skupienia, z jakim przystąpią do pracy. Na przykład badanie z roku 2010 przeprowadzone w pewnej fabryce w Ohio analizowało zachowania pracowników taśmowych, którym umożliwiono podejmowanie drobnych decyzji dotyczących własnych grafików i środowiska pracy[24]. Opracowali własne stroje robocze i mogli decydować o swoich zmianach. Nic więcej nie zostało zmodyfikowane. Wszystkie procesy produkcyjne i płace nadal były takie same. W ciągu dwóch miesięcy wydajność w fabryce wzrosła o 20 procent. Pracownicy robili sobie krótsze przerwy. Popełniali mniej błędów. Danie zatrudnionym poczucia kontroli podniosło ujawniany w pracy poziom samodyscypliny.

Taka sama lekcja płynie ze Starbucksa. Dziś firma skupia się na zwiększaniu poczucia kompetencji i decyzyjności pracowników. Poproszono pracowników o przeprojektowanie sposobu ustawienia maszyn do kawy i kas, o zadecydowanie, jak chcą witać klientów i gdzie powinny być wystawiane produkty. Nie ma nic nadzwyczajnego w sytuacji, w której menedżer sklepu godzinami omawia z pracownikami, gdzie ustawić mikser.

„Zaczęliśmy prosić partnerów, żeby wykorzystywali swój intelekt i kreatywność, zamiast mówić im «weź kawę z pudełka, tu postaw filiżankę, stosuj się do tej zasady»", powiedział Kris Engskov, wiceprezes Starbucksa. „Ludzie chcą mieć kontrolę nad swoim życiem".

Rotacja spadła. Satysfakcja klientów wzrosła. Od powrotu Schultza Starbucks zwiększył roczne przychody o ponad 1,2 miliarda dolarów.

V

Kiedy Travis miał szesnaście lat, jeszcze zanim rzucił szkołę i zanim podjął pracę w Starbucksie, jego mama opowiedziała mu pewną historię. Jechali wspólnie samochodem i Travis zapytał, dlaczego nie ma więcej rodzeństwa. Matka zawsze starała się być maksymalnie szczera wobec swoich dzieci, więc powiedziała Travisowi, że dwa lata przed jego narodzinami była w ciąży, ale ją usunęła. Już mieli wtedy dwójkę dzieci, wyjaśniła, i byli uzależnieni od narkotyków. Nie sądzili, że dadzą sobie radę z jeszcze jednym dzieckiem. Potem, rok później, zaszła w ciążę z Travisem. Myślała o kolejnej aborcji, ale to było dla niej za duże obciążenie. Łatwiej było pozwolić działać naturze. Urodził się Travis.

„Powiedziała mi, że popełniła wiele błędów, ale urodzenie mnie było jedną z najlepszych rzeczy, jakie jej się kiedykolwiek przytrafiły", wspomina Travis. „Kiedy twoi rodzice są narkomanami, dorastasz, wiedząc, że nie zawsze możesz na nich polegać. Ale ja miałem szczęście trafiać na szefów, którzy dali mi to, czego mi brakowało. Gdyby moja mama miała tyle szczęścia, co ja, myślę, że i jej życie potoczyłoby się inaczej".

Kilka lat po tej rozmowie zadzwonił ojciec Travisa, informując go, iż jakaś infekcja dostała się do krwiobiegu jego matki przez jedno z nakłuć, gdy wstrzykiwała sobie narkotyki. Travis natychmiast pojechał do szpitala w Lodi, ale kiedy przyjechał, była nieprzytomna. Zmarła pół godziny później, gdy odłączono aparaturę podtrzymującą funkcje życiowe.

Tydzień później ojciec Travisa trafił do szpitala z zapaleniem płuc. Jego płuco się zapadło. Travis ponownie pojechał do Lodi, ale dotarł do izby przyjęć o godzinie 20.02. Pielęgniarka oschle poinformowała go, że odwiedziny się skończyły i żeby przyszedł jutro.

Travis od tamtej pory dużo myślał o tej chwili. Wtedy jeszcze nie zaczął pracować dla Starbucksa. Nie nauczył się jeszcze, jak kontrolować emocje. Nie miał jeszcze nawyków, które już po tym zdarzeniu ćwiczył przez lata. Kiedy teraz myśli o swoim życiu, jak bardzo oddalił się od świata, w którym zdarzają się przedawkowania narkotyków i w którym pod dom podjeżdżają kradzione samochody, a pielęgniarka wydała się przeszkodą nie do pokonania, zastanawia go, jak to możliwe, że przebył tak daleką drogę w tak krótkim czasie.

„Gdyby zmarł rok później, wszystko byłoby inaczej", powiedział Travis. Wiedziałby już, jak spokojnie pertraktować z pielęgniarką. Wiedziałby, że należy uznać jej autorytet, a potem grzecznie poprosić o jeden mały wyjątek. Mógłby wejść do szpitala. Wtedy poddał się i odszedł. „Powiedziałem «Chcę tylko teraz z nim porozmawiać», a ona na to coś w stylu «Nawet nie jest przytomny, poza tym skończył się czas odwiedzin, przyjdź jutro». Nie wiedziałem, co powiedzieć. Czułem się taki mały".

Ojciec Travisa zmarł tej nocy.

Co roku, w rocznicę jego śmierci, Travis budzi się wcześnie, bierze wyjątkowo długi prysznic, szczegółowo planuje swój dzień i jedzie do pracy. Zawsze na czas.

Przypisy

[1] J.P. Tangney, R.F. Baumeister i A.L. Boone, High Self-Control Predicts Good Adjustment, Less Pathology, Better Grades, and Interpersonal Success, *Journal of Personality,* 72, 2, (2004), 271–324; Paul Karoly, Mechanisms of Self-Regulation: A Systems View, *Annual Review of Psychology,* 44, (1993), 23–52; James J. Gross, Jane M. Richards i Oliver P. John, Emotional Regulation in Everyday Life, w: *Emotion Regulation in Families: Pathways to Dysfunction and Health,* (red.), Douglas K. Snyder, Jeffry A. Simpson i Jan N. Hughes (Washington, D.C.: American Psychological Association, 2006); Katleen De Stobbeleir, Susan Ashford i Dirk Buyens, From Trait and Context to Creativity at Work: Feedback-Seeking Behavior as a Self-Regulation Strategy for Creative Performance, Vlerick Leuven Gent Working Paper Series, 17.09.2008; Babette Raabe, Michael Frese i Terry A. Beehr, Action Regulation Theory and Career Self-Management, *Journal of Vocational Behavior,* 70, (2007), 297–311; Albert Bandura, The Primacy of Self-Regulation in Health Promotion, *Applied Psychology,* 54, (2005), 245–254; Robert G. Lord i in., Self-Regulation at Work, *Annual Review of Psychology,* 61, (2010), 543–568; Colette A. Frayne i Gary P. Latham, Application of Social Learning Theory to Employee Self-Management of Attendance, *Journal of Applied Psychology,* 72, (1987), 387–392; Colette Frayne i J.M. Geringer, Self-Management Training for Improving Job Performance: A Field Experiment Involving Salespeople, *Journal of Applied Psychology,* 85, (2000), 361–372.

[2] Angela L. Duckworth i Martin E.P. Seligman, Self-Discipline Outdoes IQ in Predicting Academic Performance of Adolescents, *Psychological Science,* 16, (2005), 939–944.

[3] Informacje na temat metod szkoleniowych Starbucksa pozyskano z licznych wywiadów, a także z materiałów szkoleniowych firmy. Informacje na temat materiałów

szkoleniowych pochodzą z kopii dostarczonych przez pracowników Starbucksa i akt, w tym następujących wewnętrznych dokumentów i podręczników Starbucks: *Starbucksa Coffee Company Partner Guide, U.S. Store Version; Learning Coach Guide; In-Store Learning Coaches Guide; Shift Supervisor Learning Journey; Retail Management Training; Supervisory Skills Facilitator Guide; Supervisory Skills Partner Workbook; Shift Supervisor Training: Store Manager's Planning and Coaches Guide; Managers' Guide: Learning to Lead, Level One and Two; Supervisory Skills: Learning to Lead Facilitators Guide; First Impressions Guide; Store Manager Training Plan/Guide; District Manager Training Plan/Guide; Partner Resources Manual; Values Walk.* W oświadczeniu przesłanym w odpowiedzi na pytania sprawdzające informacje przedstawiciel Starbucksa napisał: „Czytając materiały, odnieśliśmy wrażenie, że główny wątek skupił się na inteligencji emocjonalnej i na tym, że przyciągaliśmy partnerów wymagających rozwoju w tej właśnie sferze – a to nie jest całkowicie prawdziwe. Ważne jest, aby zaznaczyć, że 70 procent partnerów amerykańskich to uczniowie i studenci, którzy uczą się na wiele sposobów. Tym, czego dostarcza im Starbucks – i partnerzy właśnie dlatego są skłonni do nas dołączyć – jest środowisko łączące ich wartości, miejsce, w którym mogą być częścią czegoś większego (jak społeczność), podejście, które skupia się na rozwiązywani problemów przez pokazywanie, a nie mówienie oraz skuteczny sposób dostarczania wyjątkowych usług". Firma dodała: „pragniemy zauważyć, że w ramach naszej Wizji Obsługi Klienta całkowicie ufamy naszym partnerom i zachęcamy ich, aby w pełni polegali na swoich osądach. Wierzymy, że taki poziom zaufania i wzmacniania jest czymś wyjątkowym i że partnerzy traktowani z szacunkiem stają na wysokości zadania".

4 Harriet Mischel i Walter Mischel, The Development of Children's Knowledge of Self-Control Strategies, *Child Development,* 54, (1983), 603–619; W. Mischel, Y. Shoda i M.I. Rodriguez, Delay of Gratification in Children, *Science,* 244, (1989), 933–938; Walter Mischel i in., The Nature of Adolescent Competencies Predicted by Preschool Delay of Gratification, *Journal of Personality and Social Psychology,* 54, (1988), 687–696; J. Metcalfe i W. Mischel, A Hot/Cool-System Analysis of Delay of Gratification: Dynamics of Will Power, *Psychological Review,* 106, (1999), 3–19; Jonah Lehrer, The Secret of Self Control, *The New Yorker,* 18.05.2009.

5 W mailu mającym na celu weryfikację informacji Muraven napisał: „Istnieją badania wskazujące, że problemy małżeńskie mają swoje źródła w słabej samokontroli i że wyczerpanie dokłada się do słabych rezultatów, kiedy pary omawiają trudne kwestie związane z ich związkiem. Podobnie odkryliśmy, że w dni wymagające od nas więcej samokontroli niż zazwyczaj ludzie częściej tracą kontrolę nad swoim piciem. Istnieją także dane empiryczne sugerujące, że osoby wyczerpane podejmują gorsze decyzje niż osoby, których siła woli nie uległa zużyciu. Wyniki te można rozszerzyć na wyjaśnianie pozamałżeńskich romansów czy błędów lekarskich, ale do tej pory nie wykazano bezpośredniego związku przyczynowo-skutkowego".

6 Roy F. Baumeister i in., Ego-Depletion: Is the Active Self a Limited Resource? *Journal of Personality and Social Psychology,* 18, (1998), 130–150; R.F. Baumeister,

M. Muraven i D.M. Tice, Self-Control as a Limited Resource: Regulatory Depletion Patterns, *Psychological Bulletin,* 126, (1998), 247–259; R.F. Baumeister, M. Muraven i D.M. Tice, Longitudinal Improvement of Self-Regulation Through Practice: Building Self-Control Strength Through Repeated Exercise, *Journal of Social Psychology,* 139, (1999), 446–457; R.F. Baumeister, M. Muraven i D.M. Tice, Ego Depletion: A Resource Model of Volition, Self-Regulation, and Controlled Processing, *Social Cognition,* 74, (2000), 1252–1265; Roy F. Baumeister i Mark Muraven, Self-Regulation and Depletion of Limited Resources: Does Self-Control Resemble a Muscle? *Psychological Bulletin,* 126, (2000), 247–259; Patrz też: M.S. Hagger i in., Ego Depletion and the Strength Model of Self-Control: A Meta-Analysis, *Psychological Bulletin,* 136, (2010), 495–425; R.G. Baumeister, K.D. Vohs i D.M. Tice, The Strength Model of Self-Control, *Current Directions in Psychological Science,* 16, (2007), 351–355; M.I. Posne i M.K. Rothbart, Developing Mechanisms of Self-Regulation, *Development and Psychopathology,* 12, (2000), 427–441; Roy F. Baumeister i Todd F. Heatherton, Self--Regulation Failure: An Overview, *Psychological Inquiry,* 7, (1996),: 1–15; Kathleen D. Vohs i in., Making Choices Impairs Subsequent Self-Control: A Limited-Resource Account of Decision Making, Self-Regulation, and Active Initiative, *Journal of Personality and Social Psychology,* 94, (2008), 883–898; Daniel Romer i in., Can Adolescents Learn Self-Control? Delay of Gratification in the Development of Control over Risk Taking, *Prevention Science,* 11, (2010), 319–330. W mailu mającym na celu weryfikację informacji Muraven napisał: „Nasze badania sugerują, że ludzie często w ogóle nie zdają sobie sprawy, że są wyczerpani i że pierwsze działanie związane z samokontrolą wywarło na nich wpływ. Ujawnianie samokontroli sprawia, że ludzie mają mniejszą gotowość do ciężkiej pracy nad kolejnymi zadaniami, wymagającymi samokontroli (ostatecznie jest to teoria motywacji, nie poznania) (...). Nawet po najbardziej wyczerpującym dniu ludzie nie sikają na podłogę. A to ponownie wskazuje na motywacyjny charakter teorii – brakuje im motywacji, aby się zmusić do zrobienia rzeczy, które mają dla nich mniejsze znaczenie. Zdaję sobie sprawę, że to może brzmieć jak dzielenie włosa na czworo, ale ma to kluczowe znaczenie dla zrozumienia, że samokontrola nie zawodzi dlatego, że osoba nie jest w stanie zmobilizować potrzebnych zasobów. Zawodzi, ponieważ wysiłek zdaje się większy niż nagroda. Mówiąc wprost, nie chcesz, by kolejny morderca powiedział, że zabił, ponieważ był wyczerpany i nie mógł się kontrolować".

[7] Megan Oaten i K. Cheng, Longitudinal Gains in Self-Regulation from Regular Physical Exercise, *Journal of Health Psychology,* 11, (2006), 717–733. Patrz też Roy F. Baumeister i in., Self-Regulation and Personality: How Interventions Increase Regulatory Success, and How Depletion Moderates the Effects of Traits on Behavior, *Journal of Personality,* 74, (2006), 1773–1801.

[8] Megan Oaten i K. Cheng, Improvements in Self-Control from Financial Monitoring, *Journal of Economic Psychology,* 28, (2007), 487–501.

[9] Roy F. Baumeister i in., Self-Regulation and Personality.

[10] Tamże.

[11] Wybór fascynujących prac tego badacza można znaleźć na: *Todd F. Heatherton, Ph.D.*, http://www.dartmouth.edu/~heath/#Pubs, ostatnia modyfikacja: 30.06.2009.

[12] Lehrer, The Secret of Self Control.

[13] W korespondencji elektronicznej weryfikującej informacje dr Heatherton rozwinął tę ideę: „Jak dokładnie mózg tego dokonuje, nie jest do końca wyjaśnione, choć ja zakładam, że ludzie rozwijają lepszą kontrolę struktur czołowych nad podkorowymi ośrodkami nagrody (...). Powtarzające się ćwiczenie pomaga wzmocnić ten «mięsień» (choć oczywiście jest jasne, że nie chodzi o żaden mięsień; bardziej prawdopodobne jest, że chodzi o lepszą kontrolę sprawowaną przez korę przedczołową lub wykształcenie silniejszej sieci między obszarami mózgowymi zaangażowanymi w kontrolowanie zachowania)". Więcej informacji można znaleźć w: Todd F. Heatherton i Dylan D. Wagner, Cognitive Neuroscience of Self-Regulation Failure, *Trends in Cognitive Sciences,* 15, (2011), 132–139.

[14] W elektronicznej korespondencji weryfikującej informacje rzecznik Starbucksa napisał: „Obecnie Starbucks oferuje zniżki do wielu klubów fitness w kraju. Jesteśmy zdania, że ta dyskusja powinna bardziej skupiać się na możliwościach dotyczących ogólnego zdrowia i dobrego samopoczucia naszych partnerów, zamiast skupiania się na przynależności do klubu sportowego. Wiemy, że nasi partnerzy poszukują możliwości, by utrzymać się w formie, i nie ustajemy w wysiłkach, by wyszukiwać programy, które im to umożliwiają".

[15] Michael Herriman i in., A Crack in the Mug: Can Starbucks Mend It? *Harvard Business Review,* październik, 2008.

[16] Sheina Orbell i Paschal Sheeran, Motivational and Volitional Processes in Action Initiation: A Field Study of the Role of Implementation Intentions, *Journal of Applied Social Psychology,* 30, 4, (kwiecień, 2000), 780–797.

[17] W oświadczeniu weryfikującym informacje rzecznik Starbucksa napisał: „Ogólnie ocena jest właściwa, niemniej uważamy, że każda praca jest stresująca. Jak już wspomniano, jeden z kluczowych elementów naszej Wizji Obsługi Klienta głosi, że każdy nasz partner ma doświadczenia z klientami. To wzmocnienie daje im pewność, że firma ma do nich zaufanie, i wie, że sobie poradzą z rozwiązaniem problemu, a także pomoże im nabyć pewności, że skutecznie zarządzą trudnymi sytuacjami".

[18] Te szczegóły zostały potwierdzone z pracownikami i menedżerami Starbucksa. Jednak w oświadczeniu weryfikującym informacje rzecznik Starbucksa napisał: „To niedokładnie tak". Odmówił jednak dostarczenia szczegółów.

[19] W oświadczeniu weryfikującym informacje rzecznik Starbucksa napisał: „Choć z pewnością odniesienie się do tego nie jest błędem, LATTE nie jest już częścią naszego formalnego planu szkoleniowego. Odchodzimy od bardziej opisowych kroków jak LATTE i poszerzamy ramy, umożliwiając w ten sposób naszym partnerom w sklepach na zaangażowanie się w rozwiązywanie problemu i odniesienie się do wielu wyjątkowych sytuacji, które zdarzają się w naszych placówkach. Model ten jest w dużym stopniu uzależniony od nieustannego, skutecznego coachingu przez menedżerów zmiany, punktu i dystryktu".

[20] W oświadczeniu weryfikującym informacje rzecznik Starbucksa napisał: „Ogólna ocena jest prawidłowa – dążymy do zapewniania narzędzi i szkoleń zarówno w zakresie umiejętności, jak i zachowań w celu świadczenia światowej klasy usług i obsługi każdemu klientowi podczas każdej wizyty w naszych placówkach. Chcemy jednak podkreślić, że podobnie jak LATTE (i z tych samych powodów) formalnie nie wykorzystujemy już *Nawiąż kontakt, Odkryj, Zareaguj* (Connect, Discover, and Respond)".

[21] Constance L. Hays, These Days the Customer Isn't Always Treated Right, *The New York Times,* 23.12.1998.

[22] Informacje na temat Schultza zaczerpnięto z: Adi Ignatius, We Had to Own the Mistakes, *Harvard Business Review*, lipiec–sierpień, 2010; William W. George i Andrew N. McLean, Howard Schultz: Building Starbucks Community (A), *Harvard Business Review*, czerwiec, 2006; Koehn, Besharov i Miller, Starbucks Coffee Company in the 21st Century, *Harvard Business Review,* czerwiec, 2008; Howard Schultz i Dori Jones Yang, *Pour Your Heart Into It*: *How Starbucks Built a Company One Cup at a Time* (New York: Hyperion, 1997); Taylor Clark, *Starbucked: A Double Tall Tale of Caffeine, Commerce, and Culture* (New York: Little, Brown, 2007); Howard Behar, *It's Not About the Coffee: Lessons on Putting People First from a Life at Starbucks* (New York: Portfolio Trade, 2009); John Moore, *Tribal Knowledge* (New York: Kaplan, 2006); Bryant Simon, *Everything but the Coffee*: *Learning About America from Starbucks* (Berkeley: University of California Press, 2009). W oświadczeniu weryfikującym informacje rzecznik Starbucksa napisał: „Choć na bardzo ogólnym poziomie historia jest prawdziwa, sporo szczegółów zawiera błędy lub nie daje się zweryfikować". Ów rzecznik odmówił udzielenia szczegółów, które informacje były błędne, nie dostarczył też żadnych wyjaśnień.

[23] M. Muraven, M. Gagné i H. Rosman, Helpful Self-Control: Autonomy Support, Vitality, and Depletion, *Journal of Experimental and Social Psychology,* 44, 3, (2008), 573–585. Patrz też: Mark Muraven, Practicing Self-Control Lowers the Risk of Smoking Lapse, *Psychology of Addictive Behaviors,* 24, 3, (2010), 446–452; Brandon J. Schmeichel i Kathleen Vohs, Self-Affirmation and Self-Control: Affirming Core Values Counteracts Ego Depletion, *Journal of Personality and Social Psychology,* 96, 4, (2009), 770–782; Mark Muraven, Autonomous Self-Control Is Less Depleting, *Journal of Research in Personality,* 42, 3, (2008), 763–770; Mark Muraven, Dikla Shmueli i Edward Burkley, Conserving Self-Control Strength, *Journal of Personality and Social Psychology,* 91, 3, (2006), 524–537; Ayelet Fishbach, The Dynamics of Self-Regulation, jedenaste *Sydney Symposium of Social Psychology* (New York: Psychology Press, 2001); Tyler F. Stillman i in., Personal Philosophy and Personnel Achievement: Belief in Free Will Predicts Better Job Performance, *Social Psychological and Personality Science,* 1, (2010), 43–50; Mark Muraven, Lack of Autonomy and Self-Control: Performance Contingent Rewards Lead to Greater Depletion, *Motivation and Emotion,* 31, 4 (2007), 322–330.

[24] To badanie w czasie pisania prezentowanej książki nie było jeszcze opublikowane i zostało mi udostępnione pod warunkiem, że nie ujawnię autorów. Ale więcej

szczegółów na temat badań nad usamodzielnianiem pracowników można znaleźć w: C.O. Longenecker, J.A. Scazzero i T.T. Standfield, Quality Improvement Through Team Goal Setting, Feedback, and Problem Solving: A Field Experiment, *International Journal of Quality and Reliability Management,* 11, 4, (1994), 45–52; Susan G. Cohen i Gerald E. Ledford, The Effectiveness of Self-Managing Teams: A Quasi-Experiment, *Human Relations,* 47, 1, (1994), 13–43; Ferris, Rosen i Barnum, *Handbook of Human Resource Management* (Cambridge, Mass.: Blackwell Publishers, 1995); Linda Honold, A Review of the Literature on Employee Empowerment, *Empowerment in Organizations,* 5, 4, (1997), 202–212; Thomas C. Powell, Total Quality Management and Competitive Advantage: A Review and Empirical Study, *Strategic Management Journal,* 16, (1995), 15–37.

6

SIŁA KRYZYSU: JAK LIDERZY TWORZĄ NAWYKI WSKUTEK WYPADKÓW I PLANOWANIA

I

PACJENT BYŁ JUŻ NIEPRZYTOMNY, kiedy wwieziono go na salę operacyjną szpitala Rhode Island. Jego żuchwa zwisała, oczy były zamknięte, a z ust wystawała rurka intubacyjna. Kiedy pielęgniarka podłączała go do maszyny, która miała wpompowywać powietrze do jego płuc podczas operacji, jedna z jego rąk zsunęła z łóżka – skóra była cała pokryta plamami wątrobowymi.

Mężczyzna miał osiemdziesiąt sześć lat i trzy dni wcześniej upadł u siebie w domu. Potem miał kłopoty z utrzymaniem świadomości i odpowiadaniem na pytania, więc w końcu jego żona wezwała karetkę[1]. W izbie przyjęć lekarz zapytał, co się stało, ale mężczyzna zasypiał w połowie zdania. Skan jego mózgu wyjaśnił, dlaczego: upadek sprawił, że mózg uderzył o kości czaszki i doszło do powstania krwiaka podtwardówkowego. W lewej części czaszki zbierała się krew, naciskająca na znajdujące się tam delikatne tkanki. Płyn gromadził się przez prawie siedemdziesiąt dwie godziny i części mózgu odpowiedzialne za kontrolę oddychania i pracę serca zaczynały mieć kłopoty. Jeżeli krew nie zostanie usunięta, mężczyzna umrze[2].

W tym czasie szpital Rhode Island był jedną z wiodących placówek medycznych i głównym szpitalem klinicznym dla Brown University, a także jedynym szpitalem o najwyższym poziomie referencyjności w zakresie urazów w południowo-wschodniej Nowej Anglii. Wewnątrz wysokiego budynku z cegieł i szkła lekarze prowadzili pionierskie badania nad przełomowymi technikami medycznymi, w tym nad wykorzystywaniem fal ultrasonograficznych do niszczenia guzów w ciele pacjenta. W roku 2002 National Coalition on Health Care oceniła oddział intensywnej opieki medycznej szpitala jako jeden z najlepszych w kraju[3].

Ale w czasie, w którym trafił tam starszy mężczyzna, szpital Rhode Island miał też inną opinię: miejsca targanego wewnętrznymi napięciami. Istniały tam głębokie, utrzymujące się antagonizmy między personelem pielęgniarskim a lekarzami. W roku 2000 związek zawodowy pielęgniarek i pielęgniarzy zagłosował za strajkiem po skardze, że personel pielęgniarski jest zmuszany do pracy zbyt długo, co jest niebezpieczne. Ponad trzysta osób stało przed szpitalem z transparentami „Stop niewolnictwu" i „Nie mogą nam zabrać naszej dumy"[4].

„To miejsce może być okropne", przypomniała sobie swoje słowa wypowiedziane do reportera pewna pielęgniarka. „Lekarze mogą sprawić, że poczujesz się zupełnie bezwartościowa, że można tobą dowolnie rozporządzać. Jakbyś miał być wdzięczny, że pozwalają ci po sobie posprzątać".

Administracja szpitala zgodziła się ostatecznie na ograniczenie przymusowych nadgodzin personelu pielęgniarskiego, ale napięcia wciąż narastały[5]. Kilka lat później chirurg przygotowywał się do rutynowej operacji brzusznej, kiedy pielęgniarka zażądała „czasu". Takie przerwy są standardową procedurą w większości szpitali, sposobem na to, by lekarze i personel zrobili wszystko, aby uniknąć błędów[6]. Personel pielęgniarski w szpitalu Rhode Island bardzo pilnował tych przerw i nalegał, by były przestrzegane, zwłaszcza odkąd chirurg przypadkowo usunął migdałki dziewczynce, która miała mieć operację oka. Te przerwy miały wychwycić właśnie takie pomyłki, zanim było za późno.

Przy operacji brzusznej, kiedy instrumentariuszka poprosiła zespół o zebranie się przy pacjencie na przerwę i omówienie planu, lekarz udał się w stronę drzwi.

„Dlaczego pani tego nie poprowadzi?", powiedział lekarz do pielęgniarki. „Ja na chwilę wyjdę, muszę zadzwonić. Zapukaj, jak skończycie".

„Ma pan obowiązek uczestniczyć w omówieniu", odpowiedziała pielęgniarka.

„Da pani sobie radę", odparł chirurg, idąc w stronę drzwi.

„Doktorze, myślę, że to niewłaściwe".

Lekarz zatrzymał się i na nią popatrzył. „Gdyby interesowała mnie pani cholerna opinia, to bym o nią zapytał", powiedział. „Niech pani nigdy więcej nie podważa mojego autorytetu. Jeśli nie umie pani wykonywać swojej pracy, won z mojej sali operacyjnej".

Pielęgniarka poprowadziła zebranie przed operacją, przywołała lekarza kilka minut później i zabieg odbył się bez komplikacji. Nigdy więcej nie sprzeciwiła się lekarzowi i nigdy nic nie mówiła, gdy łamano inne zasady bezpieczeństwa.

„Niektórzy lekarze byli w porządku, inni byli potworami", powiedziała jedna z pielęgniarek, która pracowała w Rhode Island koło roku 2000. „Nazywaliśmy szpital szklaną fabryką, bo mieliśmy poczucie, że wszystko może nagle runąć".

W celu radzenia sobie z tymi napięciami personel opracował nieformalne zasady – nawyki typowe tylko dla tej instytucji – pomagające zażegnywać najbardziej oczywiste konflikty. Na przykład pielęgniarki zawsze sprawdzały polecenia lekarzy znanych z popełniania błędów i po cichu upewniały się, że podawano właściwe dawki leków; inwestowały dodatkowy czas, by wyraźnie wypisywać karty pacjentów, aby jakiś chirurg w pośpiechu nie zaczął ciąć tam, gdzie nie trzeba. Jedna z pielęgniarek powiedziała mi, że personel pielęgniarski opracował system kolorowych kodów w celu wzajemnego ostrzegania się.

„Pisaliśmy nazwiska lekarzy na tablicy różnymi kolorami. Niebieski oznaczał «miły», czerwony sygnalizował «palant», a czarny «cokolwiek by się działo, nigdy się nie sprzeciwiaj, bo urwą ci głowę»".

Szpital Rhode Island był miejscem, w którym panowała szkodliwa kultura. Inaczej niż w Alcoa, gdzie starannie opracowane kluczowe nawyki dotyczące bezpieczeństwa pracowników prowadziły do coraz większych sukcesów, w Rhode Island nawyki tworzone były ad hoc przez personel pielęgniarski próbujący radzić sobie z arogancją lekarzy. Procedury i zwyczaje panujące w szpitalu nie były przemyślane. Pojawiały się przypadkowo i rozprzestrzeniały za pośrednictwem szeptanych ostrzeżeń, aż do chwili, w której wyłaniały się toksyczne wzorce. Coś takiego może wydarzyć się w każdej organizacji, w której nawyki nie są celowo planowane. Tak jak wybór właściwego nawyku kluczowego może prowadzić do niesamowitych zmian, tak wybór nawyków niewłaściwych prowadzi wprost do katastrofy.

A kiedy nawyki w szpitalu Rhode Island implodowały, doprowadziły do potwornych błędów.

* * *

Widząc skany mózgu osiemdziesięciosześcioletniego pacjenta z krwiakiem podtwardówkowym, personel izby przyjęć natychmiast wezwał dyżurującego neurochirurga. Ten był w trakcie rutynowej operacji kręgosłupa, ale otrzymawszy wezwanie, odszedł od stołu operacyjnego i popatrzył na zdjęcia głowy starszego mężczyzny na ekranie komputera. Chirurg powiedział do swojego asystenta – pielęgniarza na stażu – żeby poszedł do izby przyjęć i uzyskał zgodę żony pacjenta na operację. Sam dokończył operację kręgosłupa. Pół godziny później mężczyznę wwieziono do tej samej sali operacyjnej[7].

Personel pielęgniarski się uwijał. Nieprzytomny starszy mężczyzna został umieszczony na stole operacyjnym. Ktoś z personelu pielęgniarskiego wziął do ręki formularz zgody i kartę pacjenta.

„Doktorze", powiedział, patrząc na kartę pacjenta. „Formularz zgody nie zawiera informacji o umiejscowieniu krwiaka". Pielęgniarz wertował kartki. Nigdzie nie było wyraźnego wskazania, po której stronie głowy mają operować[8].

Każdy szpital polega na dokumentacji wyznaczającej przebieg zabiegów operacyjnych. Zanim ktokolwiek wykona pierwsze cięcie, sam pacjent lub członkowie jego rodziny muszą podpisać dokument akceptujący każdą procedurę i weryfikującą jej szczegóły. W chaotycznym otoczeniu, gdzie z pacjentem między izbą przyjęć a salą pooperacyjną mogą mieć do czynienia dziesiątki lekarzy i pielęgniarek, formularze zgody na zabieg są rodzajem instrukcji zawierającej informacje, co ma się wydarzyć. Nikt nie ma prawa zostać poddany operacji bez podpisanego i szczegółowo wypełnionego formularza zgody.

„Widziałem wcześniej skany", powiedział chirurg. „To była prawa strona głowy. Jeżeli nie zrobimy tego szybko, on umrze".

„Może powinniśmy jeszcze raz zobaczyć zdjęcia" powiedział pielęgniarz, idąc w stronę komputera. Ze względów bezpieczeństwa szpitalne komputery wyłączały się po piętnastu minutach przerwy w użytkowaniu. Potrzeba przynajmniej minuty, by je ponownie uruchomić i pokazać obrazy mózgu pacjenta na ekranie.

„Nie mamy czasu", powiedział chirurg. „Powiedzieli mi, że gwałtownie się pogarsza. Musimy natychmiast zmniejszyć nacisk".

„Może znajdźmy rodzinę?" zapytał pielęgniarz.

„Jeżeli tego właśnie pan chce, to niech pan sobie dzwoni na tę cholerną izbę i szuka rodziny! Ja tymczasem uratuję mu życie". Chirurg chwycił dokumenty, zapisał „prawa" na formularzu zgody i dodał swoje inicjały.

„Proszę", powiedział. „Musimy natychmiast operować"[9].

Pielęgniarz pracował w Rhode Island od roku. Rozumiał już panującą tu kulturę. Wiedział, że nazwisko tego chirurga było często pisane na czarno na wielkiej białej tablicy w korytarzu, co było sygnałem, że personel pielęgniarski powinien mieć się na baczności. Niepisane zasady w tym wypadku były jasne: chirurg ma zawsze rację.

Pielęgniarz odłożył kartę i stał z boku, kiedy lekarz umieszczał głowę starszego mężczyzny w rusztowaniu zapewniającym dostęp do prawej strony jego czaszki, golił i odkażał głowę. W planie było otwarcie czaszki i usunięcie krwi wyciekającej do mózgu. Chirurg odciął kawałek skalpu, odkrywając czaszkę i przyłożył do kości wiertarkę. Zaczął pchać, aż kawałek kości został odcięty, wydając delikatne «pop». Zrobił jeszcze dwie dziury, po czym użył piły, by wyciąć trójkątny kawałek kości czaszkowej. Pod spodem była opona twarda, półprzeźroczysta błona okalająca mózg.

„O Boże", powiedział ktoś.

Nie było krwiaka. Operowali nie tę stronę głowy.

„Trzeba go szybko obrócić!", krzyknął chirurg[10].

Kostny trójkąt został wstawiony z powrotem i przymocowany małymi metalowymi płytkami i śrubkami, przyszyto skórę głowy. Głowa pacjenta została przekręcona na drugą stronę i, ponownie, ogolona, odkażona, rozcięta i rozwiercona, aż możliwe było usunięcie drugiego kostnego trójkąta. Tym razem krwiak był od razu widoczny, ciemne wybrzuszenie, które rozlało się jak gęsty syrop, kiedy nakłuto oponę twardą. Chirurg odessał krew i ciśnienie wewnątrz czaszki mężczyzny natychmiast spadło. Operacja, która powinna trwać około godziny, zajęła niemal dwa razy tyle czasu.

Później pacjenta przewieziono na oddział intensywnej opieki medycznej, ale nigdy nie odzyskał przytomności. Dwa tygodnie później zmarł.

Wszczęte dochodzenie ujawniło, że ustalenie dokładnej przyczyny zgonu nie jest możliwe, ale rodzina chorego upierała się, że uraz związany z błędem lekarskim był dla i tak już słabego organizmu chorego tak dużym dodatkowym szokiem, że stres związany z usunięciem dwóch kawałków czaszki, dodatkowy czas zabiegu i opóźnienie w usunięciu krwiaka przepchnęły go na drugą stronę. Gdyby nie błąd, uważali, wciąż byłby wśród żywych. Szpital poszedł na ugodę i wypłacił odszkodowanie, a chirurg dostał dożywotni zakaz pracy w Rhode Island[11].

Taki wypadek, jak twierdził później personel pielęgniarski, był nieunikniony. Instytucjonalne nawyki w szpitalu Rhode Island były tak dysfunkcjonalne, że poważny błąd był jedynie kwestią czasu[12]. Oczywiście nie tylko w szpitalach wylęgają się niebezpieczne wzorce. Destrukcyjne nawyki organizacyjne można znaleźć w setkach różnych sektorów gospodarki i w tysiącach firm. I niemal zawsze są wynikiem bezmyślności i rezultatem działań i zaniechań przywódców, którzy unikają myślenia o kulturze, pozwalając jej rozwijać się dowolnie i bez wyznaczonego kierunku. Nie istnieją organizacje bez nawyków instytucjonalnych. Istnieją jedynie miejsca, w których są one celowo kształtowane i takie, w których wszystko pozostawiono żywiołowi – dlatego zwyczaje często wyrastają na pożywce ze współzawodnictwa i lęku.

Ale czasami nawet destrukcyjne nawyki mogą zostać przekształcone przez przywódców, którzy wiedzą, w jaki sposób chwytać możliwości. Czasami w samym środku poważnego kryzysu rodzi się właściwy nawyk.

II

Kiedy w 1982 roku pierwszy raz ukazała się książka *An Evolutionary Theory of Economic Change* (Ewolucyjna teoria ekonomicznej zmiany), niewielu ludzi spoza środowiska akademickiego zwróciło na nią uwagę. Mdła okładka i zniechęcające pierwsze zdanie – „W tym tomie proponujemy ewolucyjną teorię możliwości i zachowań przedsiębiorstw biznesowych, działających w otoczeniu rynkowym, a także konstruujemy i analizujemy liczne modele w tę teorię się wpisujące" – były niemal stworzone do odstraszania potencjalnych czytelników[13].

Autorzy, profesorowie z Yale, Richard Nelson i Sidney Winter, byli najbardziej znani z serii bardzo analitycznych artykułów zgłębiających teorię Schumpetera, której rozumienia nawet nie próbowała udawać większość kandydatów na doktorów ekonomii[14].

Jednak w świecie strategii biznesowych i teorii organizacji książka miała niezwykłą siłę rażenia[15]. Szybko została okrzyknięta jednym z najważniejszych tekstów stulecia. Profesorowie ekonomii rozmawiali o niej ze swoimi kolegami ze szkół biznesu, którzy z kolei podczas konferencji rozmawiali z dyrektorami generalnymi, i tak oto niebawem menedżerowie cytowali Nelsona i Wintera w korporacjach tak różnorodnych, jak General Electrics, Pfizer i Starwood Hotels.

Nelson i Winter spędzili ponad dziesięć lat, badając, w jaki sposób działają firmy, i przekopując się przez góry danych, doszli do końcowego wniosku: „Wiele zachowań przedsiębiorstw", pisali, „można najlepiej zrozumieć jako odbicie ogólnych nawyków i strategicznych orientacji wynikających z przeszłości, jaką firmy mają za sobą", anizeli „w wyniku szczegółowego badania oddalonych gałęzi drzewa decyzyjnego"[16].

Posługując się językiem używanym przez ludzi spoza ekonomii teoretycznej, można *mieć wrażenie*, że większość organizacji podejmuje racjonalne decyzje wynikające ze świadomych procesów decyzyjnych, ale to wcale nie jest sposób, w jaki działają firmy. W zamian firmy podążają za długo utrzymującymi się organizacyjnymi nawykami, wzorcami, które nierzadko wyłaniają się z tysięcy niezależnych decyzji podejmowanych przez pracowników. I te nawyki mają głębszy wpływ, niż ktokolwiek wcześniej zakładał[17].

Na przykład może się wydawać, że to dyrektor generalny firmy odzieżowej podjął w zeszłym roku decyzję, aby na okładce katalogu znalazł się czerwony sweter – po dokładnych analizach danych sprzedażowych i marketingowych. Ale w rzeczywistości podjęte działania wynikły z tego, że jego wicedyrektor ciągle ogląda strony poświęcone trendom mody w Japonii (gdzie czerwony był hitem zeszłorocznego lata), a ludzie zajmujący się w firmie marketingiem bezustannie pytają swoich znajomych, które kolory są ich zdaniem na topie, menedżerowie zaś, wróciwszy ze swoich corocznych podróży na paryskie pokazy, powiedzieli, że słyszeli, iż konkurencja stosuje nowe karmazynowe pigmenty. Wszystkie te małe impulsy, rezultat nieskoordynowanych wzorców plotkowania o działaniach konkurencji i rozmów ze znajomymi pomieszały się i złożyły na bardziej formalne zwyczaje badania potrzeb rynkowych, które doprowadziły do konsensusu: tego roku modny będzie czerwony. Nikt nie podjął swojej własnej, świadomej decyzji. W zamian dziesiątki nawyków, procesów i zachowań łączyły się ze sobą, doprowadzając ostatecznie do przeświadczenia, że jedynym rozsądnym wyborem jest czerwony.

Te organizacyjne nawyki – albo „rutyny" (ang. *routines*), jak nazwali je Nelson i Winter – są niebywale ważne, ponieważ bez nich większość firm nigdy nie byłaby w stanie nic zrobić[18]. Rutyny dostarczają setek niepisanych zasad[19], które są konieczne, ażeby firmy mogły funkcjonować[20]. Pomagają pracownikom eksperymentować z nowymi pomysłami bez konieczności pytania o pozwolenie na każdym kroku. Dostarczają czegoś w rodzaju „pamięci organizacji", dzięki czemu menedżerowie nie muszą co pół roku od nowa wymyślać procesów sprzedażowych albo wpadać w panikę za każdym razem, kiedy odchodzi dyrektor[21]. Rutyny ograniczają niepewność – badanie wysiłków przywrócenia normalności po trzęsieniach ziemi w Meksyku i Los Angeles na przykład pokazało, że nawyki pracowników organizacji humanitarnych (które przynosili ze sobą od katastrofy do katastrofy i które obejmowały takie sprawy jak ukonstytuowanie sieci komunikacyjnych dzięki zatrudnianiu dzieci do roznoszenia wiadomości między sąsiadami) miały krytyczne znaczenie, „ponieważ bez nich stworzenie ogólnej polityki i jej wdrożenie zaginęłoby w dżungli szczegółów"[22].

Jednak jedną z największych korzyści, jakie niosą ze sobą rutyny, jest to, że umożliwiają rozejm między potencjalnie zwalczającymi się grupami czy jednostkami w organizacji[23].

Większość ekonomistów przywykło do traktowania organizacji jako idyllicznych miejsc, w których wszyscy poświęcają się w imię wspólnego celu: zarabiania tylu pieniędzy, ile tylko się da. Nelson i Winter wskazali, że w rzeczywistym świecie dzieje się zupełnie inaczej. Firmy nie są wielkimi szczęśliwymi rodzinami, w których wszyscy ładnie i zgodnie się ze sobą bawią. Większość miejsc pracy przypomina raczej lenno, gdzie menedżerowie walczą między sobą o władzę i zasługi, często w potajemnych potyczkach mających sprawić, by własne osiągnięcia wyglądały lepiej, a działania rywali – gorzej. Działy konkurują ze sobą o zasoby, wzajemnie się sabotując, żeby to właśnie na nie spłynęła chwała. Szefowie rozgrywają swoich podwładnych między sobą, aby nikt nie mógł przygotować zamachu stanu.

Firmy nie są rodzinami. Są polami walk w wojnie domowej.

A jednak mimo swojego potencjału do prowadzenia morderczych działań wojennych większość przedsiębiorstw działa całkiem pokojowo, rok po roku, ponieważ mają rutyny – nawyki – pozwalające na rozejm i odłożenie na bok osobistych rywalizacji na wystarczająco długo, by codzienna robota mogła zostać wykonana.

Nawyki organizacyjne dostarczają podstawowej obietnicy: jeżeli będziesz podążać utartymi wzorcami i tolerować rozejm, współzawodnictwo nie zniszczy firmy, zyski będą osiągane, i, ostatecznie, wszyscy będą bogaci. Na przykład handlowiec wie, że może podnieść wysokość swojej premii, dając preferowanym klientom większy upust w zamian za większe zamówienia. Ale wie także, że jeżeli wszyscy handlowcy zaczną rozdawać duże upusty, firma zbankrutuje i nie będzie z czego wypłacić bonusów. Więc wykształca się nawyk: handlowcy spotykają się zawsze na początku roku i uzgadniają limity upustów, których udzielają, po to, ażeby chronić zyski firmy i żeby pod koniec roku wszyscy dostali podwyżki.

Albo weźmy młodego menedżera, polującego na firmowych korytarzach na wicedyrektora, który mógłby jednym dyskretnym telefonem do dużego klienta udaremnić sprzedaż i zasabotować w ten sposób dział kolegi, czym skutecznie odebrałby mu szanse na awans. Jednak problem z sabotażem jest taki, że nawet w sytuacji, w której jest korzystny dla ciebie, jest zazwyczaj szkodliwy dla firmy. Dlatego w większości przedsiębiorstw wyłania się niepisana zasada: bycie ambitnym jest w porządku, ale jeżeli zaczniesz pogrywać *za* ostro, twoi współpracownicy zjednoczą się przeciwko tobie. Z drugiej strony, jeżeli skupisz się na wzmacnianiu twojego własnego działu zamiast kopać dołki pod rywalem, prawdopodobnie z czasem i o ciebie zadbają[24].

RUTYNY UMOŻLIWIAJĄ TRWANIE ROZEJMU,
DZIĘKI KTÓREMU PRACA JEST WYKONYWANA

Rutyny i zawieszenie broni dostarczają czegoś w rodzaju szorstkiej organizacyjnej sprawiedliwości, i dzięki nim, jak piszą Nelson i Winter, konflikty w organizacjach zazwyczaj „podążają przewidywalnymi ścieżkami i utrzymują się w przewidywalnych ramach, które są spójne z bieżącą rutyną (...). Normalna praca jest wykonywana, reprymendy i pochwały są rozdzielane ze zwyczajową częstotliwością (...). Nikt nie próbuje wykonać gwałtownego zwrotu w nadziei, że przy okazji jakiś rywal wypadnie za burtę"[25].

Przez większość czasu rutyny i zawieszenie broni działają idealnie. Rywalizacja wciąż oczywiście istnieje, ale ze względu na nawyki organizacyjne utrzymywana jest w ryzach i biznes kwitnie.

Czasami jednak nawet rozejm okazuje się niewystarczający. Czasami, jak pokazał przykład szpitala Rhode Island, niestabilny pokój może być równie destrukcyjny jak wojna domowa.

* * *

Gdzieś w twoim biurze, głęboko zakopana w jakiejś zapomnianej szufladzie leży sobie pewnie książeczka, którą wręczono ci pierwszego dnia pracy. Zawiera formularze dotyczące wydatków, zasady wykorzystywania urlopów, możliwości ubezpieczenia i schemat organizacyjny twojej firmy. Są w niej kolorowe wykresy dotyczące różnych ubezpieczeń zdrowotnych, listy ważnych telefonów i instrukcje, jak dostać się do własnej skrzynki pocztowej lub uzyskać fundusz emerytalny.

A teraz wyobraź sobie, co byś powiedział nowemu współpracownikowi, który zapyta cię, jak w tej firmie *odnieść sukces*. Twoje rekomendacje prawdopodobnie nie będą dotyczyły żadnej z treści zawartych w tej książeczce. Rady, których raczej udzielisz – kto jest godny zaufania, które sekretarki mają większą siłę przebicia niż ich szefowie; jak zmanipulować biurokrację, by jednak osiągnąć własne cele – to nic innego jak nawyki, na których codziennie polegasz, żeby przeżyć. Gdybyś umiał w jakiś sposób przedstawić wszystkie swoje nawyki – i nieformalne struktury władzy, relacje, sojusze i konflikty, które one reprezentują – a potem nałożyć swój schemat na schematy przygotowane przez współpracowników, powstałaby mapa ukrytej hierarchii twojej organizacji, przewodnik po tym, kto wie, jak sprawić, by rzeczy się działy, a kto nigdy nie jest dopuszczany do piłki.

Rutyny opisane przez Nelsona i Wintera – i zawieszenie broni, które jest dzięki nim możliwe – mają podstawowe znaczenie dla każdego rodzaju biznesu. Jedno z badań przeprowadzonych na Uniwersytecie w Utrechcie w Holandii przyglądało na przykład się rutynom w świecie mody. Aby przetrwać, każdy projektant mody musi mieć kilka podstawowych umiejętności: kreatywność i smykałkę do *haute couture* na początek. Ale to nie wystarczy, żeby odnieść sukces[26]. Tym, co odróżnia sukces od porażki, są nawyki projektanta – czy mają system skupowania włoskiej popeliny zanim magazyny hurtowników się opróżnią, czy mają sposób na znalezienie najlepszych szwaczek wszywających zamki błyskawiczne i guziki, zwyczaj wysyłania sukienki do sklepu w ciągu dziesięciu dni, a nie trzech tygodni. Świat mody jest niezwykle skomplikowanym biznesem, w którym, jeśli nie ma się w zanadrzu właściwych procesów, nowa firma ugrzęźnie w kwestiach logistycznych, a kiedy to się stanie, kreatywność przestaje mieć znaczenie.

A którzy projektanci będą najpewniej mieli właściwe nawyki? Ci, którzy wcześniej zawarli rozejm i nawiązali sojusze z właściwymi osobami[27]. Rozejmy są tak ważne, że nowe marki w świecie mody zazwyczaj odnosiły sukces jedynie wtedy, kiedy kierowane były przez ludzi, którzy odeszli z *innych* firm z branży, pozostając z nimi w dobrych relacjach.

Niektórym może się wydawać, że Nelson i Winter napisali książkę o suchej teorii ekonomicznej. Ale to, co naprawdę wyszło spod ich pióra, jest podręcznikiem przetrwania w korporacyjnej Ameryce.

Co więcej, teorie Nelsona i Wintera wyjaśniają również, dlaczego sprawy poszły tak dalece niewłaściwie w szpitalu Rhode Island. Szpital miał rutyny, które wytworzyły kruchy pokój między personelem pielęgniarskim a lekarskim – na przykład białe tablice i ostrzeżenia szeptane między pielęgniarkami i pielęgniarzami były nawykami, które ukonstytuowały podstawowy rozejm. Te delikatne pakty zazwyczaj umożliwiały organizacji funkcjonowanie. Ale rozejmy są trwałe jedynie wtedy, kiedy u ich podstaw leży realna sprawiedliwość. Jeżeli zawieszenie broni jest niezrównoważone – jeżeli pokój nie jest prawdziwy – wtedy rutyny i procedury często zawodzą dokładnie wtedy, kiedy są najbardziej potrzebne.

Krytyczną kwestią w szpitalu Rhode Island był fakt, że chcąc uzyskać rozejm, ustępował tylko personel pielęgniarski. To pielęgniarki i pielęgniarze sprawdzali przepisywane pacjentom leki i wkładali dodatkowy wysiłek w czytelne wypisywanie dokumentacji; to pielęgniarki i pielęgniarze byli celem nadużyć ze strony zestresowanych lekarzy; wreszcie to pielęgniarki i pielęgniarze pomagali odróżniać miłych lekarzy od tyranów, żeby reszta personelu wiedziała, kto na sali operacyjnej tolerował sugestie, a kto wybuchał, kiedy tylko ktoś z zespołu otworzył usta. Lekarze często nie zadawali sobie nawet trudu, żeby zapamiętać imiona personelu pielęgniarskiego. „Doktorzy dowodzili, my byliśmy poddanymi", powiedziała pewna pielęgniarka. „Podwijaliśmy ogony i tak udawało nam się przeżyć".

Zawieszenie broni w szpitalu Rhode Island było jednostronne. Więc w chwilach krytycznych – kiedy, na przykład, chirurg chciał w pośpiechu wykonać złe nacięcie i pielęgniarka lub pielęgniarz chcieli interweniować – rutyny, które mogły zapobiec wypadkowi, waliły się – i tak właśnie otworzono niewłaściwą stronę głowy osiemdziesięciosześcioletniego pacjenta.

Niektórzy mogą sugerować, że rozwiązaniem są bardziej zrównoważone rozejmy. Gdyby osoby zarządzające szpitalem lepiej alokowały uprawnienia decyzyjne i kompetencje, wyłoniłaby się zdrowsza równowaga sił, a personel pielęgniarski i lekarze byliby zmuszeni traktować się nawzajem z szacunkiem.

To dobry początek. Niestety, to nie wystarcza. Stworzenie skutecznych i odnoszących sukcesy organizacji nie jest tylko kwestią zrównoważenia uprawnień. Żeby organizacja działała, jej przywódcy muszą kultywować nawyki, które prowadzą zarówno do powstania prawdziwego i zrównoważonego pokoju, jak i, paradoksalnie, bardzo jasno określają, kto rządzi.

III

Philip Brickell, czterdziestotrzyletni pracownik londyńskiego metra, był tego listopadowego wieczora roku 1987 w środku olbrzymiej hali głównej stacji King's Cross, gdzie sprawdzał bilety[28], kiedy jeden z pasażerów zatrzymał go i powiedział, że pod pobliskimi schodami ruchomymi leży paląca się chusteczka[29].

King's Cross była jedną z największych, najświetniejszą i najbardziej uczęszczaną stacją londyńskiego metra, labiryntem głęboko położonych ruchomych schodów, pasaży i tuneli, z których część miała prawie sto lat. Szczególnie schody ruchome na stacji słynęły ze swoich rozmiarów i wieku. Niektóre sięgały nawet pięć pięter w głąb ziemi i były zbudowane z drewnianych listew i gumowych poręczy, tych samych materiałów, jakich użyto do ich konstrukcji dziesięciolecia temu. Ponad ćwierć miliona pasażerów codziennie przewijało się przez stację King's Cross na sześciu różnych liniach metra. W wieczornych godzinach szczytu hala biletowa stacji wyglądała jak morze śpieszących się ludzi, tłoczących się pod sufitem malowanym już tyle razy, że nikt nie pamiętał oryginalnego koloru.

Tląca się chusteczka, tak powiedział pasażer, była na dole najdłuższych schodów ruchomych stacji, obsługujących Piccadilly Line. Brickell natychmiast odszedł od swojego stanowiska, zjechał schodami na peron, znalazł tlący się zwitek i zwiniętą w rulon gazetą ugasił ogień. Potem wrócił na swoje stanowisko.

Brickell nie poświęcił zdarzeniu więcej uwagi. Nie próbował ustalić, dlaczego chusteczka się paliła, albo czy nie mogła przylecieć pod schody z jakiegoś większego pożaru w innym miejscu stacji. Nie wspomniał o zajściu innemu pracownikowi stacji ani nie zadzwonił do

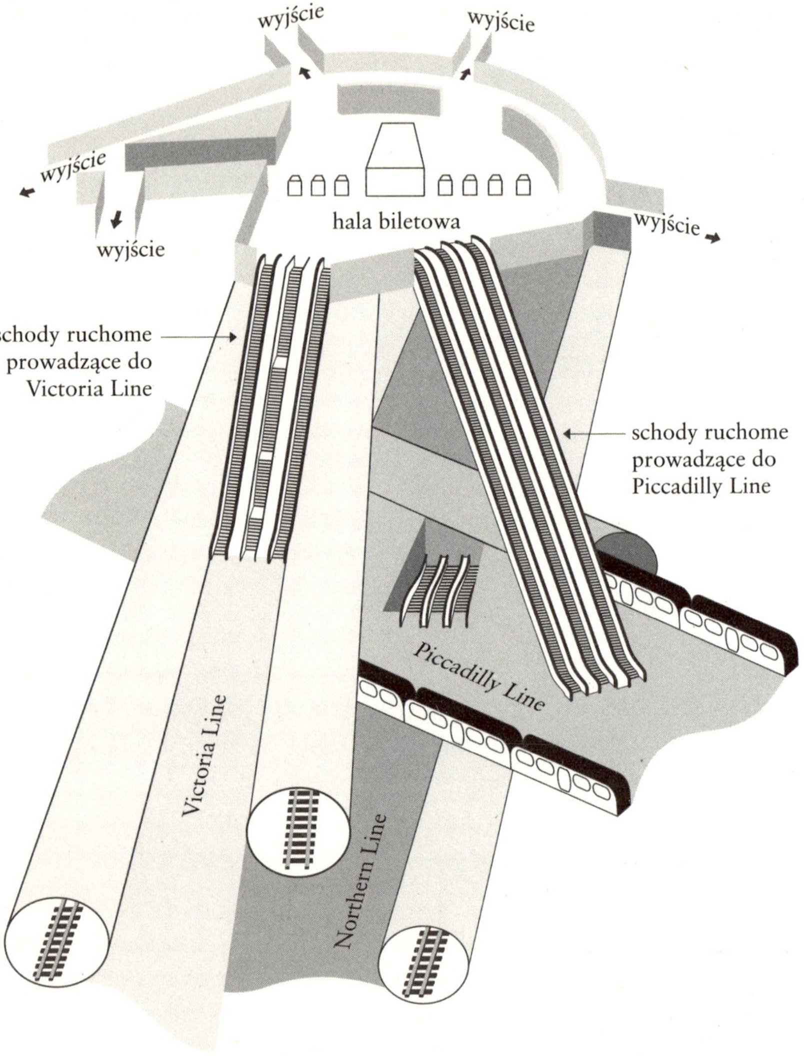

straży pożarnej. Bezpieczeństwem przeciwpożarowym zajmował się inny dział i Brickell, trzymając się sztywnych podziałów panujących w metrze, doskonale wiedział, że nie należy się nikomu wtrącać w jego sprawy. Poza tym, nawet gdyby *zaczął* wnikać i rozważać możliwość pożaru, nie miałby bladego pojęcia, co z taką wiedzą począć. Szczegółowo opisany łańcuch dowodzenia w metrze zabraniał mu kontaktować się z innymi działami bez bezpośredniej zgody przełożonego. A panujące w metrze rutyny i procedury – przekazywane sobie od pracownika do pracownika – wyraźnie mu podpowiadały, że nigdy, przenigdy i pod żadnym pozorem nie wolno mu głośno zareagować na *cokolwiek* na stacji jak na „ogień", bo pasażerowie wpadliby w panikę. Tak się po prostu nie robiło.

Metro było zarządzane czymś w rodzaju teoretycznej książki z zasadami, której nikt nigdy na oczy nie widział ani nie czytał – i która w rzeczywistości nie istniała – istniał natomiast zbiór niepisanych zasad kształtujących życie wszystkich pracowników. Przez całe dziesięciolecia metrem kierowało „Czterech Baronów" – szefów inżynierii budowlanej, sygnalizacji, elektrotechniki i techniki budowy maszyn – i w każdym z ich działów byli szefowie i niżsi szefowie, którzy z zazdrością strzegli swojej pozycji. Pociągi jeździły punktualnie, ponieważ wszyscy spośród dziewiętnastu tysięcy pracowników metra współpracowali w delikatnym systemie, gdzie w ciągu całego dnia pasażerowie i pociągi przechodziły przez dziesiątki, a czasami setki rąk. Ale ta współpraca zależała od równowagi sił między każdym z czterech działów i wszystkich ich szefów, którzy sami polegali na tysiącach zwyczajów, którym podporządkowywali się pracownicy. Te nawyki umożliwiły rozejm między Czterema Baronami i ich zastępcami. I z tego rozejmu wyłoniły się polityki, które jasno i wyraźnie mówiły Brickellowi: szukanie pożarów nie jest twoim zadaniem. Nie wychodź poza swoje kompetencje.

„Nawet na najwyższym poziomie zarządzania jeden dyrektor raczej nie wkraczał na terytorium innego", zauważył później jeden ze śledczych. „I tak dyrektor techniki nie zastanawiał się, czy pracownicy operacyjni byli właściwie wyedukowani w zakresie bezpieczeństwa przeciwpożarowego i procedur ewakuacyjnych, ponieważ uważał, że są to sprawy leżące w gestii dyrekcji do spraw operacyjnych".

Dlatego Brickell nie powiedział nic o palącej się chusteczce. W innych okolicznościach mógł to być nieistotny szczegół. W tym jednak przypadku chusteczka była zbłąkanym sygnałem ostrzegawczym – kawałkiem oderwanym od większego, ukrytego płomienia – który unaocznił, jak niebezpieczne mogą być nawet idealnie zrównoważone rozejmy, jeżeli nie zostały ukształtowane we właściwy sposób[30].

Piętnaście minut po tym, jak Brickell powrócił na swoje stanowisko, inny pasażer, jadąc schodami Piccadilly, zauważył smużkę dymu; wspomniał o tym pracownikowi metra. Inspektor bezpieczeństwa stacji King's Cross, Christopher Hayes, został w końcu wezwany do zbadania sprawy. Trzeci pasażer, widząc dym i żar pod schodami, nacisnął alarmowy przycisk zatrzymujący schody i zaczął krzyczeć do innych pasażerów, by natychmiast opuścili schody. Policjant zobaczył delikatną dymną mgiełkę w długim tunelu schodów oraz – w jego połowie – płomienie, które zaczęły gwałtownie piąć się po schodach.

A mimo to inspektor bezpieczeństwa Hayes nie wezwał londyńskiej straży pożarnej. Sam nie widział żadnego dymu, a inna z niepisanych zasad metra głosiła, że straż nigdy nie powinna być wzywana, zanim nie będzie to absolutnie konieczne. Policjant, który widział dym, uznał jednak, że należy się skontaktować z komendą główną. Jego radio nie działało pod ziemią, więc poszedł długą klatką schodową na zewnątrz i zadzwonił do przełożonych, którzy w końcu przekazali informację do straży pożarnej. O godzinie 19.36 – dwadzieścia dwie minuty po zaalarmowaniu Brickella o płonącej chusteczce – straż pożarna dostała wezwanie: „Mały pożar na stacji King's Cross". Pasażerowie przepychali się obok policjanta, kiedy ten stał na zewnątrz, rozmawiając przez radio. Spieszyli się na stację, wprost do tuneli, skupieni na tym, by dotrzeć do domu na kolację.

W ciągu następnych kilku minut wielu z nich zginie.

* * *

O godzinie 19.36 pracownik Metra zagrodził wejście na schody Piccadilly, a drugi zaczął przekierowywać ludzi na inne schody. Co pięć minut przyjeżdżały kolejne pociągi. Perony, na których pasażerowie wysiadali z metra, były zatłoczone. Na dole otwartych schodów zrobiło się wąskie gardło.

Hayes, inspektor bezpieczeństwa, poszedł do korytarza prowadzącego do maszynowni schodów Piccadilly. W ciemności widać było kontrolki systemu zraszaczy, zaprojektowanego specjalnie do zwalczania pożaru na schodach. Zainstalowano go całe lata wcześniej, po pożarze na innej stacji, który doprowadził do powstania złowieszczych raportów na temat ryzyka nagłych pożarów. Ponad dwa tuziny badań i upomnień wskazywało, że metro nie było przygotowane na sytuacje wystąpienia pożarów, że personel musi zostać przeszkolony z zakresu bezpieczeństwa przeciwpożarowego i posługiwania się system spryskiwaczy i gaśnicami, umieszczonymi na każdym peronie. Dwa lata wcześniej zastępca dyrektora Londyńskiej Straży Pożarnej napisał do dyrektora operacyjnego kolei, skarżąc się na złe nawyki dotyczące bezpieczeństwa i pracowników metra.

„Jestem poważnie zaniepokojony", pisał. „Z całą mocą nalegam, aby (...) natychmiast sformułowano jasne instrukcje, by w sytuacji jakiegokolwiek podejrzenia pożaru straż była wzywana niezwłocznie. To może uratować ludzkie życie".

Jednak Hayes, inspektor bezpieczeństwa, nigdy nie zobaczył tego listu, ponieważ został on nadesłany do innego działu niż ten, w którym on sam pracował, a procedury metra nigdy nie doczekały się przeformułowania, uwzględniającego to ostrzeżenie. Nikt na stacji King's Cross nie wiedział, jak używać systemu zraszaczy, nikt też nie miał uprawnień do użycia gaśnicy, ponieważ sprawy te podlegały innemu działowi. Hayes kompletnie zapomniał o istnieniu systemu zraszaczy. Zawieszenie broni, regulujące funkcjonowanie metra, zapewniało, że każdy znał swoje miejsce w szeregu, ale jednocześnie nie pozostawiało żadnej przestrzeni na dowiadywanie się czegokolwiek ponad to, co miałeś wiedzieć w związku z przypisaną ci rolą. Hayes przeszedł obok kontrolek systemu zraszaczy, nie poświęcając im nic ponad przelotne spojrzenie.

Gdy doszedł do maszynowni, żar o mało go nie powalił. Pożar był już zbyt duży, by próbować go gasić. Popędził do hali głównej. Przy biletomatach stały kolejki, a setki ludzi tłoczyły się, idąc w stronę peronów lub opuszczając stację. Hayes znalazł policjanta.

„Musimy zatrzymać pociągi i usunąć stąd wszystkich ludzi", powiedział. „Pożar jest poza kontrolą. Rozprzestrzeni się wszędzie".

O godzinie 19.42 – prawie pół godziny od odkrycia płonącej chusteczki – na stację King's Cross przyjechał pierwszy strażak. Kiedy wszedł do hali biletowej, zobaczył gęstniejący czarny dym, rozpełzający się po suficie. Palić zaczęły się gumowe poręcze ruchomych schodów. Wraz z rozchodzeniem się gryzącego zapachu palonej gumy pasażerowie w hali biletowej zaczęli się domyślać, że coś jest nie tak. Zaczęli poruszać się w stronę wyjść, a strażacy próbowali przedostać się przez tłum do środka, walcząc z ludzkim strumieniem.

Niżej ogień się rozprzestrzeniał. Paliły się już całe schody, wytwarzając nieprawdopodobnie gorące opary, piętrzące się na górze szybu okalającego schody, gdzie napotykały na przeszkodę w postaci sufitu, pokrytego około dwudziestoma warstwami starej farby. Kilka lat wstecz dyrektor operacyjny metra zasugerował, że stara farba może stwarzać zagrożenie pożarowe. Może, zapytał, należałoby usunąć stare warstwy przed nałożeniem kolejnej?

Ale kwestie malowania stacji były poza zakresem jego obowiązków. Odpowiedzialność za malowanie stacji była w gestii działu utrzymania, którego szef uprzejmie podziękował koledze za rekomendacje, jednocześnie zaznaczając, że gdyby on chciał się wtrącać w działania innych działów, jemu zaczęto by się wtrącać równie szybko.

Dyrektor operacyjny wycofał swoje zalecenia.

Kiedy przegrzane opary zebrały się wzdłuż sufitu szybu ruchomych schodów, wszystkie te warstwy farby zaczęły absorbować ciepło. Z przybyciem każdego kolejnego pociągu do stacji wtłaczana była nowa dawka tlenu, karmiąc płomienie jak miech.

O godzinie 19.43 wjechał pociąg, z którego wysiadł Mark Silver, handlowiec. Natychmiast zorientował się, że coś jest nie tak. Powietrze było zamglone, peron przepełniony ludźmi. W miejscu, w którym stanął, unosił się dym, wirując wokół wagonów. Odwrócił się, żeby wsiąść do pociągu, ale drzwi były już zamknięte. Zaczął walić w okna, ale istniała nieoficjalna praktyka, mająca przeciwdziałać opóźnieniom: jeżeli drzwi już zostały zamknięte, nie były ponownie otwierane. Silver i inni pasażerowie na peronie krzyczeli do maszynisty, żeby otworzył drzwi. Jednak gdy sygnalizator zmienił się na zielone, pociąg odjechał. Jakaś kobieta wskoczyła za nim na tory i, biegnąc za pociągiem, krzyczała „Wpuść mnie!”.

Silver poszedł do miejsca, w którym policjant kierował wszystkich od schodów Piccadilly w stronę innych. Stały tam tłumy spanikowanych ludzi, czekających, żeby dostać się na górę. Wszyscy czuli zapach dymu, wszyscy się tłoczyli. Było gorąco – od ognia lub zagęszczenia, Silver nie był pewny. W końcu dostał się do schodów ruchomych, które zostały wyłączone. Wspinając się w stronę hali biletowej, czuł, że od gorąca, przedostającego się przez grubą na ponad cztery i pół metra ścianę dzielącą go od szybu schodów Piccadilly, pieką go nogi. „Spojrzałem w górę i zobaczyłem, że sufit i ściany skwierczą”, powiedział później.

O godzinie 19.45 nadjeżdżający pociąg wtłoczył na stację ogromną ilość powietrza. Gdy tlen dostarczył płomieniom dodatkowego paliwa, pożar na schodach Piccadilly wybuchł z całą mocą. Przegrzane opary zebrane wzdłuż całego sufitu w szybie, wzmocnione pożarem od dołu i skwierczącą farbą od góry, osiągnęły temperaturę określaną jako „punkt rozgorzenia". W tym momencie wszystko wewnątrz szybu – farba, drewniane elementy schodów, i wszystkie inne palne materiały – zapłonęły w ognistym podmuchu. Siła nagłego spalania zadziałała jak eksplozja prochu strzelniczego w lufie strzelby. Zaczęła pchać ogień w górę długiego szybu, nadając mu wraz z rozprzestrzenianiem się płomienia coraz wyższą temperaturę i prędkość, aż ostatecznie wystrzeliła z tunelu do hali biletowej ścianą ognia, zapalającą wszystko na swojej drodze – metal, kafelki i ciała. Temperatura wewnątrz hali skoczyła gwałtownie o sześćdziesiąt sześć stopni Celsjusza w pół sekundy. Policjant, który jechał jednymi z bocznych schodów, powiedział później śledczym, że widział „strumień ognia, który wystrzelił, a potem zebrał się w coś w rodzaju kuli". W tym momencie w hali było około pięćdziesięciu osób.

Nad ziemią, na ulicy, pasażer poczuł eksplozję gorąca z jednego z wyjść i kiedy dostrzegł pasażera słaniającego się na nogach, rzucił się na pomoc. „Złapałem go za prawą rękę moją prawą ręką, ale kiedy nasze dłonie się zetknęły, poczułem, że była gorąca, a fragmenty jego skóry zostały na mojej dłoni", powiedział człowiek udzielający pomocy. Policjant, który wchodził do hali biletowej w chwili wybuchu, leżąc później w szpitalu, powiedział reporterom, że „w twarz uderzyła mnie kula ognia, która zwaliła mnie z nóg. Moje ręce zaczęły płonąć. Po prostu się topiły".

Był jedną z ostatnich osób, które opuściły halę żywe.

Chwilę po eksplozji na miejscu zjawiły się dziesiątki wozów strażackich. Ale ze względu na zasady departamentu pożarnictwa, nakazujące strażakom podłączanie węży gaśniczych do hydrantów znajdujących się na poziomie ulicy, a nie tych zainstalowanych przez metro wewnątrz stacji, i ponieważ nikt z pracowników metra nie miał planów stacji – wszystkie schematy leżały sobie zamknięte w biurze, do którego nikt z bileterów czy menedżerów nie miał kluczy – walka z płomieniami trwała długie godziny.

Pożar został ostatecznie ugaszony o godzinie 1.46 – sześć godzin po zauważeniu płonącej chusteczki – mówiono wtedy, że jego żniwem jest trzydziestu jeden zabitych i dziesiątki rannych.

„Dlaczego wysłali mnie prosto w płomienie?", pytała dwudziestoletnia nauczycielka muzyki następnego dnia ze szpitalnego łóżka. „Widziałam, jak płoną. Słyszałam, jak krzyczą. Dlaczego nikt nie przejął dowodzenia?"[31].

* * *

W celu uzyskania odpowiedzi na te pytania przyjrzyjmy się kilku rozejmom, na których opierało się londyńskie metro, aby było w stanie funkcjonować:

Bileterzy byli ostrzegani, że ich odpowiedzialność ogranicza się tylko i wyłącznie do sprzedawania biletów, więc jeżeli zobaczyli płonącą chusteczkę, nie informowali nikogo w obawie przed przekroczeniem swoich uprawnień.

Pracownicy stacji nie byli przeszkoleni w korzystaniu z systemu zraszaczy czy gaśnic, ponieważ sprzętem tym zarządzał inny dział.

Inspektor odpowiedzialny za bezpieczeństwo na stacji nigdy nie widział listu od Londyńskiej Straży Pożarnej, w którym ostrzegano o czyhających niebezpieczeństwach, ponieważ został on wysłany do dyrektora operacyjnego, a takie informacje nie były udostępniane innym jednostkom organizacyjnym.

Pracownicy byli poinstruowani, aby wzywać straż pożarną jedynie w ostateczności, żeby niepotrzebnie nie wywoływać paniki wśród pasażerów.

Straż pożarna upierała się przy korzystaniu z ulicznych hydrantów, ignorując instalacje wodne wewnątrz hali biletowej, ponieważ im z kolei polecono nie używać urządzeń zainstalowanych przez inne instytucje.

W pewien sposób każda z tych nieformalnych zasad – rozpatrywana oddzielnie – kryje w sobie trochę racji. Na przykład nawyki sprawiające, że bileterzy koncentrowali się na sprzedaży biletów zamiast na robieniu innych rzeczy – w tym wyglądaniu sygnałów ostrzegających o możliwym pożarze – istniały dlatego, że rok wcześniej metro miało kłopoty z nieobsadzonymi stanowiskami sprzedaży biletów. Sprzedawcy opuszczali swoje okienka, żeby pozbierać śmieci czy wskazać turystom drogę, a w rezultacie przed kasami tworzyły się ogromne kolejki. Więc nakazano im siedzenie na miejscu, sprzedawanie biletów i niemartwienie się niczym innym. Zadziałało. Kolejki znikły. Kiedy zaś sprzedawcy dostrzegali, że coś jest nie tak – poza ich okienkami – ignorowali to, pilnując swoich spraw.

A nawyk strażaków, by korzystać tylko z własnych urządzeń? To rezultat wypadku, który wydarzył się dziesięć lat wcześniej, kiedy ogień szalał na innej stacji, a strażacy tracili cenny czas, próbując podłączyć węże do nieznanego typu ujęć wodnych. Później wszyscy uznali, że lepiej będzie polegać na urządzeniach, które wszyscy znają.

Innymi słowy, żaden z tych zwyczajów nie wziął się z powietrza. Każdy pojawił się z określonego powodu. Metro było instytucją tak rozległą i skomplikowaną, że mogło sprawnie działać jedynie w sytuacji, w której rozejmy łagodziły potencjalne punkty zapalne. Inaczej niż w szpitalu Rhode Island, każde z tych ustaleń prowadziło do powstania prawdziwej równowagi sił. Żaden dział nie był górą.

A jednak zginęło trzydzieści jeden osób.

Rutyny i rozejmy w londyńskim metrze wydawały się logiczne aż do dnia, w którym pojawił się ogień. I w tym momencie na jaw wyszła okrutna prawda: żaden człowiek, dział czy Baron nie ponosił ostatecznej i wyłącznej odpowiedzialności za bezpieczeństwo pasażerów[32].

Czasami jeden priorytet – albo dział, osoba czy cel – *musi* przysłonić wszystko inne, choć może to być niepopularne czy wręcz zagrażające dla równowagi sił umożliwiającej punktualne kursowanie pociągów. Czasami rozejm może prowadzić do powstania zagrożeń znaczących więcej niż jakikolwiek pokój.

Oczywiście w tej obserwacji kryje się paradoks. W jaki sposób organizacja może wdrożyć nawyki równoważące władzę i jednocześnie wybrać jedną osobę czy cel, które wynoszone są ponad wszystko inne? W jaki sposób personel pielęgniarski i lekarski mają dzielić się odpowiedzialnością, żeby jednocześnie wciąż było jasne, kto dowodzi? W jaki sposób system Metra może uniknąć ugrzęźnięcia w walce o strefy wpływów, jednocześnie zapewniając, żeby bezpieczeństwo wciąż było priorytetem, nawet wtedy, kiedy trzeba będzie na nowo nakreślić granice?

Odpowiedź leży w korzyściach, które znalazł Tony Dungy, przejmując fatalną drużynę Buccaneers, i tych, które odkrył Paul O'Neill, zostając dyrektorem generalnym miotającej się Alcoa. To ta sama szansa, którą wykorzystał Howard Schultz, wracając do słabnącego Starbucksa w roku 2007. Wszyscy ci przywódcy wykorzystali szanse wywołane kryzysem. Podczas zawieruchy nawyki organizacyjne stają się na tyle elastyczne, żeby przypisać odpowiedzialności i stworzyć bardziej sprawiedliwą równowagę sił. Kryzysy są, de facto, tak cenne, że czasami warto wywołać poczucie zbliżającej się katastrofy zamiast ją zażegnywać.

IV

Cztery miesiące po śmierci starszego mężczyzny ze spartaczoną operacją mózgu w szpitalu Rhode Island inny chirurg popełnił podobny błąd, operując choremu nie tę część głowy. Stanowy Departament Zdrowia udzielił placówce nagany i ukarał ją grzywną w wysokości pięćdziesięciu tysięcy dolarów. Osiemnaście miesięcy później chirurg zoperował nie tę stronę buzi dziecka podczas operacji rozszczepionego podniebienia. Pięć miesięcy później chirurg zoperował choremu nie ten palec. Dziesięć miesięcy po tym zajściu w głowie pacjenta pozostawiono wiertło. Za te błędy na szpital nałożono kolejną karę w wysokości czterystu pięćdziesięciu tysięcy dolarów[33].

Szpital Rhode Island nie jest oczywiście jedyną placówką medyczną, w której zdarzają się takie pomyłki, ale miał niebywałego pecha stać się symbolem takich błędów. Lokalne gazety szczegółowo rozpisywały się o każdym przypadku. Stacje telewizyjne rozbijały swoje obozy przed szpitalem. Włączyły się w to także media ogólnokrajowe. „Problem nie zniknie", powiedział do reportera Associated Press wiceprezes krajowej organizacji akredytacji szpitali[34]. Szpital Rhode Island – tak poinformowały reporterów stanowe władze medyczne – był placówką pogrążoną w chaosie.

„Czułam się tak, jakbym pracowała w strefie działań wojennych", powiedziała mi pielęgniarka. „Reporterzy telewizyjni rzucali się na lekarzy, kiedy ci szli do swoich samochodów. Pewien mały chłopczyk poprosił mnie, żebym dopilnowała, by lekarz nie odciął mu przypadkowo rączki podczas operacji. Miałam wrażenie, że wszystko wymknęło się spod kontroli"[35].

Wraz z narastaniem krytyki i gromadzeniem się mediów w szpitalu pojawiło się wrażenie kryzysu[36]. Część osób zarządzających zaczęła się obawiać utraty akredytacji przez szpital. Inni przeszli do defensywy i zaczęli atakować stacje telewizyjne za wymienianie tylko tej placówki. „Znalazłem plakietkę z napisem «kozioł ofiarny» i zamierzałem nosić ją w pracy", powiedział mi jeden z lekarzy. „Ale moja żona uznała, że to głupi pomysł".

Potem jedna z zarządzających szpitalem, dr Mary Reich Cooper, która objęła stanowisko dyrektora do spraw jakości kilka tygodni przed śmiercią osiemdziesięcioszześcioletniego pacjenta, przemówiła. Na spotkaniach z innymi osobami zarządzającymi i personelem Cooper powiedziała, że wszyscy źle spostrzegają zaistniałą sytuację.

Cała ta krytyka nie była wcale taką złą rzeczą, powiedziała. W rzeczywistości szpital dostał szansę, jaka nie była dana wielu organizacjom.

„Widziałam to w kategoriach nowego otwarcia", powiedziała mi dr Cooper. „Mamy długą historię szpitali próbujących rozprawić się z tymi problemami, i wszystkie one poległy. Czasami ludzie potrzebują wstrząsu, a cała ta zła prasa była *potężnym* wstrząsem. Dało nam to szansę na ponowne przeanalizowanie wszystkiego".

Szpital Rhode Island zamknął na cały dzień wszystkie oddziały, na których odbywały się planowe operacje – ogromny koszt – i zafundował całemu personelowi intensywne szkolenie, podkreślające ważkość współpracy i zwracające uwagę na konieczność zwiększenia uprawnień personelu pielęgniarskiego i medycznego. Ordynator neurochirurgii zrezygnował i wybrano jego następcę. Szpital poprosił Center for Transforming Healthcare – koalicję wiodących instytucji medycznych – o pomoc w przeprojektowaniu zasad bezpieczeństwa podczas zabiegów chirurgicznych. Administracja zainstalowała kamery na salach operacyjnych w celu zagwarantowania koniecznych przerw na sprawdzenie procedur i przestrzegania kontroli spisu czynności do wykonania przy każdym zabiegu operacyjnym[37]. System informatyczny umożliwiał każdemu pracownikowi szpitala anonimowe zgłoszenie problemów narażających zdrowie pacjenta[38].

Niektóre z tych inicjatyw były proponowane w szpitalu Rhode Island już lata wcześniej, ale zawsze były odrzucane. Lekarze oraz personel pielęgniarski nie chcieli, żeby ich operacje były nagrywane albo żeby inne szpitale mówiły im, jak mają pracować.

Ale kiedy szpital Rhode Island dopadła sytuacja kryzysowa, wszyscy otworzyli się na zmianę[39].

Inne szpitale także przechodziły transformacje w obliczu błędów, ograniczając ich liczbę – co wcześniej wydawało się niemożliwe[40]. Podobnie jak szpital Rhode Island, placówki te odkryły, że zmiana jest przeważnie możliwa dopiero, kiedy pojawi się kryzys. Na przykład w jednym ze szpitali klinicznych przy Uniwersytecie Harvarda, w Beth Israel Deaconess Medical Center, doszło pod koniec lat dziewięćdziesiątych do nagromadzenia pomyłek i wewnętrznych wojen, które trafiły do gazet, oraz do brzydkich pyskówek między personelem pielęgniarskim i administracją na publicznych spotkaniach. W niektórych kręgach urzędników stanowych mówiono nawet o konieczności zmuszenia szpitala do zamknięcia oddziałów do momentu, w którym będzie on w stanie udowodnić, że pomyłki już się nie zdarzą. Po czym szpital, pod ostrzałem, połączył siły wokół rozwiązań zmieniających kulturę. Częścią odpowiedzi były „rundy bezpieczeństwa", podczas których, co trzy miesiące, doświadczony lekarz omawiał określony zabieg operacyjny czy diagnostyczny i drobiazgowo opisywał najdrobniejsze szczegóły popełnionego lub prawie popełnionego błędu przed publicznością złożoną z setek współpracowników.

„Publiczne przyznanie się do błędu jest koszmarnym przeżyciem", powiedział dr Donald Moorman, chirurg do niedawna współpracujący z Beth Israel Deaconess. „Dwadzieścia lat temu lekarze by tego nie zrobili. Ale teraz szpital ogarnęła prawdziwa panika i nawet najlepsi chirurdzy chcą rozmawiać o tym, jak bliscy byli popełnienia poważnego błędu. Kultura medycyny się zmienia".

* * *

Dobrzy przywódcy wykorzystują kryzysy do zmiany nawyków organizacyjnych. Na przykład administracja NASA przez lata próbowała poprawić nawyki związane z bezpieczeństwem, ale wysiłki spełzały na niczym aż do wybuchu wahadłowca *Challenger* w roku 1986. W następstwie tej tragedii organizacja była w stanie naprawić sposób egzekwowania standardów jakości[41]. Także piloci linii lotniczych całe lata próbowali przekonać producentów samolotów do przeprojektowania kokpitów, a kontrolerów lotów do zmiany sposobu komunikacji.

Dopiero fatalny błąd na pasie startowym na hiszpańskiej Teneryfie w roku 1977, który zabił pięćset osiemdziesiąt trzy osoby, sprawił, że w ciągu pięciu lat przeprojektowano kokpity, zmieniono procedury startu oraz procedury związane ze sposobem komunikowania się kontrolerów[42].

Kryzysy są tak cennymi okazjami, że mądry przywódca może czasem celowo przedłużać sytuację awaryjną. Dokładnie to wydarzyło się po pożarze na stacji King's Cross. Pięć dni po pożarze brytyjski sekretarz stanu powołał specjalnego śledczego, Desmonda Fennella, by zbadał wypadek. Fennell zaczął od wywiadów z osobami zarządzającymi w metrze i bardzo szybko odkrył, że wszyscy wiedzieli – przez całe lata – że bezpieczeństwo przeciwpożarowe było poważnym problemem. Mimo to nic nie zostało zrobione. Niektórzy administratorzy proponowali wprowadzenie nowego schematu organizacyjnego i nowej hierarchii, które rozjaśniłyby kwestie odpowiedzialności za przeciwdziałanie pożarom. Inni proponowali, żeby dać menedżerom poszczególnych stacji więcej uprawnień, aby ci mogli działać ponad podziałami między poszczególnymi jednostkami organizacyjnymi. Żadna z tych reform nigdy nie została wdrożona.

Gdy Fennell sam zaczął sugerować zmiany, dostrzegł pojawianie się dokładnie tych samych przeszkód – szefowie działów odmawiali wzięcia odpowiedzialności lub sabotowali go groźbami szeptanymi podwładnym.

Dlatego zadecydował, aby ze swojego śledztwa zrobić medialny cyrk.

Wezwał do publicznych przesłuchań, które trwały dziewięćdziesiąt jeden dni, i pokazały opinii publicznej organizację, która zignorowała wielokrotne ostrzeżenia o zagrożeniach. Zasugerował dziennikarzom, że pasażerowie jeżdżący metrem są w ogromnym niebezpieczeństwie. W krzyżowym ogniu pytań przesłuchał dziesiątki świadków, którzy opisali organizację jako miejsce, w którym walki o wpływy były ważniejsze niż bezpieczeństwo pasażerów. Jego ostateczny raport, opublikowany niemal rok po pożarze, był zjadliwym, dwustupięćdziesięciostronicowym aktem oskarżenia przeciwko metru, przedstawiającym tę organizację jako sparaliżowaną przez biurokratyczną niekompetencję. „Choć dochodzenie miało objąć zdarzenia tylko jednej nocy", pisał Fennell, „zakres raportu musiał zostać rozszerzony do zbadania całego systemu". Wnioskował, strona za stroną, pełnych kąśliwych uwag krytycznych oraz rekomendacji, że, zasadniczo, duża część organizacji była albo niekompetentna, albo skorumpowana.

Reakcja była natychmiastowa i nieprawdopodobnie mocna. Pasażerowie pikietowali przed biurem metra. Zwolniono zarządzających organizacją. Wprowadzono masę nowych przepisów, a kultura panująca w metrze została gruntownie przeorana. Dziś każda stacja ma menedżera, którego główną odpowiedzialnością jest bezpieczeństwo pasażerów, a każdy pracownik ma obowiązek zgłaszania nawet najdrobniejszych sygnałów zagrożenia. I wszystkie pociągi wciąż jeżdżą punktualnie. Ale nawyki metra i rozejmy zostały dopasowane dokładnie w takim stopniu, żeby było jasne, kto ma ostateczną odpowiedzialność za bezpieczeństwo przeciwpożarowe, wszyscy zaś dostali uprawnienia do działania, niezależnie od tego, na ile odcisków przy okazji nadepną.

Takie same zmiany są możliwe w każdym przedsiębiorstwie, w którym nawyki instytucjonalne – za pośrednictwem bezmyślności lub zaniedbań – doprowadziły do toksycznego zawieszenia broni. Firma z dysfunkcjonalnymi nawykami nie może zmienić się ot tak, tylko dlatego, że przywódca kazał. Mądrzy szefowie szukają raczej chwil kryzysowych – albo stwarzają wrażenie kryzysu – i kultywują to poczucie, że *coś musi się zmienić*, do momentu, w którym wszyscy będą gotowi do wywrócenia do góry nogami wzorców towarzyszących im w codziennym życiu.

„Nigdy nie chcesz, żeby poważny kryzys wydarzył się na darmo", powiedział na konferencji dyrektorów generalnych i prezesów Rahm

Emanuel na początku światowego kryzysu finansowego roku 2008, niedługo po tym, jak został nominowany na stanowisko szefa administracji prezydenckiej Baracka Obamy. „Ten kryzys daje nam możliwość zrobienia rzeczy, których nie mogliśmy zrobić wcześniej". Niedługo po tym wystąpieniu administracja Obamy przekonała oporny wcześniej Kongres do przegłosowania wartego siedemset osiemdziesiąt siedem miliardów dolarów planu ratunkowego Obamy. Kongres zaakceptował także reformę służby zdrowia Obamy, zmienione prawo ochrony konsumentów i zaaprobował dziesiątki innych ustaw, od rozszerzenia ubezpieczeń zdrowotnych dzieci po danie kobietom nowych możliwości wnoszenia skarg z powodu dyskryminacji płacowych. To była jedna z większych rewolucji politycznych od czasów Great Society czy New Deal[43], możliwa dlatego, że w następstwie katastrofy finansowej ustawodawcy dostrzegli możliwości.

Coś podobnego wydarzyło się w szpitalu Rhode Island w konsekwencji śmierci osiemdziesięcioszścioletniego pacjenta i innych błędów chirurgów. Od chwili pełnego wprowadzenia w szpitalu nowych procedur bezpieczeństwa w roku 2009 nie doszło tam już do błędów wynikających z operacji złej strony ciała. Szpital niedawno dostał nagrodę – Beacon Award – najbardziej prestiżowe uznanie za intensywną opiekę medyczną oraz wyróżnienie od American College of Surgeons za jakość opieki onkologicznej.

Co ważniejsze – jak mówi pracujący tam personel pielęgniarski i lekarski – szpital Rhode Island stał się zupełnie innym miejscem.

W roku 2010 młoda pielęgniarka, Allison Ward, weszła na salę operacyjną, żeby asystować podczas rutynowej operacji. Zaczęła pracować na bloku operacyjnym rok wcześniej. Była najmłodszą i najmniej doświadczoną osobą na sali. Przed rozpoczęciem operacji cały zespół zebrał się nad nieprzytomnym pacjentem na założoną przerwę techniczną. Chirurg szedł punkt po punkcie listy kontrolnej, przyczepionej do ściany, która wyszczególniała każdy krok operacji.

„Dobrze, ostatni krok", powiedział, nim wziął do ręki skalpel. „Zanim zaczniemy, czy ktoś ma jakieś wątpliwości?".

Lekarz przeprowadzał setki takich operacji. Jego gabinet pełen był dyplomów i nagród.

„Doktorze", powiedziała dwudziestosiedmioletnia Ward, „chcę wszystkim przypomnieć, że mamy zrobić przerwę między pierwszą i drugą procedurą. Pan o tym nie wspomniał, a ja chcę mieć pewność, że wszyscy pamiętamy".

To był taki rodzaj komentarza, który kilka lat wcześniej skończyłby się dla niej reprymendą. Albo nawet zakończył jej karierę.

„Dziękuję za dodanie tej uwagi", powiedział chirurg. „Będę pamiętał, żeby następnym razem o tym wspomnieć".

„Dobrze", powiedział, „zaczynajmy".

„Wiem, że ten szpital ma za sobą ciężkie czasy", powiedziała mi Ward. „Ale dziś naprawdę dobrze się tu współpracuje. Nasze szkolenia, wszystkie modele ról – cała kultura szpitala skupia się na współpracy. Czuję, że mogę powiedzieć wszystko. To wspaniałe miejsce pracy".

Przypisy

[1] Szczegóły dotyczące tego przypadku pochodzą z różnorodnych źródeł, w tym z wywiadów z profesjonalistami zaangażowanymi w sytuację, świadkami z sali operacyjnej i izby przyjęć, a także z doniesień prasowych i dokumentów opublikowanych przez departament zdrowia Rhode Island. Obejmują zgodę na operację opublikowaną przez departament zdrowia Rhode Island; Sprawozdanie na temat braków i Plan Naprawczy opublikowany przez departament zdrowia Rhode Island 8 sierpnia 2007 roku; Felicia Mello, Wrong-Site Surgery Case Leads to Probe, *The Boston Globe,* 4.08.2007; Felice Freyer, Doctor to Blame in Wrong-Side Surgery, Panel Says, *The Providence Journal,* 14.10.2007; Felice Freyer, R.I. Hospital Cited for Wrong-Side Surgery, *The Providence Journal,* 3.08.2007; Doctor Disciplined for Wrong-Site Brain Surgery, Associated Press, 3.08.2007; Felice Freyer, Surgeon Relied on Memory, Not

CT Scan, *The Providence Journal*, 24.08.2007; Felicia Mello, Wrong-Site Surgery Case Leads to Probe 2nd Case of Error at R.I. Hospital This Year, *The Boston Globe*, 4.08.2007; Patient Dies After Surgeon Operates on Wrong Side of Head, Associated Press, 24.08.2007; Doctor Back to Work After Wrong-Site Brain Surgery, Associated Press, 15.10.2007; Felice Freyer, R.I. Hospital Fined After Surgical Error, *The Providence Journal*, 27.11.2007.

[2] Opisy tego przypadku przedstawiło wielu autorów, niektóre wersje zdarzeń różnią się od siebie. Tam gdzie jest to stosowne, różnice te zostały opisane w przypisach.

[3] http://www.rhodeislandhospital.org/rih/about/milestones.htm.

[4] Mark Pratt, Nurses Rally on Eve of Contract Talks, Associated Press, 22.06.2000; Union Wants More Community Support During Hospital Contract Dispute, Associated Press, 25.06.2000; Nurses Say Staff Shortage Hurting Patients, Associated Press, 31.08.2000; Health Department Surveyors Find Hospitals Stressed, Associated Press, 18.11.2001; R.I. Hospital Union Delivers Strike Notice, Associated Press, 20.06.2000.

[5] W oświadczeniu rzeczniczka szpitala Rhode Island powiedziała: „Strajk nie dotyczył relacji między lekarzami a pielęgniarkami, ale płac i zasad pracy. Przymusowe nadgodziny są powszechną praktyką i są tematem podejmowanym w uzwiązkowionych szpitalach na terenie całego kraju. Nie pamiętam, czy były takie transparenty podczas negocjacji ze związkami w roku 2000, ale jeżeli były, to dotyczyły przymusowych nadgodzin, a nie relacji między lekarzami a pielęgniarkami".

[6] American Academy of Orthopaedic Surgeons Joint Commission Guidelines, http://www3.aaos.org/member/safety/guidelines.cfm.

[7] Ze Sprawozdania na temat braków i Planu naprawczego szpitala Rhode Island, 7 sierpnia 2007.

[8] W oświadczeniu szpital Rhode Island poinformował, że część tych szczegółów nie jest prawdziwa i odwołał się do Sprawozdania na temat braków i Planu naprawczego szpitala Rhode Island z 7 sierpnia 2007. Dokument ten głosi „W dokumentacji medycznej nie ma dowodów, że pielęgniarz stażysta, zatrudniony przez operującego neurochirurga, otrzymał lub próbował otrzymać konieczne informacje na temat wyników tomografii komputerowej pacjenta (...) w celu potwierdzenia właściwej strony krwawienia [*sic*] przed podpisaniem formularza zgody na kraniotomię. (...) Dokumentacja medyczna wskazuje, że zgoda na operację została pozyskana przez pielęgniarza stażystę, zatrudnionego przez dyżurującego neurochirurga. Choć formularz zgody na operację wskazuje, że procedura, która miała zostać przeprowadzona, to «prawa kraniotomia i usunięcie krwiaka podtwardówkowego», to strona (prawa) początkowo nie była wskazana w formularzu. Rozmowa przeprowadzona 08.02.07 o godzinie 14.05 z dyrektorem chirurgii (Director of Perioperative Surgery) wskazała, że pacjent (...) został przetransportowany z izby przyjęć z niepełną (jeśli chodzi o stronę) zgodą na operację. Instrumentariusz zauważył, że strona kraniotomii nie była zaznaczona na podpisanym formularzu zgody na operację, jak wymaga tego procedura szpitala. Wskazał, że strona kraniotomii została dodana później przez neurochirurga już na sali operacyjnej, kiedy został zapytany, po której stronie będą operować". W kolejnym

oświadczeniu szpital Rhode Island napisał, że chirurg „i jego asystent skończyli operację kręgosłupa, sala operacyjna była przygotowywana, i kiedy byli na korytarzu, przed powrotem do sali operacyjnej, instrumentariusz zobaczył, że formularz nie zawierał strony operacji i powiedział o tym [chirurgowi]. Lekarz wziął formularz i wpisał «prawa»".

[9] W liście nadesłanym w odpowiedzi na korespondencję weryfikującą informacje lekarz zaangażowany w ten przypadek zaprzeczył lub zakwestionował kilka opisanych w tym rozdziale zdarzeń. Lekarz napisał, że pielęgniarz w tym przypadku nie zgłaszał zastrzeżeń, że operowana strona nie jest właściwa. Zmartwienia koncentrowały się na papierologii. Lekarz stwierdził, że pielęgniarz nie kwestionował jego umiejętności czy dokładności. Zdaniem lekarza pielęgniarz nie chciał ponownie obejrzeć zdjęć. Stwierdził, że to on poprosił pielęgniarza o odnalezienie rodziny, aby można było „prawidłowo wypełnić formularz", a nie odwrotnie. Kiedy nie udało się odnaleźć rodziny, to, według lekarza, poprosił on o wyjaśnienia odnośnie do procedury właściwego wypełnienia dokumentacji. Zdaniem lekarza pielęgniarz powiedział, że nie był pewien, i w rezultacie lekarz zadecydował „skorygować formularz zgody na zabieg i dopisać w karcie adnotację, że konieczne było natychmiastowe podejmowanie dalszych działań". Lekarz zaznaczył też, że nigdy nie przeklinał i się nie wzburzył. Szpital Rhode Island poproszony o odniesienie się do tego opisu zdarzenia powiedział, że nie jest on dokładny i odwołał się do dokumentów z 7 sierpnia 2007, Sprawozdania na temat braków i Planu naprawczego. W oświadczeniu szpital poinformował: „W trakcie naszego śledztwa nikt nie potwierdził, by słyszał chirurga mówiącego, że pacjent umrze".

„Te cytaty z całym tym podnieceniem i irytacją w moim zachowaniu, a nawet przekleństwa, są całkowicie niewłaściwe", napisał lekarz. „Byłem spokojny i profesjonalny. Okazałem trochę emocji jedynie przez chwilę, gdy zdałem sobie sprawę, że operuję po niewłaściwej stronie. Krytycznym problemem był brak dostępu do zdjęć pacjenta w trakcie procedury (...). Brak możliwości obejrzenia skanów podczas operacji jest niewłaściwą praktyką szpitala; niemniej nie mieliśmy wyboru i musieliśmy działać mimo braku dostępu do zdjęć".

Szpital Rhode Island odpowiedział, że instytucja „nie może komentować oświadczenia [chirurga], ale chce zauważyć, że szpital zakładał, że chirurdzy będą oglądali zdjęcia podczas operacji, jeżeli w przypadku pojawią się jakiekolwiek wątpliwości. Po tym zajściu szpital nakazał, by zespół miał zawsze zdjęcia do wglądu". W drugim oświadczeniu szpital napisał, że chirurg „nie przeklinał w tej wymianie zdań. Pielęgniarz powiedział [chirurgowi], że nie otrzymał wyników z izby przyjęć i że spędził kilka minut w izbie, chcąc dotrzeć tam do właściwej osoby. Pielęgniarz wskazał, że dostał raport od lekarza z izby. Ale pielęgniarka anestezjologiczna potrzebowała informacji o lekach podanych pacjentowi w izbie przyjęć, więc wertowała raport w poszukiwaniu potrzebnych informacji".

Board of Medical Licensure and Discipline (komisja ds. licencji medycznych i dyscypliny) szpitala Rhode Island w oświadczeniu napisała, że lekarz „nie dokonał właściwej oceny umiejscowienia krwiaka przed rozpoczęciem zabiegu operacyjnego".

Stanowy Departament Zdrowia (State Department of Health) odkrył, że „wstępna analiza tego incydentu ujawniła braki w zakresie zasad bezpieczeństwa procedur chirurgicznych w szpitalu oraz brak przestrzegania niektórych istniejących systemów".

Przedstawiciele zarówno Komisji, jak i Departamentu Zdrowia odmówili dalszych komentarzy.

[10] W oświadczeniu przedstawiciel szpitala Rhode Island napisał: „Sądzę, że to chirurg był tą osobą, która zauważyła brak krwawienia – jest wiele wersji tego, co w tym momencie powiedział. Poprosił o wyciągnięcie zdjęć, potwierdził błąd, po czym zamknęli tę stronę czaszki i zaczęli operować z drugiej strony. Poza komentarzami [chirurga] zespół twierdził, że w sali operacyjnej po tym, jak zdali sobie sprawę z błędu, było bardzo cicho".

[11] W liście nadesłanym w odpowiedzi na korespondencję weryfikującą fakty, lekarz napisał, że „nikt nie twierdził, że ten błąd kosztował życie [pacjenta]. Rodzina nigdy nie skarżyła o spowodowanie śmierci w wyniku zaniedbania i osobiście mi podziękowała za uratowanie mu życia tego dnia. Część 140 000 dolarów ugody, którą wspólnie zapłacili szpital i pielęgniarz, była znacznie większa od mojego wkładu". Szpital Rhode Island, zapytany o tę informację, odmówił komentarza.

[12] Doniesienia w tym rozdziale oparto na wywiadach z licznymi osobami pracującymi w szpitalu Rhode Island i zaangażowanymi w incydent, które dostarczały czasami różnych opisów zdarzeń. Szczegóły odpowiedzi ze strony przedstawicieli szpitala i zaangażowanego w sytuację chirurga zawarto w przypisach.

[13] R.R. Nelson i S.G. Winter, *An Evolutionary Theory of Economic Change* (Cambridge, Mass.: Belknap Press of Harvard University Press, 1982).

[14] R.R. Nelson i S.G. Winter, The Schumpeterian Tradeoff Revisited, *The American Economic Review,* 72, (1982), 114–132. Winter, w notatce odpowiadającej na pytania weryfikujące informacje, napisał: „«Schumpeterian tradeoff» (temat artykułu z roku 1982 i pokrewnego rozdziału 14 w naszej książce) był tylko jednym z aspektów projektu, niekoniecznie motywującym. Nelson i ja omawialiśmy zbiór tematów wokół zmian technologicznych, wzrostu gospodarczego i zachowań przedsiębiorstw na długo przez rokiem 1982, na długo przed naszą wspólną pracą w Yale, szczególnie w latach 1966–1968 w RAND [RAND Corporation – amerykańska organizacja badawcza typu non-profit, think tank (przyp. tłum.)]. Nelson poszedł do Yale w 1968; ja tegoż roku trafiłem do Michigan i dołączyłem do Yale w 1976. «Na tropie» książki z 1982 byliśmy od roku 1967, w 1973 zaczęliśmy publikować związane z nią prace (...). Mówiąc krótko, choć spuścizna Schumpetera jest tu niewątpliwie silna, to już specyficzny aspekt związany z «Schumpeterian tradeoff» nie".

[15] Przegląd późniejszych badań, patrz: M.C. Becker, Organizational Routines: A Review of the Literature, *Industrial and Corporate Change,* 13, (2004), 643–678; Marta S. Feldman, Organizational Routines as a Source of Continuous Change, *Organization Science,* 11, (2000), 611–629.

[16] Winter, w notatce odpowiadającej na pytania weryfikujące informacje, napisał: „Sam nie miałem wielu prac empirycznych, a jeszcze mniej było takich, które zostały

opublikowane – większość to były prace Nelsona na temat aspektów zmiany technologicznej. W obszarze zachowań przedsiębiorstw opieraliśmy się na potężnych barach giganta, jakim jest Carnegie School (Simon, Cyert i March), a także polegaliśmy na wielu innych źródłach – badaniach technologii, historiach biznesu, ekonomii rozwoju, kilku psychologach... i Michaelu Polanyim, jakkolwiek go sklasyfikujemy".

[17] Winter, w notatce odpowiadającej na pytania weryfikujące informacje, wyjaśnił, że takie wzorce, które wyłaniają się z niezależnych decyzji pracowników, są aspektem zwyczajów i procedur, ale procedury także „są kształtowane przez czynniki oddziałujące z wielu różnych kierunków, w tym celowego oddziaływania menedżerów. Jednak podkreślaliśmy, że kiedy to się dzieje, rutyna, która się wtedy wyłania, inaczej niż w przypadku celowo ukształtowanych, jest ponownie kształtowana przez wiele wyborów dokonywanych na poziomie indywidualnym i innych czynników (patrz książka [*Evolutionary Theory of Economic Change*] s. 108)".

[18] Więcej informacji na ten fascynujący temat patrz: Paul S. Adler, Barbara Goldoftas i David I. Levine, Flexibility Versus Efficiency? A Case Study of Model Changeovers in the Toyota Production System, *Organization Science,* 10, (1999), 43–67; B.E. Ashforth i Y. Fried, The Mindlessness of Organisational Behaviors, *Human Relations,* 41, (1988), 305–329; Donde P. Ashmos, Dennis Duchon i Reuben R. McDaniel, Participation in Strategic Decision Making: The Role of Organisational Predisposition and Issue Interpretation, *Decision Sciences,* 29, (1998), 25–51; M.C. Becker, The Influence of Positive and Negative Normative Feedback on the Development and Persistence of Group Routines, praca doktorska, Purdue University, 2001; M.C. Becker i N. Lazaric, The Role of Routines in Organizations: An Empirical and Taxonomic Investigation, praca doktorska, Judge Institute of Management, University of Cambridge, 2004; Bessant, Caffyn i Gallagher, The Influence of Knowledge in the Replication of Routines, *Economie Appliquée* LVI, 65–94; An Evolutionary Model of Continuous Improvement Behaviour, *Technovation,* 21, (2001), 67–77; Tilmann Betsch, Klaus Fiedler i Julia Brinkmann, Behavioral Routines in Decision Making: The Effects of Novelty in Task Presentation and Time Pressure on Routine Maintenance and Deviation, *European Journal of Psychology,* 28, (1998), 861–878; Tilmann Betsch i in., When Prior Knowledge Overrules New Evidence: Adaptive Use of Decision Strategies and Role Behavioral Routines, *Swiss Journal of Psychology,* 58, (1999), 151–160; Tilmann Betsch in., The Effects of Routine Strength on Adaptation and Information Search in Recurrent Decision Making, *Organisational Behaviour and Human Decision Processes,* 84, (2001), 23–53; J. Burns, The Dynamics of Accounting Change: Interplay Between New Practices, Routines, Institutions, Power, and Politics, *Accounting, Auditing and Accountability Journal,* 13, (2000), 566–586; M.D. Cohen, Individual Learning and Organisational Routine: Emerging Connections, *Organisation Science,* 2, (1991), 135–139; M. Cohen i P. Bacdayan, Organisational Routines Are Stored as Procedural Memory: Evidence from a Laboratory Study, *Organisation Science,* 5, (1994), 554–568; M.D. Cohen i in., Routines and Other Recurring Action Patterns of Organisations: Contemporary Research Issues, *Industrial and Corporate Change,* 5,

(1996), 653–698; B. Coriat, Variety, Routines, and Networks: The Metamorphosis of Fordist Firms, *Industrial and Corporate Change,* 4, (1995), 205–227; B. Coriat i G. Dosi, Learning How to Govern and Learning How to Solve Problems: On the Co-evolution of Competences, Conflicts, and Organisational Routines, in *The Role of Technology, Strategy, Organisation, and Regions*, (red.). A.D.J. Chandler, P. Hadstroem i O. Soelvell (Oxford: Oxford University Press, 1998); L. D'Adderio, Configuring Software, Reconfiguring Memories: The Influence of Integrated Systems on the Reproduction of Knowledge and Routines, *Industrial and Corporate Change,* 12, (2003), 321–350; P.A. David, *Path Dependence and the Quest for Historical Economics: One More Chorus of the Ballad of QWERTY* (Oxford: Oxford University Press, 1997); G. Delmestri, Do All Roads Lead to Rome... or Berlin? The Evolution of Intra- and Inter-organisational Routines in the Machine-Building Industry, *Organisation Studies,* 19, (1998), 639–665; Giovanni Dosi, Richard R. Nelson i Sidney Winter, Introduction: The Nature and Dynamics of Organisational Capabilities, *The Nature and Dynamics of Organisational Capabilities*, (red.). G. Dosi, R.R. Nelson i S.G. Winter (Oxford: Oxford University Press, 2000), 1–22; G. Dowell i A. Swaminathan, Racing and Back-pedalling into the Future: New Product Introduction and Organisational Mortality in the US Bicycle Industry, 1880–1918, *Organisation Studies,* 21, (2000), 405–431; A.C. Edmondson, R.M. Bohmer i G.P. Pisano, Disrupted Routines: Team Learning and New Technology Implementation in Hospitals, *Administrative Science Quarterly,* 46, (2001), 685–716; M. Egidi, Routines, Hierarchies of Problems, Procedural Behaviour: Some Evidence from Experiments, w: *The Rational Foundations of Economic Behaviour*, (red.). K. Arrow i in. (London: Macmillan, 1996), 303–333; M.S. Feldman, Organisational Routines as a Source of Continuous Change, *Organisation Science,* 11, (2000), 611–629; Marta S. Feldman, A Performative Perspective on Stability and Change in Organizational Routines, *Industrial and Corporate Change,* 12, (2003), 727–752; Marta S. Feldman i B.T. Pentland, Reconceptualizing Organizational Routines as a Source of Flexibility and Change, *Administrative Science Quarterly,* 48, (2003), 94–118; Marta S. Feldman i A. Rafaeli, Organisational Routines as Sources of Connections and Understandings, *Journal of Management Studies,* 39, (2002), 309–331; A. Garapin i A. Hollard, Routines and Incentives in Group Tasks, *Journal of Evolutionary Economics,* 9, (1999), 465–486; C.J. Gersick i J.R. Hackman, Habitual Routines in Task-Performing Groups, *Organisational Behaviour and Human Decision Processes,* 47, (1990), 65–97; R. Grant, Toward a Knowledge-Based Theory of the Firm, *Strategic Management Journal,* 17, (1996), 109–122; R. Heiner, The Origin of Predictable Behaviour, *American Economic Review,* 73, (1983), 560–595; G.M. Hodgson, The Ubiquity of Habits and Rules, *Cambridge Journal of Economics,* 21, (1997), 663–684; G. M. Hodgson, The Mystery of the Routine: The Darwinian Destiny of *An Evolutionary Theory of Economic Change, Revue Économique,* 54, (2003), 355–384; G.M. Hodgson i T. Knudsen, The Firm as an Interactor: Firms as Vehicles for Habits and Routines, *Journal of Evolutionary Economics,* 14, 3, (2004), 281–307; A. Inam, Institutions, Routines, and Crises: Post-earthquake Housing Recovery in Mexico City and Los Angeles, praca doktorska, University of Southern California, 1997; A. Inam, Institutions, Routines, and Crises – Post-earthquake Housing Recovery in Mexico City and Los Angeles, *Cities,* 16, (1999), 391–407; O. Jones i M. Craven, Beyond the Routine: Innovation Management and the Teaching Company Scheme, *Technovation,* 21, (2001), 267–279; M. Kilduff, Performance and Interaction Routines in Multinational Corporations, *Journal of International Business Studies,* 23, (1992), 133–145; N. Lazaric, The Role of Routines, Rules, and Habits in Collective Learning: Some Epistemological and Ontological Considerations, *European Journal of Economic and Social Systems,* 14, (2000), 157–171; N. Lazaric i B. Denis, How and Why Routines Change: Some Lessons from the Articulation of Knowledge with ISO 9002 Implementation in the Food Industry, *Economies et Sociétés,* 6, (2001), 585–612; B. Levitt i J. March, Organisational Learning, *Annual Review of Sociology,* 14, (1988), 319–340; P. Lillrank, The Quality of Standard, Routine, and Nonroutine Processes, *Organization Studies,* 24, (2003), 215–233; S. Massini i in., The Evolution of Organizational Routines Among Large Western and Japanese Firms, *Research Policy,* 31, (2002), 1333–1348; T.J. McKeown, Plans and Routines, Bureaucratic Bargaining, and the Cuban Missile Crisis, *Journal of Politics,* 63, (2001), 1163–1190; A.P. Minkler, The Problem with Dispersed Knowledge: Firms in Theory and Practice, *Kyklos,* 46, (1993), 569–587; P. Morosini, S. Shane i H. Singh, National Cultural Distance and Cross-Border Acquisition Performance, *Journal of International Business Studies,* 29, (1998), 137–158; A. Narduzzo, E. Rocco i M. Warglien, Talking About Routines in the Field, w: *The Nature and Dynamics of Organizational Capabilities*, (red.). G. Dosi, R. Nelson i S. Winter (Oxford: Oxford University Press, 2000), 27–50; R.R. Nelson, Routines, w: *The Elgar Companion to Institutional and Evolutionary Economics,* t. 2, (red.). G. Hodgson, W. Samuels i M. Tool (Aldershot, U.K.: Edward Elgar, 1992), 249–253; B.T. Pentland, Conceptualizing and Measuring Variety in the Execution of Organizational Work Processes, *Management Science,* 49, (2003), 857–870; B.T. Pentland i H. Rueter, Organisational Routines as Grammars of Action, *Administrative Sciences Quarterly,* 39, (1994), 484–510; L. Perren i P. Grant, The Evolution of Management Accounting Routines in Small Businesses: A Social Construction Perspective, *Management Accounting Research,* 11, (2000), 391–411; D.J. Phillips, A Genealogical Approach to Organizational Life Chances: The Parent–Progeny Transfer Among Silicon Valley Law Firms, 1946–1996, *Administrative Science Quarterly,* 47, (2002), 474–506; S. Postrel i R. Rumelt, Incentives, Routines, and Self-Command, *Industrial and Corporate Change,* 1, (1992), 397–425; P.D. Sherer, N. Rogovksy i N. Wright, What Drives Employment Relations in Taxicab Organisations? *Organisation Science,* 9, (1998), 34–48; H.A. Simon, Programs as Factors of Production, *Proceedings of the Nineteenth Annual Winter Meeting, 1966,* Industrial Relations Research Association, 1967, 178–188; L.A. Suchman, Office Procedure as Practical Action: Models of Work and System Design, *ACM Transactions on Office Information Systems,* 1, (1983), 320–328; G. Szulanski, Appropriability and the Challenge of Scope: Banc One Routinizes Replication, w: *Nature and Dynamics of Organisational Capabilities*, (red.). G. Dosi,

R.R. Nelson i S. G. Winter (Oxford: Oxford University Press, 1999), 69–97; D. Tranfield i S. Smith, The Strategic Regeneration of Manufacturing by Changing Routines, *International Journal of Operations and Production Management,* 18, (1998), 114–129; Karl E. Weick, The Vulnerable System: An Analysis of the Tenerife Air Disaster, *Journal of Management,* 16, (1990), 571–593; Karl E. Weick, The Collapse of Sensemaking in Organizations: The Mann–Gulch Disaster, *Administrative Science Quarterly,* 38, (1993), 628–552; H.M. Weiss i D.R. Ilgen, Routinized Behaviour in Organisations, *Journal of Behavioral Economics,* 14, (1985), 57–67; S.G. Winter, Economic „Natural Selection" and the Theory of the Firm, *Yale Economic Essays,* 4, (1964), 225–272; S.G. Winter, Optimization and Evolution in the Theory of the Firm, w: *Adaptive Economic Models*, (red.). R. Day i T. Groves (New York: Academic Press, 1975), 73–118; S.G. Winter i G. Szulanski, Replication as Strategy, *Organization Science,* 12, (2001), 730–743; S.G. Winter i G. Szulanski, Replication of Organisational Routines: Conceptualizing the Exploitation of Knowledge Assets, w: *The Strategic Management of Intellectual Capital and Organisational Knowledge: A Collection of Readings*, (red.). N. Bontis i C.W. Choo (New York: Oxford University Press, 2001), 207–221; M. Zollo, J. Reuer i H. Singh, Interorganizational Routines and Performance in Strategic Alliances, *Organization Science,* 13, (2002), 701–713.

[19] Esbjoern Segelod, The Content and Role of the Investment Manual: A Research Note, *Management Accounting Research,* 8, 2, (1997), 221–231; Anne Marie Knott i Bill McKelvey, Nirvana Efficiency: A Comparative Test of Residual Claims and Routines, *Journal of Economic Behavior and Organization,* 38, (1999), 365–383; J.H. Gittell, Coordinating Mechanisms in Care Provider Groups: Relational Coordination as a Mediator and Input Uncertainty as a Moderator of Performance Effects, *Management Science,* 48, (2002), 1408–26; A.M. Knott i Hart Posen, Firm R&D Behavior and Evolving Technology in Established Industries, *Organization Science,* 20, (2009), 352–367.

[20] G.M. Hodgson, *Economics and Evolution* (Cambridge: Polity Press, 1993); Richard N. Langlois, Transaction-Cost Economics in Real Time, *Industrial and Corporate Change,* (1992), 99–127; R.R. Nelson, Routines; R. Coombs i J.S. Metcalfe, Organizing for Innovation: Co-ordinating Distributed Innovation Capabilities, in *Competence, Governance, and Entrepreneurship*, (red.). J.N. Foss i V. Mahnke (Oxford: Oxford University Press, 2000); R. Amit i M. Belcourt, HRM Processes: A Value-Creating Source of Competitive Advantage, *European Management Journal,* 17, (1999), 174–181.

[21] G. Dosi, D. Teece i S.G. Winter, Toward a Theory of Corporate Coherence: Preliminary Remarks, w: *Technology and Enterprise in a Historical Perspective*, (red.). G. Dosi, R. Giannetti i P.A. Toninelli (Oxford: Clarendon Press, 1992), 185–211; S.G. Winter, Y.M. Kaniovski i G. Dosi, A Baseline Model of Industry Evolution, *Journal of Evolutionary Economics,* 13, 4, (2003), 355–383; B. Levitt i J.G. March, Organizational Learning, *Annual Review of Sociology,* 14, (1988), 319–340; D. Teece i G. Pisano, The Dynamic Capabilities of Firms: An Introduction, *Industrial and Corporate*

Change, 3, (1994), 537–556; G.M. Hodgson, The Approach of Institutional Economics, *Journal of Economic Literature,* 36, (1998), 166–192; Phillips, Genealogical Approach to Organizational Life Chances; M. Zollo, J. Reuer i H. Singh, Interorganizational Routines and Performance in Strategic Alliances, *Organization Science,* 13, (2002), 701–713; P. Lillrank, The Quality of Standard, Routine, and Nonroutine Processes, *Organization Studies,* 24, (2003), 215–233.

[22] M.C. Becker, Organizational Routines: A Review of the Literature, *Industrial and Corporate Change,* 13, 4, (2004), 643–678.

[23] B. Coriat i G. Dosi, Learning How to Govern and Learning How to Solve Problems: On the Co-evolution of Competences, Conflicts, and Organisational Routines, w: *The Role of Technology, Strategy, Organisation, and Regions*, (red.). A.D.J. Chandler, P. Hadstroem i O. Soelvell (Oxford: Oxford University Press, 1998); C.I. Barnard, *The Functions of the Executive* (Cambridge, Mass.: Harvard University Press, 1938); P.A. Mangolte, La dynamique des connaissances tacites et articulées: une approche socio-cognitive, *Economie Appliquée,* 50, 2, (1997), 105–134; P.A. Mangolte, Le concept de 'routine organisationelle' entre cognition et institution, praca doktorska, Université Paris-Nord, U.F.R. de Sciences Economiques et de Gestion, Centre de Recherche en Economie Industrielle, 1997; P.A. Mangolte, Organisational Learning and the Organisational Link: The Problem of Conflict, Political Equilibrium and Truce, *European Journal of Economic and Social Systems,* 14, (2000), 173–190; N. Lazaric i P.A. Mangolte, Routines et mémoire organisationelle: un questionnement critique de la perspective cognitiviste, *Revue Internationale de Systémique,* 12, (1998), 27–49; N. Lazaric i B. Denis, How and Why Routines Change: Some Lessons from the Articulation of Knowledge with ISO 9002 Implementation in the Food Industry, *Economies et Sociétés,* 6, (2001), 585–612; N. Lazaric, P.A. Mangolte i M.L. Massué, Articulation and Codification of Know-How in the Steel Industry: Some Evidence from Blast Furnace Control in France, *Research Policy,* 32, (2003), 1829–1847; J. Burns, The Dynamics of Accounting Change: Interplay Between New Practices, Routines, Institutions, Power, and Politics, *Accounting, Auditing and Accountability Journal,* 13, (2000), 566–586.

[24] Winter, w notatce będącej odpowiedzią na pytania weryfikujące informacje, napisał: „Sformułowanie «rutyna jako rozejm» okazała się być wyjątkowo żywotna i sądzę, że dzieje się tak dlatego, że wszyscy z odrobiną nawet doświadczenia z pracą w organizacji szybko odkrywają, że jest to wygodna etykietka dla wszelkiego rodzaju wydarzeń, które są im dobrze znane (...). Ale twój przykład z handlowcem podejmuje zagadnienia zaufania, współpracy i kultury, które wykraczają poza «rutynę jako rozejm». Są to subtelne kwestie, na które można spojrzeć z różnych stron. Idea «rutyna jako rozejm» jest dużo bardziej specyficzna niż powiązane zagadnienia związane z «kulturą». Mówi: „Jeżeli ty, Panie menedżerze czy Pani menedżerko W SPOSÓB WIDOCZNY ODBIEGNIESZ od ogólnie podzielanego rozumienia «jak my tutaj to robimy», napotkasz na silny opór, napędzany podejrzeniami dotyczącymi twoich motywów, które przekroczą wszystko, czego mógłbyś się spodziewać. A jeżeli reakcje te nie będą całkowicie niezależne od jakości argumentów, które przytoczysz, to będą od

nich niemal niezależne, i to w stopniu, który nie pozwoli ci dostrzec różnicy. Załóżmy na przykład, że rozwiniemy przytoczony przez ciebie przykład «w tym roku czerwony», do chwili wdrożenia, kiedy włożono już mnóstwo wysiłku w to, żeby czerwień swetra na okładce była dokładnie taka sama, jak czerwień na stronie 17 i żeby oba odcienie dokładnie odzwierciedlały to, co ma w głowie dyrektor generalny, i ów czerwony jest także tym czerwonym, który jest rzeczywiście produkowany przez podwykonawców w Malezji, Tajlandii i Gwatemali. Wszystko to jest dokładnie na drugim krańcu bieguna spektrum rutyn niż decyzja «czerwony»; ludzie są zaangażowani w złożone i skoordynowane zachowania – trochę jak w przypadku półprzewodnika. Ludzie w organizacji myślą, że wiedzą, co robią (ponieważ w mniejszym czy większym stopniu dokładnie to samo robili z zielonymi golfami, modnymi w zeszłym roku), i pracują jak dzicy, żeby wszystko dopiąć mniej więcej o czasie. To jest zarządzanie intuicyjne i bardzo ciężka praca, uwzględniając, częściowo (domniemany) fakt, że ludzkie oko może rozróżnić siedem milionów różnych odcieni. W tym wszystkim TY, drogi Panie menedżerze czy droga Pani menedżerko, nagle się pojawiasz i mówisz «Ups, wybaczcie, to jest błąd, zamiast czerwonego miał być fioletowy. Wiem, że już prawie wszystko zostało zrobione, żeby to był czerwony, ale wysłuchajcie mnie, ponieważ... ». Jeżeli udało ci się pozyskać w organizacji silnych sojuszników, którzy także przychylnie oceniają to spóźnione przejście na fiolet, to właśnie rozpalasz kolejną bitwę w «wojnie domowej», której konsekwencje są nieprzewidywalne. Jeżeli nie masz takich sojuszników, to w tej organizacji zarówno ty, jak i twój pomysł już jesteście martwi, i to bezzwłocznie. I nie ma najmniejszego znaczenia, jak bardzo logiczne uzasadnienia i dowody chcesz przytoczyć po twoim «ponieważ»".

[25] Nelson i Winter, *Evolutionary Theory of Economic Change,* 110.

[26] Rik Wenting, Spinoff Dynamics and the Spatial Formation of the Fashion Design Industry, 1858–2005, *Journal of Economic Geography,* 8, 5 (2008), 593–614. Wenting, odpowiadając na pytania weryfikujące fakty, napisał: „Nelson i Winter mówią o rutynach organizacyjnych jako o powtarzających się, kolektywnych działaniach determinujących zachowania i osiągnięcia przedsiębiorstw. Szczególnie zwracają uwagę, że rutyny trudno skodyfikować i że są one częścią kultury organizacji, i dlatego trudno je zmienić. Ponadto są główną przyczyną różnic między osiągnięciami firm i utrzymującymi się w czasie różnicami między nimi. Literatura zapoczątkowana przez Stevena Kleppera interpretuje ten aspekt rutyn czy zwyczajów jako częściowy powód, dlaczego spółki wydzielone mają podobne osiągnięcia jak ich spółki-matki. Posługuję się tym samym rozumowaniem w branży związanej z modą: przedsiębiorcy projektujący modę w dużej mierze kształtują podstawy swoich nowych firm, bazując na zwyczajach organizacyjnych, których nauczyli się od swoich poprzednich pracodawców. W badaniach, które prowadziłem w ramach mojego doktoratu, znalazłem dowody, że od samego początku przemysłu *haute couture* (1858, Paryż), spółki wydzielone projektujące modę (niezależnie od tego, czy mieściły się w Nowym Jorku, Paryżu, Mediolanie czy Londynie itd.) rzeczywiście osiągały podobne wyniki jak ich firmy macierzyste".

[27] Szczegóły na temat rozejmów – stojących w opozycji do rutyn – w świecie mody bazują na wywiadach z samymi projektantami. Wenting, odpowiadając na pytania weryfikujące fakty, napisał: „Zauważ, że nie mówię o rozejmach między przedsiębiorcą a jego dawnym pracownikiem. To rozszerzenie literatury na temat organizacyjnych zwyczajów, której nie studiowałem szczegółowo. Niemniej w moich badaniach efektu «dziedziczności» między firmami macierzystymi a wydzielonymi, rola «reputacji» i «sieci społecznej» są często wspominane przez projektantów, kiedy mówią o korzyściach, jakich doświadczają dzięki firmie macierzystej".

[28] Rodney Cowton i Tony Dawe, Inquiry Praises PC Who Helped to Fight King's Cross Blaze, *The Times*, 5.02.1988.

[29] Szczegóły tego zdarzenia pochodzą z wielu źródeł, w tym z wywiadów, a także z: D. Fennell, *Investigation into the King's Cross Underground Fire* (Norwich, U.K.: Stationery Office Books, 1988); P. Chambers, *Body 115: The Story of the Last Victim of the King's Cross Fire* (New York: John Wiley and Sons, 2006); K. Moodie, The King's Cross Fire: Damage Assessment and Overview of the Technical Investigation, *Fire Safety Journal*, 18, (1992), 13–33; A.F. Roberts, The King's Cross Fire: A Correlation of the Eyewitness Accounts and Results of the Scientific Investigation, *Fire Safety Journal*, 1992; Insight: Kings Cross, *The Sunday Times*, 22.11.1987; Relatives Angry Over Tube Inquest; King's Cross Fire, *The Times*, 5.10.1988.

[30] W raporcie Fennella śledczy miał ambiwalentne odczucia co do kwestii, w jakim stopniu można było zapobiec tragedii, gdyby fakt płonącej chusteczki został zgłoszony. Raport Fennella jest tu celowo ostrożny: „W sferze domysłów pozostanie, co by się stało, gdyby londyńska straż pożarna została wezwana do płonącej chusteczki... To kwestia spekulacji, jaki bieg mogłyby przybrać wypadki, gdyby [Brickell] postąpił zgodnie z nową procedurą i natychmiast wezwał londyńską straż pożarną".

[31] Answers That Must Surface – The King's Cross Fire Is Over but the Controversy Continues, *The Times*, 2.12.1987; Businessman Praised for Rescuing Two from Blazing Station Stairwell; King's Cross Fire Inquest, *The Times*, 6.10.1998.

[32] W oświadczeniu, będącym odpowiedzią na pytania weryfikujące informacje, rzecznik Londyńskiego Metra i Kolei napisał: „Londyńskie Metro starannie wszystko rozważyło i teraz nie jest w stanie dostarczyć dalszych komentarzy czy dodatkowego wsparcia. Reakcja Metra na pożar na stacji King's Cross i zmiany organizacyjne, które zostały wprowadzone w odpowiedzi na powstałą sytuację, są dobrze udokumentowane, a ciąg zdarzeń prowadzący do powstania pożaru jest szczegółowo omówiony w raporcie pana Fennella, dlatego też Londyńskie Metro nie widzi potrzeby dodatkowego komentowania istniejących już obszernych opracowań tematu. Przypuszczam, że nie takiej spodziewał się Pan odpowiedzi".

[33] Felice Freyer, Another Wrong-Site Surgery at R.I. Hospital, *The Providence Journal*, 28.10.2009; Investigators Probing 5th Wrong-Site Surgery at Rhode Island Hospital Since 2007, Associated Press, 23.10.2009; R.I. Hospital Fined $150,000 in 5th Wrong-Site Surgery Since 2007, Video Cameras to Be Installed, Associated Press, 2.11.2009; List do szpitala Rhode Island z Departamentu Zdrowia Rhode Island,

2.11.2009; List do szpitala Rhode Island Departamentu Zdrowia Rhode Island, 26.10.2010; List do szpitala Rhode Island z Centers for Medicare i Medicaid Services, 25.10.2010.

[34] 'The Problem's Not Going Away': Mistakes Lead to Wrong-Side Brain Surgeries at R.I. Hospital, Associated Press, 15.12.2007.

[35] W oświadczeniu rzeczniczka szpitala Rhode Island napisała: „Nigdy nie słyszałam, by jakikolwiek reporter «rzucał się» na lekarza, nigdy też nie widziałam nic takiego w żadnej ze stacji telewizyjnych. Choć oczywiście nie mogę komentować indywidualnych odczuć, to jednak cytat implikuje medialną nagonkę, która nie miała miejsca. Wprawdzie wydarzenia zyskały ogólnokrajowy rozgłos, niemniej żadne ogólnokrajowe media nie pojawiły się w Rhode Island".

[36] W oświadczeniu rzeczniczka szpitala Rhode Island napisała: „Nie nazwałabym panującej atmosfery kryzysem – w odniesieniu do wielu osób bardziej pasuje demotywacja. Wielu ludzi czuło się osaczonych".

[37] Kamery zainstalowano jako element ugody ze stanowym departamentem zdrowia.

[38] Opracowanie na temat bezpieczeństwa zabiegów chirurgicznych w szpitalu Rhode Island udostępnione przez szpitalną administrację. Więcej informacji na temat inicjatyw szpitala w zakresie bezpieczeństwa można znaleźć na: http://rhodeislandhospital.org/rih/quality/.

[39] Więcej na temat tego, jak kryzysy mogą wytworzyć atmosferę, w której zmiana zaczyna być możliwa, i jak dochodzi do operowania złej strony, patrz: Douglas McCarthy i David Blumenthal, Stories from the Sharp End: Case Studies in Safety Improvement, *Milbank Quarterly,* 84, (2006), 165–200; J.W. Senders i in., The Egocentric Surgeon or the Roots of Wrong Side Surgery, *Quality and Safety in Health Care,* 17, (2008), 396–400; Mary R. Kwaan i in., Incidence, Patterns, and Prevention of Wrong-Site Surgery, *Archives of Surgery,* 141, 4 (kwiecień, 2006), 353–357.

[40] Omówienie tego tematu patrz: McCarthy i Blumenthal, Stories from the Sharp End; Atul Gawande, *Better:A Surgeon's Notes on Performance* (New York: Metropolitan Books, 2008); Atul Gawande, *The Checklist Manifesto: How to Get Things Right* (New York: Metropolitan Books, 2009).

[41] Report to the President: Actions to Implement the Recommendations of the Presidential Commission on the Space Shuttle *Challenger* Accident, 14.07.1986; Matthew W. Seeger, The *Challenger* Tragedy and Search for Legitimacy, *Communication Studies,* 37, 3, (1986), 147–157; John Noble Wilford, New NASA System Aims to Encourage Blowing the Whistle, *The New York Times,* 5.06.1987; Joseph Lorenzo Hall, *Columbia* and *Challenger*: Organizational Failure at NASA, Space Policy, 19, 4, (listopad, 2003), 239–247; Barbara Romzek i Melvin Dubnick, Accountability in the Public Sector: Lessons from the *Challenger* Tragedy, *Public Administration Review,* 47, 3, (maj–czerwiec, 1987), 227–238.

[42] Karl E. Weick, The Vulnerable System: An Analysis of the Tenerife Air Disaster, *Journal of Management,* 16, 3, (1990), 571–593; William Evan i Mark Manion,

Minding the Machines: Preventing Technological Disasters (Upper Saddle River, N.J.: Prentice Hall Professional, 2002); Raimo P. Hämäläinen i Esa Saarinen, *Systems Intelligence: Discovering a Hidden Competence in Human Action and Organizational Life* (Helsinki: Helsinki University of Technology, 2004).

[43] Great Society – Wielkie Społeczeństwo, nazwa programu wyborczego prezydenta L.B. Johnsona; New Deal – Nowy Ład, program reform przedstawiony przez prezydenta F.D. Roosevelta (przyp. tłum.).

7

TARGET WIE, CZEGO CHCESZ, ZANIM TY SAM SIĘ O TYM DOWIESZ: KIEDY FIRMY PRZEWIDUJĄ NAWYKI (I NIMI MANIPULUJĄ)

I

ANDREW POLE WŁAŚNIE ZACZĄŁ PRACĘ JAKO SPECJALISTA od danych dla Targetu[1], kiedy kilku kolegów z działu marketingu stanęło koło jego biurka i poprosiło go o odpowiedzi na parę pytań, do których udzielania był stworzony:

„Czy twoje komputery są w stanie wykombinować, którzy klienci spodziewają się dziecka, nawet jeżeli oni starają się to przed nami ukryć?".

Pole był statystykiem. Całe jego życie kręciło się wokół wykorzystywania danych w celu zrozumienia ludzi. Dorastał w małym miasteczku w Dakocie Północnej, i kiedy jego koledzy chodzili na zajęcia do klubów 4H albo budowali modele rakiet, on bawił się komputerami. Po college'u uzyskał tytuł magistra statystyki, potem ekonomii i podczas gdy większość jego kolegów studiujących ekonomię na University of Missouri poszła w kierunku firm ubezpieczeniowych i agencji rządowych, Pole wybrał inną ścieżkę. Rozwinął obsesję na punkcie sposobów wykorzystywania przez ekonomistów analizy wzorców do wyjaśniania ludzkich zachowań. Pole próbował nawet swoich sił w kilku nieformalnych eksperymentach. Zorganizował przyjęcie i przepytał wszystkich o ich ulubione dowcipy, a potem próbował stworzyć matematyczny model idealnego powiedzonka. Próbował obliczyć dokładną ilość piwa, którą musiał wypić, aby zdobyć wystarczająco dużo pewności siebie, pozwalającą mu zagadnąć kobiety podczas imprezy, a jednocześnie nie zrobić z siebie głupka. (Wygląda na to, że to konkretne badanie nigdy nie da właściwych rezultatów).

Ale te eksperymenty były dziecinnymi zabawami, o czym wiedział, wprawkami do udoskonalenia sposobu, w jaki amerykańskie korporacje wykorzystywały dane do analizowania życia ludzi. Pole chciał dołączyć do tego świata. Kiedy więc ukończył studia i usłyszał, że Hallmark, firma produkująca kartki z życzeniami, chce zatrudnić statystyka w Kansas City, wysłał swoje zgłoszenie i niebawem spędzał czas na analizie danych sprzedażowych i ustalaniu, czy obrazki pand, czy może słoni pozwalają na większą sprzedaż kartek urodzinowych i czy śmieszne napisy są śmieszniejsze w kolorze czerwonym, czy niebieskim. Był w siódmym niebie.

Sześć lat później, w roku 2002, kiedy Pole dowiedział się, że Target szuka analityków, postanowił spróbować. Wiedział, że jeśli chodzi o zbieranie danych, Target był w zupełnie innej lidze. Każdego roku miliony zakupowiczów wchodziło do jednego z tysiąca stu czterdziestu siedmiu sklepów, dostarczając terabajtów informacji o sobie. Większość z nich nie miała bladego pojęcia, że tak się dzieje. Korzystali ze swoich kart lojalnościowych, wymieniali kupony, które otrzymywali pocztą, albo płacili kartami kredytowymi, nieświadomi, że Target był w stanie połączyć ich zakupy z indywidualnym profilem demograficznym.

Dla statystyka te dane były magicznym oknem, przez które można zaglądać w preferencje klientów. Target sprzedawał wszystko, od artykułów spożywczych przez ubrania po elektronikę i meble ogrodowe, a dzięki dokładnemu przyglądaniu się nawykom kupujących zatrudnieni w firmie analitycy mogli przewidywać, co dzieje się w ich domach. Ktoś kupuje nowe ręczniki, prześcieradła, sztućce, patelnie i mrożone dania obiadowe? Prawdopodobnie właśnie kupił nowy dom – albo się rozwodzi. Sklepowy wózek pełen sprayu na insekty, dziecięcej bielizny, latarek, baterii, poradników w stylu „Zrób to sam" i butelka Chardonnay? Niebawem wszyscy wyjadą na obóz i mama już nie może się doczekać.

Praca w Targecie dała Pole'owi możliwość badania jednego z najbardziej złożonych organizmów – amerykańskiego zakupowicza – w jego środowisku naturalnym. Polegała na tworzeniu modeli matematycznych, które mogły przeczesać dane i ustalić, w których gospodarstwach domowych są dzieci, a które są zamieszkiwane przez zatwardziałych kawalerów; którzy kupujący kochają aktywności na dworze, a którym bliższe są lody i harlekiny. Zadaniem Pole'a było rozwinięcie, dzięki matematyce, umiejętności czytania w myślach i rozszyfrowywania nawyków klientów w celu przekonania ich do wydawania większych sum.

I, pewnego popołudnia, kilku współpracowników Pole'a z działu marketingu zatrzymało się przy jego biurku. Chcieli się dowiedzieć, którzy z klientów Targetu spodziewali się dziecka – na podstawie ich wzorca robienia zakupów. W końcu kobiety ciężarne i młodzi rodzice są Świętym Graalem handlu detalicznego. Praktycznie nie istnieje grupa, która umożliwiałaby większe zyski, która byłaby bardziej głodna wszelkich produktów i niewrażliwa na ich cenę. To nie tylko pieluchy i nawilżane chusteczki. Młodzi rodzice są tak zmęczeni, że kupią wszystko, czego potrzebują – od soku po papier toaletowy, skarpetki i prasę – wszędzie tam, gdzie zaopatrują się w pieluchy i mleko. Co więcej, jeśli młodzi rodzice zaczną robić zakupy w Targecie, będą wracać tam przez lata.

Innymi słowy – wiedza, kto jest w ciąży, może dać Targetowi miliony dolarów.

Pole był zaintrygowany. Czyż może być coś bardziej fascynującego dla przepowiadającego przyszłość statystyka niż wniknięcie nie tylko do głów kupujących, lecz także do ich sypialni?

W czasie trwania projektu Pole dostanie kilka ważnych lekcji na temat niebezpieczeństw związanych z polowaniem na najintymniejsze ludzkie nawyki. Dowie się, na przykład, że ukrywanie zdobytej wiedzy jest czasami równie ważne jak jej posiadanie i że nie wszystkie kobiety wpadają w entuzjazm na wieść, że ktoś analizuje ich zamiary reprodukcyjne.

Okazało się, że nie wszyscy są fanami opartego na matematyce czytania w ludzkich umysłach.

„Myślę, że ludzie spoza branży mogą mieć wrażenie, że to taki Wielki Brat", powiedział mi Pole. „Niektórzy czują się z tym nieswojo".

* * *

Dawno, dawno temu, taka firma jak Targent nigdy nie zatrudniłaby kogoś takiego jak Pole. W czasach tak nieodległych, jak dwadzieścia lat wstecz, detaliści nie przeprowadzali wnikliwych analiz. Target, tak jak sklepy spożywcze, centra handlowe, sprzedawcy kartek okolicznościowych, ubrań i inni starali się zaglądać do głów swoich klientów, wykorzystując staromodne metody: zatrudniając psychologów, którzy propagowali niezbyt naukowe metody, twierdząc, że dzięki nim klienci będą wydawać więcej pieniędzy.

Niektóre z tych metod są dziś nadal w użyciu. Jeżeli wejdziesz do takich miejsc, jak Walmart, Home Depot czy miejscowych centrów handlowych i się dokładnie przyjrzysz, dostrzeżesz sztuczki handlowców, które znane są od dziesięcioleci, a każda z nich nastawiona jest na wykorzystanie twojej nieświadomości.

Weźmy na przykład twój sposób kupowania jedzenia.

Istnieje duże prawdopodobieństwo, że pierwszą rzeczą, jaką widzisz, wchodząc do sklepu spożywczego, będą owoce i warzywa, ułożone w atrakcyjne, obfite stosy. Kiedy się nad tym zastanowimy, to umieszczanie ich właśnie w tym miejscu nie ma sensu, ponieważ owoce i warzywa łatwo się gniotą na spodzie sklepowego wózka; patrząc więc logicznie, powinny znajdować się blisko kas, żeby pojawiać się na końcu naszej wycieczki. Ale dawno temu spece od marketingu i psychologowie odkryli, że jeżeli *rozpoczniemy* nasze zakupy od załadowania wózka czymś zdrowym, będziemy bardziej skłonni kupić czipsy, ciastka i mrożoną pizzę, kiedy się na nie natkniemy na późniejszym etapie podróży między sklepowymi półkami. Zalewające nas nieświadomie przeświadczenie o naszej cnotliwości, którego doświadczamy po zakupie ekologicznie uprawianego kabaczka, ułatwia późniejsze wpakowanie do wózka litrowego kubła lodów.

Albo zwróćmy uwagę na fakt, że większość z nas skręca po wejściu do sklepu w prawo. (Wiesz, że skręcasz w prawo? Jest prawie pewne, że tak właśnie robisz. Istnieją tysiące godzin nagrań wideo pokazujące, jak kupujący skręcają w prawo po przekroczeniu drzwi wejściowych). Dlatego też handlowcy zapełniają prawą stronę sklepów produktami, które przynoszą największe zyski, licząc, że z miejsca je kupisz. Teraz przyjrzyj się płatkom śniadaniowym i zupom: kiedy ustawione są niealfabetycznie, z pozoru całkowicie dowolnie, automatycznie przyglądamy im się trochę dłużej, obejmując wzrokiem większy obszar sklepowego regału. Dlatego rzadko kiedy znajdziesz Rodzynkowe Pychotki obok Ryżowych Kuleczek. Niemal na pewno będziesz musiał dokładnie przeszukać półki, żeby znaleźć pożądany produkt, i może dzięki temu skusisz się i złapiesz dodatkowe pudło innej marki[2].

Ale problem z tymi metodami polega na tym, że do każdego klienta podchodzą w taki sam sposób. Są to dość prymitywne rozwiązania mające uruchamiać nawyk kupowania w stylu jeden-rozmiar-dla-wszystkich.

W ciągu ostatnich dwudziestu lat handel detaliczny robił się coraz bardziej konkurencyjny i takie sieci jak Target zrozumiały, że nie mogą już polegać na starym zestawie sztuczek. Jedynym sposobem na zwiększenie zysków było odkrycie nawyków każdego jednego klienta i kierowanie działań marketingowych do każdego z nich oddzielnie, za pomocą spersonalizowanych formuł, odpowiadających na wyjątkowe preferencje kupujących.

Częściowo uzmysłowienie sobie powyższego wynikało z rosnącej świadomości siły, z jaką nawyki wpływają na niemal każdą decyzję dotyczącą zakupów. Seria eksperymentów przekonała speców od marketingu, że jeżeli uda im się zrozumieć określone nawyki konsumentów, będą w stanie nakłonić ich do kupna niemal wszystkiego[3]. W jednym z badań filmowano kupujących w sklepach spożywczych. Badacze chcieli wiedzieć, w jaki sposób ludzie podejmują decyzje o zakupach. Szczególnie interesowali ich klienci, którzy przychodzili do sklepu z listą zakupów – którzy, teoretycznie, już wcześniej zadecydowali, co chcą kupić.

Odkryli, że mimo list ponad 50 procent decyzji o zakupie zapadało w chwili, w której klient dostrzegał produkt na półce, ponieważ, pomimo najlepszych intencji zakupowiczów, ich nawyki były silniejsze niż spisane zamiary. „Zobaczmy", zamruczał jeden z kupujących sam do siebie, kiedy przemierzał sklepowe alejki. „Tu są czipsy. Ominę je. Ale zaraz. O! Czipsy ziemniaczane Lay's są w promocji!"[4]. I już do wózka powędrowała paczka czipsów. Niektórzy kupujący kupowali te same marki całymi miesiącami, także wtedy, kiedy przyznawali się, że nie lubią ich jakoś szczególnie mocno („Nie mam bzika na punkcie kawy Folgers, ale ją kupuję. No bo niby co innego mogę jeszcze kupić?", powiedziała pewna kobieta, stojąc przed półką z dziesiątkami innych rodzajów kawy). Zakupowicze za każdym razem kupują mniej więcej taką samą ilość jedzenia, nawet jeżeli założyli sobie, że tym razem kupią mniej.

„Konsumenci czasami reagują zupełnie jak istoty kierujące się nawykami, automatycznie powtarzając przeszłe zachowania bez uwzględniania obecnych celów", napisało w roku 2009 dwóch psychologów z University of Southern California[5].

Zaskakującym aspektem tych badań było jednak to, że pomimo faktu, iż niemal każdy, robiąc zakupy, kierował się nawykami, to nawyki każdej z osób były odmienne. Facet, który lubi czipsy, za każdym razem kupuje paczkę, ale kobieta od kawy Folgers nigdy nie zachodzi do alejki z chrupkami ziemniaczanymi. Byli ludzie kupujący mleko za każdym razem – nawet jeżeli mieli go jeszcze w domu w bród – i byli tacy, którzy zawsze kupowali łakocie, kiedy mówili, że chcą schudnąć. Ale grupy kupujących mleko i uzależnionych od słodyczy raczej się nie pokrywały.

Nawyki były wyjątkowe dla każdego człowieka.

Target chciał wykorzystać te indywidualne dziwactwa. Tylko jak tego dokonać, gdy przez twoje sklepy codziennie przewijają się miliony osób? Jak możesz śledzić ich preferencje i wzorce zachowań konsumenckich?

Zbierasz dane. Nieprawdopodobnie olbrzymie, niemal niewyobrażalne ilości danych.

Zaczynając nieco ponad dziesięć lat temu, Target rozpoczął budowę ogromnego banku danych, w którym każdemu klientowi przypisano kod identyfikacyjny – znany wewnętrznie jako „Numer Identyfikacyjny Gościa" (Guest ID number) – mający na oku sposób robienia zakupów każdego klienta. Kiedy zakupowicz korzystał ze specjalnej karty Target, wręczanej stałym klientom przy kasach, realizował kupon, który został mu przesłany pocztą, wypełniał ankietę, składał reklamację, dzwonił na infolinię dla klientów, otwierał e-mail od Targetu, wchodził na strony Target.com lub kupował cokolwiek on-line, komputery firmy to rejestrowały. Zapis każdego zakupu był łączony ze specjalnym numerem identyfikacyjnym, wraz z informacjami na temat wszystkich innych zakupów, jakich kiedykolwiek dokonał.

Do numeru identyfikacyjnego przypisywano także informacje demograficzne, zdobywane przez Target lub kupowane od innych firm, w tym wiek kupującego, stan cywilny, dzieci, w której części miasta mieszka, ile czasu zajmuje mu dojazd do sklepu, szacunkowe dane na temat zarobków, czy się niedawno przeprowadzał, jakie strony internetowe odwiedza, jakie karty kredytowe ma w portfelu, numery telefonów. Target może kupować dane wskazujące na pochodzenie etniczne zakupowicza, historię zatrudnienia, rodzaj czytanej prasy, tego, czy kiedykolwiek ogłosił upadłość konsumencką, kiedy kupił (lub stracił) dom, czy i gdzie był w college'u lub na studiach, czy preferuje określone gatunki kawy, papieru toaletowego, płatków śniadaniowych czy musu jabłkowego.

Istnieją takie firmy zbierające dane jak InfiniGraph, które „słuchają" rozmów prowadzonych przez zakupowiczów on-line, na internetowych tablicach ogłoszeniowych i forach, śledząc, jakie najchętniej wymieniają produkty. Firma o nazwie Rapleaf sprzedaje informacje na temat skłonności politycznych, zwyczajów związanych z czytelnictwem, działalnością charytatywną, liczbą posiadanych samochodów, oraz tego, czy kupujący wolą wiadomości religijne czy handel papierosami[6]. Inne firmy analizują zdjęcia przesyłane za pośrednictwem sieci, odnotowując, czy ludzie są otyli czy chudzi, niscy czy wysocy, kudłaci czy łysi i jakie w związku z tym produkty mogą ich zainteresować. (Target w oświadczeniu odmówił wskazania, z jakimi firmami zbierającymi dane demograficzne współpracuje i jakiego rodzaju informacje analizuje).

„Czasy, w których firmy wiedziały o kliencie tylko to, co on *chciał* im powiedzieć, już dawno minęły", powiedział Tom Davenport, jeden z wiodących badaczy w obszarze wykorzystywania danych i ich analizowania przez przedsiębiorstwa. „Ten świat jest już dawno za nami. Bylibyście w szoku, gdybyście wiedzieli, ile wokół krąży danych – i każda firma je kupuje, ponieważ to jest jedyny sposób, aby przetrwać".

Jeżeli korzystasz z karty kredytowej Targetu, żeby raz w tygodniu kupić pudełko kolorowych lodów na patyku, zazwyczaj o godzinie 18.30 w dni powszednie, a w lipcu i październiku kupujesz wielkie worki na śmieci, to statystycy i programy komputerowe Targetu ustalą, że masz dzieci, wpadasz po zakupy w drodze z pracy, masz trawnik wymagający koszenia w lecie i drzewa gubiące liście na jesieni. Przyjrzą się innym wzorcom twoich zakupów i ustalą, że czasami kupujesz płatki śniadaniowe, ale nigdy nie kupujesz mleka – a to oznacza, że musisz je kupować gdzie indziej. Więc Target prześle ci kupony na chude mleko i czekoladowe chrupki, przybory szkolne, meble ogrodowe, grabie i – w końcu jest szansa, że będziesz się chciał odprężyć po ciężkim dniu – piwo. Firma będzie się starała odgadnąć, co zwykłeś kupować, i przekonać cię, żebyś kupował to u nich. Firma ma zdolność personalizowania reklam i kuponów wysyłanych do klienta, choć ty sam zapewne nigdy nie odgadniesz, że twoja ulotka reklamowa różni się od tej, którą otrzymał twój sąsiad.

„Dysponując Numerem Identyfikacyjnym Gościa mamy twoje nazwisko, adres i informacje o środkach płatniczych. Wiemy, że masz kartę kredytową VISA, kartę debetową, i możemy to wszystko powiązać z twoimi zakupami w sklepie", powiedział Pole do zebranych w sali statystyków podczas konferencji w roku 2010. Firma jest w stanie połączyć ponad połowę wszystkich zakupów dokonywanych w sklepie, niemal wszystkie zakupy dokonywane on-line i około jednej czwartej wizyt na stronach internetowych z konkretnymi osobami.

Na tej konferencji Pole pokazał slajd przedstawiający próbkę danych zbieranych przez Target – schemat, którego pojawienie się na ekranie sprawiło, że któryś z uczestników zagwizdał z zachwytu[7]:

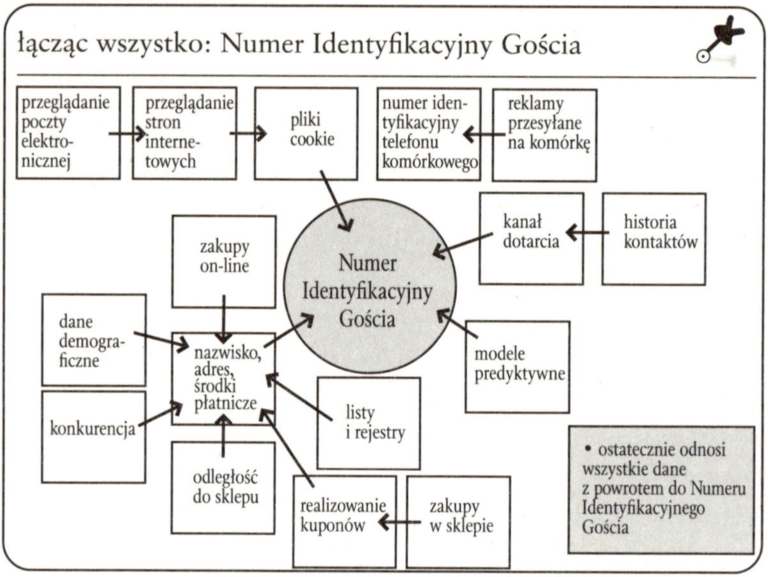

Problem ze wszystkimi tymi danymi polega jednak na tym, że nie mają one żadnego znaczenia bez statystyków, którzy potrafią je zinterpretować. Dla laika dwie osoby kupujące sok pomarańczowy są identyczne. Potrzebne są specjalne procedury matematyczne, żeby wychwycić, że jedna z nich jest trzydziestoczteroletnią kobietą, kupującą sok dla swoich dzieci (i dlatego może ją ucieszyć kupon na film Bob Budowniczy), a druga jest dwudziestoośmioletnim kawalerem pijącym sok po powrocie z biegania (i dlatego doceni rabat na sportowe buty). Pole i pięćdziesięciu innych pracowników działu zajmującego się analizą danych na temat klientów w Targecie byli właśnie tymi ludźmi, którzy odnajdowali ukryte w faktach nawyki.

„Nazywamy to «portretem gościa»", powiedział Pole. „Im więcej o kimś wiem, tym lepiej mogę odgadnąć jego nawyki zakupowe. Nie jestem w stanie zawsze odgadnąć wszystkiego na twój temat, ale najczęściej będę miał rację".

Gdy Pole dołączył do Targetu w roku 2002, dział analiz stworzył już oprogramowanie umożliwiające identyfikację gospodarstw domowych z dziećmi i, co roku, począwszy od listopada, wysyłano rodzicom katalogi rowerów i skuterów, które wprost świetnie prezentowałyby się pod choinką, we wrześniu zaś kupony na przybory szkolne, a w czerwcu reklamy zabawek do wody. Komputery przyglądały się kupującym bikini w kwietniu i w czerwcu wysyłały kupony na kremy do opalania, a w grudniu na poradniki, jak schudnąć. Target, jeżeli chciał, mógł wysłać do każdego klienta książeczkę z kuponami rabatowymi na produkty, które z ogromnym prawdopodobieństwem zostaną kupione, ponieważ dokładnie te same produkty były kupowane już wcześniej.

Target nie jest osamotniony w swoim dążeniu do przewidywania nawyków konsumentów. Niemal każda większa sieć detaliczna, w tym Amazon.com, Best Buy, Kroger supermarkets, 1-800 Flowers, Olive Garden, Anheuser-Busch, U.S. Postal Service, Fidelity Investments, Hewlett-Packard, Bank of America, Capital One i setki innych mają działy „analiz predyktywnych", których zadanie polega na odkrywaniu preferencji klientów. „Ale Target zawsze był w tym obszarze jednym z najmądrzejszych", powiedział Eric Siegel, organizator konferencji Predictive Analytics World. „Dane same w sobie nic nie znaczą. Target jest znakomity w wymyślaniu naprawdę dobrych pytań".

Nie trzeba być geniuszem, żeby wymyślić, że kupujący płatki śniadaniowe prawdopodobnie będą potrzebowali także mleka. Ale było parę innych pytań, które czekały na odpowiedź – dużo trudniejszych, i związanych z dużo większymi zyskami.

I właśnie dlatego kilka tygodni po zatrudnieniu Pole'a jego współpracownicy zapytali, czy można ustalić, kto spodziewa się dziecka, także wtedy, kiedy kobieta nie chciała, aby ktokolwiek się o tym dowiedział.

***

W roku 1984 profesor goszczący na UCLA, Alan Andreasen, opublikował artykuł mający na celu udzielenie odpowiedzi na bardzo podstawowe pytanie: Dlaczego niektórzy ludzie nagle zmieniają swoje zwyczaje zakupowe?

Zespół Andreasena spędził poprzedzający rok na wywiadach telefonicznych z konsumentami wokół Los Angeles, wypytując o ich ostatnie wyprawy na zakupy. Jeżeli tylko ktoś odebrał telefon, naukowcy zasypywali go pytaniami o markę zakupionej pasty do zębów i mydła oraz o to, czy ich preferencje się zmieniły. Przepytali niemal trzysta osób. Podobnie jak inni badacze, także oni odkryli, że większość ludzi kupuje te same marki płatków i dezodorantów tydzień po tygodniu. Nawyki brały górę.

Z wyjątkiem sytuacji, w których tak się nie działo.

Na przykład 10,5 procenta badanych przez Andreasena ludzi w ciągu minionych sześciu miesięcy zmieniło markę pasty do zębów. Ponad 15 procent zaczęło kupować inny proszek do prania.

Andreasen chciał wiedzieć, dlaczego ludzie odeszli od swoich wcześniejszych nawyków. A to, co odkrył, stało się filarem współczesnej teorii marketingu: nawyki zakupowe ludzi są bardziej podatne na zmianę, kiedy ludzie przechodzą ważne zmiany w życiu. Na przykład kiedy zawierają związek małżeński, są bardziej skłonni do zmiany rodzaju kupowanej kawy. Kiedy wprowadzają się do nowego domu, są bardziej podatni na zakup nieznanych wcześniej płatków śniadaniowych. Gdy się rozwodzą, są spore szanse, że zmienią markę kupowanego piwa[8]. Konsumenci przeżywający jakąś poważną zmianę w swoim życiu często nie zauważają albo o to nie dbają, że ich zwyczaje związane z zakupami ulegają transformacji. Ale handel zauważa, i – nawet bardzo – o to dba[9].

„Zmiana miejsca zamieszkania, ślub lub rozwód, utrata lub zmiana pracy, nowa osoba w gospodarstwie domowym lub opuszczenie go przez kogoś", napisał Andreasen, są życiowymi zmianami, czyniącymi konsumentów „bardziej podatnymi na interwencje ze strony specjalistów od marketingu".

A co jest najważniejszym wydarzeniem życiowym dla większości z nas? Co wywołuje największe zakłócenia i zwiększa „podatność na interwencje ze strony specjalistów od marketingu"? Narodziny dziecka. W życiu większości klientów nie ma większej rewolucji niż pojawienie się dziecka. W konsekwencji nawyki świeżo upieczonych rodziców są w tym momencie elastyczniejsze niż w jakiejkolwiek innej chwili ich dorosłego życia.

Dlatego dla firm ciężarne kobiety są kopalniami złota.

Młodzi rodzice kupują mnóstwo rzeczy – pieluchy i nawilżone chusteczki, kołyski i pajacyki, pościel i butelki – produkty, które takie sklepy jak Target sprzedają ze sporym zyskiem. Badanie przeprowadzone w roku 2010 oszacowało, że przeciętny rodzic wydaje 6,8 tysiąca dolarów na artykuły dziecięce przed pierwszymi urodzinami swojej pociechy[10].

A to jedynie wierzchołek góry lodowej. Te pierwsze wydatki to pikuś w porównaniu z zyskami, jakie może osiągnąć sieć, wykorzystując zmieniające się zwyczaje zakupowe świeżo upieczonych rodziców. Jeśli wyczerpane mamusie i niedospani tatusiowie zaczną kupować mleko i pieluchy w Targecie, zaczną tu także robić zakupy spożywcze, przemysłowe, będą w Targecie kupować ręczniki, bieliznę i – możliwości są nieograniczone. Ponieważ to proste. A dla świeżo upieczonego rodzica prostota znaczy najwięcej na świecie.

„Jeśli tylko uda nam się nakłonić ich do tego, żeby zaczęli kupować u nas pieluchy, zaczną kupować także wszystko inne", powiedział Pole. „Kiedy pędzisz po sklepie w poszukiwaniu butelki i mijasz sok pomarańczowy, chwycisz karton. O, i ten film na DVD. I tak oto, ani się obejrzysz, a będziesz u nas kupował płatki śniadaniowe, ręczniki papierowe – i będziesz do nas wracał".

Świeżo upieczeni rodzice są tak cenni, że większość sklepów zrobi niemal wszystko, żeby ich odnaleźć, łącznie z chodzeniem po oddziałach położniczych, także wtedy, kiedy produkt nie ma z dzieckiem nic wspólnego. Na przykład jeden z nowojorskich szpitali wręcza każdej matce torbę z upominkami, zawierającą próbki żelu do włosów, płynu do mycia twarzy, kremu do golenia, energetyzujący batonik, szampon i miękki bawełniany podkoszulek. W środku są też kupony do internetowego zakładu fotograficznego, na mydło do rąk i do miejscowej siłowni. Są też próbki pieluch i balsamów dla dzieci, ale giną w ogromie towarów niezwiązanych z maluchami. W pięciuset osiemdziesięciu szpitalach w Stanach Zjednoczonych młode mamy dostają prezenty od Walt Disney Company, która w 2010 roku stworzyła dział zajmujący się specjalnie marketingiem skierowanym do rodziców niemowląt. Procter & Gamble, Fisher-Price i inne firmy mają podobne programy rozdawania próbek swoich produktów. Disney szacuje, że północnoamerykański rynek nowo narodzonych dzieci wart jest 36,3 miliarda dolarów rocznie[11].

Ale dla takich firm jak Target podchodzenie młodych matek na oddziałach położniczych jest, pod wieloma względami, działaniem spóźnionym. Wtedy są już bowiem na oku wszystkich innych. Target nie chce konkurować z Disneyem czy Procter & Gamble; on chce ich pokonać. Celem Targetu było rozpoczęcie działań marketingowych adresowanych do rodziców *zanim* pojawi się dziecko – i to jest właśnie powód, dla którego współpracownicy Andrew Pole'a podeszli do niego tego dnia, zadając pytanie o możliwość zbudowania algorytmu przewidującego ciążę. Gdyby byli w stanie zidentyfikować ciężarne kobiety już w drugim trymestrze, mogliby je przechwycić, nim zrobią to wszyscy inni.

Jedyny problem polega na tym, że odkrycie, która klientka jest w ciąży, jest trudniejsze, niż mogłoby się to wydawać. Target dysponował rejestrem przyjęć z okazji zbliżających się narodzin, a to pomagało zidentyfikować część ciężarnych kobiet – i, ponadto, wszystkie te przyszłe matki chętnie dzieliły się cennymi informacjami, na przykład planowanym terminem porodu. To zaś pozwalało firmie określić moment, w którym należy wysłać do nich kupony na witaminy lub pieluchy. Problem w tym, że zaledwie część ciężarnych klientek Targetu korzystała z tego rejestru.

Byli też inni klienci, których menedżerowie *podejrzewali* o to, że spodziewają się dziecka, ponieważ kupowali ubiory ciążowe, meble dla niemowląt i całe pudła pieluch. Ale podejrzenia a wiedza to dwie różne sprawy. Skąd więc wiemy, czy ktoś kupujący pieluchy sam jest w ciąży, czy kupuje je jako prezent dla ciężarnej przyjaciółki? Ponadto, czas ma znaczenie. Kupon, który jest przydatny miesiąc przed porodem, kilka dni po narodzinach dziecka może wylądować w koszu.

Pole zaczął pracować nad tym zagadnieniem, przeglądając dane Targetu z rejestru przyjęć z okazji zbliżających się narodzin, co pozwoliło mu uchwycić, w jaki sposób zmieniały się nawyki zakupowe kobiet wraz ze zbliżaniem się dnia porodu. Rejestr przypominał laboratorium, w którym mógł testować swoje podejrzenia. Każda przyszła mama podawała swoje imię, imię partnera i termin porodu. Bank danych Targetu mógł powiązać te dane z Numerami Identyfikacyjnymi tej rodziny. W rezultacie, kiedy któraś z tych kobiet robiła zakupy w sklepie lub on-line, Pole, korzystając z podanych przez nie danych, mógł wskazać trymestr, w którym dokonywany był zakup. Nie minęło wiele czasu, a zaczął dostrzegać wzorce.

Przyszłe matki, jak odkrył, kupowały w dość przewidywalny sposób. Weźmy na przykład balsamy do ciała. Wielu ludzi kupuje balsamy, ale jeden z analityków Targetu zauważył, że kobiety widniejące w rejestrze kupowały bardzo duże ilości bezzapachowych balsamów na początku drugiego trymestru. Inny analityk zauważył, że w pierwszych dwudziestu tygodniach wiele ciężarnych kobiet robi zapasy witamin, wapnia, magnezu czy cynku. Wielu zakupowiczów co miesiąc zaopatruje się w mydło i waciki, ale kiedy ktoś nagle zaczyna kupować mnóstwo mydła bezzapachowego i waciki, do tego środki do dezynfekcji rąk i zadziwiającą liczbę ściereczek, wszystko na raz, kilka miesięcy po kupowaniu balsamów, magnezu i cynku, to znaczy, że lada chwila urodzi dziecko.

Gdy jego komputer przekopał się przez dane, Pole był w stanie zidentyfikować około dwudziestu pięciu różnych produktów, które analizowane łącznie pozwalały mu, w pewnym sensie, zajrzeć do kobiecego łona. A co najważniejsze, był w stanie odgadnąć trymestr – i oszacować termin porodu – i Target mógł wysyłać kupony w chwili, w której kobieta stoi u progu nowych zakupów. Ukończony program potrafił przypisać niemal każdemu stałemu klientowi wynik „przewidywania ciąży".

Jenny Ward, dwudziestotrzyletnia kobieta z Atlanty, która kupiła balsam z masłem kakaowym, torbę, wystarczająco dużą, by pomieściła paczkę pieluch, cynk, magnez i jasnoniebieski kocyk[12]. Istnieje 87-procentowe prawdopodobieństwo, że spodziewa się dziecka i że urodzi pod koniec sierpnia. Liz Alter z Brooklynu, trzydziestopięciolatka, kupiła pięć paczek ściereczek, butelkę płynu do prania dla „wrażliwej skóry", szerokie dżinsy, witaminy z DHA i mnóstwo kremów nawilżających. Ma 96-procentowe prawdopodobieństwo ciąży i zapewne urodzi na początku maja. Caitlin Pike, trzydziestodziewięciolatka z San Francisco, która kupiła wózek spacerowy za dwieście pięćdziesiąt dolarów i nic ponadto. Prawdopodobnie robiła zakupy na przyjęcie z okazji zbliżających się narodzin dziecka swojej przyjaciółki. Poza tym jej dane demograficzne wskazują, że rozwiodła się dwa lata temu.

Pole zastosował swój program do każdego klienta w bazie danych Targetu. Kiedy skończył, miał listę setek tysięcy kobiet, które teoretycznie mogły być w ciąży i które Target mógł zasypać reklamami pieluch, balsamów, łóżeczek, chusteczek i ciuchów ciążowych w chwili, kiedy ich zakupowe zwyczaje są najelastyczniejsze. Nawet jeżeli zaledwie jakaś część tych kobiet i ich partnerów zacznie robić zakupy a Targecie, pod kreską firma będzie miała z tego miliony.

Po czym, kiedy cała reklamowa machina już miała ruszyć, ktoś w dziale marketingu zadał pytanie: Jak zareagują te kobiety, kiedy odkryją, ile Target o nich wie?

„Jeśli prześlemy komuś katalog i powiemy «Gratulacje z powodu pierwszego dziecka!», a oni nigdy nam nie mówili, że są w ciąży, to wiele osób poczuje się nieswojo", powiedział Pole. „Bardzo ostrożnie obchodzimy się z wszelkimi kwestiami poufności. Ale nawet jeżeli ściśle stosujesz się do obowiązującego prawa, możesz zrobić rzeczy, po których ludzie poczują się dziwnie".

Takie obawy mają pełne uzasadnienie. Około roku po tym, kiedy Pole stworzył swój model przewidywania ciąży, do placówki Targetu w Minnesocie wszedł mężczyzna i zażądał rozmowy z menedżerem. W dłoni ściskał reklamę i był bardzo rozgniewany.

„Moja córka dostała to pocztą!", powiedział. „Ona wciąż jest w liceum, a wy wysyłacie jej kupony na odzież ciążową i łóżeczka? Chcecie ją *zachęcić* do zajścia w ciążę?".

Menedżer nie miał pojęcia, o czym mówi ten mężczyzna. Spojrzał na przesyłkę. Jasne było, że została zaadresowana do córki tego jegomościa i zawierała reklamy ubrań ciążowych, mebli dla niemowląt i zdjęcia maluszków wpatrujących się w oczy matek.

Menedżer wylewnie przeprosił, po czym po kilku dniach ponownie zadzwonił, żeby przeprosić raz jeszcze.

Ojciec był nieco zażenowany.

„Rozmawiałem z moją córką", powiedział. „Okazuje się, że w moim domu zaszły rzeczy, o których nie miałem pojęcia". Wziął głęboki wdech. „Ona urodzi w sierpniu. To ja winien jestem przeprosiny".

Target nie jest jedyną firmą, która wywołała obawy konsumentów. Inne firmy zostały zaatakowane za wykorzystywanie danych w dużo mniej natrętny sposób. Na przykład w 2011 roku mieszkaniec

Nowego Jorku pozwał McDonald'sa, CBS, Mazdę i Microsoft, oskarżając te firmy, że ich agencje reklamowe monitorowały sposób korzystania z internetu przez ludzi w celu sprofilowania ich zakupowych nawyków[13]. W Kalifornii cały czas pojawiają się pozwy zbiorowe przeciwko takim firmom, jak Target, Walmart, Victoria's Secret i innym sieciom sprzedaży detalicznej za proszenie klientów o podawanie kodów pocztowych przy płatnościach kartami kredytowymi, a potem wykorzystywanie tych danych do ustalenia adresów konsumentów[14].

Wykorzystywanie danych w celu przewidywania ciąży było, i Pole i jego koledzy doskonale o tym wiedzieli, potencjalną katastrofą PR-ową. Jak więc mogli dotrzeć ze swoimi reklamami do ciężarnych kobiet bez sprawiania wrażenia, że je szpiegują? Jak możesz czerpać korzyści z czyichś nawyków, nie mogąc jednocześnie dać im odczuć, że znasz każdy szczegół ich życia?[15]

II

W lecie 2003 roku menedżer zajmujący się promocją w Arista Records, Steve Bartels, zaczął obdzwaniać radiowych didżejów, informując ich o nowej piosence, którą z pewnością pokochają. Chodziło o „Hey Ya!" hiphopowej grupy OutKast.

„Hey Ya!" było optymistyczną mieszanką funku, rocka i hiphopu z odrobiną bigbandowego swingu, autorstwa jednej z najpopularniejszych grup na świecie. Brzmieniem nie przypominało niczego, co do tej pory dało się usłyszeć w radiu. „Kiedy pierwszy raz usłyszałem ten utwór, włoski na przedramionach stanęły mi dęba", powiedział mi Bartels. „*Brzmiała* jak hit, jak coś, co będziesz przez kolejne lata słyszał na bar micwach i studniówkach". W biurach Arista menedżerowie podśpiewywali do siebie nawzajem na korytarzach refren – „shake it like a Polaroid picture". „Ta piosenka", wszyscy byli zgodni, „będzie wielkim hitem".

Pewność ta nie opierała się wyłącznie na intuicji. W tym czasie przemysł fonograficzny przechodził podobną transformację i procesy zmiany dotyczące możliwości analizowania danych, jak Target i inne miejsca. I dokładnie tak samo, jak handel wykorzystywał komputerowe algorytmy, w celu przewidywania nawyków zakupowiczów, tak menedżerowie związani z branżą muzyczną i radiem wykorzystywali programy komputerowe do przewidywania nawyków słuchaczy muzyki. Firma Polyphonic HMI – zbieranina ekspertów od sztucznej inteligencji i statystyków z siedzibą w Hiszpanii – stworzyła program nazwany Hit Song Science, analizujący matematyczne właściwości utworu i przewidujący jego popularność. Porównując tempo, ton, melodię, progresję akordów i inne czynniki w określonej piosence do tysięcy hitów zmagazynowanych w banku danych Polyphonic HMI, Hit Song Science dostarczał wyniku wskazującego szanse, że dany utwór będzie hitem[16].

Program przewidział na przykład, że *Come Away with Me* Norah Jones będzie hitem po tym, jak większość branży odrzuciło album. (Sprzedał się w dziesięciu milionach sztuk i dostał osiem nagród Grammy). Przewidział, że „Why Don't You and I" Santany zdobędzie popularność mimo sceptycyzmu didżejów. (Utwór osiągnął miejsce trzecie na liście *Billboard* Top 40).

Kiedy menedżerowie w stacjach radiowych przepuszczali „Hey Ya!" przez program Hit Song Science, utwór wypadał dobrze. A nawet lepiej niż dobrze: uzyskane wyniki były jednymi z najwyższych, jakie kiedykolwiek widziano.

Według algorytmu „Hey Ya!" powinno być gigantycznym hitem.

Czwartego września roku 2003, w czasie najwyższej słuchalności o godzinie 19.15 stacja Top 40 WIOQ w Filadelfii zaczęła grać „Hey Ya!" w radio. W nadchodzącym tygodniu nadano utwór jeszcze siedem razy, łącznie trzydzieści siedem razy w miesiącu[17].

W tym czasie firma Arbitron testowała nową technologię, umożliwiającą odkrycie, ilu ludzi słuchało konkretnej stacji radiowej w danym momencie oraz ile osób zmieniło kanał podczas określonej piosenki. WIOQ było jedną ze stacji radiowych objętych testami. Osoby zarządzające stacją były pewne, że „Hey Ya!" przytrzyma słuchaczy przy odbiornikach.

A potem przyszły dane.

Nie chodziło o to, że słuchacze po prostu nie lubili „Hey Ya!"[18]. Według uzyskanych danych oni tę piosenkę znienawidzili. Nie cierpieli jej tak bardzo, że jedna trzecia słuchaczy przełączała radio w ciągu pierwszych trzydziestu sekund utworu. I nie działo się tak tylko w radiu WIOQ. W całym kraju, w stacjach radiowych w Chicago, Los Angeles, Phoenix i Seattle, kiedy tylko pojawiało się „Hey Ya!", ogromna liczba słuchaczy się wyłączała.

„Pomyślałem, że to świetna piosenka, gdy po raz pierwszy usłyszałem ten numer", powiedział John Garabedian, prowadzący popularną listę przebojów Top 40, słuchanej w każdy weekend przez ponad dwa miliony osób. „Ale nie brzmiała tak jak inne utwory, dlatego część ludzi wkurzała się, kiedy numer pojawiał się na antenie". Jeden gość powiedział mi, że to najgorsza rzecz, jaką w życiu słyszał.

„Ludzie słuchają list przebojów, ponieważ chcą usłyszeć swoje ulubione piosenki lub piosenki, które brzmią podobnie do ich ulubionych piosenek. Kiedy pojawia się coś odmiennego, czują się urażeni. Nie chcą słuchać rzeczy nieznanych".

Wytwórnia Arista wydała mnóstwo pieniędzy na promocję „Hey Ya!". Branża muzyczna i radiowa potrzebowała tego sukcesu. Hity warte są majątek – nie tylko dlatego, że ludzie kupują sam utwór, lecz także dlatego, że hit jest w stanie przekonać słuchaczy do porzucenia gier wideo i internetu na korzyść radia. Hit może sprzedawać samochody sportowe w telewizji i ciuchy w modnych sklepach. Hity są kluczem do dziesiątek nawyków związanych z wydawaniem pieniędzy, wykorzystywanym przez branżę reklamową, stacje telewizyjne, bary, dyskoteki – a nawet firmy zajmujące się technologią, jak Apple.

A teraz jedna z najbardziej oczekiwanych piosenek – utwór, co do którego algorytmy przewidywały, że będzie hitem roku – ponosił spektakularną porażkę. Szefowie stacji radiowych desperacko poszukiwali czegoś, co pomogłoby jednak zrobić hit z „Hey Ya!”[19].

* * *

To pytanie – jak zrobić z piosenki hit – branża muzyczna zadawała sobie od zarania, ale dopiero w ciągu ostatnich kilku dziesięcioleci ludzie podjęli wysiłki nakierowane na udzielenie naukowych odpowiedzi. Jednym z pionierów był tu dawny kierownik stacji radiowej, Rich Meyer, który razem z żoną Nancy w 1985 roku utworzył firmę Mediabase w piwnicy swojego chicagowskiego domu. Codziennie rano budzili się, brali kilka taśm z nagraniami stacji radiowych z poprzedniego dnia z różnych miast i liczyli i analizowali każdą puszczaną piosenkę. Następnie Meyer publikował cotygodniowy raport na temat tego, które utwory zyskiwały, a które traciły na popularności.

Przez pierwsze lata jego raporty miały jedynie około stu abonentów i Meyer z żoną walczyli o utrzymanie firmy przy życiu. Ale wraz z coraz większą liczbą stacji korzystających z wniosków Meyera w celu zwiększenia rzesz słuchaczy – i, szczególnie, analizujących opracowane przez niego wzory wyjaśniające trendy wśród nich – jego raporty, dane sprzedawane przez Mediabase, a później inne, podobne serwisy, prowadzone przez rosnącą branżę konsultingu skupionego na analizie danych, zrewolucjonizowały zarządzanie stacjami radiowymi.

Jednym z ulubionych zajęć Meyera było odkrywanie, dlaczego podczas niektórych piosenek słuchacze zdawali się nigdy nie przełączać kanałów. Didżeje nazywają takie kawałki „wpadającymi w ucho”. Meyer przez wszystkie lata wychwycił setki takich piosenek, próbując rozgryźć, co sprawiło, że stały się popularne. Jego biuro pełne było wykresów i schematów obrazujących charakterystyki różnych wpadających w ucho piosenek. Meyer wciąż poszukiwał nowych sposobów pomiaru „wpadalności w ucho", i w czasie, w którym pojawiło się „Hey Ya!", zaczął eksperymentować z danymi z testów przeprowadzanych przez Arbitron w celu sprawdzenia, czy dostarczają one jakichś nowych informacji.

Część wpadających w ucho piosenek z tamtego okresu wpadała w ucho z powodów całkowicie oczywistych – na przykład właśnie pojawiły się „Crazy in Love" Beyoncé czy „Señorita" Justina Timberlake'a, zyskując niebywałą popularność. To były świetne piosenki uznanych artystów, więc ich „wpadalność" była w pełni uzasadniona. Ale były też piosenki, które wpadały w ucho, a nikt nie potrafił powiedzieć, dlaczego. Na przykład, gdy stacje radiowe zaczęły grać „Breathe" Blue Cantrell w lecie 2003 roku, niemal nikt nie przełączał stacji. Piosenka jest wybitnie przeciętnym, rytmicznym utworem, tak nijakim, że radiowi didżeje puszczali go z oporami, jak później mówili prasie muzycznej. Niemniej z jakiegoś powodu, kiedy ta piosenka leciała w radiu, ludzie jej słuchali, pomimo tego, że – jak później ci sami słuchacze mówili ankieterom – wcale im się jakoś szczególnie nie podobała. Albo weźmy „Here Without You" 3 Doors Down lub każdy kawałek zespołu Maroon 5. Te grupy są tak pozbawione czegokolwiek charakterystycznego, że zarówno krytycy, jak i słuchacze ukuli nową kategorię muzyczną – „rock łazienkowy" – by opisać ich nijakie brzmienie. A mimo to, kiedy te utwory leciały w radio, nikt nie przełączał stacji.

Były też piosenki, których słuchacze – jak sami mówili – aktywnie *nie lubili*, ale mimo wszystko wpadały im w ucho. Choćby Christina Aguilera czy Celine Dion. Badanie po badaniu, słuchacze płci męskiej odpowiadali, że nie cierpią Celine Dion i nie są w stanie znieść jej piosenek. Natomiast gdy w radio pojawiał się jakiś utwór Dion, mężczyźni nie zmieniali stacji. Na rynku Los Angeles stacje, które regularnie grały Dion pod koniec każdej godziny – w czasie pomiaru liczby słuchaczy – mogły podnieść swoją słuchalność o dobre 3 procent, co jest ogromnym osiągnięciem w świecie radiowym. Słuchacze płci męskiej *myśleli*, że nie lubią Dion, ale kiedy grano jej utwory, nie odrywali się od radia[20].

Pewnej nocy Meyer usiadł sobie wygodnie i wsłuchiwał się bez przerwy w kilka wpadających w ucho kawałków, jeden po drugim, wciąż od nowa. I kiedy tak sobie słuchał, zaczął dostrzegać między nimi podobieństwa. I nie chodziło wcale o to, że podobnie brzmiały. Niektóre były balladami, inne utworami popowymi. Ale łączyło je to, że były dokładnie tym, czego Meyer się spodziewał po danym gatunku. Brzmiały *znajomo* – jak wszystko inne w radiu – ale były nieco lepiej dopracowane, nieco bliżej złotego środka idealnej piosenki.

„Czasami stacje radiowe przeprowadzają ankiety i dzwonią do słuchaczy, puszczając im kawałek piosenki, na co słuchacze mówią «Słyszałem to już milion razy. Jestem tym kawałkiem po prostu zmęczony»", powiedział Meyer. „Ale kiedy dokładnie ten kawałek leci w radio, twoja nieświadomość mówi «Znam tę piosenkę! Słyszałam ją milion razy! I potrafię ją zaśpiewać!». Wpadające w ucho piosenki są dokładnie tym, czego *spodziewasz się* w radiu. Twój mózg potajemnie pragnie tej piosenki, ponieważ jest taka znajoma i podobna do wszystkiego, co już usłyszałeś i polubiłeś. Po prostu dobrze brzmi".

Istnieją dowody, że preferencje utworów brzmiących „znajomo" są wytworem naszej neurologii. Naukowcy badali mózgi ludzi słuchających muzyki i analizowali, które obszary mózgowe są zaangażowane w rozumienie bodźców słuchowych. Słuchanie muzyki aktywuje liczne rejony mózgu, w tym korę słuchową, wzgórze i górną korę ciemieniową[21]. Te same obszary odpowiadają także za rozpoznawanie wzorców i pomagają mózgowi zdecydować, na które napływające informacje ma zwrócić uwagę, a które powinien zignorować. Innymi słowy obszary przetwarzające muzykę są stworzone do poszukiwania wzorców i podobieństw. To ma sens. W końcu muzyka jest skomplikowana.

Liczne dźwięki, nakładające się melodie i rywalizujące ze sobą brzmienia występują niemal w każdej piosence. Ściślej mówiąc, występują także w sytuacji, w której ktoś przemawia na głośnej ulicy. Wszystko to jest tak przytłaczające, że mózg pozbawiony umiejętności skupienia się tylko na niektórych dźwiękach i ignorowania innych odbierałby otaczającą nas rzeczywistość jako jedną wielką, hałaśliwą kakofonię[22].

Nasze mózgi pożądają muzyki brzmiącej znajomo, ponieważ to właśnie dzięki znajomości utworów nie zakłócają one naszej aktywności i możemy ich spokojnie słuchać. W tym samym czasie, w którym naukowcy z MIT odkryli, że nawyki behawioralne przeciwdziałają przytłoczeniu nas przez niekończące się decyzje, które musielibyśmy codziennie podejmować, okazało się również, że nawyki związane ze słuchaną przez nas muzyką istnieją dlatego, że bez nich niemożliwe byłoby określenie, czy mamy się skupić na głosie naszego dziecka, gwizdku trenera czy odgłosach ruchliwej ulicy podczas sobotniego meczu piłkarskiego. Nawyki „słuchowe" pozwalają nam nieświadomie oddzielać hałasy ważne od tych, które można puścić mimo uszu.

Dlatego też dźwięki brzmiące „znajomo" – nawet wtedy, kiedy nigdy wcześniej ich nie słyszałeś – wpadają w ucho. Mózgi są stworzone do tego, by preferować wzorce słuchowe wykazujące podobieństwo do tego, co już słyszeliśmy w przeszłości. Kiedy Celine Dion wydaje nową piosenkę – i brzmi ona dokładnie tak, ja wszystkie jej wcześniejsze kawałki, oraz tak, jak większość utworów granych w radio – nasze mózgi nieświadomie pragną tej właśnie rozpoznawalności i piosenka wpada nam w ucho. Możesz nigdy nie wybrać się na koncert Celine Dion, ale będziesz słuchał jej piosenek w radio, ponieważ dokładnie tego *oczekujesz,* kiedy rano jedziesz do pracy. Te piosenki idealnie pasują do twoich nawyków.

Ta wiedza pomogła wyjaśnić, dlaczego „Hey Ya!" nie odniosło sukcesu w radio, pomimo że program Hit Song Science i spece z branży muzycznej byli pewni, że stanie się hitem. Problem nie polegał na tym, że „Hey Ya!" nie było dobrym utworem. Problemem był fakt, że „Hey Ya!" *nie brzmiał znajomo*. Słuchacze radia nie chcieli za każdym razem, kiedy przedstawiano im nową piosenkę, być zmuszani do podejmowania świadomych decyzji. Ich mózgi chciały po prostu działać nawykowo. Przez większość czasu nie decydujemy, czy lubimy, czy też nie lubimy piosenki. Wymagałoby to zbyt wiele umysłowego wysiłku. W zamian reagujemy na wskazówki („To brzmi tak samo jak wszystkie inne piosenki, które do tej pory słyszałem") i nagrody („Fajnie tak sobie podśpiewywać!") i bezmyślnie albo zaczynamy śpiewać, albo wyciągamy rękę, żeby zmienić stację.

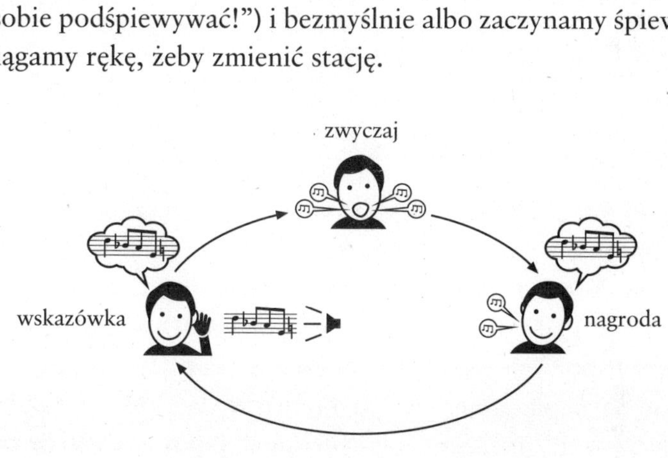

PĘTLA ZNAJOMEGO BRZMIENIA

W pewnym sensie Arista i radiowi didżeje stanęli przed tym samym problemem, z którym zmagał się Andrew Pole w Targecie. Słuchacze są zadowoleni, kiedy mogą sobie posiedzieć przy piosence, której być może nie lubią, tak długo, jak długo brzmi jak coś, co już wcześniej słyszeli. Kobiety w ciąży są zadowolone, kiedy mogą wykorzystywać przysyłane pocztą kupony rabatowe, chyba że te w oczywisty sposób wskazują, że Target je szpieguje i zagląda im do brzuchów, co już nie wygląda dobrze i sprawia, że zaczynają czuć się nieswojo. Gdy dostajesz kupon, dzięki któremu staje się jasne, że Target wie o twojej ciąży, to jest to sprzeczne z twoimi oczekiwaniami jako klienta. To tak, jakby powiedzieć czterdziestodwuletniemu specowi od bankowości inwestycyjnej, że śpiewał piosenkę Celine Dion. Po prostu nie wygląda to dobrze.

Jak więc didżeje przekonali słuchaczy, by słuchali takiej piosenki jak „Hey Ya!" wystarczająco długo, żeby stała się znajoma? Jak Target przekonuje ciężarne kobiety, by wykorzystywały kupony rabatowe na pieluchy bez wywoływania u nich dreszczy?

Ubierając coś nowego w znane szaty i sprawiając, by to, co nieznane, nagle wyglądało bardzo znajomo.

III

Na początku lat czterdziestych XX wieku rząd amerykański zaczął wysyłać duże partie mięsa przeznaczonego do tej pory na amerykański rynek detaliczny na fronty Europy i Pacyfiku w celu wspierania walczących w drugiej wojnie światowej żołnierzy. Dostępność steków i kotletów schabowych zaczęła maleć. Kiedy Stany Zjednoczone włączyły się w działania wojenne pod koniec roku 1941, nowojorskie restauracje używały końskiego mięsa do hamburgerów, a czarny rynek na mięso drobiowe rozkwitł[23]. Urzędnicy federalni zaczęli wyrażać obawy, że dłużej utrzymująca się wojna doprowadzi do niedoboru białka wśród Amerykanów. Ten „problem będzie narastał w USA wraz z trwaniem wojny", napisał prezydent Herbert Hoover do Amerykanów w rządowej ulotce w roku 1943. „Na naszych farmach brakuje ludzi do pracy, którzy mogliby się zająć żywym inwentarzem; a jakby tego było mało, musimy zaopatrywać Brytyjczyków i Rosjan. Mięso i tłuszcz są w tej wojnie taką samą bronią jak czołgi i samoloty".

Zatroskany Departament Obrony zgłosił się do dziesiątek czołowych socjologów, psychologów i antropologów – w tym Margaret Mead czy Kurta Lewina, którzy później stali się celebrytami w świecie akademickim – i postawili przed nimi zadanie: dowiedzieć się, jak przekonać Amerykanów do jedzenia podrobów. Sprawić, by gospodynie domowe podawały swoim mężom i dzieciom bogate w białko wątróbki, serca, nerki, móżdżki, żołądki i wszelkie wnętrzności, które zostawały po tym, gdy steki i rostbefy popłynęły do Europy.

W tym czasie podroby w ogóle nie cieszyły się w Stanach Zjednoczonych popularnością. Przeciętna kobieta z klasy średniej w roku 1940 prędzej umarłaby z głodu, niż zbrukała swój stół ozorem lub flakami. Dlatego kiedy naukowcy zaproszeni do udziału w Committee on Food and Habits (Komisji ds. żywności i nawyków) spotkali się po raz pierwszy w roku 1941, za cel postawili sobie systematyczne zbadanie i zidentyfikowanie kulturowych barier zniechęcających Amerykanów do jedzenia podrobów. W sumie opublikowano ponad dwieście badań, a wszystkie one, w gruncie rzeczy, łączyło jedno: żeby zmienić ludzkie nawyki żywieniowe – to, co jest egzotyczne, musi stać się znajome. A żeby ten cel osiągnąć, musisz zamaskować nowość codziennymi ciuchami[24].

Naukowcy doszli do wniosku, że aby przekonać Amerykanów do jedzenia wątróbek i nerek, gospodynie domowe musiały się nauczyć sprawiać, by jedzenie wyglądało, smakowało i pachniało możliwie najbardziej podobnie do tego, czego ich rodziny *oczekiwały* na stole. Na przykład gdy dział wyżywienia Quartermaster Corps – a więc ludzie odpowiedzialni za żywienie żołnierzy – zaczął w 1943 roku podawać wojsku świeżą kapustę, nie została ona zaakceptowana. Więc kantyny ją siekały i gotowały, aż przypominała każde inne warzywo na żołnierskim talerzu – i wojsko jadło bez szemrania. „Żołnierze prędzej jedli produkty, znane im lub nie, jeżeli zostały przygotowane podobnie do tego, czego już doświadczyli, i podobnie podane", napisał pewien współczesny badacz opisujący uzyskane wyniki[25].

Kluczem do zmiany amerykańskiej diety, jak uznała komisja, było poczucie znajomości. I niebawem gospodynie domowe zaczęły dostawać ulotki od rządu, informujące, że „każdy mąż ucieszy się z mięsa i cynaderek zapiekanych w cieście"[26]. Rzeźnicy zaczęli rozdawać przepisy, jak przemycić wątróbkę w klopsie.

Kilka lat po zakończeniu drugiej wojny światowej rozwiązano komisję ds. żywności i nawyków. Do tego momentu podroby stały się już integralną częścią amerykańskiej diety. Jedno z badań wskazało, że ich całkowite spożycie wzrosło o 33 procent podczas wojny. W roku 1955 wzrost sięgnął już 50 procent[27]. Nerki stały się podstawowym składnikiem obiadów. Wątroba była na szczególne okazje. Wzorce obiadowe Amerykanów zmieniły się tak dalece, że podroby stały się symbolem dobrobytu.

Od tamtej pory rząd amerykański podjął dziesiątki innych wysiłków nakierowanych na poprawę diety. Były to na przykład kampania „Pięć razy dziennie", zachęcająca ludzi do zjadania w ciągu dnia pięciu owoców lub warzyw, piramida żywienia USDA (United States Department of Agriculture – Ministerstwo Rolnictwa Stanów Zjednoczonych) i nacisk na spożywanie niskotłuszczowych serów i mleka. Żadne z tych działań nie czerpało z rezultatów ustalonych przez komisję. Żadne nie próbowało ukryć nowych zaleceń w istniejących zwyczajach i nawykach i, w rezultacie, wszystkie te kampanie zakończyły się fiaskiem. Do dziś jedynym rządowym programem, któremu udało się wywołać trwałą zmianę w amerykańskiej diecie, były działania popularyzujące podroby z lat czterdziestych.

Ale stacje radiowe i potężne firmy – w tym Target – mają nieco więcej rozumu.

* * *

Didżeje szybko zrozumieli, że aby „Hey Ya!" stało się hitem, musi zacząć brzmieć znajomo. A sprostanie temu zadaniu wymagało czegoś szczególnego.

Problem polegał na tym, że programy typu Hit Song Science były całkiem dobre w przewidywaniu ludzkich nawyków. Jednak czasami algorytmy wykrywały nawyki, które jeszcze nie powstały, a kiedy firmy opierają swoje działania marketingowe na nawykach, których jeszcze nie wytworzyliśmy, lub – co gorsza – nie chcemy się do nich przyznać – jak choćby nasze sekretne uwielbienie dla ckliwych ballad, istnieje ryzyko, że wypadną z interesu. Jeżeli sklep spożywczy obwieści „Mamy ogromny wybór przesłodzonych płatków śniadaniowych i lodów!", klienci będą go omijać. Jeżeli rzeźnik postanowi się reklamować hasłem „Oto kawał wnętrzności, które możesz przerobić na obiad dla rodziny", przeciętna gospodyni domowa z lat czterdziestych poda zapiekankę z tuńczykiem. Gdy stacja radiowa rozgłosi „Celine Dion co pół godziny!", nikt jej nie włączy. Dlatego w zamian właściciele supermarketów wychwalają swoje jabłka i pomidory (jednocześnie upewniając się, że w drodze do kasy przejdziesz alejką pełną M&M i kubłów z lodami), rzeźnicy w latach czterdziestych okrzyknęli wątróbkę „nowym stekiem", a didżeje po cichutku wplatają w audycje piosenkę z *Titanica*.

Aby stać się hitem, „Hey Ya!" musiało stać się częścią utrwalonego nawyku. A żeby piosenka stała się częścią nawyku, należało ją początkowo nieco zakamuflować, podobnie jak gospodynie domowe

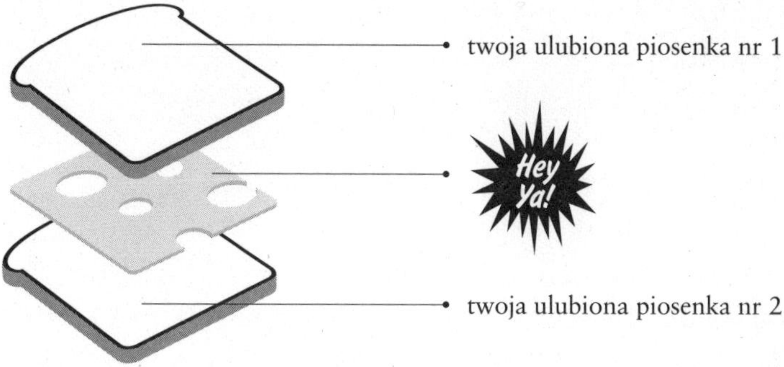

serwowały nereczki pod postacią kotleta. A więc w WIOQ w Filadelfii – podobnie, jak w innych stacjach w całym kraju – didżeje zaczęli grać „Hey Ya!" między piosenkami, które już zdobyły popularność. „Dziś mamy to w podręcznikach tworzenia playlisty" powiedział Tom Webster, konsultant radiowy. „Puszczaj nowy utwór między dwoma, które mają już pewną pozycję pośród popularnych hitów".

Didżeje nie grali jednak „Hey Ya!" z pierwszym lepszym hitem. Pakowali ten kawałek między utwory, które Rich Meyer określił jako wyjątkowo wpadające w ucho – takich artystów, jak Blue Cantrell, 3 Doors Down, Maroon 5 czy Christina Aguilera. (Niektóre rozgłośnie były tak gorliwe, że wykorzystywały tę samą piosenkę dwukrotnie).

Weźmy na przykład playlistę WIOQ z 19 września 2003:

11.43	„Here Without You", 3 Doors Down
11.54	„Breathe", Blu Cantrell
11.58	„Hey Ya!", OutKast
12.01	„Breathe", Blu Cantrell

Albo z 16 października:

9.41	„Harder to Breathe", Maroon 5
9.45	„Hey Ya!", OutKast
9.49	„Can't Hold Us Down", Christina Aguilera
10.00	„Frontin", Pharrell

12 listopada:

9.58	„Here Without You", 3 Doors Down
10.01	„Hey Ya!", OutKast
10.05	„Like I Love You", Justin Timberlake
10.09	„Baby Boy", Beyoncé

„W zarządzaniu playlistą chodzi o ograniczanie ryzyka", powiedział Webster. „Rozgłośnie muszą podejmować ryzyko związane z graniem nowych piosenek, inaczej ludzie przestaliby ich słuchać. Ale tym, czego tak naprawdę chcą słuchacze, są utwory już im znane i przez nich lubiane. Więc musisz sprawić, by nowe piosenki brzmiały znajomo tak szybko, jak to tylko możliwe".

Kiedy stacja WIOQ na początku września zaczęła grać „Hey Ya!" – zanim zaczęto stosować technikę kanapki – 26,6 procenta słuchaczy zmieniała rozgłośnię za każdym razem, kiedy piosenka się pojawiała. W październiku, po puszczaniu jej razem z wpadającymi w ucho hitami, poziom „przełączalności" spadł do 13,7 procenta. W grudniu wynosił już tylko 5,7 procenta. Inne duże stacje radiowe w Stanach Zjednoczonych wykorzystywały tę samą technikę kanapki i także u nich „przełączalność" zmieniała się według opisanego wzorca.

Słuchanie „Hey Ya!" wciąż od nowa sprawiło, że piosenka w końcu stała się znajoma. Rosnąca popularność z kolei spowodowała, że WIOQ grał ją nawet piętnaście razy dziennie. Nawyki słuchaczy zmieniły się i zaczęli oni oczekiwać, a nawet pragnąć „Hey Ya!". Wykształcił się nawyk „Hey Ya!". Piosenka dostała nagrodę Grammy, płyta sprzedała się w ponad 5,5 milionach egzemplarzy i przyniosła stacjom radiowym milionowe zyski. „Ten album umocnił miejsce grupy OutKast w panteonie gwiazd", powiedział Bartels, menedżer zajmujący się promocją. „Dzięki temu stali się znani także publiczności spoza świata hip-hopu. Czuję się spełniony, kiedy jakiś artysta puszcza mi swój singiel i mówi *To będzie kolejne «Hey Ya!»*".

* * *

Po tym jak Andrew Pole zbudował swoją maszynerie do przewidywania ciąż, po tym jak zidentyfikował setki tysięcy robiących zakupy kobiet, które prawdopodobnie były w ciąży, po tym jak ktoś zwrócił uwagę, że część – a właściwie większość – tych kobiet może poczuć się nieco dziwnie, gdy dostaną reklamówkę jednoznacznie wskazującą, że

Target wie o ich statusie reprodukcyjnym, wszyscy zadecydowali o zrobieniu jednego kroku w tył i zastanowieniu się nad możliwościami.

Dział marketingu uznał, że warto przed rozpoczęciem ogólnokrajowej kampanii przeprowadzić kilka mniejszych eksperymentów. Mieli możliwość wysłania specjalnie przygotowanych ulotek do małych grup klientów, więc losowo wybrali kobiety z listy ciążowej Pole'a i zaczęli testowanie różnych kombinacji reklam w celu sprawdzenia reakcji kupujących.

„Mamy możliwość wysłania indywidualnie opracowanej ulotki do każdego klienta, mówiącej «Oto wszystko, co kupiłeś w zeszłym tygodniu plus kupon rabatowy na te produkty»", powiedział jeden z menedżerów znający system przewidywania ciąż Pole'a z pierwszej ręki. „W przypadku produktów spożywczych robimy to nieustannie".

„Niemniej w przypadku produktów ciążowych doświadczyliśmy negatywnych reakcji ze strony niektórych kobiet. Potem zaczęliśmy dodawać różne produkty, których ciężarne kobiety na pewno by nie kupiły, żeby produkty dla ciężarnych i niemowląt wyglądały na przypadkowe. Umieszczaliśmy reklamę kosiarki obok reklamy pieluch. Wysyłaliśmy kupony na kieliszki do wina i ubranka dziecięce. W taki sposób powstawało wrażenie, że produkty są wybierane losowo".

„I odkryliśmy, że tak długo, jak długo ciężarna kobieta nie przypuszcza, że się ją szpieguje, wykorzysta wszystkie kupony. Po prostu zakłada, że wszyscy mieszkańcy w jej okolicy dostali takie same ulotki i kupony na pieluchy i kołyski. Tak długo, jak długo jej nie wystraszymy, wszystko działa".

Odpowiedź na pytanie Pole'a i Targetu – jak przedstawić ciężarnej kobiecie reklamy produktów, nie ujawniając jednocześnie, że wiesz, że jest ona w ciąży – jest w gruncie rzeczy tą samą odpowiedzią, którą wykorzystywali radiowi didżeje w celu przywiązania słuchaczy do „Hey Ya!". Target zaczął stosować technikę kanapki, zamieszczając kupon na pieluchy między kuponami na produkty nieprzeznaczone wyłącznie dla kobiet w ciąży, dzięki czemu reklama wyglądała na anonimową, znajomą, bezpieczną. Kamuflowali swoją wiedzę.

Niebawem sprzedaż produktów działu „Mama i Dziecko" w Targecie eksplodowała. Firma nie przedstawia danych sprzedażowych dla poszczególnych kategorii asortymentowych, jednak między rokiem 2002 – datą zatrudnienia Pole'a – a 2009 przychody Targetu wzrosły z czterdziestu czterech miliardów dolarów do sześćdziesięciu pięciu miliardów. W roku 2005 prezes firmy, Gregg Steinhafel, chwalił się przed salą pełną inwestorów „silniejszą koncentracją [firmy] na produktach i kategoriach asortymentowych adresowanych do specyficznych grup klientów, jak mama i dziecko".

„Wraz z coraz większym zaawansowaniem naszych narzędzi zbierania i przetwarzania danych Target Mail (Poczta Targetu) sama w sobie stała się pożytecznym narzędziem promowania wartości i wygody w specyficznym segmencie klienckim, jakim są młode mamy czy nastolatki", powiedział. „Na przykład Target Baby jest w stanie śledzić etapy rozwoju od opieki prenatalnej do fotelików samochodowych i wózków spacerowych. W roku 2004 program Target Baby Direct Mail umożliwił znaczące wzrosty liczby odwiedzających sklepy i sprzedaży"[28].

Nieważne, czy chcemy sprzedać nową piosenkę, nowe jedzenie czy wózek dziecięcy, lekcja jest zawsze ta sama: osadź coś nowego w starych nawykach, a publiczność łatwiej nowość zaakceptuje.

IV

Użyteczność tej lekcji nie ogranicza się do ogromnych korporacji, agencji rządowych czy rozgłośni radiowych, mających nadzieję na zmanipulowanie naszych gustów i preferencji. Tę samą wiedzę możemy wykorzystać do zmiany naszego własnego życia.

W roku 2000 na przykład YMCA – jedna z największych amerykańskich organizacji typu non-profit – zatrudniła dwóch statystyków, aby wykorzystać moc takiego przewidywania opartego na analizie danych do uczynienia tego świata zdrowszym miejscem do życia. YMCA ma ponad dwa tysiące sześćset placówek w Stanach Zjednoczonych, większość stanowią ośrodki sportowe i domy kultury. Jakieś dziesięć lat temu liderzy organizacji zaczęli się zastanawiać, jak utrzymać swoją pozycję mimo konkurencji. Poprosili o pomoc socjologa i matematyka – Billa Lazarusa i Deana Abbotta.

Obaj mężczyźni zebrali dane z ponad 150 000 ankiet dotyczących satysfakcji członków YMCA, które zostały wypełnione przez lata działalności organizacji, i zaczęli szukać wzorców. Wtedy akceptowany wśród menedżerów YMCA pogląd głosił, że ludzie chcą wyszukanych sprzętów do ćwiczeń i błyszczącego, nowoczesnego wyposażenia. YMCA wydała miliony dolarów na budowanie siłowni i sal do jogi. Jednak w trakcie analizy ankiet okazało się, że choć atrakcyjność wyposażenia i dostępność sprzętu do ćwiczeń mogła być czynnikiem sprawiającym, że ludzie dołączali do YMCA, to jednak tym, co sprawiało, że zostawali, było coś innego.

Dane wskazywały, że pozostawanie miało swoje źródła w czynnikach emocjonalnych, jak choćby w tym, czy pracownicy znali imiona członków albo czy ich witali, gdy ci się pojawiali w ośrodku. Ludzie, jak się okazuje, często chodzą uprawiać sport w poszukiwaniu relacji międzyludzkich, a nie bieżni. Jeżeli członek YMCA spotykał tam przyjaciela, szanse, że częściej będzie się pojawiał na treningach, wzrastały. Innymi słowy osoby, które przyłączyły się do YMCA, miały określone nawyki społeczne. Jeżeli YMCA umożliwiało ich zaspokojenie, członkowie byli zadowoleni. A więc jeżeli YMCA miało zachęcić ludzi do ćwiczeń fizycznych, warto wykorzystać już istniejące wzorce i nauczyć pracowników, by pamiętali imiona osób odwiedzających placówki. Jest to wariacja na temat lekcji, której nauczyli nas Target i radiowi didżeje: żeby sprzedać nowy nawyk – w tym wypadku uprawianie sportu – opakuj go w coś, co ludzie już znają i lubią, jak choćby instynkt udawania się w miejsca, w których można łatwo zawrzeć przyjaźnie.

„Łamiemy kod, jak zatrzymać ludzi w siłowni", powiedział Lazarus. „Ludzie chcą odwiedzać miejsca zaspokajające ich potrzeby społeczne. Zebranie ludzi, aby ćwiczyli razem, zwiększa szanse, że wytrwają i będą trenować regularnie. W taki sposób możesz zmienić stan zdrowia całego narodu".

Niebawem, mówią eksperci od analizy predyktywnej, firmy będą w stanie poznawać nasze gusta i przewidywać nawyki znacznie lepiej niż my sami. Niemniej wiedza, że ktoś może woleć daną markę masła orzechowego, to trochę za mało, żeby tę preferencję wykorzystać. Żeby sprzedać nowy nawyk – czy to w sklepie spożywczym, czy na sali gimnastycznej – musisz wiedzieć, w jaki sposób sprawić, aby coś nowego wyglądało znajomo.

Podczas ostatniej rozmowy z Andrew Pole'em wspomniałem, że moja żona jest w siódmym miesiącu ciąży z naszym drugim dzieckiem. Pole też ma dzieci, więc przez chwilę o nich rozmawialiśmy. Moja żona i ja czasami robimy zakupy w Targecie i jakiś rok wcześniej daliśmy firmie nasz adres, żeby otrzymywać kupony rabatowe. Niedawno, kiedy ciąża mojej żony była coraz bardziej zaawansowana, zauważyłem delikatny wzrost reklam pieluch, balsamów i dziecięcych ubranek w naszej poczcie.

Powiedziałem mu, że planowałem wykorzystać część tych kuponów w nadchodzący weekend. Myślałem też o zakupie łóżeczka i zasłon do pokoju dziecięcego, i może kilku zabawek z Bobem Budowniczym dla starszego szkraba. To było naprawdę pomocne, że Target przysyłał mi kupony dokładnie na te produkty, które zamierzałem kupić.

„Poczekaj, aż dziecko przyjdzie na świat", powiedział Pole. „Będziemy ci przysyłać kupony na rzeczy, których pragniesz, zanim w ogóle będziesz wiedział, że chcesz je kupić".

Przypisy

[1] Target – amerykańska sieć handlowa (przyp. tłum.).

[2] Szczegółowe informacje na temat sztuczek oddziałujących na nieświadomość, które wykorzystywane są przez handlowców, pochodzą z: Jeremy Caplan, Supermarket Science, *Time,* 24.05.2007; Paco Underhill, *Why We Buy: The Science of Shopping* (New York: Simon and Schuster, 2000); Jack Hitt; The Theory of Supermarkets, *The New York Times,* 10.03.1996; The Science of Shopping: The Way the Brain Buys, *The Economist,* 20.12. 2008; Understanding the Science of Shopping, *Talk of the Nation,* National Public Radio, 12.12.2008; Malcolm Gladwell, The Science of Shopping, *The New Yorker,* 4.11.1996.

[3] Istnieją dosłownie tysiące badań analizujących wpływ nawyków na zachowania konsumentów – i tego, w jaki sposób nieświadome i nie w pełni uświadomione zachcianki wpływają na decyzje, które w innych okolicznościach mogłyby się wydawać odporne na działanie wyzwalaczy nawyków. Więcej na ten temat patrz: H. Aarts, A. van Knippenberg i B. Verplanken, Habit and Information Use in Travel Mode Choices, *Acta Psychologica,* 96, 1–2, (1997), 1–14; J.A. Bargh, The Four Horsemen of Automaticity: Awareness, Efficiency, Intention, and Control in Social Cognition, in *Handbook of Social Cognition,* (red.). R.S. Wyer, Jr. i T.K. Srull (Hillsdale, N.J.: Lawrence Erlbaum Associates, 1994); D. Bell, T. Ho i C. Tang, Determining Where to Shop: Fixed and Variable Costs of Shopping, *Journal of Marketing Research,* 35, 3, (1998), 352–369; T. Betsch, S. Haberstroh, B. Molter, A. Glöckner, Oops, I Did It Again – Relapse Errors in Routinized Decision Making, *Organizational Behavior and Human Decision Processes,* 93, 1, (2004), 62–74; M. Cunha, C. Janiszewski, Jr. i J. Laran, Protection of Prior Learning in Complex Consumer Learning Environments, *Journal of Consumer Research,* 34, 6, (2008), 850–864; H. Aarts, U. Danner i N. de Vries, Habit Formation and Multiple Means to Goal Attainment: Repeated Retrieval of Target Means Causes Inhibited Access to Competitors, *Personality and Social Psychology Bulletin,* 33, 10, (2007), 1367–1379; E. Ferguson i P. Bibby, Predicting Future Blood Donor Returns: Past Behavior, Intentions, and Observer Effects, *Health Psychology,* 21, 5, (2002), 513–518; Edward Fox i John Semple, Understanding 'Cherry Pickers': How Retail Customers Split Their Shopping Baskets, tekst niepublikowany, Southern Methodist University, 2002; S. Gopinath, R. Blattberg i E. Malthouse, Are Revived Customers as Good as New?, tekst niepublikowany, Northwestern University, 2002; H. Aarts, R. Holland i D. Langendam, Breaking and Creating Habits on the Working Floor: A Field-Experiment on the Power of Implementation Intentions, *Journal of Experimental Social Psychology,* 42, 6, (2006), 776–783; Mindy Ji i Wendy Wood, Purchase and Consumption Habits: Not Necessarily What You Intend, *Journal of Consumer Psychology,* 17, 4, (2007), 261–276; S. Bellman, E. J. Johnson i G. Lohse, Cognitive Lock-In and the Power Law of Practice, *Journal of Marketing,* 67, 2 (2003), 62–75; J. Bettman i in., Adapting to Time Constraints, w: *Time Pressure and Stressing Human Judgment and Decision Making,* (red.). O. Svenson i J. Maule (New York: Springer, 1993); Adwait

Khare i J. Inman, Habitual Behavior in American Eating Patterns: The Role of Meal Occasions, *Journal of Consumer Research,* 32, 4, (2006), 567–575; David Bell i R. Lal, The Impact of Frequent Shopper Programs in Grocery Retailing, *Quantitative Marketing and Economics,* 1, 2, (2002), 179–202; Yuping Liu, The Long-Term Impact of Loyalty Programs on Consumer Purchase Behavior and Loyalty, *Journal of Marketing,* 71, 4, (2007), 19–35; Neale Martin, *Habit: The 95% of Behavior Marketers Ignore* (Upper Saddle River, N.J.: FT Press, 2008); H. Aarts, K. Fujia i K.C. McCulloch, Inhibition in Goal Systems: A Retrieval-Induced Forgetting Account, *Journal of Experimental Social Psychology,* 44, 3, (2008), 614–623; Gerald Häubl i K.B. Murray, Explaining Cognitive Lock-In: The Role of Skill-Based Habits of Use in Consumer Choice, *Journal of Consumer Research,* 34, (2007) 77–88; D. Neale, J. Quinn i W. Wood, Habits: A Repeat Performance, *Current Directions in Psychological Science,* 15, 4, (2006), 198–202; R.L. Oliver, Whence Consumer Loyalty? *Journal of Marketing,* 63, (1999), 33–44; C.T. Orleans, Promoting the Maintenance of Health Behavior Change: Recommendations for the Next Generation of Research and Practice, *Health Psychology,* 19, (2000), 76–83; Andy Ouellette i Wendy Wood, Habit and Intention in Everyday Life: The Multiple Processes by Which Past Behavior Predicts Future Behavior, *Psychological Bulletin,* 124, 1, (1998), 54–74; E. Iyer, D. Smith i C. Park, The Effects of Situational Factors on In-Store Grocery Shopping Behavior: The Role of Store Environment and Time Available for Shopping, *Journal of Consumer Research,* 15, 4, (1989), 422–433; O. Amir, R. Dhar i A. Pocheptsova, Deciding Without Resources: Resource Depletion and Choice in Context, *Journal of Marketing Research,* 46, 3, (2009), 344–355; H. Aarts, R. Custers i P. Sheeran, The Goal-Dependent Automaticity of Drinking Habits, *British Journal of Social Psychology,* 44, 1, (2005), 47–63; S. Orbell i P. Sheeran, Implementation Intentions and Repeated Behavior: Augmenting the Predictive Validity of the Theory of Planned Behavior, *European Journal of Social Psychology,* 29, 2–3, (1999), 349–369; P. Sheeran, P. Gollwitzer i P. Webb, The Interplay Between Goal Intentions and Implementation Intentions, *Personality and Social Psychology Bulletin,* 31, 1, (2005), 87–98; H. Shen i R. S. Wyer, Procedural Priming and Consumer Judgments: Effects on the Impact of Positively and Negatively Valenced Information, *Journal of Consumer Research,* 34, 5, (2007), 727–737; Itamar Simonson, The Effect of Purchase Quantity and Timing on Variety-Seeking Behavior, *Journal of Marketing Research,* 27, 2, (1990), 150–162; G. Taylor i S. Neslin, The Current and Future Sales Impact of a Retail Frequency Reward Program, *Journal of Retailing,* 81, 4, 293–305; H. Aarts i B. Verplanken, Habit, Attitude, and Planned Behavior: Is Habit an Empty Construct or an Interesting Case of Goal-Directed Automaticity? *European Review of Social Psychology,* 10, (1999), 101–134; B. Verplanken, Henk Aarts i Ad Van Knippenberg, Habit, Information Acquisition, and the Process of Making Travel Mode Choices, *European Journal of Social Psychology,* 27, 5, (1997), 539–560; B. Verplanken i in., Attitude Versus General Habit: Antecedents of Travel Mode Choice, *Journal of Applied Social Psychology,* 24, 4, (1994), 285–300; B. Verplanken i in., Consumer Style and Health: The Role of Impulsive Buying in Unhealthy Eating, *Psychology and Health,* 20, 4, (2005),

429–441; B. Verplanken i in., Context Change and Travel Mode Choice: Combining the Habit Discontinuity and Self-Activation Hypotheses, *Journal of Environmental Psychology,* 28, (2008), 121–127; Bas Verplanken i Wendy Wood, Interventions to Break and Create Consumer Habits, *Journal of Public Policy and Marketing,* 25, 1 (2006), 90–103; H. Evanschitzky, B. Ramaseshan i V. Vogel, Customer Equity Drivers and Future Sales, *Journal of Marketing,* 72, (2008), 98–108; P. Sheeran i T. L. Webb, Does Changing Behavioral Intentions Engender Behavioral Change? A Meta-Analysis of the Experimental Evidence, *Psychological Bulletin,* 132, 2, (2006), 249–268; P. Sheeran, T. L. Webb i A. Luszczynska, Planning to Break Unwanted Habits: Habit Strength Moderates Implementation Intention Effects on Behavior Change, *British Journal of Social Psychology,* 48, 3, (2009), 507–523; D. Wegner i R. Wenzlaff, Thought Suppression, *Annual Review of Psychology,* 51, (2000), 59–91; L. Lwin, A. Mattila i J. Wirtz, How Effective Are Loyalty Reward Programs in Driving Share of Wallet? *Journal of Service Research,* 9, 4, (2007), 327–334; D. Kashy, J. Quinn i W. Wood, Habits in Everyday Life: Thought, Emotion, and Action, *Journal of Personality and Social Psychology,* 83, 6, (2002), 1281–1297; L. Tam, M. Witt i W. Wood (2005), Changing Circumstances, Disrupting Habits, *Journal of Personality and Social Psychology,* 88, 6, (2005), 918–933; Alison Jing Xu i Robert S. Wyer, The Effect of Mindsets on Consumer Decision Strategies, *Journal of Consumer Research,* 34, 4, (2007), 556–566; C. Cole, M. Lee i C. Yoon, Consumer Decision Making and Aging: Current Knowledge and Future Directions, *Journal of Consumer Psychology,* 19, (2009), 2–16; S. Dhar, A. Krishna i Z. Zhang, The Optimal Choice of Promotional Vehicles: Front-Loaded or Rear-Loaded Incentives? *Management Science,* 46, 3, (2000), 348–362.

[4] C. Park, E. Iyer i D. Smith, The Effects of Situational Factors on In-Store Grocery Shopping Behavior: The Role of Store Environment and Time Available for Shopping, *The Journal of Consumer Research,* 15, 4, (1989), 422–433. Więcej na ten temat patrz: J. Belyavsky Bayuk, C. Janiszewski i R. Leboeuf, Letting Good Opportunities Pass Us By: Examining the Role of Mind-set During Goal Pursuit, *Journal of Consumer Research,* 37, 4, (2010), 570–583; Ab Litt i Zakary L. Tormala, Fragile Enhancement of Attitudes and Intentions Following Difficult Decisions, *Journal of Consumer Research,* 37, 4, (2010), 584–598.

[5] D. Neal i W. Wood, The Habitual Consumer, *Journal of Consumer Psychology,* 19, 4, (2009), 579–592. Więcej informacji o podobnych badaniach, patrz: R. Fazio i M. Zanna, Direct Experience and Attitude–Behavior Consistency, w: *Advances in Experimental Social Psychology,* (red.). L. Berkowitz (New York: Academic Press, 2005); R. Abelson i R. Schank, Knowledge and Memory: The Real Story, w: *Knowledge and Memory: The Real Story,* (red.). R.S. Wyer, Jr. (Hillsdale, N.J.: Lawrence Erlbaum, 2004); Nobert Schwarz, Meta-Cognitive Experiences in Consumer Judgment and Decision Making, *Journal of Consumer Psychology,* 14, 4 (wrzesień, 2004), 332–348; R. Wyer i A. Xu, The Role of Behavioral Mindsets in Goal-Directed Activity: Conceptual Underpinnings and Empirical Evidence, *Journal of Consumer Psychology,* 20, 2, (2010), 107–125.

[6] Julia Angwin i Steve Stecklow, 'Scrapers' Dig Deep for Data on Web, *The Wall Street Journal,* 12.10.2010; Mark Maremont i Leslie Scism, Insurers Test Data Profiles to Identify Risky Clients, *The Wall Street Journal,* 19.11.2010; Paul Sonne i Steve Stecklow, Shunned Profiling Technology on the Verge of Comeback, *The Wall Street Journal,* 24.11.2010.

[7] Slajd pochodzi z wygłoszonej przez Pole'a mowy otwierającej konferencję Predictive Analytics World, New York, 20 października, 2009. Nie jest już dostępny on-line. Dodatkowo, patrz: Andrew Pole, Challenges of Incremental Sales Modeling in Direct Marketing.

[8] Trudno o specyficzne korelacje między rodzajami zmian życiowych a konkretnymi produktami. O ile więc wiemy, że ludzie, którzy się przeprowadzają albo rozwodzą, zmienią swoje zakupowe nawyki, o tyle nie jesteśmy w stanie powiedzieć, że rozwód zawsze wpłynie na wybór piwa, a nowe domy na płatki śniadaniowe. Ale ogólna prawidłowość jest właśnie taka. Alan Andreasen, Life Status Changes and Changes in Consumer Preferences and Satisfaction, *Journal of Consumer Research,* 11, 3, (1984), 784–794. Więcej informacji na ten temat, patrz: E. Lee, A. Mathur i G. Moschis, A Longitudinal Study of the Effects of Life Status Changes on Changes in Consumer Preferences, *Journal of the Academy of Marketing Science,* 36, 2, (2007), 234–246; L. Euehun, A. Mathur i G. Moschis, Life Events and Brand Preferences Changes, *Journal of Consumer Behavior,* 3, 2, (2003), 129–141.

[9] Więcej informacji na ten fascynujący temat, w jaki sposób określone momenty dostarczają specjalistom od marketingu (albo agencjom rządowym, działaczom związanym ze zdrowiem i wszystkim innym, bez znaczenia) możliwości wpływania na nawyki, patrz: Bas Verplanken i Wendy Wood, Interventions to Break and Create Consumer Habits, *Journal of Public Policy and Marketing,* 25, 1, (2006), 90–103; D. Albarracin, A. Earl i J.C. Gillette, A Test of Major Assumptions About Behavior Change: A Comprehensive Look at the Effects of Passive and Active HIV-Prevention Interventions Since the Beginning of the Epidemic, *Psychological Bulletin,* 131, 6, (2005), 856–897; T. Betsch, J. Brinkmann i K. Fiedler, Behavioral Routines in Decision Making: The Effects of Novelty in Task Presentation and Time Pressure on Routine Maintenance and Deviation, *European Journal of Social Psychology,* 28, 6, (1998), 861–878; L. Breslow, Social Ecological Strategies for Promoting Healthy Lifestyles, *American Journal of Health Promotion,* 10, 4, (1996), 253–257; H. Buddelmeyer i R. Wilkins, The Effects of Smoking Ban Regulations on Individual Smoking Rates, Melbourne Institute Working Paper Series nr 1737, Melbourne Institute of Applied Economic and Social Research, University of Melbourne, 2005; P. Butterfield, Thinking Upstream: Nurturing a Conceptual Understanding of the Societal Context of Health Behavior, *Advances in Nursing Science,* 12, 2, (1990), 1–8; J. Derzon i M. Lipsey, A Meta-Analysis of the Effectiveness of Mass Communication for Changing Substance-Use Knowledge, Attitudes, and Behavior, w: *Mass Media and Drug Prevention: Classic and Contemporary Theories and Research*, (red.). W. D. Crano i M. Burgoon (East Sussex, U.K.: Psychology, 2001); R. Fazio, J. Ledbetter i T. Ledbetter, On the Costs of Accessible

Attitudes: Detecting That the Attitude Object Has Changed, *Journal of Personality and Social Psychology,* 78, 2, (2000), 197–210; S. Fox i in., Competitive Food Initiatives in Schools and Overweight in Children: A Review of the Evidence, *Wisconsin Medical Journal,* 104, 8, (2005), 38–43; S. Fujii, T. Gärling i R. Kitamura, Changes in Drivers' Perceptions and Use of Public Transport During a Freeway Closure: Effects of Temporary Structural Change on Cooperation in a Real-Life Social Dilemma, *Environment and Behavior,* 33, 6, (2001), 796–808; T. Heatherton i P. Nichols, Personal Accounts of Successful Versus Failed Attempts at Life Change, *Personality and Social Psychology Bulletin,* 20, 6, (1994), 664–675; J. Hill i H.R. Wyatt, Obesity and the Environment: Where Do We Go from Here? *Science,* 299, 5608 (2003), 853–855; P. Johnson, R. Kane i R. Town, A Structured Review of the Effect of Economic Incentives on Consumers' Preventive Behavior, *American Journal of Preventive Medicine,* 27, 4, (2004), 327–352; J. Fulkerson, M. Kubrik i L. Lytle, Fruits, Vegetables, and Football: Findings from Focus Groups with Alternative High School Students Regarding Eating and Physical Activity, *Journal of Adolescent Health,* 36, 6, (2005), 494–500; M. Abraham, S. Kalmenson i L. Lodish, How T.V. Advertising Works: A Meta-Analysis of 389 Real World Split Cable T.V. Advertising Experiments, *Journal of Marketing Research,* 32, 5, (1995), 125–139; J. McKinlay, A Case for Re-Focusing Upstream: The Political Economy of Illness, w: *Applying Behavioral Science to Cardiovascular Risk,* (red.). A.J. Enelow i J.B. Henderson (New York: American Heart Association, 1975); N. Milio, A Framework for Prevention: Changing Health-Damaging to Health-Generating Life Patterns, *American Journal of Public Health,* 66, 5, (1976), 435–439; S. Orbell, Intention-Behavior Relations: A Self-Regulatory Perspective, w: *Contemporary Perspectives on the Psychology of Attitudes,* (red.). G. Haddock i G. Maio (New York: Psychology Press, 2004); C. T. Orleans, Promoting the Maintenance of Health Behavior Change: Recommendations for the Next Generation of Research and Practice, *Health Psychology,* 19, 1, (2000), 76–83; C.G. DiClemente, J.C. Norcross i J. Prochaska, In Search of How People Change: Applications to Addictive Behaviors, *American Psychologist,* 47, 9, (1992), 1102–1014; J. Quinn i W. Wood, Inhibiting Habits and Temptations: Depends on Motivational Orientation, 2006 manuskrypt złożony do druku; T. Mainieri, S. Oskamp i P. Schultz, Who Recycles and When? A Review of Personal and Structural Factors, *Journal of Environmental Psychology,* 15, 2, (1995), 105–121; C.D. Jenkins, C.T. Orleans i T.W. Smith, Prevention and Health Promotion: Decades of Progress, New Challenges, and an Emerging Agenda, *Health Psychology,* 23, 2, (2004), 126–131; H.C. Triandis, Values, Attitudes, and Interpersonal Behavior, *Nebraska Symposium on Motivation,* 27, (1980), 195–259.

[10] Parents Spend £5,000 on Newborn Baby Before Its First Birthday, *Daily Mail,* 20.09.2010.

[11] Brooks Barnes, Disney Looking into Cradle for Customers, *The New York Times,* 6.02.2011.

[12] Imiona w tej części są wyłącznie pseudonimami, ilustrującymi typy klientów, których wykrywają modele Targetu. Opisane osoby nie są prawdziwymi klientami.

[13] McDonald's, CBS, Mazda, and Microsoft Sued for „History Sniffing", Forbes.com, 3.01.2011.

[14] Terry Baynes, California Ruling Sets Off More Credit Card Suits, Reuters, 16.02.2011.

[15] Doniesienia w tym rozdziale opierają się na wywiadach z ponad tuzinem obecnych i dawnych pracowników Targetu, z których wiele przeprowadzono z zastrzeżeniem, że wypowiedzi nie będą cytowane, ponieważ źródła obawiały się utraty pracy lub innych sankcji. Target dostał możliwość wglądu i odniesienia się do informacji zawartych w tym rozdziale, został także poproszony o umożliwienie przeprowadzenia oficjalnych wywiadów z menedżerami z działu zajmującego się analizą klientów. Firma nie wyraziła zgody, odmówiła także odpowiedzi na korespondencję mającą na celu weryfikację faktów, z wyjątkiem dwóch informacji mailowych. W pierwszej poinformowała, że: „Naszym celem jest uczynienie placówek Target preferowanym miejscem zakupów dla naszych klientów przez dostarczenie im wyjątkowej wartości, ciągłej innowacji i wyjątkowego doświadczenia dzięki nieustannemu wypełnieniu obietnicy naszej marki, głoszącej «Oczekuj więcej, płać mniej». Ponieważ jesteśmy tak usilnie skupieni na naszej misji, poczyniliśmy znaczące inwestycje w celu lepszego zrozumienia preferencji naszych klientów. Żeby to osiągnąć, opracowaliśmy wiele narzędzi badawczych pozwalających nam uzyskać wgląd w trendy i preferencje w odmiennych segmentach demograficznych populacji naszych klientów. Wykorzystujemy dane pozyskane za pomocą tych narzędzi do tworzenia wystroju naszych placówek, wyboru produktów, promocji i kuponów rabatowych. Analiza ta pozwala Targetowi dostarczać naszym klientom najznakomitszego doświadczenia związanego z zakupami. Na przykład podczas transakcji w sklepie nasze narzędzia badawcze są w stanie przewidzieć ciekawe oferty dla poszczególnych klientów, bazując na ich bieżących zakupach, co umożliwia nam przedstawienie ich wraz z wręczeniem klientowi rachunku. Co więcej, programy związane z przystąpieniem np. do naszego rejestru dzieci pomagają Targetowi zrozumieć zmiany potrzeb klientów w czasie i zapewnić młodym matkom korzystne kupony, dzięki którym oszczędzają pieniądze. Wierzymy, że te wysiłki dają naszym klientom bezpośrednie korzyści, dostarczając im więcej towarów, których potrzebują i chcą w Targecie – i przynoszą one także korzyści Targetowi, w postaci większej lojalności klientów, częstszych zakupów, zwiększonych przychodów i zysków". W drugim mailu napisano: „Niemal wszystkie twierdzenia zawierają nieścisłe informacje i ich publikacja wprowadzi opinię publiczną w błąd. Nie zamierzamy odnosić się do każdego z nich. Target traktuje swoje zobowiązania prawne poważnie, postępując zgodnie z wszelkimi przepisami prawa federalnego i stanowego, w tym przepisów związanych z ochroną informacji na temat zdrowia".

[16] A. Elberse, J. Eliashbert i J. Villanueva, Polyphonic HMI: Mixing Music with Math, *Harvard Business Review*, 24.08.2005.

[17] Dziękuję Adamowi Fosterowi, dyrektorowi data services, Nielsen BDS.

[18] Kieruję podziękowania do następujących osób: Paul Heine, dziś w *Inside Radio*; Paul Heine, Fine-tuning People Meter, *Billboard*, 6.11. 2004; Paul Heine, Mscore Data Shows Varying Relationship with Airplay, *Billboard*, 3.04.2010.

[19] W komunikacji weryfikującej fakty Steve Bartels, menedżer ds. promocji w Arista, podkreślał, że postrzegał fakt, iż „Hey Ya!" dzielił ludzi jako korzyść. Piosenka została wyemitowana i promowana razem z drugim utworem – „The Way You Move" – innym wielkim hitem z dwupłytowego wydawnictwa *Speakerboxxx/The Love Below* grupy OutKast. „Chcesz, żeby pojawiła się reakcja", powiedział Bartels. „Ci mądrzejsi [dyrektorzy programowi] patrzyli na polaryzację jak na szansę nadania stacji tożsamości. Fakt, że pojawiała się szybka reakcja, żeby wyłączyć radio, nie oznaczała dla mnie braku sukcesu. Moim zadaniem jest przekonanie dyrektora programowego, że to jest właśnie powód, dla którego powinni przyjrzeć się tej piosence".

[20] Stephanie Clifford, You Never Listen to Celine Dion? Radio Meter Begs to Differ, *The New York Times,* 15.12.2009; Tim Feran, Why Radio's Changing Its Tune, *The Columbus Dispatch*, 13.06.2010.

[21] G.S. Berns, C.M. Capra i S. Moore, Neural Mechanisms of the Influence of Popularity on Adolescent Ratings of Music, *NeuroImage,* 49, 3, (2010), 2687–2696; J. Bharucha, F. Musiek i M. Tramo, Music Perception and Cognition Following Bilateral Lesions of Auditory Cortex, *Journal of Cognitive Neuroscience,* 2, 3, (1990), 195–212; Stefan Koelsch i Walter Siebel, Towards a Neural Basis of Music Perception, *Trends in Cognitive Sciences,* 9, 12, (2005), 578–584; S. Brown, M. Martinez i L. Parsons, Passive Music Listening Spontaneously Engages Limbic and Paralimbic Systems, *NeuroReport,* 15, 13, (2004), 2033–2037; Josef Rauschecker, Cortical Processing of Complex Sounds, *Current Opinion in Neurobiology* 8, no. 4 (1998), 516–521; J. Kaas, T. Hackett i M. Tramo, Auditory Processing in Primate Cerebral Cortex, *Current Opinion in Neurobiology,* 9, 2, (1999), 164–170; S. Koelsch, Neural Substrates of Processing Syntax and Semantics in Music, *Current Opinion in Neurobiology,* 15, (2005), 207–212; A. Lahav, E. Saltzman i G. Schlaug, Action Representation of Sound: Audiomotor Recognition Network While Listening to Newly Acquired Actions, *Journal of Neuroscience,* 27, 2, (2007), 308–314; D. Levitin i V. Menon, Musical Structure Is Processed in 'Language' Areas of the Brain: A Possible Role for Brodmann Area 47 in Temporal Coherence, *NeuroImage,* 20, 4, (2003), 2142–2152; J. Chen, V. Penhume i R. Zatorre, When the Brain Plays Music: Auditory-Motor Interactions in Music Perception and Production, *Nature Reviews Neuroscience,* 8, 547–558.

[22] N.S. Rickard i D. Ritossa, The Relative Utility of 'Pleasantness' and 'Liking' Dimensions in Predicting the Emotions Expressed by Music, *Psychology of Music,* 32, 1, (2004), 5–22; G. Berns, C. Capra i S. Moore, Neural Mechanisms of the Influence of Popularity on Adolescent Ratings of Music, *NeuroImage,* 49, 3, (2010), 2687–2696; David Hargreaves i Adrian North, Subjective Complexity, Familiarity, and Liking for Popular Music, *Psychomusicology,* 14, 1996, (1995), 77–93. Więcej na ten fascynujący temat, jak znajomość wpływa na atrakcyjność w odniesieniu do różnych zmysłów, patrz też: G. Berns, S. McClure i G. Pagnoni, Predictability Modulates Human Brain Response to Reward, *Journal of Neuroscience,* 21, 8, (2001), 2793–2798; D. Brainard, The Psychophysics Toolbox, *Spatial Vision,* 10, (1997), 433–436; J. Cloutier, T. Heatherton i P. Whalen, Are Attractive People Rewarding? Sex Differences in the

Neural Substrates of Facial Attractiveness, *Journal of Cognitive Neuroscience,* 20, 6, (2008), 941–951; J. Kable i P. Glimcher, The Neural Correlates of Subjective Value During Intertemporal Choice, *Nature Neuroscience* 10, 12, (2007), 1625–1633; S. McClure i in., Neural Correlates of Behavioral Preference for Culturally Familiar Drinks, *Neuron,* 44, 2, (2004), 379–387; C.J. Assad i Padoa-Schioppa, Neurons in the Orbitofrontal Cortex Encode Economic Value, *Nature,* 441, 7090, (2006), 223–226; H. Plassmann i in., Marketing Actions Can Modulate Neural Representations of Experienced Pleasantness, *Proceedings of the National Academy of Science,* 105, 3, (2008), 1050–1054; Muzafer Sherif, *The Psychology of Social Norms* (New York: Harper and Row, 1936); Wendy Wood, Attitude Change: Persuasion and Social Influence, *Annual Review of Psychology,* 51, (2000), 539–570; Gustave Le Bon, *The Crowd: A Study of the Popular Mind* (Mineola, N.Y.: Dover Publications, 2001) [wyd. pol.: *Psychologia tłumu* – przyp. tłum.]; G. Berns i in., Neural Mechanisms of Social Influence in Consumer Decisions, artykuł wstępny, 2009; G. Berns i in., Nonlinear Neurobiological Probability Weighting Functions for Aversive Outcomes, *NeuroImage,* 39, 4, (2008), 2047–2057; G. Berns i in., Neurobiological Substrates of Dread, *Science,* 312, 5, (2006), 754–758; G. Berns, J. Chappelow i C. Zink, Neurobiological Correlates of Social Conformity and Independence During Mental Rotation, *Biological Psychiatry,* 58, 3, (2005), 245–253; R. Bettman, M. Luce i J. Payne, Constructive Consumer Choice Processes, *Journal of Consumer Research,* 25, 3, (1998), 187–217; A. Blood i R. Zatorre, Intensely Pleasurable Responses to Music Correlate with Activity in Brain Regions Implicated in Reward and Emotion, *Proceedings of the National Academy of Science,* 98, 20, (2001), 11818–11823; C. Camerer, G. Loewenstein i D. Prelec, Neuroeconomics: How Neuroscience Can Inform Economics, *Journal of Economic Literature,* 43, 1, (2005), 9–64; C. Capra i in., Neurobiological Regret and Rejoice Functions for Aversive Outcomes, *NeuroImage,* 39, 3, (2008), 1472–1484; H. Critchley i in., Neural Systems Supporting Interoceptive Awareness, *Nature Neuroscience,* 7, 2, (2004), 189–195; H. Bayer, M. Dorris i P. Glimcher, Physiological Utility Theory and the Neuroeconomics of Choice, *Games and Economic Behavior,* 52, 2, 213–256; M. Brett i J. Grahn, Rhythm and Beat Perception in Motor Areas of the Brain, *Journal of Cognitive Neuroscience,* 19, 5, (2007), 893–906; A. Hampton i J. O'Doherty, Decoding the Neural Substrates of Reward- Related Decision-Making with Functional MRI, *Proceedings of the National Academy of Science,* 104, 4, (2007), 1377–1382; J. Birk i in., The Cortical Topography of Tonal Structures Underlying Western Music, *Science,* 298, (2002), 2167–2170; B. Knutson i in., Neural Predictors of Purchases, *Neuron,* 53, 1, (2007), 147–56; B. Knutson i in., Distributed Neural Representation of Expected Value, *Journal of Neuroscience,* 25, 19, (2005), 4806–4812; S. Koelsch, Neural Substrates of Processing Syntax and Semantics in Music, *Current Opinion in Neurobiology,* 15, 2, (2005), 207–212; T. Fritz i in., Adults and Children Processing Music: An fMRI Study, *NeuroImage,* 25, (2005), 1068–1076; T. Fritz i in., Investigating Emotion with Music: An fMRI Study, *Human Brain Mapping,* 27, (2006), 239–250; T. Koyama i in., The Subjective Experience of Pain: Where Expectations Becomes

Reality, *Proceedings of the National Academy of Science,* 102, 36, (2005), 12950–55; A. Lahav, E. Saltzman i G. Schlaug, Action Representation of Sound: Audiomotor Recognition Network While Listening to Newly Acquired Actions, *Journal of Neuroscience,* 27, 2, (2007), 308–14; D. Levitin i V. Menon, Musical Structure Is Processed in 'Language' Areas of the Brain: A Possible Role for Brodmann Area 47 in Temporal Coherence, *NeuroImage,* 20, 4, (2003), 2142–2152; G. Berns i P. Montague, Neural Economics and the Biological Substrates of Valuation, *Neuron,* 36, (2002), 265–284; C. Camerer, P. Montague i A. Rangel, A Framework for Studying the Neurobiology of Value-Based Decision Making, *Nature Reviews Neuroscience,* 9, (2008), 545–556; C. Chafe i in., Neural Dynamics of Event Segmentation in Music: Converging Evidence for Dissociable Ventral and Dorsal Networks, *Neuron,* 55, 3, (2007), 521–532; Damian Ritossa i Nikki Rickard, The Relative Utility of 'Pleasantness' and 'Liking' Dimensions in Predicting the Emotions Expressed by Music, *Psychology of Music,* 32, 1, (2004), 5–22; Gregory S. Berns i in., Neural Mechanisms of the Influence of Popularity on Adolescent Ratings of Music, *NeuroImage,* 49, 3, (2010), 2687–2696; Adrian North i David Hargreaves, Subjective Complexity, Familiarity, and Liking for Popular Music, *Psychomusicology.* 14, 1–2, (1995), 77–93; Walter Ritter, Elyse Sussman i Herbert Vaughan, An Investigation of the Auditory Streaming Effect Using Event-Related Brain Potentials, *Psychophysiology,* 36, 1, (1999), 22–34; Elyse Sussman, Rika Takegata i István Winkler, Event-Related Brain Potentials Reveal Multiple Stages in the Perceptual Organization of Sound, *Cognitive Brain Research,* 25, 1, (2005), 291–299; Isabelle Peretz i Robert Zatorre, Brain Organization for Music Processing, *Annual Review of Psychology,* 56, 1, (2005), 89–114.

[23] Charles Grutzner, Horse Meat Consumption by New Yorkers Is Rising, *The New York Times,* 25.09.1946.

[24] Warto zauważyć, że było to tylko jedno z wielu odkryć komisji. Fascynujące badanie samej komisji i jej wpływu patrz: Brian Wansink, Changing Eating Habits on the Home Front: Lost Lessons from World War II Research, *Journal of Public Policy and Marketing,* 21, 1 (2002), 90–99.

[25] Wansink, Changing Eating Habits on the Home Front.

[26] Brian Wansink, *Marketing Nutrition: Soy, Functional Foods, Biotechnology, and Obesity* (Champaign: University of Illinois, 2007).

[27] Dan Usher, Measuring Real Consumption from Quantity Data, Canada 1935–1968, w: *Household Production and Consumption*, (red.). Nestor Terleckyj (New York: National Bureau of Economic Research, 1976). Bardzo trudno pozyskać dane na temat całkowitego spożycia w USA, dlatego te wyliczenia bazują na trendach kanadyjskich, gdzie istnieje więcej danych. W wywiadach amerykańscy urzędnicy podawali, że Kanada jest dobrym odniesieniem do szacowania amerykańskich trendów. Wyliczenia zawarte w artykule Ushera opierają się na „mięsie z puszki", zawierającym podroby.

[28] Target Corporation Analyst Meeting, 1.10.2005.

Część 3.
NAWYKI W SPOŁECZEŃSTWIE

8

KOŚCIÓŁ W SADDLEBACK I BOJKOT AUTOBUSÓW W MONTGOMERY: JAK POWSTAJĄ RUCHY SPOŁECZNE

I

AUTOBUS JADĄCY CLEVELAND AVENUE O 18.00 wjechał w zatoczkę przystanku, gdzie wsiadła do niego drobniutka czterdziestodwuletnia Afroamerykanka w okularach i konserwatywnej brązowej marynarce. Sięgnęła po portmonetkę i wrzuciła do kasy dziesięciocentówkę[1].

Był czwartek, 1 grudnia 1955 roku, w Montgomery w stanie Alabama, a ona właśnie skończyła długi dzień pracy w domu towarowym, gdzie pracowała jako szwaczka. Autobus był zatłoczony, a, zgodnie z prawem, pierwsze cztery rzędy były zarezerwowane dla białych pasażerów. Część, w której wolno było siadać czarnym, z tyłu, była już pełna, więc kobieta – Rosa Parks – usiadła w środkowym rzędzie, zaraz za częścią dla białych, gdzie mogli przebywać ludzie obu ras.

Autobus kontynuował trasę, dosiadało się coraz więcej pasażerów. Niebawem wszystkie miejsca siedzące były zajęte i niektórzy – w tym biali pasażerowie – stali w przejściu, trzymając się umieszczonych nad ich głowami uchwytów. Kierowca autobusu, James F. Blake, widząc stojącego białego mężczyznę, krzyknął do czarnoskórych pasażerów siedzących w tej samej strefie, co Parks, żeby ustąpili miejsca siedzące, ale nikt się nie ruszył. Było głośno. Mogli nie usłyszeć. Blake zatrzymał się na przystanku naprzeciwko teatru Empire na Montgomery Street i poszedł na tył autobusu.

„Lepiej będzie, jak sami sobie ułatwicie życie i zwolnicie te miejsca", powiedział. Trójka czarnoskórych pasażerów wstała i przeszła do tyłu, ale Parks nawet nie drgnęła. Nie była *w* sekcji dla białych, powiedziała kierowcy, a poza tym stał tylko jeden biały pasażer.

„Jeżeli nie wstaniesz, zawołam policję i cię aresztują", powiedział Blake.

„A więc proszę to uczynić", odparła Parks[2].

Kierowca wysiadł i znalazł dwóch policjantów.

„Dlaczego nie wstajesz?", jeden z nich zapytał Parks, kiedy wsiedli.

„A dlaczego nam rozkazujecie?".

„Nie wiem", odrzekł policjant. „Ale prawo jest prawem i jesteś aresztowana"[3].

W tej właśnie chwili, czego nie był świadom nikt w autobusie, powstał ruch na rzecz praw obywatelskich. Ten drobny sprzeciw był pierwszym z serii działań zmieniających walkę o kwestie równości między ludźmi o różnym kolorze skóry z bitew toczonych przez aktywistów w sądach i u ustawodawcy w kontestację czerpiącą siłę z całych społeczności i masowych protestów. W ciągu kolejnego roku czarnoskórzy mieszkańcy Montgomery powstaną i zbojkotują miejskie autobusy, kończąc swój protest dopiero wraz z wykreśleniem regulacji dotyczących segregacji rasowej w komunikacji miejskiej. Bojkot odbije się mocno na finansach firmy autobusowej, wyprowadzi dziesiątki tysięcy protestujących na ulice, da krajowi charyzmatycznego młodego przywódcę o nazwisku Martin Luter King Junior i wznieci ruch, który rozprzestrzeni się na Little Rock, Greensboro, Raleigh, Birmingham i, w końcu, Kongres. Parks stanie się bohaterką, otrzyma Medal Wolności Prezydenta Stanów Zjednoczonych i stanie się wspaniałym przykładem tego, jak pojedynczy akt nieposłuszeństwa może zmienić świat.

Ale to nie jest cała historia. Rosa Parks i bojkot autobusów w Montgomery stały się epicentrum kampanii na rzecz praw obywatelskich nie tylko za sprawą pojedynczego aktu oporu, lecz także dzięki wzorcom społecznym. Doświadczenie Parks daje nam lekcję na temat siły nawyków społecznych – zachowań, które się pojawiają bezrefleksyjnie u dziesiątek, setek, a nawet tysięcy ludzi, które to zachowania często ciężko dostrzec, gdy się wykształcają, które jednak mają nierzadko moc zmieniania świata. Nawyki społeczne są tym, co sprawia, że na ulice w proteście wychodzą ludzie sobie obcy, manifestujący z różnych pobudek, ale podążający w tym samym kierunku. Nawyki społeczne wyjaśniają, dlaczego część inicjatyw przekształca się w ruchy zmieniające świat, podczas gdy innym nie udaje się rozpalić ludzkich umysłów. A powodem, dla którego nawyki społeczne mają taki wpływ, jest fakt, że u źródeł wielu ruchów – czy to rewolucji na wielką skalę, czy zwykłych zmian w kościołach, do których chodzą ludzie – leży trzyetapowy proces, wciąż na nowo identyfikowany przez historyków i socjologów[4]:

Ruch powstaje dzięki społecznym nawykom związanym z przyjaźnią i silnymi więzami pomiędzy bliskimi znajomymi.

Rośnie dzięki nawykom społeczności i słabym więziom społecznym łączącym sąsiedztwa i klany.

Trwa, ponieważ jego przywódcy dają uczestnikom nowe nawyki, tworzą świeże poczucie tożsamości i wrażenie współodpowiedzialności.

Przeważnie jedynie spełnienie wszystkich trzech warunków procesu sprawia, że ruch zaczyna żyć własnym życiem i osiąga masę krytyczną. Istnieją różne przepisy na skuteczną zmianę społeczną i setki szczegółów, które mają odmienny charakter na przestrzeni wieków i w różnych bitwach. Ale zrozumienie, w jaki sposób działają nawyki społeczne, pomaga wyjaśnić, dlaczego Montgomery i Rosa Parks stały się katalizatorami krucjaty w obronie praw obywatelskich.

Wcale nie było takie oczywiste, że akt oporu Parks tego zimowego dnia będzie miał jakiekolwiek dodatkowe skutki poza jej aresztowaniem. Ale do działania włączyły się nawyki i stało się coś niesamowitego.

* * *

Rosa Parks nie była pierwszą czarnoskórą pasażerką, którą wsadzono do więzienia za złamanie praw segregacji rasowej obowiązujących w autobusach w Montgomery. Nawet nie była pierwszą osobą w owym roku. W roku 1946 w Montgomery Geneva Johnson została aresztowana za dyskusję z kierowcą autobusu na temat miejsc siedzących[5]. W roku 1949 cztery osoby – Viola White, Katie Wingfield i dwoje czarnoskórych dzieci – wylądowały w więzieniu za to, że usiadły w części dla białych i nie zgodziły się zmienić miejsca[6]. Tego samego roku aresztowano, a potem umieszczono w więzieniu dwoje czarnoskórych nastolatków, którzy przyjechali z New Jersey – gdzie w autobusach nie było segregacji rasowej – za to, że złamali prawo siadając obok białego mężczyzny i chłopca[7]. W roku 1952 policjant w Montgomery zastrzelił czarnoskórego mężczyznę, który kłócił się z kierowcą autobusu. W roku 1955, zaledwie kilka miesięcy przed zamknięciem Parks, Claudette Colvin i Mary Louise Smith zostały aresztowane w dwóch różnych zdarzeniach za odmowę ustąpienia miejsca białym pasażerom.

Żadne z tych aresztowań nie wywołało fali bojkotów czy protestów. „W Montgomery w tym czasie nie było wielu prawdziwych aktywistów", powiedział mi Taylor Branch, historyk zajmujący się prawami obywatelskimi, zdobywca Nagrody Pulitzera. „Ludzie nie organizowali marszów czy protestów. Aktywiści działali w sądach. To nie była działalność zwykłych ludzi".

Kiedy w 1954 roku, a więc rok przed aresztowaniem Parks, do Montgomery przybył młody Martin Luther King Junior, odkrył, że większość czarnoskórych mieszkańców miasta akceptowało segregację rasową „bez oznak sprzeciwu. Wyglądało na to, że nie tylko pogodzili się z segregacją jako taką; lecz oni zaakceptowali także przemoc i powiązane z segregacją odzieranie ich z godności”[8].

Dlaczego więc wraz z aresztowaniem Parks sytuacja uległa zmianie?

Jedno wyjaśnienie dotyczy ogólnej zmiany klimatu politycznego. Rok wcześniej Sąd Najwyższy Stanów Zjednoczonych ogłosił wyrok w sprawie *Brown przeciwko Board of Education* (Kuratorium oświaty), stwierdzając, że segregacja w szkołach publicznych jest niezgodna z prawem; sześć miesięcy przed aresztowaniem Parks Sąd zajmował się sprawą, która zyskała rozgłos jako *Brown II* – decyzją nakazującą, by integracja w szkołach zachodziła „tak szybko, jak tylko jest to możliwe”. W całym kraju wyraźnie się czuło, że w powietrzu wisi zmiana.

Ale to nie wystarcza, żeby wyjaśnić, dlaczego Montgomery stało się punktem zerowym wybuchu wojny o prawa obywatelskie. Claudette Colvin i Mary Louise Smith zostały aresztowane zaraz po procesie *Brown przeciwko Board of Education*, ale fakt ten nie wywołał protestów. *Brown* był dla wielu mieszkańców Montgomery abstrakcją z odległego sądu i nie było jasne, w jaki sposób i czy w ogóle wpływ tego wyroku da się odczuć lokalnie. Montgomery to nie Atlanta czy Austin lub inne miasta, w których postęp wydawał się możliwy. „Montgomery było dość ponurym miejscem”, powiedział Branch. „Rasizm był tu wszechobecny”.

Ale areszt Parks wzbudził w mieście coś niespotykanego. Rosa Parks, w przeciwieństwie do innych osób zamykanych za łamanie prawa segregacji w autobusie, była osobą cieszącą się dużym szacunkiem i dobrze osadzoną w społeczności. Dlatego jej aresztowanie wyzwoliło serię lokalnych nawyków – nawyków przyjaźni – które wznieciły pierwszy protest. Przynależność Parks do dziesiątek sieci społecznych w Montgomery pozwoliła jej przyjaciołom na reakcję, zanim pojawiła się tak typowa dla tej społeczności apatia.

Życie obywatelskie w Montgomery było w tym czasie zdominowane przez setki małych grup tworzących miejską tkankę. Miejski *Spis Obywatelskich i Społecznych Organizacji* był niemal tak pokaźny, jak książka telefoniczna. Wyglądało na to, że każdy dorosły – a szczególnie każdy czarnoskóry dorosły – należał do jakiegoś klubu, kościoła, grupy społecznej, domu kultury czy organizacji sąsiedzkiej, a w wielu wypadkach do kilku jednocześnie. I właśnie w tych sieciach społecznych Rosa Parks była doskonale znana i lubiana. „Rosa Parks była jedną z tych nielicznych osób, o których wszyscy jednomyślnie uważali, że dają więcej, niż otrzymują w zamian", napisał Branch w swojej historii ruchu obrony praw obywatelskich, *Parting the Waters*. „Jej charakter był jak jasny punkt na mapie ludzkiej natury, neutralizujący kilkunastu socjopatów"[9]. Liczni przyjaciele i znajomi Parks wywodzili się z różnych miejscowych środowisk etnicznych i ekonomicznych. Była sekretarzem lokalnej organizacji NAACP[10], należała do kościoła Metodystów, pomagała organizacji młodzieżowej przy kościele luterańskim niedaleko jej miejsca zamieszkania. Część sobót i niedziel pracowała jako wolontariuszka w schronisku, część w klubie botanicznym, w środowe wieczory zaś dołączała do grupy kobiet dziergających koce dla lokalnego szpitala. Za darmo szyła dla biednych rodzin i zapewniała robione w ostatniej chwili poprawki krawieckie w kreacjach białych, bogatych debiutantek. Angażowała się w sprawy społeczności tak bardzo, że jej mąż skarżył się, iż jego żona częściej jada na składkowych imprezach niż w domu.

Ogólnie, jak mówią socjologowie, większość z nas ma przyjaciół, którzy są do nas podobni. Możemy mieć paru znajomych, którzy są od nas zamożniejsi, kilku, których sytuacja ekonomiczna jest gorsza – ale summa summarum, najgłębsze związki budujemy z ludźmi, którzy są do nas podobni wyglądem, zarabiają podobnie i wywodzą się z podobnego środowiska.

Natomiast przyjaciele Parks wywodzili się z najróżniejszych poziomów społecznej i ekonomicznej hierarchii. Miała coś, co socjologowie nazywają „silnymi więziami społecznymi" – bliskie relacje z dziesiątkami grup w całym Montgomery, które zazwyczaj nie miały ze sobą kontaktu. „To było kluczowe" powiedział Branch. „Rosa Parks przekroczyła społeczne rozwarstwienie czarnoskórej społeczności i całego Montgomery. Przyjaźniła się z robotnikami i profesorami".

A siła tych przyjaźni ujawniła się wraz z chwilą, w której Parks wylądowała za kratkami.

* * *

Z komisariatu policji Rosa Parks zadzwoniła do swoich rodziców. Była w panice – a jej matka, nie wiedząc, co czynić w takiej sytuacji – zaczęła w myślach przetrząsać nazwiska przyjaciół Parks w poszukiwaniu kogoś, kto mógłby pomóc. Zadzwoniła do żony E.D. Nixona, poprzedniego przewodniczącego NAACP, która z kolei zadzwoniła do swojego męża, informując go, że trzeba pomóc wyciągnąć Parks z paki. Ten natychmiast zgodził się pomóc i zadzwonił do znanego białego prawnika, Clifforda Durra, który znał Parks, ponieważ szyła suknie dla jego trzech córek.

Nixon i Durr udali się do więzienia, wpłacili za nią kaucję i zabrali do domu. Szukali idealnego przypadku pozwalającego na zakwestionowanie prawa segregacji w autobusach w Montgomery i, widząc nadarzającą się okazję, zapytali Parks, czy zgodziłaby się, aby sprawa jej aresztu trafiła do sądu. Mąż Parks był przeciwny. Powiedział jej „Biali cię zabiją, Rosa"[11].

Ale Parks całe lata pracowała z Nixonem w NAACP. Była w domu Durra i pomagała jego córkom wyszykować się na bale. A teraz jej przyjaciele prosili ją o przysługę.

„Jeżeli uważacie, że będzie to miało jakieś znaczenie dla Montgomery i przyniesie coś dobrego, będzie mi miło brać w tym udział"[12], powiedziała.

Tej nocy – zaledwie kilka godzin po aresztowaniu – informacje o zatrzymaniu Parks zaczęły się rozchodzić w społeczności czarnoskórych mieszkańców. Usłyszała o tym także Jo Ann Robinson, przewodnicząca potężnej, zaangażowanej politycznie grupy nauczycieli szkolnych i przyjaciółka Parks z licznych organizacji. Wiadomość dotarła również do wielu nauczycieli z kierowanej przez Robinson grupy oraz do wielu rodziców ich uczniów. Tuż przed północą Robinson zwołała spontaniczne spotkanie i zasugerowała, by wszyscy zbojkotowali miejskie autobusy w poniedziałek, a więc za cztery dni – wtedy właśnie Parks miała stawić się w sądzie.

Potem Robinson udała się do swojego biura i w pomieszczeniu z powielaczem przygotowała kopie ulotki.

Jej treść brzmiała: „Kolejna czarna kobieta została aresztowana i zamknięta w więzieniu za odmowę ustąpienia w autobusie miejsca białej osobie. Sprawa tej kobiety stanie przed sądem w poniedziałek. Dlatego prosimy wszystkich Czarnych, aby tego dnia nie korzystali z autobusów w proteście przeciwko aresztowaniu i postawieniu kobiety przed sądem"[13].

Rankiem następnego dnia Robinson wręczyła stosy ulotek nauczycielom z prośbą o ich rozdanie rodzicom i współpracownikom. W ciągu dwudziestu czterech godzin od aresztowania Parks wiadomość o jej aresztowaniu i bojkocie rozeszła się po najbardziej wpływowych środowiskach miasta – dotarła do lokalnego NAACP, dużej grupy politycznej, wielu czarnoskórych nauczycieli i rodziców ich uczniów. Wiele osób, do których dotarły ulotki, znało Rosę Parks osobiście – na przykład siedzieli kiedyś obok niej w kościele albo na spotkaniu wolontariuszy – i uważało ją za przyjaciółkę. W przyjaźni zakorzeniony jest naturalny instynkt, współczucie, które sprawia, że chcemy walczyć w imieniu kogoś, kogo lubimy, gdy dzieje mu się krzywda. Badania pokazują, że ludzie nie mają najmniejszych oporów przed ignorowaniem krzywdy obcych sobie osób, ale kiedy ktoś obrazi przyjaciela, nasze wzburzenie jest wystarczająco duże, by przezwyciężyć inercję, zazwyczaj utrudniającą organizację protestów. Kiedy przyjaciele Parks dowiedzieli się o jej aresztowaniu i o bojkocie, uruchomiły się naturalne nawyki związane z przyjaźnią – wrodzona skłonność do pomagania komuś, kogo szanujemy.

Pierwsze masowe ruchy w erze obrony praw obywatelskich mogły zostać wywołane przez wiele wcześniejszych aresztowań. Ale zaczęły się właśnie od aresztowania Rosy Parks, ponieważ miała ona dużą, zróżnicowaną i połączoną sieć przyjaciół, którzy – kiedy trafiła do aresztu – zareagowali tak, jak reagują przyjaciele, idąc za nawykami przyjaźni i okazując jej swoje wsparcie.

Mimo wszystko wielu wciąż spodziewało się, że ten protest nie będzie niczym ponad jednodniowe wydarzenie. Drobne protesty pojawiają się codziennie w różnych miejscach na Ziemi i większość z nich szybko kończy się fiaskiem. Nikt nie ma wystarczająco wielu przyjaciół, by zmienić świat.

I właśnie dlatego drugi aspekt społecznych nawyków jest w tego typu ruchach tak ważny. Bojkot autobusów w Montgomery stał się szeroko zakrojoną akcją społeczną, ponieważ poczucie obowiązku, które trzymało razem czarnoskórą społeczność, uaktywniło się zaraz po tym, kiedy przyjaciele Parks zaczęli wszędzie o tym mówić. Ludzie słabo znający Rosę Parks decydowali się przyłączyć ze względu na presję społeczną – wpływ określany mianem „siły słabych więzi społecznych" – sprawiającą, że trudno było uniknąć zaangażowania.

II

Wyobraź sobie przez chwilę, że jesteś szanowanym menedżerem średniego szczebla w dobrze prosperującej firmie. Odnosisz sukcesy i jesteś lubiany. Całe lata budowałeś reputację wewnątrz firmy i dbałeś o sieć przyjaciół, których możesz pytać o potencjalnych klientów, o radę czy ploteczki z rynku. Należysz do kościoła, chodzisz na siłownię, jesteś członkiem country klubu oraz lokalnego oddziału zrzeszenia absolwentów college'u. Jesteś darzony szacunkiem i często zapraszany do udziału w rozmaitych komisjach. Kiedy ludzie w twojej okolicy słyszą o jakiejś biznesowej szansie, często cię o tym informują.

A teraz wyobraź sobie, że dzwoni twój telefon. To menedżer średniego szczebla z innej firmy, który poszukuje nowej pracy. Pyta, czy mu pomożesz, mówiąc parę dobrych słów na jego temat twojemu szefowi.

Jeżeli osoba, która do ciebie dzwoni, jest ci kompletnie obca, decyzja jest prosta. Po co ryzykować własną pozycję wewnątrz firmy pomagając komuś, kogo nie znasz?

Jeśli jednak człowiek proszący cię o przysługę jest twoim bliskim przyjacielem, decyzja także nie przychodzi ciężko. Oczywiście, że pomożesz. Przecież tak robią przyjaciele.

Co jednak stanie się w sytuacji, w której dzwoniący do ciebie człowiek nie jest ani dobrym przyjacielem, ani kimś zupełnie obcym, ale kimś pomiędzy? Co zrobić w sytuacji, w której macie wspólnego przyjaciela, ale nie znacie się zbyt dobrze? Będziesz ręczył za tę osobę, jeśli twój szef zapyta, czy warto zaprosić ją na rozmowę o pracę? Innymi słowy, ile własnej reputacji i energii jesteś skłonny poświęcić, pomagając przyjacielowi przyjaciela w zdobyciu pracy?

Pod koniec lat sześćdziesiątych doktorant na uniwersytecie Harvarda, Mark Granovetter, próbował znaleźć odpowiedź, badając, w jaki sposób 282 mężczyzn znalazło obecną pracę[14]. Prześledził, w jaki sposób dowiedzieli się o wolnych stanowiskach, do kogo dzwonili po referencje, jakich metod używali, żeby umówić się na rozmowę kwalifikacyjną i, co najważniejsze, kto wyciągnął pomocną dłoń. Zgodnie z oczekiwaniami badacz odkrył, że w sytuacjach, w których osoby szukające pracy proszą o pomoc obcych, spotykają się z odrzuceniem. Kiedy zgłaszają się do przyjaciół, otrzymują pomoc.

Tym, co wzbudziło jednak zaskoczenie, była częstość, z jaką szukający pracy wspierani są przez luźnych znajomych – przyjaciół przyjaciół – ludzi, którzy nie są ani obcy, ani bliscy. Granovetter nazwał te powiązania mianem „słabych więzi społecznych", ponieważ łączyły ludzi mających wspólnych znajomych i przynależących do tych samych sieci społecznych, nie powiązanych jednak ze sobą silną więzią przyjaźni.

Granovetter odkrył, że dla znalezienia pracy takie znajomości charakteryzujące się słabą więzią społeczną mają *większe* znaczenie niż przyjaźnie charakteryzujące się silną więzią, ponieważ to właśnie luźne więzi umożliwiają nam dostęp do sieci, do których inaczej nie mielibyśmy wstępu. Wiele badanych przez Granovettera osób dowiedziało się o nowych możliwościach zawodowych właśnie za pośrednictwem słabych więzi społecznych, a nie od bliskich przyjaciół. Jest to logiczne, ponieważ z bliskimi przyjaciółmi rozmawiamy na okrągło albo razem z nimi pracujemy, czytamy te same blogi itp. Kiedy oni usłyszą o jakiejś ciekawej ofercie pracy, my najprawdopodobniej także już o niej wiemy. Natomiast ludzie, z którymi łączą nas słabe więzi społeczne – ludzie, na których „wpadamy" raz na pół roku – są właśnie tymi, którzy mówią nam o możliwościach zatrudnienia, o których inaczej nigdy byśmy nie usłyszeli[15].

Gdy socjologowie zaczęli badać, w jaki sposób w społeczności rozchodzą się opinie, plotki lub zaczynają ruchy polityczne, odkryli wspólny wzorzec: znajomości charakteryzujące się słabymi więziami społecznymi są często równie wpływowe – jeżeli nie bardziej – jak bliskie przyjaźnie. Jak ujął to Granovetter: „Jednostki mające nieliczne słabe więzi społeczne będą pozbawione informacji z bardziej odległych części systemu społecznego i będą ograniczone do lokalnych informacji i poglądów bliskich przyjaciół. Takie ograniczenie nie tylko odetnie ich od najnowszych pomysłów i trendów, lecz także może postawić ich w gorszej sytuacji na rynku pracy, gdzie korzyścią może być (...) wiedza na temat pojawiających się możliwości zatrudnienia we właściwym czasie".

„Ponadto takie osoby trudniej będzie zorganizować do udziału we wszelkiego rodzaju ruchach politycznych. (...). I choć członków jednej czy dwóch grup (klik) można skutecznie pozyskać, problem polega na tym, że, przy braku słabych więzi społecznych, każdy powstały ruch nie rozprzestrzeni się *poza* klikę. W rezultacie większość populacji nie zostanie zaangażowana”[16].

Siła słabych więzi społecznych wyjaśnia, w jaki sposób protest może się rozszerzyć i, mając swoje źródła w grupie przyjaciół, przeistoczyć się w ruch społeczny. Przekonanie tysięcy ludzi, aby dążyli do jednego celu – zwłaszcza w sytuacji, w której owo dążenie wiąże się ze znaczącymi niewygodami, jak choćby chodzenie na piechotę do pracy zamiast jechanie autobusem, trafienie do więzienia lub tylko rezygnację z porannej kawy, gdyż sprzedająca ją firma nie wspiera ekologicznego rolnictwa – jest trudne. Większość ludzi nie dba o tematy wywołujące u nich wzburzenie wystarczająco mocno, aby zrezygnować z autobusu czy dawki kofeiny – chyba że sprawa dotyczy bliskiego przyjaciela, który został źle potraktowany czy wręcz trafił do więzienia. Istnieje więc narzędzie od dawna wykorzystywane przez aktywistów w celu wymuszenia protestów, nawet jeżeli jakaś grupa ludzi niekoniecznie *chce* w nim uczestniczyć. Jest to pewna postać perswazji, która na przestrzeni wieków okazywała się niebywale skuteczna. Jest to poczucie obowiązku nakładane przez (lokalne) społeczności.

Innymi słowy presja grupy.

Presja grupy – oraz nawyki społeczne zachęcające ludzi do wpisania się w oczekiwania społeczne – są trudne do zdefiniowania, ponieważ sposób ich wyrażania jest wśród ludzi często różny. Owe nawyki społeczne nie są jednym, spójnym wzorcem, gdyż to dziesiątki indywidualnych nawyków sprawiają, że, ostatecznie, wszyscy podążają w tym samym kierunku.

Nawyki związane z presją grupy mają jednak elementy wspólne. Często rozprzestrzeniają się za pośrednictwem słabych więzi społecznych. I zyskują swoją moc dzięki oczekiwaniom społecznym. Jeżeli zignorujesz obowiązki wynikające z przynależności do lokalnej społeczności, jeśli wyłamiesz się z oczekiwanego wzorca, kładziesz na szali swoją pozycję w tejże społeczności. Ryzykujesz własny dostęp do wielu społecznych korzyści wynikających z członkostwa w country klubie, zrzeszeniu absolwentów czy kościele.

Innymi słowy, jeżeli nie pomożesz człowiekowi, który do ciebie dzwoni w poszukiwaniu pracy, ten może się poskarżyć koledze, z którym gra w tenisa, który z kolei wspomni o tych żalach komuś w szatni, komuś, kogo chciałeś pozyskać jako klienta i kto teraz będzie się ociągał, żeby do ciebie oddzwonić, ponieważ właśnie wypracowałeś sobie opinię człowieka, który nie gra zespołowo. Na placu zabaw presja grupy jest niebezpieczna. W życiu dorosłym opisuje sposób robienia biznesu i samoorganizowania się społeczności.

Niemniej taka presja, sama w sobie, nie wystarcza, żeby podtrzymać ruch przy życiu. Ale kiedy silna więź przyjaźni i luźne więzi społeczne skutkujące presją grupy się połączą, sprawy nabierają niezwykłego rozpędu. I właśnie tu zaczynają się rozległe zmiany społeczne.

* * *

Żeby zobaczyć, w jaki sposób kombinacja silnych i słabych więzi społecznych może napędzać ruch, przeskoczmy dziewięć lat *od* aresztowaniu Rosy Parks, kiedy to setki młodych ludzi dobrowolnie narażało się na śmiertelne niebezpieczeństwo w krucjacie o prawa obywatelskie.

W roku 1964 studenci w całym kraju – w tym wielu białych studentów Harvardu, Yale i innych uczelni z północy Stanów Zjednoczonych – ubiegało się o udział w czymś, co nazwano „Mississippi Summer Project" (dosł. projekt letni Missisipi). Chodziło o dziesięciotygodniowy program, którego celem było zarejestrowanie czarnoskórych wyborców na Południu[17]. Projekt stał się znany jako Freedom Summer (dosł. lato wolności) i wielu wolontariuszy miało świadomość, że będzie niebezpiecznie. Na kilka miesięcy przed rozpoczęciem projektu gazety i czasopisma pełne były artykułów przepowiadających przemoc (co okazało się tragicznie trafne, kiedy zaledwie tydzień po rozpoczęciu biali, tzw. strażnicy obywatelscy, zabili trzech wolontariuszy koło Longdale w Missisipi). Zagrożenie sprawiło, że wielu studentów nie zdecydowało się ostatecznie na udział w projekcie Mississippi Summer, także po tym, jak sami się do niego zgłosili. Do udziału w projekcie zatwierdzono ponad tysiąc osób, jednak kiedy w czerwcu przyszło faktycznie ruszyć na południe, ponad trzystu zaproszonych wolontariuszy zdecydowało się na pozostanie w domu[18].

W latach osiemdziesiątych socjolog z Uniwersity of Arizona – Doug McAdam – zaczął się zastanawiać, czy możliwe jest ustalenie, dlaczego niektórzy zdecydowali się na udział w projekcie Mississippi Summer podczas gdy inni się z niego wycofali[19]. Zaczął od przeczytania 720 zgłoszeń nadesłanych przez studentów kilkadziesiąt lat wstecz. Każde liczyło pięć stron. Chętni byli pytani o pochodzenie, motywy, dla których chcą pojechać do Missisipi, o doświadczenia w rejestrowaniu wyborców. Proszono ich o dołączenie listy osób, z którymi mogą się skontaktować organizatorzy w sytuacji, w której oni sami trafiliby do aresztu. Były wypracowania, referencje i, w przypadku niektórych, wywiady. Składanie wniosku było niecodziennym przedsięwzięciem.

Wstępna hipoteza, którą sformułował McAdam, głosiła, że studenci, którzy dojechali do Missisipi, prawdopodobnie mieli odmienną motywację niż ci, którzy zostali w domach, co wyjaśniałoby zróżnicowanie w uczestnictwie. Chcąc to sprawdzić, podzielił chętnych na dwie grupy. Na pierwszym stosie znalazły się wnioski, których autorzy chcieli jechać do Missisipi z motywów „osobistych", jak choćby „żeby się sprawdzić", „być w centrum działań" albo „poznać południowy styl życia". Na drugim stosie ułożył wnioski osób, których motywacja wynikała z „orientacji na innych ludzi", jak „poprawić los czarnoskórej ludności", „wspomóc pełne wdrożenie demokracji" czy „zademonstrować pokojową siłę napędową zmian społecznych".

McAdam zakładał, że osoby z motywacją osobistą będą bardziej skłonne do pozostania w domu, kiedy zdadzą sobie sprawę z zagrożeń Freedom Summer. Osoby zorientowane na innych z większym prawdopodobieństwem wsiądą do autobusu.

Hipoteza była błędna.

Według danych ci skupieni na sobie i ci w większym stopniu zorientowani na innych równie często wyruszali na Południe. Różnice w motywacji nie wyjaśniały „żadnych istotnych różnic między uczestnikami i osobami, które zrezygnowały z udziału", napisał McAdam.

Następnie McAdam porównał koszty utraconych korzyści w obu grupach. Może ci, którzy zostali, mieli mężów czy dziewczyny, którzy powstrzymali ich od wyjazdu do Missisipi? Może właśnie dostali pracę i nie mogli sobie pozwolić na dwumiesięczny niepłatny urlop?

I znowu pudło.

„Bycie w związku małżeńskim lub praca w pełnym wymiarze godzin de facto zwiększała szanse, że wolontariusz pojedzie na Południe", podsumował McAdam.

Została mu jeszcze jedna hipoteza. Każda osoba składająca wniosek miała podać listę organizacji studenckich i politycznych, których jest członkiem, oraz przynajmniej dziesięć osób, które miały być informowane o ich letnich aktywnościach. McAdam wziął więc te listy, by zobrazować sieci społeczne każdego kandydata na wolontariusza. Porównując członkostwo w różnych klubach i organizacjach, był w stanie określić, który z kandydatów miał przyjaciół również ubiegających się o udział w projekcie.

Gdy skończył, uzyskał upragnioną odpowiedź na pytanie, dlaczego niektórzy studenci pojechali do Missisipi, podczas gdy inni zostali w domach: z powodu nawyków społecznych – a precyzyjniej – z powodu działających w tandemie silnych i słabych więzi społecznych.

Studenci uczestniczący w Freedom Summer byli osadzeni w społecznościach, w których zarówno ich bliscy przyjaciele, *jak i* znajomi oczekiwali, że wezmą oni udział w tym projekcie. Ci, którzy się wycofali, także byli osadzeni w społecznościach, ale charakter tych społeczności był inny – presja społeczna i nawyki nie wymuszały na nich wyprawy do Missisipi.

„Wyobraź sobie, że jesteś jednym ze studentów, którzy zgłosili się do udziału w projekcie", powiedział McAdam. „Jednego dnia się zapisujesz, wypełniasz formularz zgłoszeniowy wspólnie z piątką twoich najlepszych przyjaciół i całą waszą grupę przepełnia prawdziwa i silna motywacja".

„A teraz, sześć miesięcy później, stoicie u progu wyjazdu. Prasa dookoła was obwieszcza, że w Missisipi dojdzie do rozlewu krwi. Dzwonisz do rodziców, a oni ci mówią, żebyś się nigdzie nie ruszał. Byłoby dziwne, gdybyś w tym momencie nie miał wątpliwości.

Potem idziesz po kampusie i spotykasz parę osób z twojego kościoła, które mówią: «Koordynujemy transport – kiedy mamy po ciebie podjechać?». Ci ludzie nie są twoimi najbliższymi przyjaciółmi, ale widzisz ich na spotkaniach w klubie i w akademiku, wiesz także, że liczą się w twojej społeczności. Wszyscy oni wiedzą, że zostałeś zakwalifikowany do Freedom Summer oraz że wyraziłeś chęć udziału. I tu kończy się twoje szczęście. Twoja pozycja społeczna zatrzęsłaby się w posadach. Nawet jeżeli masz wątpliwości, wycofanie się będzie miało poważne konsekwencje. Utracisz szacunek ludzi, których zdanie się dla ciebie liczy".

Gdy McAdam przyjrzał się kandydatom z motywacją o podłożu religijnym – studentom, którzy, na przykład, przytaczali, że „pomoc tym w potrzebie jest obowiązkiem chrześcijanina", odkrył zróżnicowany poziom uczestnictwa. Ale – co wykazał badacz – wśród tych, którzy charakteryzowali się motywacją o podłożu religijnym *oraz* przynależeli do organizacji religijnej, *każdy jeden* kandydat dojechał do Missisipi. Kiedy już w ich społeczności było wiadomo, że zostali zaakceptowani do uczestniczenia we Freedom Summer, wycofanie się stało się niemożliwe[20].

Spójrzmy teraz na sieci społeczne kandydatów, którzy zostali przyjęci do programu, ale nie wzięli w nim udziału. Oni także byli zaangażowani w różne organizacje działające na terenie kampusu. Oni także należeli do klubów i dbali o pozycję zajmowaną w tych społecznościach. Ale organizacje, do których należeli – zarząd gazety czy samorząd studencki, akademickie grupy i stowarzyszenia – miały inne oczekiwania. W tych społecznościach można było się wycofać z udziału w Freedom Summer i doznać niewielkiego, lub wręcz żadnego uszczerbku pozycji w społecznej hierarchii.

W obliczu możliwości aresztowania (lub gorzej) w Missisipi zapewne większość studentów miała wątpliwości. Niemniej niektórzy z nich byli osadzeni w społecznościach, w których nawyki społeczne – oczekiwania ich przyjaciół, presja wywierana przez znajomych – wymuszała uczestnictwo, więc niezależnie od własnego wahania kupowali bilet na autobus. Inni – także zainteresowani prawami obywatelskimi – byli członkami społeczności, w których nawyki społeczne wskazywały nieco inny kierunek, mogli więc sobie pomyśleć „Może po prostu zostanę w domu".

* * *

Tego samego ranka, kiedy wyciągnął Rosę Parks z więzienia, E.D. Nixon zadzwonił do nowego pastora kościoła baptystów na Dexter Avenue, Martina Luthera Kinga Juniora. Było trochę po piątej rano, ale Nixon nie powiedział dzień dobry, nie zapytał też, czy aby nie zbudził dwutygodniowej córeczki pastora, kiedy ten podniósł słuchawkę – natychmiast przeszedł do sprawozdania z aresztowania Parks, opisał, jak została wsadzona do więzienia za odmowę ustąpienia miejsca oraz do planów zawalczenia o jej prawa przed sądem i bojkotowania autobusów w poniedziałek. W tym czasie King miał dwadzieścia sześć lat. Był w Montgomery od niespełna roku i wciąż usiłował określić swoją rolę w tej społeczności. Nixon prosił Kinga o poparcie, a także o pozwolenie na wykorzystanie jego kościoła jako miejsca zaplanowanego na ten wieczór spotkania w sprawie bojkotu. King miał się na baczności, aby nie zaangażować się w sprawę zbyt mocno. „Bracie Nixon, daj mi się zastanowić i zadzwoń do mnie później", powiedział.

Ale Nixon na tym nie poprzestał. Skierował się w stronę jednego z najbliższych przyjaciół Kinga – kogoś, z kim łączyła go bardzo silna więź – do Ralpha D. Abernathy'ego i poprosił o pomoc w przekonaniu młodego pastora do zaangażowania się w sprawę. Kilka godzin później Nixon ponownie zadzwonił do Kinga.

„Wchodzę w to", rzekł King.

„Dobrze to słyszeć", odparł Nixon, „ponieważ rozmawiałem już z osiemnastoma osobami i powiedziałem im, żeby przyszli wieczorem do pańskiego kościoła. Nie byłoby dobrze, gdybyśmy musieli się tam spotkać bez pana"[21]. Niebawem King został namówiony do pełnienia funkcji prezesa organizacji powołanej w celu koordynowania bojkotu.

W niedzielę, trzy dni po aresztowaniu Parks, czarnoskórzy pastorzy w mieście – po rozmowie z Kingiem i innymi członkami nowej organizacji – wyjaśniali parafianom w swoich kościołach, że wszystkie kościoły skupiające czarnoskórą ludność zgodziły się przystąpić do jednodniowego bojkotu. Przekaz był jasny: wstydem okryje się każdy parafianin, który zamiast się włączyć w protest będzie stał z boku. Tego samego dnia miejska gazeta, „Advertiser", zawierała artykuł na temat „«ściśle tajnego» spotkania Murzynów z Montgomery, którzy planują w poniedziałek zbojkotować miejskie autobusy"[22]. Reporter pozyskał ulotki, które białe kobiety odebrały swoim służącym. „Czarne" części miasta były „zasypane tysiącami takich ulotek", wyjaśniał artykuł, i spodziewano się, że każdy czarnoskóry mieszkaniec miasta weźmie udział w tej akcji. Kiedy pisano artykuł, o planowanym udziale w bojkocie publicznie wypowiadali się jedynie przyjaciele Parks, pastorzy i organizatorzy bojkotu – ale kiedy czarnoskórzy mieszkańcy miasta przeczytali gazetę, założyli, podobnie jak biali czytelnicy, że wszyscy inni już się przyłączyli.

Wielu ludzi siedzących w kościelnych ławach i czytających gazety znało Rosę Parks osobiście. Oni byli gotowi przystąpić do bojkotu właśnie ze względu na przyjaźń z nią. Inni nie znali Parks, ale wyczuwali, że społeczność jednoczyła się w jej sprawie i że nie wyglądałoby to najlepiej, gdyby ktoś zobaczył ich jadących w poniedziałek autobusem. „Jeśli pracujesz", głosiła treść ulotki, „weź taksówkę, jedź wspólnie ze znajomymi albo idź piechotą". Potem wszyscy usłyszeli, że szefowie bojkotu przekonali – używając łagodnej lub brutalnej perswazji – wszystkich czarnoskórych taksówkarzy, aby w poniedziałek przewozili czarnoskórych pasażerów za jedyne dziesięć centów, czyli w cenie biletu autobusowego. Słabe więzi społeczne w Montgomery zaczynały wszystkich łączyć. W tym momencie albo opowiadałeś się za bojkotem, albo przeciwko niemu.

W poniedziałek rano, w dniu bojkotu, King obudził się jeszcze przed wschodem słońca i zrobił sobie kawę. Jego żona, Coretta, siedziała przy oknie, wyglądając pierwszego autobusu. Krzyknęła, kiedy dostrzegła autobus linii South Jackson, zwykle przepełniony służącymi udającymi się do pracy, teraz niemal pusty. Kolejny autobus także był pusty. I ten, który po nim nadjechał. King wsiadł do samochodu i zaczął jeździć po okolicy, sprawdzając inne trasy. W ciągu godziny naliczył ośmiu czarnoskórych pasażerów. Tydzień wcześniej w tym czasie widziałby ich setki.

„Poczułem tryumf", napisał później. „Zdarzył się cud. (...) Widziano mężczyzn jadących na mułach i niejeden powozik konny mknął ulicami Montgomery. (...) Gapie zebrali się na przystankach, by obserwować wydarzenia. Początkowo stali spokojnie, ale wraz z upływem dnia zaczęli wyśmiewać puste autobusy, śmiać się i dowcipkować. Dał się słyszeć śpiew hałaśliwej młodzieży «Dziś pasażerów brak»"[23].

Tego popołudnia w sali sądowej na Church Street Rosa Parks została uznana winną pogwałcenia stanowego prawa segregacji rasowej. Ponad pięciuset czarnoskórych obywateli tłoczyło się na korytarzach i stało przed budynkiem w oczekiwaniu na wyrok. Bojkot i zwołane spontanicznie spotkanie przed sądem były najważniejszym przejawem aktywizmu czarnoskórych mieszkańców Montgomery w historii tego miasta, a wszystko to zorganizowano w ciągu pięciu dni. Rozpoczęło się pośród najbliższych przyjaciół Parks, ale rosło w siłę, jak później mówili King i inni uczestnicy, ponieważ w społeczności wytworzył się rodzaj zobowiązania – nawyki społeczne wynikające ze słabych więzi. W społeczności pojawiła się presja, by być razem i obawa, że każdy, kto się wyłamie, nie będzie należał do grona ludzi, z którymi inni chcą się przyjaźnić.

Jest wielu ludzi, którzy uczestniczyliby w bojkocie bez tego rodzaju zachęty. King, taksówkarze i pastorzy mogli dokonać tych samych wyborów bez działania silnych i słabych więzi społecznych. Ale dziesiątki tysięcy ludzi z całego miasta mogły się nie zdecydować na zrezygnowanie z autobusu bez zachęty wynikającej ze społecznych nawyków. „Ta onegdaj uśpiona i bierna społeczność murzyńska teraz była w pełni przebudzona", napisał później King.

Takie społeczne nawyki nie były jednak same w sobie wystarczająco silne, by przekształcić jednodniowy bojkot w trwający latami ruch społeczny. W ciągu kilku nadchodzących tygodni King zacznie otwarcie wyrażać obawy, że determinacja ludzi słabnie, że „zdolność społeczności murzyńskiej do kontynuowania walki" stoi pod znakiem zapytania[24].

A potem te obawy wyparują. King, jak tysiące innych przywódców różnorakich ruchów, przerzuci kierowanie walką z własnych barków na ramiona swoich uczniów, w dużej mierze za sprawą wyposażenia ich w nowe nawyki. Zaktywizuje trzeci element magicznej formuły tworzenia ruchów i bojkot stanie się samonapędzającą się siłą.

III

W lecie roku 1979 młody student seminarium, który był biały, w chwili aresztowania Rosy Parks miał rok, a obecnie najbardziej interesowało go to, w jaki sposób utrzyma swoją powiększającą się rodzinę, przykleił na ścianie swojego teksańskiego domu mapę i zaczął rysować kółka wokół głównych amerykańskich miast, od Seattle po Miami[25].

Rick Warren był pastorem Kościoła baptystów, z ciężarną żoną i niecałymi dwoma tysiącami dolarów oszczędności na koncie. Chciał stworzyć nowy kościół dla ludzi, którzy tak naprawdę na razie do kościoła nie chodzili, ale nie miał pojęcia, gdzie taki kościół powinien być zlokalizowany. „Pomyślałem, że pójdę gdzieś, gdzie żaden z moich kolegów z seminarium nie chce", powiedział mi. Spędził lato w bibliotekach, studiując spisy ludności, książki telefoniczne, artykuły prasowe i mapy. Jego żona była w dziewiątym miesiącu ciąży, więc co kilka godzin Warren pędził do budki telefonicznej i dzwonił do domu z pytaniem, czy jeszcze nie zaczęła rodzić, po czym wracał do swojej sterty materiałów.

Pewnego popołudnia Warren natknął się na opis miejsca o nazwie Saddleback Valley w hrabstwie Orange w stanie Kalifornia. Według książki, którą czytał, był to najszybciej rozwijający się obszar w najszybciej rozwijającym się hrabstwie w jednym z najszybciej rozwijających się stanów w Ameryce. W okolicy było kilka kościołów, ale żaden z nich nie był wystarczająco duży, by pomieścić szybko zwiększającą się populację. Zaintrygowany Warren skontaktował się z przywódcami religijnymi z południowej Kalifornii, którzy powiedzieli mu, że wielu mieszkańców tej okolicy uważa się za chrześcijan, ale nie chodzi na msze. Jak później napisał Warren: „W zakurzonej, słabo oświetlonej piwnicy tej uniwersyteckiej biblioteki usłyszałem, jak Bóg mi powiedział: «Chcę, abyś właśnie tu wybudował kościół!». W tej chwili nasze miejsce przeznaczenia zostało ustalone"[26].

Skupienie Warrena na wybudowaniu parafii tam, gdzie ludzie nie chodzą do kościoła, zaczęło się pięć lat wcześniej, kiedy jako misjonarz w Japonii odkrył stary egzemplarz chrześcijańskiego czasopisma z zawartym w nim artykułem z nagłówkiem „Why Is This Man Dangerous?" (Dlaczego ten mężczyzna jest niebezpieczny). Artykuł dotyczył Donalda McGavrana, kontrowersyjnego autora, koncentrującego się na budowaniu własnych kościołów w państwach, w których większość ludzi nie akceptowała Chrystusa. W centrum filozofii McGavrana było pouczenie, że misjonarze powinni naśladować taktykę innych skutecznych ruchów – w tym kampanii na rzecz praw obywatelskich – odwołując się do społecznych nawyków ludzi. „Stałym celem musi być chrystianizacja całej tkanki składającej się na ludzi lub wystarczająco dużych jej części, aby życie społeczne jednostki nie uległo zniszczeniu", napisał McGavran w jednej ze swoich książek. Jedynie taki kaznodzieja, który pomaga ludziom „stać się uczniami Chrystusa *w ich zwyczajnych relacjach społecznych* ma jakąkolwiek szansę na zbawienie mas"[27].

Ten artykuł – i później książki McGavrana – były dla Ricka Warrena objawieniem. Wreszcie ktoś wykorzystywał racjonalne i logiczne rozumowanie w kwestii, o której zwykło się mówić w konwencji cudów. Oto wreszcie pojawił się ktoś, kto rozumiał, że religia musi być, z braku lepszego słowa, dobrze sprzedana.

McGavran wykładał strategię, która instruowała założycieli nowych kościołów, aby mówili do ludzi „ich własnym językiem", by tworzyli miejsca kultu, w których wierni spotykaliby swoich przyjaciół, słuchali takiej muzyki, jakiej słuchają na co dzień, i doświadczali lekcji Biblii w formie strawnej metafory. Co najważniejsze, mówił McGavran, duchowni powinni pozyskiwać raczej *grupy* ludzi, a nie jednostki, aby społeczne nawyki społeczności wzmacniały uczestniczenie w obrzędach religijnych zamiast od nich odciągać.

W grudniu, po ukończeniu seminarium i narodzinach dziecka, Warren załadował swoją rodzinę i dobytek do ciężarówki firmy przeprowadzkowej, dojechał do Hrabstwa Orange i wynajął małe mieszkanko. Pierwsze spotkanie modlitewne przyciągnęło do jego salonu całe siedem osób.

Dziś, trzydzieści lat później, Kościół w Saddleback jest jedną z największych parafii na świecie, zrzeszającą ponad dwadzieścia tysięcy parafian, odwiedzających każdego tygodnia zajmujący sto dwadzieścia akrów kampus – i osiem kampusów-satelitów. Jedna z książek Warrena, *The Purpose Driven Life* [*Życie świadome celu*, Wydawnictwo Chrześcijańskiej Fundacji Życie i Misja KOINONIA, Ustroń 2012 – przyp. tłum.] sprzedała się w trzydziestu milionach egzemplarzy, co dało jej jedno z czołowych miejsc na liście najlepiej sprzedających się książek w historii. Tysiące innych kościołów powstało, stosując jego metody. Warren został wybrany do poprowadzenia inwokacji na inauguracji prezydenta Obamy, uważany jest za jednego z najbardziej wpływowych przywódców religijnych świata.

A trzonem rozwoju jego kościoła i sukcesu jest fundamentalna wiara w siłę nawyków społecznych.

„Długo i usilnie rozmyślaliśmy, w jaki sposób sprawić, aby wiara stała się nawykiem, rozkładając ją na części pierwsze", powiedział mi Warren. „Jeżeli spróbujesz nakłonić ludzi do podążania drogą Chrystusa za pomocą lęku i strachu, na dłuższą metę nie zda to egzaminu. Jedynym sposobem sprawienia, by ludzie wzięli odpowiedzialność za własną duchową dojrzałość, jest wyrobienie w nich *nawyków* wiary".

„A kiedy to się już stanie, będą się sami nakręcać. Ludzie pójdą za Chrystusem nie dlatego, że ich tam prowadzisz, ale dlatego, że jest to część ich tożsamości".

* * *

Kiedy Warren pierwszy raz przyjechał do Saddleback, przez dwanaście tygodni chodził od drzwi do drzwi, przedstawiając się i pytając obcych ludzi, dlaczego *nie chodzą* do kościoła. Wiele odpowiedzi dotyczyło kwestii praktycznych – ludzie mówili, że jest to nudne, muzyka fatalna, kazania nijak nie przekładały się na ich życie, musieli zapewnić opiekę dla dzieci, aby wyjść z domu, nie znosili odświętnego ubrania, ławy były niewygodne.

Kościół Warrena odniesie się do wszystkich tych zastrzeżeń. Warren powiedział ludziom, że mogą przychodzić w krótkich spodniach i hawajskich koszulach, jeżeli mają na to ochotę. Do kościoła wprowadzono gitarę elektryczną. Kazania Warrena od samego początku dotyczyły tematów praktycznych, na przykład: „Jak radzić sobie ze zniechęceniem?", „Jak czuć się dobrze we własnej skórze?", „Jak utrzymywać zdrową rodzinę?" czy „Jak przeżyć w obliczu stresu"[28]. Jego lekcje były zrozumiałe, skupione na prawdziwych, codziennych problemach i mogły zostać zastosowane przez parafian w ich własnym życiu od razu po opuszczeniu kościoła.

Zaczęło działać. Warren wynajmował szkolne aule na msze i budynki biurowe na spotkania modlitewne. Parafia miała pięćdziesięciu członków, potem stu, potem dwustu w niecały rok. Warren pracował po osiemnaście godzin na dobę przez siedem dni w tygodniu, odbierając telefony od wiernych, prowadząc zajęcia, odwiedzając ich w domu jako doradca małżeński i, w wolnym czasie, zawsze rozglądając się za nowymi miejscami, mogącymi pomieścić wciąż rosnącą liczbę członków.

Pewnej niedzieli w połowie grudnia Warren wstał, by wygłosić kazanie podczas mszy o jedenastej. Czuł się oszołomiony i miał zawroty głowy. Uchwycił się mównicy i zaczął przemawiać, ale słowa na kartce się rozmazywały. Zaczął się osuwać, udało mu się opanować i poprosić asystującego pastora – swojego jedynego pracownika – aby przejął mównicę.

„Przepraszam was", Warren zwrócił się do zebranych. „Muszę na chwilę usiąść"[29].

Całe lata cierpiał z powodu ataków lęku i sporadycznych rzutów melancholii, które zdaniem jego przyjaciół przypominały łagodną postać depresji. Ale do tej pory problem nigdy nie ujawnił się z taką mocą. Następnego dnia Warren z rodziną wyruszyli do Arizony, gdzie krewni jego żony mieli dom. Powoli dochodził do siebie. Czasami spał dwanaście godzin, a potem szedł na spacer po pustyni, modląc się i próbując zrozumieć, dlaczego te ataki paniki chcą zniweczyć wszystko, na co z takim trudem zapracował. Minął niemal miesiąc od chwili, w której opuścił swój kościół. Jego melancholia przerodziła się w poważną depresję, czarniejszą niż cokolwiek, czego kiedykolwiek wcześniej doświadczył. Nie był pewien, czy jeszcze wyzdrowieje na tyle, by móc wrócić.

Warren, jak na pastora przystało, jest człowiekiem podatnym na objawienia. Pojawiły się wtedy, kiedy znalazł w czasopiśmie artykuł na temat McGavrana, i w bibliotece w Teksasie. Gdy tak sobie chodził po pustyni, przytrafiło mu się kolejne.

„Skup się na budowaniu ludzi", rzekł do niego Pan, „a ja zbuduję kościół".

Jednak w przeciwieństwie do poprzednich olśnień to nie sprawiło, że nagle droga stała się oczywista. Warren mógł nadal, przez kolejne miesiące zmagać się z depresją – a potem, okresowo, przez całą resztę życia. Ale tego dnia podjął dwie decyzje: wróci do Saddleback i sprawdzi, jak uczynić kierowanie kościołem mniej pracochłonnym.

* * *

Wróciwszy do Saddleback, Warren zdecydował się rozszerzyć mały eksperyment, który rozpoczął kilka miesięcy wcześniej w nadziei na ułatwienie zarządzania kościołem. Nigdy nie był pewny, że będzie miał dość sal, aby pomieścić wszystkich chętnych na studium biblijne, więc poprosił kilku parafian, żeby udostępnili pomieszczenia w swoich domach. Martwił się, że ludzie mogą się skarżyć na konieczność chodzenia do czyjegoś domu zamiast do sal w kościele z prawdziwego zdarzenia. Ale parafianie mówili, że bardzo im się to podoba. Małe grupki dawały im możliwość spotykania się z sąsiadami. Dlatego po powrocie przypisał każdego członka wspólnoty Saddleback do małej grupy, która spotykała się raz w tygodniu. To była jedna z jego najważniejszych decyzji, ponieważ przekształciła uczestnictwo w kościele z decyzji w nawyk opierający się na już istniejących potrzebach i wzorcach społecznych.

„Teraz, kiedy ludzie przyjeżdżają do Saddleback i widzą te olbrzymie tłumy, które gromadzą się tu w weekendy, sądzą, że to nasz sukces. Ale to tylko czubek góry lodowej. Dziewięćdziesiąt pięć procent tego kościoła to to wszystko, co dzieje się w tygodniu w tych małych grupach", powiedział mi Warren.

„Parafia i małe grupy są nierozłączne. Ten wielki tłum przypomina ci, dlaczego tak właściwie to robisz, a małe grupy bliskich przyjaciół pomagają ci się skupić na wytrwaniu w wierze. Razem działają jak klej. Mamy teraz ponad pięć tysięcy takich małych grup. To jedyna możliwość, żeby zarządzać kościołem tej wielkości. Inaczej zarobiłbym się na śmierć, a dziewięćdziesiąt pięć procent parafian nigdy nie otrzymałoby należytej uwagi, po którą tu przyszli".

Nie zdając sobie z tego sprawy, Warren w pewnym stopniu odtworzył strukturę, która napędziła bojkot autobusów w Montgomery – choć zrobił to w odwrotnej kolejności. Bojkot zaczął się wśród ludzi, którzy znali Rosę Parks, i stał się masowym protestem, kiedy słabe więzi społeczne w tej wspólnocie wymusiły udział. W Kościele w Saddleback działa to w drugą stronę. Ludzi przyciąga wspólnota i słabe więzi społeczne, które oferuje im przynależność do parafii. A kiedy już się przyłączą, trafiają do małej grupy, złożonej z sąsiadów – żeby się tak wyrazić, na płytkę Petriego[30], na której hodowane są silne więzi – a tam wiara staje się częścią ich doświadczeń społecznych i codziennego życia.

Stworzenie małych grup to jednak za mało. Kiedy Warren pytał, o czym jego parafianie rozmawiają w swoich salonach, odkrył, że dyskutują o Biblii i wspólnie się modlą przez dziesięć minut, a resztę czasu spędzają na rozmowach o dzieciach i ploteczkach. Celem Warrena nie była zaś po prostu pomoc, by ludzie znaleźli sobie nowych przyjaciół. On chciał zbudować społeczność wiernych, chciał zachęcić ludzi do przyjęcia nauk Chrystusa i sprawić, by wiara była centralną częścią ich życia. Stworzone przez niego małe grupy doprowadziły do wykształcenia silnych więzi, ale bez przywództwa nie były niczym ponad pogaduchami przy kawie. Nie spełniały jego oczekiwań religijnych.

Warren powrócił do McGavrana, kontrowersyjnego autora. Filozofia McGavrana zakładała, że kiedy wpoisz ludziom chrześcijańskie nawyki, będą się zachowywać jak chrześcijanie bez konieczności ciągłego prowadzenia i kontroli. Warren nie mógł osobiście prowadzić każdej małej grupy; nie mógł być wszędzie, aby upewniać się, że każda rozmowa skupia się na Chrystusie, a nie na popularnych programach telewizyjnych. Ale, jak założył, jeżeli wyposaży ludzi w nowe nawyki, nie będzie takiej potrzeby. Kiedy się zbiorą, ich instynkt podpowie im, że mają rozmawiać o Biblii i wspólnie się modlić w celu wyrażenia swojej wiary.

A zatem Warren stworzył serię programów wykorzystywanych podczas zajęć w kościele i w dyskusjach w ramach małych grup, których celem jednoznacznie było wykształcenie u parafian nowych nawyków.

„Jeżeli chcesz przypominać charakterem Chrystusa, musisz wykształcić w sobie Jego nawyki", głosił jeden z podręczników Saddleback. „Wszyscy jesteśmy zbiorem nawyków. (...). Naszym celem jest pomoc w zastąpieniu tych złych nawykami dobrymi, które pomogą ci się rozwijać, aby upodabniać się do Chrystusa”[31]. Każdy członek Kościoła Saddleback proszony jest o podpisanie „zobowiązania dojrzałości”, w którym obiecuje stosować trzy nawyki: codzienną spokojną chwilę na refleksję i modlitwę; darowanie 10 procent dochodów na cele charytatywne oraz uczestnictwo w małej grupie. Wyposażenie wszystkich w nowe nawyki stało się głównym celem kościoła.

„Kiedy to osiągniemy, odpowiedzialność za rozwój duchowy nie spoczywa już na mnie, ale na tobie. My dajemy przepis”, powiedział Warren. „Nie musimy cię prowadzić, ponieważ sam stajesz się swoim przywódcą. Te nawyki stają się twoją nową tożsamością, i, od tego punktu, naszym zadaniem jest wspieranie cię i nie wchodzenie ci w paradę”[32].

Odkrycie Warrena polegało na tym, że mógł rozszerzać zakres swojego kościoła na tej samej zasadzie, jak Martin Luther King poszerzał zakres bojkotu: wykorzystując połączenie silnych i słabych więzi społecznych. Przekształcanie kościoła w ruch – rozszerzenie go na dwadzieścia tysięcy parafian i tysiące innych pastorów – wymagało jednak jeszcze czegoś więcej. Czegoś, co sprawiłoby, że proces będzie się sam napędzał. Warren musiał wykształcić u ludzi nawyk życia w wierze nie ze względu na więzi, ale ze względu na ich tożsamość.

I to jest trzeci element układanki wyjaśniającej, w jaki sposób społeczne nawyki napędzają ruchy: aby dana idea mogła rozprzestrzenić się także poza daną społecznością, musi mieć zdolność samonapędzania. A najpewniejszym sposobem osiągnięcia tego celu jest danie ludziom nowych nawyków, które pomogą im ustalić, dokąd oni sami chcą iść.

* * *

Kiedy bojkot autobusów rozszerzył się z kilku dni na cały tydzień, potem na miesiąc, potem na dwa, zaangażowanie czarnoskórej społeczności Montgomery zaczęło słabnąć.

Komisarz policji, cytując zarządzenie, że taksówkarze są zobowiązani do pobierania opłaty minimalnej, zagroził aresztowaniem tych, którzy będą wozili czarnych do pracy ze zniżką. Przywódcy bojkotu zareagowali, zbierając grupę dwustu wolontariuszy, oddających swoje samochody do dyspozycji. Policja zaczęła pobierać opłaty i nękać ludzi w miejscach, w których organizowano miejsca zbiórek dla chętnych korzystających z samochodów. Kierowcy zaczęli się wykruszać. „Znalezienie kogoś, kto może podwieźć, stawało się coraz trudniejsze", pisał King. „Nasiliły się skargi. Mój telefon dzwonił od bladego świtu do późnej nocy, także dzwonek u drzwi praktycznie nie milkł. Zacząłem wątpić w możliwość kontynuowania walki przez czarnoskórą społeczność"[33].

Pewnego wieczoru, kiedy King wygłaszał kazanie, odźwierny wbiegł z pilną wiadomością. W domu Kinga eksplodowała bomba, a jego żona i córeczka były wtedy w środku. King pognał do domu, gdzie przywitał go tłum złożony z kilkuset czarnoskórych mieszkańców, a także szefowie policji. Jego rodzinie nic się nie stało, ale okna frontowe domu były powybijane, a na ganku był lej po eksplozji. Gdyby w chwili wybuchu ktokolwiek był w pomieszczeniach znajdujących się od frontu, mógłby zginąć.

Gdy King przyglądał się szkodom, czarnoskórych mieszkańców przybywało. Policjanci zaczęli rozkazywać, by tłum się rozszedł. Ktoś popchnął policjanta. W powietrzu przeleciała butelka. Któryś z policjantów machnął pałką. Komendant, który kilka miesięcy wcześniej publicznie zadeklarował wspieranie rasistowskiego ugrupowania White Citizens' Council, wziął Kinga na bok i zażądał, by ten coś zrobił – cokolwiek – aby powstrzymać wybuch zamieszek.

King stanął na swoim ganku.

„Nie róbcie nic gwałtownego", krzyknął do tłumu. „Nie zbrójcie się. Kto mieczem wojuje, od miecza ginie"[34].

Tłum zaczynał się uspokajać.

„Musimy kochać naszych białych braci, niezależnie od tego, co nam czynią”, mówił King. „Musimy im pokazać, że ich kochamy. Jezus wciąż głosi słowa odbijające się echem na przestrzeni wieków: «kochajcie waszych wrogów; błogosławcie tym, którzy was przeklinają; módlcie się za tymi, którzy wam złość wyrządzają»”.

To był przekaz o nieuciekaniu się do przemocy, który od tygodni King coraz intensywniej propagował w kazaniach. Temat, nawiązujący do pism Gandhiego i nauczania Jezusa, był na wiele sposobów argumentem, którego odbiorcy nigdy wcześniej nie słyszeli w tym kontekście – był apelem o pokojowy aktywizm, wszechogarniającą miłość i wybaczenie oprawcom, a także obietnicą, że takie postępowanie przyniesie zwycięstwo. Całe lata ruch na rzecz praw obywatelskich utrzymywał się przy życiu dzięki szkoleniu się w retoryce wojennej. Były walki i odwroty, zwycięstwa i klęski, wymagające, aby wszyscy wciąż na nowo angażowali się w bój.

King dał ludziom inną optykę. To nie jest wojna, powiedział. To wzięcie w objęcia.

Równie ważny był fakt, że King rzucił na bojkot całkiem nowe światło. Nie chodziło już tylko o równość w autobusach, powiedział; to była część planu Boga, to samo przeznaczenie, które zakończyło panowanie Brytyjczyków w Indiach i niewolnictwo w Stanach Zjednoczonych; które sprawiło, że Chrystus zginął na krzyżu, aby wziąć na siebie nasze grzechy. To był najświeższy etap ruchu, który rozpoczął się całe wieki wcześniej. I jako taki wymaga nowych reakcji, odmiennych strategii i zachowań. Wymaga, by uczestnicy nadstawili drugi policzek. Ludzie mogą pokazać swoje oddanie, przyjmując nowe nawyki, o których nauczał King.

„Na nienawiść musimy odpowiadać miłością”, zwrócił się King do tłumu tego wieczoru, gdy w jego domu wybuchła bomba. „Jeżeli ja zostanę powstrzymany, nasze dzieło nie zostanie zatrzymane. Ponieważ to, co robimy, jest właściwe. To, co robimy jest sprawiedliwe. I Bóg jest z nami".

Kiedy King skończył przemawiać, tłum spokojnie rozszedł się do domów.

„Gdyby nie ten murzyński kaznodzieja, wszyscy byśmy zginęli", powiedział później jeden z białych policjantów.

W kolejnym tygodniu do inicjatywy wzajemnego podwożenia się dołączyło około dwudziestu nowych kierowców. Liczba telefonów do domu Kinga spadła. Ludzie zaczęli się samoorganizować, przejmowali przewodzenie bojkotu, nakręcali ruch. Kiedy na trawnikach innych organizatorów bojkotu wybuchały kolejne bomby, pokazywał się ten sam wzorzec. Czarnoskórzy mieszkańcy Montgomery pojawiali się tłumnie, byli świadkami, bez przemocy czy konfrontacji, po czym rozchodzili się do domów.

Ta samokierująca się jedność nie była widoczna wyłącznie w odpowiedzi na przemoc. W kościołach rozpoczęły się masowe spotkania – co tydzień, a czasami codziennie. „Były czymś w rodzaju przemowy doktora Kinga po wybuchu bomby – czerpały z nauk Chrystusa i je upolityczniały", powiedział mi Taylor Branch. „Ruch jest sagą. Aby działał, musi się zmienić tożsamość wszystkich uczestników. Ludzie w Montgomery musieli się nauczyć nowego sposobu zachowania".

Podobnie jak Anonimowi Alkoholicy – czerpiący siłę z spotkań grupowych, na których ludzie uzależnieni uczą się nowych nawyków i zaczynają wierzyć, przyglądając się innym, którzy demonstrują swoją wiarę – tak obywatele Montgomery uczyli się na masowych spotkaniach nowych zachowań, dzięki którym ruch się rozwijał. „Ludzie przychodzili, żeby zobaczyć, jak inni sobie z tym radzą", powiedział Branch. „Zaczynasz spostrzegać siebie jako część szerokiego społecznego przedsięwzięcia i po jakimś czasie głęboko wierzysz, że nią jesteś".

* * *

Gdy policja Montgomery uciekła się do masowych aresztowań, by zatrzymać bojkot trzy miesiące po jego rozpoczęciu, społeczność zaakceptowała tę formę opresji. Kiedy dziewięćdziesiąt osób zostało oskarżonych, niemal wszyscy popędzili do sądu, by ich aresztowano. Niektórzy chodzili do biura szeryfa sprawdzać, czy ich nazwiska są na liście oskarżonych, i „byli rozczarowani, kiedy się okazywało, że nie", napisał później King. „Ludzie, którymi kiedyś rządził strach, ulegli przemianie".

W kolejnych latach ruch się rozprzestrzenił i kiedy doszło do serii zabójstw i ataków, aresztowań i pobić, protestujący – zamiast szukać odwetu, wycofać się, czy uciekać do taktyk powszechnych wśród aktywistów całe lata przed Montgomery – po prostu trwali na swoich pozycjach i mówili białym, że kiedy ich nienawiść minie, oni są gotowi im przebaczyć.

„Zamiast zatrzymać ruch, ta taktyka przeciwstawiania się dodawała mu rozpędu i wzmacniała więzi między nami", pisał King. „Sądzili, że mają do czynienia z grupą, którą można nakłonić czy zmusić do robienia wszystkiego, czego zażądają od nich biali ludzie. Nie byli świadomi, że mają do czynienia z Czarnymi, którzy uwolnili się od strachu".

Istnieje oczywiście bardzo wiele przyczyn i złożonych powodów sukcesu bojkotu autobusów w Montgomery i tego, dlaczego właśnie on był tą iskrą rozpalającą ruch, który rozprzestrzenił się po całym Południu. Ale jednym z krytycznych czynników jest właśnie ten trzeci element społecznych nawyków. W filozofii Kinga osadzony był zbiór nowych zachowań, pozwalających na przekształcenie uczestników z wyznawców w samostanowiących przywódców. Nie są to takie nawyki, o których zazwyczaj myślimy. Niemniej, kiedy King przekształcił walkę prowadzoną w Montgomery, dając protestującym nowy sposób myślenia o sobie i definiowania własnej tożsamości, protest zamienił się w ruch napędzany przez działania ludzi, którzy postanowili wziąć we własne ręce zdarzenie historyczne. I ten wzorzec społeczny z biegiem czasu stał się automatyczny i rozprzestrzenił na inne miejsca, grupy studentów i protestujących, których King nigdy nie spotkał, ale którzy przejęli kierowanie ruchem, po prostu przyglądając się, jak nawykowo zachowują się jego uczestnicy.

Piątego czerwca 1956 roku cały skład sędziów federalnych jednomyślnie uznał, że prawo segregacji rasowej w autobusach w Montgomery narusza Konstytucję[35]. Miasto odwołało się do Sądu Najwyższego Stanów Zjednoczonych i siedemnastego grudnia, ponad rok po aresztowaniu Parks, Sąd Najwyższy oddalił ostateczną apelację. Trzy dni później miejscy oficjele dostali rozkaz: autobusy mają być integracyjne.

Następnego ranka, o godzinie 5.55 King, E.D. Nixon, Ralph Abernathy i inni wsiedli do miejskiego autobusu po raz pierwszy od ponad dwunastu miesięcy i usiedli z przodu[36].

„Przypuszczam, że jest Pan Wielebnym Kingiem, czyż nie?", zapytał biały kierowca.

„Tak, to ja".

„Cieszymy się, że jest Pan dziś z nami", powiedział kierowca[37].

Później prawnik NAACP i przyszły sędzia Sądu Najwyższego Thurgood Marshall będzie twierdził, że bojkot nie miał wiele wspólnego ze zniesieniem praw segregacji rasowej w autobusach w Montgomery. Prawo zmienił Sąd Najwyższy, a nie porażka którejś ze stron.

„Całe to chodzenie na próżno", powiedział Marshall. „Równie dobrze mogli po prostu czekać, aż sprawa autobusów doczeka się rozpatrzenia we wszystkich instancjach, bez całej tej pracy i zmartwień związanych z bojkotem"[38].

Pod jednym, jakże ważnym względem, Marshall się mylił. Bojkot autobusów w Montgomery pomógł się narodzić nowemu zbiorowi społecznych nawyków, które szybko przeniosły się do Greensboro w Północnej Karolinie, Selma w Alabamie i Little Rock w Arkansas. Ruch na rzecz wolności obywatelskich stał się falą protestów okupacyjnych i pokojowych demonstracji, pokojowych także wtedy, kiedy uczestnicy byli brutalnie bici. Na początku lat sześćdziesiątych przeniósł się na Florydę, do Kalifornii, Waszyngtonu i na korytarze Kongresu. Kiedy prezydent Lyndon Johnson podpisał w 1964 roku Civil Rights Act (ustawę o prawach obywatelskich) – delegalizującą wszelkie formy segregacji i dyskryminacji mniejszości oraz kobiet – porównał aktywistów ruchu na rzecz praw obywatelskich do założycieli państwa. Takie porównanie jeszcze dziesięć lat wcześniej byłoby politycznym samobójstwem. „Sto osiemdziesiąt osiem lat temu mała grupka mężnych ludzi rozpoczęła długą walkę o wolność", mówił do kamer. „Dziś obecne pokolenie Amerykanów zostało wezwane, aby kontynuować niekończące się poszukiwanie sprawiedliwości wewnątrz naszych własnych granic".

Ruchy nie rodzą się dlatego, że wszyscy nagle i jednocześnie zdecydują się podążać w tym samym kierunku. Bazują na wzorcach społecznych, które rodzą się jako nawyki związane z przyjaźnią, rozwijają się dzięki nawykom wspólnot i są podtrzymywane przez nowe nawyki zmieniające poczucie własnego ja uczestników.

King widział siłę tych nawyków już wtedy w Montgomery. „Nie mogę skończyć bez słowa ostrzeżenia", zwrócił się kiedyś do wiernych wypełniających kościół po brzegi tej nocy, kiedy odwołał bojkot. Przed nim była jeszcze niemal dekada dalszych protestów, ale koniec już rysował się na horyzoncie. „Kiedy wrócimy do autobusów, bądźmy pełni miłości, w stopniu umożliwiającym nam zmianę wroga w przyjaciela. Musimy teraz przejść od protestu do pojednania. (...). Dzięki takiemu oddaniu będziemy w stanie wyłonić się z ponurego i opustoszałego mroku ludzkiego bestialstwa wobec bliźnich do jasności i skrzącego światła rodzącej się wolności i sprawiedliwości".

Przypisy

[1] Jestem wdzięczny historykom, którzy poświęcili mi swój czas, pomagając zrozumieć istotę bojkotu autobusów w Montgomery, a byli to m.in. John A. Kirk i Taylor Branch. Moje zrozumienie tych zdarzeń opiera się także na: John A. Kirk, *Martin Luther King, Jr.: Profiles in Power* (New York: Longman, 2004); Taylor Branch, *Parting the Waters: America in the King Years, 1954–63* (New York: Simon and Schuster, 1988); Taylor Branch, *Pillar of Fire: America in the King Years, 1963–65* (New York: Simon and Schuster, 1998); Taylor Branch, *At Canaan's Edge: America in the King Years, 1965–68* (New York: Simon and Schuster, 2006); Douglas Brinkley, *Mine Eyes Have Seen the Glory: The Life of Rosa Parks* (London: Weidenfeld and Nicolson, 2000); Martin Luther King, Jr., *Stride Toward Freedom: The Montgomery Story* (New York: Harper and Brothers, 1958); Clayborne Carson, (red.), *The Papers of Martin Luther King, Jr.*, tom 1, *Called to Serve* (Berkeley: University of California, 1992), tom 2, *Rediscovering Precious Values* (1994), tom 3, *Birth of a New Age* (1997), tom 4, *Symbol of the Movement* (2000), tom 5, *Threshold of a New Decade* (2005); Aldon D. Morris, *The Origins of the Civil Rights Movement* (New York: Free Press, 1986); James Forman, *The Making of Black Revolutionaries* (Seattle: University of Washington, 1997). Tam, gdzie nie wskazuję innych źródeł, opieram się właśnie na powyższych.

[2] Henry Hampton i Steve Fayer, (red.), *Voices of Freedom: An Oral History of the Civil Rights Movement from the 1950s Through the 1980s* (New York: Bantam Books, 1995); Rosa Parks, *Rosa Parks:My Story* (New York: Puffin, 1999).

[3] John A. Kirk, *Martin Luther King, Jr.: Profiles in Power* (New York: Longman, 2004).

[4] Więcej na temat socjologii ruchów społecznych patrz: G. Davis, D. McAdam i W. Scott, *Social Movements and Organizations* (New York: Cambridge University, 2005); Robert Crain i Rita Mahard, The Consequences of Controversy Accompanying Institutional Change: The Case of School Desegregation, *American Sociological Review,* 47, 6, (1982), 697–708; Azza Salama Layton, International Pressure and the U.S. Government's Response to Little Rock, *Arkansas Historical Quarterly,* 56, 3, (1997), 257–272; Brendan Nelligan, The Albany Movement and the Limits of Nonviolent Protest in Albany, Georgia, 1961–1962, Providence College Honors Thesis, 2009; Charles Tilly, *Social Movements, 1768–2004* (London: Paradigm, 2004); Andrew Walder, Political Sociology and Social Movements, *Annual Review of Sociology,* 35, (2009), 393–412; Paul Almeida, *Waves of Protest: Popular Struggle in El Salvador, 1925–2005* (Minneapolis: University of Minnesota, 2008); Robert Benford, An Insider's Critique of the Social Movement Framing Perspective, *Sociological Inquiry,* 67, 4, (1997), 409–430; Robert Benford i David Snow, Framing Processes and Social Movements: An Overview and Assessment, *Annual Review of Sociology,* 26, (2000), 611–639; Michael Burawoy, *Manufacturing Consent: Changes in the Labor Process Under Monopoly Capitalism* (Chicago: University of Chicago, 1979); Carol Conell i Kim Voss, Formal Organization and the Fate of Social Movements: Craft Association and Class Alliance

in the Knights of Labor, *American Sociological Review,* 55, 2, (1990), 255–269; James Davies, Toward a Theory of Revolution, *American Sociological Review,* 27, 1, (1962), 5–18; William Gamson, *The Strategy of Social Protest* (Homewood, Ill.: Dorsey, 1975); Robert Benford, An Insider's Critique of the Social Movement Framing Perspective, *Sociological Inquiry,* 67, 4, (1997), 409–430; Jeff Goodwin, *No Other Way Out: States and Revolutionary Movements, 1945–1991* (New York: Cambridge University, 2001); Jeff Goodwin i James Jasper, (red.), *Rethinking Social Movements: Structure, Meaning, and Emotion* (Lanham, Md.: Rowman and Littlefield, 2003); Roger Gould, Multiple Networks and Mobilization in the Paris Commune, 1871, *American Sociological Review,* 56, 6, (1991), 716–729; Joseph Gusfield, Social Structure and Moral Reform: A Study of the Woman's Christian Temperance Union, *American Journal of Sociology,* 61, 3, (1955), 221–231; Doug McAdam, *Political Process and the Development of Black Insurgency, 1930–1970* (Chicago: University of Chicago, 1982); Doug McAdam, Recruitment to High-Risk Activism: The Case of Freedom Summer, *American Journal of Sociology,* 92, 1, (1986), 64–90; Doug McAdam, The Biographical Consequences of Activism, *American Sociological Review,* 54, 5, (1989), 744–60; Doug McAdam, Conceptual Origins, Current Problems, Future Directions, in *Comparative Perspectives on Social Movements: Political Opportunities, Mobilizing Structures, and Cultural Framings,* (red.), Doug McAdam, John McCarthy i Mayer Zald (New York: Cambridge University, 1996); Doug McAdam i Ronnelle Paulsen, Specifying the Relationship Between Social Ties and Activism, *American Journal of Sociology,* 99, 3, (1993), 640–667; D. McAdam, S. Tarrow i C. Tilly, *Dynamics of Contention* (Cambridge: Cambridge University, 2001); Judith Stepan-Norris i Judith Zeitlin, Who Gets the Bird? or, How the Communists Won Power and Trust in America's Unions, *American Sociological Review,* 54, 4, (1989), 503–523; Charles Tilly, *From Mobilization to Revolution* (Reading, Mass.: Addison-Wesley, 1978).

[5] Phillip Hoose, *Claudette Colvin: Twice Toward Justice* (New York: Farrar, Straus and Giroux, 2009).

[6] Tamże.

[7] Russell Freedman, *Freedom Walkers: The Story of the Montgomery Bus Boycott* (New York: Holiday House, 2009).

[8] Martin Luther King, Jr., *Stride Toward Freedom* (New York: Harper and Brothers, 1958).

[9] Taylor Branch, *Parting the Waters: America in the King Years, 1954–63* (New York: Simon and Schuster, 1988).

[10] NAACP – National Association for the Advancement of Colored People (Krajowe Stowarzyszenie Postępu Ludzi Kolorowych) amerykańska organizacja broniąca praw mniejszości rasowych (przyp. tłum.).

[11] Douglas Brinkley, *Mine Eyes Have Seen the Glory: The Life of Rosa Parks* (London: Weidenfeld and Nicolson, 2000).

[12] John A. Kirk, *Martin Luther King, Jr.: Profiles in Power* (New York: Longman, 2004).

[13] Carson, *Papers of Martin Luther King, Jr.*

[14] Mark Granovetter, *Getting a Job: A Study of Contacts and Careers* (Chicago: University of Chicago, 1974).

[15] Andreas Flache i Michael Macy, The Weakness of Strong Ties: Collective Action Failure in a Highly Cohesive Group, *Journal of Mathematical Sociology,* 21, (1996), 3–28. Więcej na ten temat patrz: Robert Axelrod, *The Evolution of Cooperation* (New York: Basic Books, 1984); Robert Bush i Frederick Mosteller, *Stochastic Models for Learning* (New York: Wiley, 1984); I. Erev, Y. Bereby-Meyer i A.E. Roth, The Effect of Adding a Constant to All Payoffs: Experimental Investigation and Implications for Reinforcement Learning Models, *Journal of Economic Behavior and Organization,* 39, 1, (1999), 111–128; A. Flache i R. Hegselmann, Rational vs. Adaptive Egoism in Support Networks: How Different Micro Foundations Shape Different Macro Hypotheses, w: *Game Theory, Experience, Rationality: Foundations of Social Sciences, Economics, and Ethics in Honor of John C. Harsanyi (Yearbook of the Institute Vienna Circle),* (red.). W. Leinfellner i E. Köhler (Boston: Kluwer, 1997), 261–275; A. Flache i R. Hegselmann, Rationality vs. Learning in the Evolution of Solidarity Networks: A Theoretical Comparison, *Computational and Mathematical Organization Theory,* 5, 2, (1999), 97–127; A. Flache i R. Hegselmann, Dynamik Sozialer Dilemma-Situationen, końcowy raport z badań DFG-Project Dynamics of Social Dilemma Situations, University of Bayreuth, Department of Philosophie, 2000; A. Flache i Michael Macy, Stochastic Collusion and the Power Law of Learning, *Journal of Conflict Resolution,* 46, 5, (2002), 629–653; Michael Macy, Learning to Cooperate: Stochastic and Tacit Collusion in Social Exchange, *American Journal of Sociology,* 97, 3, (1991), 808–843; E.P.H. Zeggelink, Evolving Friendship Networks: An Individual-Oriented Approach Implementing Similarity, *Social Networks,* 17, (1996), 83–110; Judith Blau, When Weak Ties Are Structured, niepublikowana praca, Department of Sociology, State University of New York, Albany, 1980; Peter Blau, Parameters of Social Structure, *American Sociological Review,* 39, 5, (1974), 615–635; Scott Boorman, A Combinatorial Optimization Model for Transmission of Job Information Through Contact Networks, *Bell Journal of Economics,* 6, 1, (1975), 216–249; Ronald Breiger i Philippa Pattison, The Joint Role Structure of Two Communities' Elites, *Sociological Methods and Research,* 7, 2, (1978), 213–226; Daryl Chubin, The Conceptualization of Scientific Specialties, *Sociological Quarterly,* 17, 4, (1976), 448–476; Harry Collins, The TEA Set: Tacit Knowledge and Scientific Networks, *Science Studies,* 4, 2, (1974), 165–186; Rose Coser, The Complexity of Roles as Seedbed of Individual Autonomy, w: *The Idea of Social Structure: Essays in Honor of Robert Merton,* (red.). L. Coser (New York: Harcourt, 1975); John Delany, Aspects of Donative Resource Allocation and the Efficiency of Social Networks: Simulation Models of Job Vacancy Information Transfers Through Personal Contacts, praca doktorska, Yale University, 1980; E. Ericksen i W. Yancey, The Locus of Strong Ties, niepublikowana praca, Department of Sociology, Temple University, 1980.

[16] Mark Granovetter, The Strength of Weak Ties: A Network Theory Revisited, *Sociological Theory,* 1, (1983), 201–233.

[17] McAdam, Recruitment to High-Risk Activism.

[18] Tamże; Paulsen, Specifying the Relationship Between Social Ties and Activism.

[19] W wymianie elektronicznej korespondencji, mającej na celu weryfikację faktów, McAdam dostarczył kilku szczegółów na temat genezy badania: „Moje początkowe zainteresowanie dotyczyło próby zrozumienia powiązań między ruchem na rzecz praw obywatelskich a innymi, niedawnymi ruchami lewicowymi, szczególnie ruchem studenckim, ruchem antywojennym czy ruchem na rzecz wyzwolenia kobiet. Dopiero po odkryciu zgłoszeń i po tym, jak zdałem sobie sprawę, że część z nich pochodziła od faktycznych wolontariuszy, a część od osób, które się nie zjawiły, zapragnąłem wyjaśnić (a) dlaczego niektórzy dojechali do Missisipi, a inni nie oraz (b) jaki był długoterminowy efekt przynależenia do jednej z ww. grup".

[20] W innej wiadomości mającej na celu weryfikację faktów McAdam napisał: „Dla mnie waga więzi wynikających z przynależności do organizacji nie polega na tym, że za ich sprawą wycofanie się staje się dla wolontariusza «niemożliwe», ale na tym, że z dużym prawdopodobieństwem zapewniają przyszłemu wolontariuszowi mnóstwo wsparcia w wytworzeniu powiązań między tożsamością (np. jestem chrześcijaninem) a uczestniczeniem w projekcie. Jak napisałem [w artykule] «to silna, subiektywna identyfikacja z określoną tożsamością, *wzmocniona więziami wynikającymi z przynależności do organizacji* z największym prawdopodobieństwem zachęci do faktycznego udziału»".

[21] Tom Mathews i Roy Wilkins, *Standing Fast: The Autobiography of Roy Wilkins* (Cambridge, Mass.: Da Capo, 1994).

[22] Branch, *Parting the Waters.*

[23] King, *Stride Toward Freedom*; James M. Washington, *A Testament of Hope: The Essential Writings and Speeches of Martin Luther King, Jr.* (New York: HarperCollins, 1990).

[24] King, *Stride Toward Freedom.*

[25] Za pomoc w zrozumieniu historii pastora Warrena jestem wdzięczny następującym osobom: Rick Warren, Glenn Kruen, Steve Gladen, Jeff Sheler, Anne Krumm, pomogły mi także książki: Jeffrey Sheler, *Prophet of Purpose: The Life of Rick Warren* (New York: Doubleday, 2009); Rick Warren, *The Purpose-Driven Church* (Grand Rapids, Mich.: Zondervan, 1995); oraz artykuły: Barbara Bradley, Marketing That New-Time Religion, *Los Angeles Times,* grudzień, 10, 1995; John Wilson, Not Just Another Mega Church, *Christianity Today,* grudzień, 4, 2000; Therapy of the Masses, *The Economist,* listopad, 6, 2003; The Glue of Society, *The Economist,* lipiec, 14, 2005; Malcolm Gladwell, The Cellular Church, *The New Yorker,* wrzesień, 12, 2005; Alex MacLeod, Rick Warren: A Heart for the Poor, *Presbyterian Record,* styczeń, 1, 2008; Andrew, Ann i John Kuzma, How Religion Has Embraced Marketing and the Implications for Business, *Journal of Management and Marketing Research,* 2, (2009), 1–10.

[26] RickWarren, *Purpose-Driven Church.*

[27] Donald McGavran, *The Bridges of God* (New York: Friendship Press, 1955); kursywa: Duhigg.

[28] Sheler, *Prophet of Purpose.*

[29] W wymianie elektronicznej korespondencji, mającej na celu weryfikację faktów, rzecznik Saddleback dostarczył dodatkowych szczegółów zajścia: „Rick cierpi na zaburzenie neuroprzekaźnictwa w mózgu, które sprawia, że reaguje alergicznie na adrenalinę. Ten genetyczny problem jest lekooporny i sprawia, że publiczne przemówienia są przykrym doznaniem, dochodzi wtedy do zaburzenia widzenia, bólu głowy, napadów gorąca i ataków paniki. Objawy zazwyczaj utrzymują się przez piętnaście minut; w tym czasie spada stężenie adrenaliny i ciało może wrócić do normalnego funkcjonowania. (Stężenia adrenaliny u niego, czego może doświadczyć każdy inny mówca, rosną za każdym razem, kiedy wstaje, aby wygłosić kazanie). Pastor Rick mówi, że ta słabość uzależnia go od Boga".

[30] Płytka lub szalka Petriego – naczynie laboratoryjne, cylindryczna podstawka o szerokim, płaskim dnie i niskich ściankach bocznych, wykonywane ze szkła lub przezroczystych tworzyw sztucznych (od nazwiska niemieckiego mikrobiologa Juliusa Richarda Petriego) (przyp. tłum.).

[31] *Discovering Spiritual Maturity*, lekcja 201, publikacja kościoła Saddleback, http://www.saddlebackresources.com/CLASS-201-Discovering-Spiritual-Maturity-Complete-Kit-Download-P3532.aspx.

[32] W wymianie elektronicznej korespondencji, mającej na celu weryfikację faktów, rzecznik Saddleback powiedział, że ważną doktryną Saddleback jest uczenie ludzi, by sami sobą kierowali, a „to oznacza, że każdy człowiek może podążać w każdą stronę, którą sobie wybierze. Zasady biblijne wytyczają jasny kierunek. Celem studiów w małej grupie jest nauczenie ludzi duchowej dyscypliny wiary *oraz* codziennych nawyków, które można stosować w życiu".

[33] Martin Luther King, Jr., *The Autobiography of Martin Luther King, Jr.*, (red.). Clayborne Carson (New York: Grand Central, 2001).

[34] Clayborne Carson; Martin Luther King, Jr.

[35] *Browder v. Gayle,* 352 U.S. 903 (1956).

[36] Washington, *Testament of Hope.*

[37] Kirk, *Martin Luther King, Jr.*

[38] Tamże.

9

NEUROLOGIA WOLNEJ WOLI: CZY JESTEŚMY ODPOWIEDZIALNI ZA WŁASNE NAWYKI?

I

TEGO RANKA, KIEDY ZACZĘŁY SIĘ KŁOPOTY – całe lata zanim w ogóle zdała sobie sprawę, że jest jakiś problem – Angie Bachmann siedziała w domu, gapiąc się w telewizor, i była tak znudzona, że na poważnie zaczęła rozważać uporządkowanie szuflady ze srebrem stołowym[1].

Jej najmłodsza córka kilka tygodni wcześniej zaczęła chodzić do przedszkola, dwie starsze córki były w szkole średniej, a ich życia wypełniało mnóstwo przyjaciół, aktywności i ploteczki, których ich matka zapewne nie byłaby w stanie zrozumieć. Jej mąż, geodeta, często wychodził do pracy o ósmej i nie wracał przed szóstą. Nie licząc samej Bachmann, dom był pusty. Po raz pierwszy od niemal dwudziestu lat, – kiedy to wyszła za mąż w wieku lat dziewiętnastu i zaszła w ciążę mając lat dwadzieścia, a jej dni wypełniły się pakowaniem kanapek do szkoły, zabawami w księżniczki i rozwożeniem rodziny – poczuła się naprawdę samotna. W liceum jej przyjaciele mówili, że powinna zostać modelką – była aż taka ładna – ale kiedy rzuciła szkołę i poślubiła gitarzystę, który w końcu dostał prawdziwą pracę, została w domu i stała się mamą. Teraz była dziesiąta trzydzieści rano, wszystkie trzy córki były poza domem, a Bachmann w akcie rozpaczy – znowu – nakleiła kawałek papieru na kuchennym zegarze, aby powstrzymać się od patrzenia na niego co trzy minuty.

Nie miała pomysłu, czym mogłaby się zająć.

Tego dnia zawarła ze sobą umowę: jeżeli uda jej się dotrwać południa i nie oszaleć, a także nie zjeść ciasta, które jest w lodówce, wyjdzie z domu i zrobi coś dla przyjemności. Kolejne dziewięćdziesiąt minut spędziła na rozmyślaniu, co by to mogło być. Kiedy zegar wskazał dwunastą, umalowała się, włożyła ładną sukienkę i pojechała do oddalonego o dwadzieścia minut drogi kasyna położonego na statku. Nawet w czwartkowe południe kasyno pełne było ludzi, którzy robili coś innego niż oglądanie oper mydlanych i składanie prania. Nieopodal wejścia grała orkiestra. Kobieta roznosiła darmowe koktajle. Bachmann zjadła przy barze krewetkę. Całe to doświadczenie było luksusowe, jak wagary. Podeszła do stolika, przy którym grano w Blackjacka, a krupier cierpliwie tłumaczył zasady. Kiedy straciła żetony za czterdzieści dolarów, zerknęła na zegarek i stwierdziła, że, nie wiedzieć kiedy, upłynęły dwie godziny i musi się spieszyć do domu, żeby odebrać najmłodszą córkę. Tego wieczoru podczas kolacji, po raz pierwszy od miesiąca, miała o czym rozmawiać – coś więcej niż to, że była lepsza od uczestnika telewizyjnego quizu *Odgadnij Cenę*.

Ojciec Angie Bachmann był kierowcą ciężarówki, który w średnim wieku sam się przekwalifikował i stał się dość znanym autorem tekstów piosenek. Jej brat także został tekściarzem, i to nagradzanym. Za to Bachmann była przez swoich rodziców często innym przedstawiana jako „ta, która została mamą”.

„Zawsze czułam się jak to beztalencie”, powiedziała. „Myślę, że jestem mądra i wiem, że byłam dobrą mamą. Ale nie było wielu spraw, na które mogłabym wskazać i powiedzieć: to dlatego jestem kimś szczególnym”.

Po pierwszej wycieczce do kasyna Bachmann zaczęła jeździć tam regularnie raz w tygodniu, w piątkowe popołudnia. Była to nagroda za poradzenie sobie z pustką całego tygodnia, sprzątanie domu, utrzymanie zdrowia psychicznego. Wiedziała, że hazard może wpędzić w tarapaty, więc sama dla siebie ustanowiła rygorystyczne zasady. Maksymalnie godzina przy stoliku do Blackjacka podczas jednej wyprawy, grała też tylko na taką kwotę, jaką miała w portfelu. „Podchodziłam do tego trochę jak do pracy", powiedziała. „Nigdy nie wychodziłam z domu przed dwunastą i zawsze wracałam na czas, żeby odebrać córkę. Byłam bardzo zdyscyplinowana".

I była coraz lepsza. Na początku ledwo udawało jej się utrzymać pieniądze przez godzinę. Ale w ciągu sześciu miesięcy poznała wystarczająco dużo trików, by dopasować swoje zasady i pozwolić sobie na dwu- i trzygodzinne sesje, a odchodząc od stolika, wciąż mieć w portfelu gotówkę. Pewnego popołudnia usiadła do gry, mając osiemdziesiąt dolarów, a gdy wychodziła, w jej portfelu znajdowało się pięćset trzydzieści dolarów. Dość by zrobić zakupy, zapłacić za telefon i odłożyć trochę na czarną godzinę. Wtedy już firma będąca właścicielem kasyna – Harrah's Entertainment – wysyłała jej kupony na darmowe przekąski w bufecie. Zapraszała rodzinę na kolację w sobotnie wieczory.

Stan, w którym Bachmann oddawała się hazardowi – Iowa – zalegalizował hazard zaledwie kilka lat wcześniej. Przed rokiem 1989 stanowa władza ustawodawcza obawiała się, że pokusa płynąca z kart i kości może być dla wielu obywateli zbyt trudna do odparcia. Były to obawy tak stare, jak całe państwo. Hazard „jest dzieckiem chciwości, bratem niegodziwości i ojcem intrygi", napisał w roku 1783 Jerzy Waszyngton. „To nałóg odpowiedzialny za wszelkie możliwe zło. (...) Jednym słowem, kilku na tej odrażającej praktyce zyskuje, podczas gdy tysiącom dzieje się krzywda"[2]. Chronienie ludzi przed ich złymi nawykami – a w rzeczywistości określanie, które nawyki powinny być uznawane za „złe" w pierwszej kolejności – jest przywilejem, którego ustawodawcy ochoczo się chwycili. Prostytucja, hazard, sprzedaż alkoholu podczas szabasu, pornografia, lichwa, seks pozamałżeński (albo, jeżeli masz nietypowe upodobania, to i małżeński) – to wszystko są nawyki, które zostały przez różnych ustawodawców uregulowane, zakazane lub do których próbują oni zniechęcać za pomocą surowego (i często nieskutecznego) prawa.

Kiedy Iowa zalegalizowała kasyna, ustawodawcy byli wystarczająco zatroskani, żeby ograniczyć tę aktywność do kasyn na statkach i nakazać, aby nikt nie mógł obstawić więcej niż pięć dolarów jednorazowo, z maksymalną przegraną w wysokości dwustu dolarów jednorazowo na osobę. Jednak w ciągu kilku lat i po tym, jak część kasyn przeniosła się do Missisipi, gdzie nie istniały żadne limity, Iowa zniosła ograniczenia. W roku 2010 stan zarobił na podatkach z hazardu ponad dwieście sześćdziesiąt dziewięć milionów dolarów[3].

* * *

W roku 2000 rodzice Angie Bachmann – nałogowi palacze – zaczęli ujawniać objawy choroby płuc. Ona zaczęła więc co dwa tygodnie latać do Tennessee, by się z nimi zobaczyć, zrobić im zakupy i pomóc w ugotowaniu obiadów. Kiedy wracała do domu, do męża i córek, czuła się jeszcze bardziej samotna. Czasami dom był pusty przez cały dzień; czuła się trochę tak, jakby podczas jej nieobecności przyjaciele zapomnieli, żeby ją zapraszać, a rodzina nauczyła się radzić sobie bez niej.

Bachmann martwiła się rodzicami, tym, że jej mąż zdaje się bardziej interesować pracą niż jej lękami, miała też żal do dzieci, że nie dostrzegają, iż ona ich teraz potrzebuje, po wszystkich tych poświęceniach z jej strony w czasie ich dorastania. Wystarczyło jednak przekroczyć drzwi kasyna, by wszystkie te napięcia odpłynęły. W tygodniu, w którym nie była u rodziców, zaczęła chodzić tam kilka razy w tygodniu, potem bywała w kasynie w każdy poniedziałek, środę i piątek. Wciąż przestrzegała zasad – ale uprawiała hazard już od lat i znała systemy stosowane przez poważnych graczy. Nigdy nie obstawiała mniej niż dwadzieścia pięć dolarów na rękę i zawsze grała na dwie ręce. „Masz większe szanse przy stoliku z wyższym limitem niż z niższym", powiedziała. „Musisz umieć przetrwać porażki, aż powróci szczęście. Widziałam ludzi, którzy wchodzili mając sto pięćdziesiąt dolarów i wygrywali dziesięć tysięcy. Wiedziałam, że i mnie może się udać, jeśli będę się trzymała swoich zasad. Miałam kontrolę"[4]. Wtedy nie musiała już myśleć o tym, czy dobrać kartę czy podwoić stawkę – działała automatycznie, tak, jak Eugene Pauly, pacjent z amnezją, w końcu nauczył się zawsze wybierać właściwy kartonowy prostokąt.

Któregoś dnia w roku 2000 Bachmann wróciła do domu z kasyna z sześcioma tysiącami dolarów – wystarczyło na opłacenie czynszu za dwa miesiące i spłacenie zaległości na kartach kredytowych, o których przypominały piętrzące się przy drzwiach wejściowych stosy wyciągów bankowych. Innym razem odeszła od stolika z dwoma tysiącami dolarów. Czasami przegrywała, ale to było częścią gry. Mądrzy gracze wiedzieli, że czasami trzeba stracić, żeby potem zyskać. W końcu Harrah's dał jej linię kredytową, żeby nie musiała nosić ze sobą takiej gotówki. Inni gracze jej szukali i siadali przy jej stoliku, ponieważ widzieli, że ona wie, co robi. Przy bufecie gospodarze kasyna pozwalali jej omijać kolejkę. „Wiem, jak grać", powiedziała. „Wiem, że brzmię jak ktoś, kto ma problem, ale go nie widzi, ale jedynym błędem, jaki popełniłam było to, że nie przestałam. Nie było nic złego w tym, jak grałam".

Zasady Bachmann z czasem stawały się coraz bardziej elastyczne – wraz z rosnącymi kwotami wygranych i przegranych. Jednego dnia straciła osiemset dolarów w godzinę, a potem zarobiła tysiąc dwieście w ciągu czterdziestu minut. Potem los znów się odwrócił i wyszła z kasyna lżejsza o cztery tysiące. Innym razem rano straciła trzy i pół tysiąca, wygrała pięć tysięcy o 13.00, po czym straciła kolejne trzy tysiące popołudniu. Kasyno zbierało dane na temat tego, ile miała i ile zarobiła; ona przestała to kontrolować. Potem, jednego miesiąca nie miała na koncie dość pieniędzy, żeby zapłacić za prąd. Poprosiła rodziców o drobną pożyczkę, potem o kolejną. Jednego miesiąca pożyczyła dwa tysiące, następnego już dwa i pół. Nic wielkiego, oni mieli pieniądze.

Bachmann nigdy nie miała problemów z alkoholem, narkotykami czy nadmiernym objadaniem się. Była normalną mamą, z takimi samymi wzlotami i upadkami, jak wszyscy dookoła. Więc odczuwany przymus uprawiania hazardu – natarczywy pociąg, sprawiający, że była rozkojarzona czy poirytowana w te dni, kiedy nie mogła odwiedzić kasyna, a także to, jak przyłapywała się na nieustannym rozmyślaniu o grze, ekscytacja, którą odczuwała, gdy dobrze jej szło – całkowicie ją zaskoczyły. To było nowe doznanie, tak nieoczekiwane, że kompletnie nie zdawała sobie sprawy, że jest problemem, aż do chwili, w której całkowicie zawładnęło jej życiem. W retrospektywie wydaje się, że nie ma rozgraniczenia. Jednego dnia to była zabawa, następnego wymknęło się spod kontroli.

W roku 2001 chodziła do kasyna codziennie. Chodziła tam po każdej kłótni z mężem, albo kiedy czuła się niedoceniana przez dzieci. Przy stolikach była odrętwiała i podniecona, wszystko naraz, a jej lęki słabły tak dalece, że już nie mogła ich usłyszeć. Euforia wygranej była taka natychmiastowa. Ból przegranej mijał tak szybko.

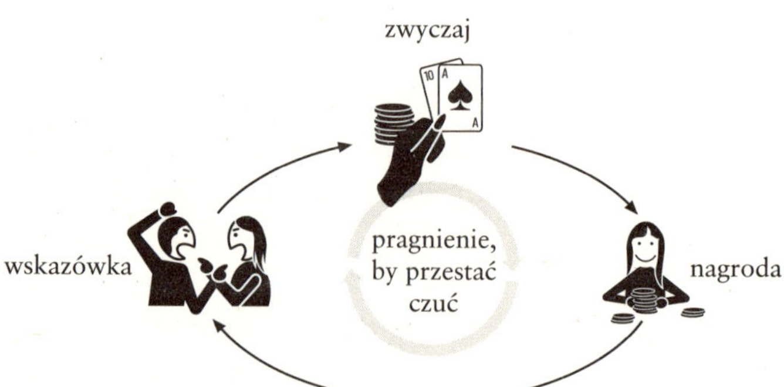

„Chcesz być kimś", powiedziała do niej matka, gdy Bachmann zadzwoniła z prośbą o kolejną pożyczkę. „Grasz, bo potrzebujesz uwagi".

Nie o to jednak chodziło. „Po prostu chciałam być w czymś dobra", powiedziała mi. „A to była jedyna rzecz, którą kiedykolwiek robiłam, gdzie wydawało mi się, że mam talent".

W lecie roku 2001 dług Bachmann u Harrah's osiągnął dwadzieścia tysięcy dolarów. Przegrane utrzymywała w tajemnicy przed mężem, ale kiedy matka ostatecznie odcięła jej fundusze, załamała się i do wszystkiego przyznała. Zatrudnili prawnika zajmującego się bankructwami, pocięli jej karty kredytowe i siedzieli w kuchni, żeby spisać plan skromniejszego i bardziej odpowiedzialnego życia. Ona zaniosła swoje sukienki do sklepu z używaną odzieżą i zniosła upokorzenie ze strony dziewiętnastoletniej sprzedawczyni, która odrzuciła niemal wszystkie, twierdząc, że wyszły z mody.

W końcu zaczęło wyglądać na to, że najgorsze już minęło. Wreszcie, myślała, przymus zniknął.

Ale, co oczywiste, końca nawet nie było jeszcze widać. Lata później, gdy straciła wszystko i zrujnowała życie sobie i mężowi, po tym, jak wyrzuciła w błoto setki tysięcy dolarów, a jej prawnik zapewniał w stanowym sądzie najwyższej instancji, że Angie Bachmann nie uprawiała hazardu z wyboru, ale robiła to nawykowo i dlatego nie powinna być obwiniana za swoje przegrane, po tym, jak stała się obiektem drwin i pogardy w internecie, gdzie porównywano ją do Jeffrey'a Dahmera[5] i rodziców katujących swoje dzieci, będzie się zastanawiać: ile odpowiedzialności rzeczywiście spoczywa na mnie?

„Jestem głęboko przekonana, że każdy na moim miejscu zachowałby się dokładnie tak samo", wyznała.

II

Pewnego lipcowego ranka w roku 2008 zdesperowany mężczyzna spędzający urlop na zachodnim wybrzeżu Walii zadzwonił na pogotowie.

„Sądzę, że zabiłem swoją żonę", powiedział. „Boże, myślałem, że ktoś się włamał. Walczyłem z tymi kolesiami, ale to była Christine. Coś musiało mi się chyba śnić. Co ja zrobiłem? Co ja zrobiłem?"[6].

Dziesięć minut później przyjechała policja, która znalazła Briana Thomasa płaczącego obok swojego kampera. Poprzedniej nocy, tłumaczył, jego żona i on spali w kamperze, kiedy obudzili ich młodzi mężczyźni ścigający się po parkingu. Przeparkowali kamper i położyli się spać. Potem, kilka godzin później Thomas się obudził i zobaczył mężczyznę w dżinsach i czarnym polarze – to był jeden z tych rajdowców – leżącego na jego żonie. Wrzasnął na mężczyznę, złapał go za szyję i próbował odciągnąć. To była reakcja automatyczna, powiedział policji. Im bardziej mężczyzna walczył, tym mocniej Thomas uciskał. Mężczyzna zaczął drapać ramię Thomasa i próbował się bronić, ale Thomas dusił, mocniej i mocniej, aż mężczyzna przestał się ruszać. Potem Thomas zdał sobie sprawę, że w rękach nie trzyma jakiegoś mężczyzny, ale własną żonę. Puścił ją i zaczął łagodnie szturchać jej ramię, próbując ją obudzić, pytając, czy wszytko jest w porządku. Niestety było za późno.

„Myślałem, że ktoś się włamał i ją udusiłem", powiedział Thomas policji, płacząc[7]. „Była całym moim światem"[8].

Przez kolejnych dziesięć miesięcy, które Thomas spędził w areszcie, czekając na proces, powstał obraz mordercy. Jako dziecko Thomas zaczął lunatykować, czasami wielokrotnie podczas jednej nocy. Wychodził z łóżka, chodził po domu, bawił się zabawkami albo brał sobie coś do jedzenia, a następnego dnia nie pamiętał niczego, co robił. W rodzinie zaczęto z tego żartować. Wyglądało na to, że raz w tygodniu wędrował na podwórko lub do czyjegoś pokoju, wszystko przez sen. To taki nawyk, wyjaśniała jego matka, kiedy sąsiedzi pytali, dlaczego jej syn łazi po ich trawnikach na bosaka i w piżamie. Zdarzało się, że budził się z pokaleczonymi stopami i całkowitą niepamięcią, skąd się wzięły. Kiedyś pływał w kanale, nie obudziwszy się przy tym. Po ślubie jego żona tak bardzo martwiła się, że może wyjść z domu i wpaść pod samochód, że zamykała drzwi i spała z kluczami pod poduszką. Jak później wyjaśniał Thomas, co wieczór para udawała się do łóżka, żeby „się pocałować i poprzytulać", po czym on szedł do swojego pokoju i spał we własnym łóżku. Inaczej jego niekończące się wiercenie, okrzyki, pomruki i okazyjne wędrówki nie dałyby Christine zmrużyć oka.

„Lunatykowanie[9] przypomina nam, że jawa i sen nie muszą się wzajemnie wykluczać", powiedział mi Mark Mahowald, profesor neurologii na University of Minnesota i pionier w obszarze zrozumienia zachowań sennych. „Część mózgu, która nadzoruje twoje zachowania, śpi, ale części zdolne do bardzo złożonych działań czuwają. Problem polega na tym, że mózgiem nie kieruje wtedy nic poza podstawowymi wzorcami, twoimi najbardziej podstawowymi nawykami. Idziesz za tym, co istnieje w twojej głowie, ponieważ nie jesteś w stanie dokonywać wyborów".

Zgodnie z prawem policja musiała oskarżyć Thomasa o popełnienie morderstwa. Ale wszystko wskazywało na to, że przed tą koszmarną nocą on i jego żona byli w małżeństwie szczęśliwi. Nie było żadnej historii przemocy. Mieli dwie dorosłe córki i niedawno zarezerwowali rejs po morzu Śródziemnym, by świętować czterdziestą rocznice ślubu. Śledczy poprosili specjalistę od snu – doktora Chrisa Idzikowskiego z Edinburgh Sleep Centre – żeby zbadał Thomasa i ocenił teorię, że w chwili zabicia żony mógł on być nieświadomy. W dwóch niezależnych badaniach, jednym przeprowadzonym w laboratorium Idzikowskiego, i drugim w więzieniu, naukowiec rozmieścił czujniki na całym ciele Thomasa w celu zmierzenia jego fal mózgowych, ruchów gałek ocznych, aktywności mięśni brody i nóg, przepływu powietrza przez nozdrza, oddychania i poziomów natlenienia we śnie.

Thomas nie był pierwszą osobą, twierdzącą, że popełniła zbrodnię przez sen i, co za tym idzie, nie może odpowiadać za swój czyn.

W historii było wielu złoczyńców utrzymujących, że nie mogą być uznani winnymi z powodu „automatyzmów", jak określa się lunatykowanie i inne nieświadome zachowania. I w ciągu minionej dekady, wraz z coraz głębszym zrozumieniem neurologii nawyków i wolnej woli, taka linia obrony przykuwa coraz więcej uwagi. Społeczeństwo reprezentowane przez nasze sądy i sędziów uznało, że niektóre nawyki są tak potężne, że są w stanie przytłoczyć naszą zdolność dokonywania wyborów i dlatego, będąc pod ich wpływem, nie odpowiadamy za nasze czyny.

* * *

Lunatykowanie jest dziwacznym skutkiem ubocznym normalnego funkcjonowania naszych mózgów, kiedy my sobie smacznie drzemiemy. Przez większość czasu, kiedy nasze ciała przechodzą przez różne fazy odpoczynku, nasza najprymitywniejsza struktura neurologiczna – pień mózgu – obezwładnia kończyny i układ nerwowy, pozwalając mózgom doświadczać snów przy jednoczesnym unieruchomieniu ciał. Zazwyczaj ludzie są w stanie wchodzić i wychodzić z takiego „sennego paraliżu" [hamowanie mięśni szkieletowych – przyp. tłum.] każdej nocy bez jakichkolwiek problemów. W neurologii mówi się tu o „przełączeniu".

Zdarza się jednak, że w mózgach niektórych ludzi podczas tych przełączeń dochodzi do błędów. Podczas snu hamowanie mięśni nie jest pełne i ich ciała są aktywne, kiedy śnią lub przechodzą przez różne fazy snu. To jest źródło lunatykowania i w przypadku większości osób z tym problemem jest to irytujące, ale niegroźne[10]. Komuś może się na przykład śnić, że je ciastko i o poranku znajduje w kuchni splądrowane pudełko po pączkach. Komuś innemu przyśni się, że udaje się do łazienki, a później odkryje mokrą plamę w korytarzu. Lunatycy mogą ujawniać bardzo złożone zachowania – mogą na przykład otwierać oczy, patrzeć, chodzić po okolicy, prowadzić samochód czy gotować obiad – wszystko to będąc nieświadomym, ponieważ części mózgu odpowiadające za patrzenie, chodzenie, prowadzenie samochodu czy gotowanie mogą funkcjonować, kiedy sam zainteresowany śpi, bez informacji przychodzących z bardziej rozwiniętych części mózgu, jak kora przedczołowa. Znane są opisy ludzi gotujących we śnie wodę i robiących herbatę. Jedna z osób pływała motorówką. Inna uruchomiła piłę elektryczną i wrzucała do urządzenia kawałki drewna, zanim wróciła do łóżka. Ale ogólnie lunatycy nie robią rzeczy, które są groźne dla nich lub innych. Nawet u śpiących działa instynkt unikania niebezpieczeństwa.

Jednak kiedy naukowcy zaczęli przyglądać się mózgom osób, które lunatykują, odkryli różnicę między *somnambulizmem*[11] – kiedy ludzie mogą opuszczać swoje łóżka i zacząć realizować swoje sny lub inne łagodne popędy – a czymś, co nazwano *lękiem nocnym*[12]. Kiedy pojawia się lęk nocny, aktywność mózgu człowieka wyraźnie różni się od aktywności na jawie, w półśnie czy nawet podczas epizodu somnambulizmu. Ludzie przeżywający lęk nocny zdają się doświadczać potwornego przerażenia, ale nie śnią w typowym sensie tego słowa. Ich mózgi są nieaktywne, z wyjątkiem najbardziej prymitywnych struktur neurologicznych, zawierających tzw. centralne generatory wzorców. Te obszary mózgu są tymi samymi, które bada dr Larry Squire i naukowcy z MIT, którzy odkryli neurologiczną maszynerię pętli nawyku. Można powiedzieć, że dla neurologa mózg doświadczający lęku nocnego wygląda bardzo podobnie do mózgu realizującego zachowanie nawykowe.

Zachowania ludzi dotkniętych lękami nocnymi *są* nawykami, choć tymi najbardziej prymitywnymi. Aktywne „centralne generatory wzorców" podczas lęku nocnego są źródłem takich wzorców behawioralnych jak chodzenie, oddychanie, wzdrygnięcie się w odpowiedzi na głośny dźwięk czy walka z napastnikiem. Zazwyczaj nie myślimy o tych zachowaniach w kategoriach nawyków, ale dokładnie tym są: automatycznymi zachowaniami, tak mocno zakorzenionymi w naszej neurologii, że – jak pokazują badania – mogą zachodzić właściwie bez jakichkolwiek bodźców napływających z bardziej rozwiniętych obszarów mózgowych.

Niemniej te nawyki, kiedy pojawiają się w trakcje lęków nocnych, są pod jednym, kluczowym względem inne: ponieważ sen dezaktywuje korę przedczołową i inne wyższe obszary odpowiadające za procesy poznawcze, to w sytuacji, w której doszło do uruchomienia takiego nawyku w lęku nocnym, nie ma już możliwości świadomej interwencji. Jeżeli przez lęk nocny wyzwolona zostanie reakcja walki–ucieczki, nie ma możliwości zagłuszenia jej logiką i rozumem.

„Ludzie cierpiący na lęki nocne nie śnią w typowym tego słowa znaczeniu", powiedział Mahowald, neurolog. „Nie ma złożonej fabuły, jaką ja i ty pamiętamy z koszmaru sennego. Jeżeli w ogóle coś później pamiętają, to jest to jedynie obraz lub emocja – zbliżającego się nieszczęścia, przerażającego strachu, potrzeby obrony siebie lub kogoś bliskiego".

„Te emocje są niezwykle silne. Są najbardziej podstawowymi wyzwalaczami najróżniejszych zachowań, których nauczyliśmy się w ciągu życia. Reagowanie na zagrożenie ucieczką lub próbą bronienia się jest czymś, co ćwiczymy niemalże od narodzin. I kiedy pojawiają się takie emocje, i nie ma szans, żeby wyższe funkcje mózgowe osadziły je w kontekście[13], reagujemy tak, jak podpowiadają nam nasze najgłębsze nawyki. Biegniemy lub walczymy, w zależności od tego, po który wzorzec łatwiej sięgnąć naszemu mózgowi".

Kiedy ktoś w środku epizodu lęku nocnego poczuje się zagrożony albo seksualnie podniecony – a są to właśnie dwa najczęstsze doświadczenia lęków nocnych – reaguje, podążając za nawykiem związanym z tymi bodźcami. Ludzie doświadczający nocnych lęków skakali z wysokich dachów w przekonaniu, że uciekają przed napastnikiem.

Zabijali własne dzieci, sądząc, że walczą ze zwierzętami. Gwałcili małżonków, nawet jeżeli ci błagali o litość, ponieważ w chwili, w której u śpiącego powstało pobudzenie, podąża on już tylko za głęboko zakorzenionymi nawykami zaspokajającymi popęd czy potrzebę. Somnambulizm dopuszcza pewien stopień dokonywania wyboru, bardziej rozwinięte części mózgu podpowiadają nam, by odsunąć się od krawędzi dachu. Ale ktoś, kim owładnął lęk nocny, po prostu realizuje pętlę nawyku, nieważne, dokąd go ona doprowadzi.

Niektórzy naukowcy podejrzewają, że lęki nocne mogą mieć podłoże genetyczne; inni twierdzą, że choroby, na przykład choroba Parkinsona, zwiększają prawdopodobieństwo ich wystąpienia. Ich przyczyny nie są dobrze poznane, ale w przypadku niektórych osób lęki nocne obejmują impulsy pełne przemocy. „Przemoc powiązana z lękami nocnymi wydaje się być reakcją na konkretny, przerażający obraz, który jednostka jest później w stanie opisać", napisała w roku 2009 grupa szwajcarskich naukowców. W grupie osób z jednym rodzajem dysfunkcji snu „usiłowane ataki na osoby, z którymi dzieliły łóżko, zgłoszono w 64 procentach przypadków, do zranień doszło w 3 procentach przypadków"[14].

Zarówno w Stanach Zjednoczonych, jak i w Wielkiej Brytanii[15] mamy do czynienia z przypadkami morderców utrzymujących, że lęki nocne doprowadziły ich do popełnienia zbrodni, których nigdy nie dopuściliby się świadomie[16]. Cztery lata przed aresztowaniem Thomasa na przykład pewien mężczyzna, Jules Lowe, został uniewinniony od zarzutu zabójstwa swojego osiemdziesięciotrzyletniego ojca po stwierdzeniu, że atak nastąpił w trakcie epizodu lęku nocnego[17]. Prokuratorzy wskazywali, że teoria, jakoby Lowe spał, gdy bił, kopał i skakał po swoim ojcu przez ponad dwadzieścia minut, po czym zostawił go z ponad dziewięćdziesięcioma obrażeniami, „jest skrajnie naciągana". Ława przysięgłych nie podzieliła tej opinii i go uniewinniła. We wrześniu roku 2008 trzydziestotrzyletnia Donna Sheppard-Saunders prawie udusiła swoją matkę poduszką, przytrzymując ją na jej twarzy przez trzydzieści sekund. Została później oczyszczona z zarzutu usiłowania zabójstwa, a jej obrona opierała się na wyjaśnieniu, jakoby zaatakowała matkę, śpiąc[18]. W roku 2009 brytyjski żołnierz przyznał się do zgwałcenia nastolatki, twierdził jednak, że nie był świadomy, kiedy się rozbierał, zdarł z niej majtki i zaczął uprawiać seks. Ocknąwszy się w trakcie gwałtu, przeprosił i zadzwonił na policję. „Właśnie w pewnym sensie popełniłem przestępstwo", powiedział dyżurnemu. „Naprawdę nie wiem, co się stało. Obudziłem się na niej". Miał za sobą historię choroby związaną z lękami nocnymi i go uniewinniono[19]. Ponad stu pięćdziesięciu morderców i gwałcicieli uniknęło kary w minionym wieku, wykorzystując automatyzmy jako linię obrony. Sędziowie i ławy przysięgłych, działający w imię społeczeństwa, uznali, że przestępcy *nie wybrali* popełnienia zbrodni – ponieważ nie uczestniczyli w akcie przemocy w sposób świadomy – i dlatego nie powinni być za nie obwiniani.

W przypadku Briana Thomasa wyglądało na to, że również mamy do czynienia z sytuacją, w której zawiniło zaburzenie snu, a nie morderczy impuls. „Nigdy sobie nie wybaczę, nigdy", powiedział jednemu z prokuratorów. „Dlaczego to zrobiłem?"[20].

* * *

Dr Idzikowski, specjalista od snu, po obserwacji Thomasa w swoim laboratorium, spisał wnioski: Thomas spał, kiedy zabił swoją żonę. Nie popełnił zbrodni świadomie.

Po rozpoczęciu procesu prokuratura przedstawiła swoje dowody ławie przysięgłych. Thomas przyznał się do zamordowania swojej żony, powiedziano przysięgłym. Wiedział, że cierpi na zaburzenia snu. Fakt, że nie podjął odpowiednich działań zapobiegawczych na wakacjach – stwierdzono – czyni go odpowiedzialnym za popełnioną zbrodnię.

Ale wraz z kolejnymi argumentami stawało się jasne, że prokuratorzy są skazani na porażkę. Prawnik Thomasa argumentował, że jego klient nie chciał zabić żony – w rzeczywistości nie panował nad sobą tej nocy. Reagował automatycznie na spostrzegane zagrożenie. Podążał za nawykiem niemal tak starym jak nasz gatunek: kierował nim instynkt zaatakowania napastnika i obrony ukochanej osoby. Kiedy najbardziej prymitywne struktury jego mózgu odebrały bodziec – że ktoś dusi jego żonę – kontrolę przejął nawyk i Thomas zaczął walczyć, bez szans na interwencję ze strony wyższych procesów poznawczych. Thomas jest winny, ale jedynie bycia człowiekiem, przemawiał prawnik, oraz tego, że zareagował tak, jak zmusiła go do tego jego neurologia – i najprymitywniejsze nawyki.

Nawet świadkowie oskarżenia zdawali się wzmacniać obronę. Choć Thomas wiedział, że chodzi przez sen, powołani przez prokuraturę psychiatrzy przyznali, że nic mu nie sugerowało, że może w związku z tym kogoś zabić. Nigdy wcześniej nikogo przez sen nie zaatakował. Nigdy wcześniej nie skrzywdził swojej żony.

Gdy wezwano głównego psychiatrę prokuratury, prawnik Thomasa wziął świadka w krzyżowy ogień pytań.

Czy jest sprawiedliwe, żeby uznano Thomasa winnym czynu, którego nie był w stanie przewidzieć?

Jej zdaniem, odrzekła dr Caroline Jacob, Thomas nie mógł przewidzieć popełnionego przestępstwa. A kiedy zostanie skazany i umieszczony w szpitalu Broadmoor, dokąd trafiają najniebezpieczniejsi i chorzy psychicznie przestępcy, cóż, „on tam nie pasuje".

Następnego ranka naczelny prokurator zwrócił się do przysięgłych. „W czasie zabójstwa oskarżony spał i jego umysł nie miał kontroli nad tym, co robi jego ciało", rzekł[21]. „Doszliśmy zatem do wniosku, że interes publiczny nic już nie zyska na poszukiwaniu u przysięgłych konkretnego werdyktu. Dlatego nie przedkładamy dalszych dowodów i prosimy o jednoznaczny werdykt uniewinniający"[22]. I przysięgli posłuchali.

Zanim Thomas odzyskał wolność, sędzia powiedział mu: „Jest pan porządnym człowiekiem i oddanym mężem. Jestem silnie przekonany, że czuje się pan winny. W świetle prawa nie ponosi pan odpowiedzialności za swój czyn. Jest pan wolny"[23].

Wygląda na sprawiedliwy finisz. W końcu Thomas był wyraźnie zdruzgotany tym, co zrobił. Nie miał pojęcia, co czynił – po prostu podążał za nawykiem, a jego zdolność podejmowania decyzji była w związku z tym upośledzona. Thomas był najbardziej godnym współczucia mordercą, jakiego można sobie wyobrazić. Był kimś, kto niemal sam był ofiarą do takiego stopnia, że po zakończeniu procesu sędzia próbował go pocieszyć.

Wiele z tych usprawiedliwień można odnieść także do Angie Bachmann, hazardzistki. Ona także była załamana skutkami swoich działań. Powie później, że nosi w sobie głębokie poczucie winy. I, jak się okazuje, ona także podążała za głęboko zakorzenionymi nawykami, które w coraz większym stopniu utrudniały podjęcie decyzji i interwencję.

Ale w świetle prawa Bachmann jest odpowiedzialna za swoje nawyki, a Thomas nie. Czy to jest słuszne, że Bachmann, hazardzistka, jest bardziej winna niż Thomas, morderca? Co nam to mówi o etyce nawyków i wyborów?

III

Trzy lata po tym, jak Angie Bachmann ogłosiła bankructwo, zmarł jej ojciec. Spędziła minione pięć lat na lataniu między własnym domem a domem rodziców, opiekując się nimi, kiedy ich choroby się rozwijały. Jego śmierć była ciosem. A potem, dwa miesiące później, zmarła jej matka.

„Cały mój świat się rozpadł", wyznała. „Każdego ranka się budziłam i na sekundę zapominałam, że oni odeszli, a potem nagle ta myśl mnie dopadała i czułam się tak, jakby ktoś stał na mojej piersi. Nie mogłam myśleć o niczym innym. Nie wiedziałam, co mam robić, kiedy wstanę z łóżka".

Na otwarciu testamentów Bachmann dowiedziała się, że odziedziczyła niemal milion dolarów.

Wykorzystała dwieście siedemdziesiąt pięć tysięcy dolarów, by kupić rodzinie nowy dom w Tennessee, blisko miejsca, w którym mieszkali jej ojciec i matka, jeszcze trochę, żeby przeprowadzić dorosłe córki nieco bliżej, żeby wszyscy byli razem. Hazard w kasynach był w Tennessee zakazany, i „nie chciałam znowu wrócić do złych wzorców", powiedziała mi. „Chciałam mieszkać z dala od wszystkiego, co przypominałoby mi poczucie braku kontroli". Zmieniła numery telefonów i nie podawała kasynom swojego nowego adresu. Tak czuła się bezpieczniej.

Aż pewnego wieczoru, przejeżdżając przez dawną okolice z mężem, żeby pozabierać ostatnie meble ze starego domu, zaczęła myśleć o swoich rodzicach. Jak da sobie radę bez nich? Dlaczego nie była lepszą córką? Zaczęła się hiperwentylować. Czuła się tak, jakby zaraz miała dostać ataku paniki. Minęły lata, odkąd uprawiała hazard, ale w tej chwili czuła, że musi znaleźć coś, co zajmie jej umysł i uśmierzy ból. Spojrzała na męża. Była w desperacji. To miała być jednorazowa sprawa.

„Chodźmy do kasyna", powiedziała.

Gdy weszli, jeden z menedżerów rozpoznał ją z czasów, kiedy regularnie odwiedzała kasyno, i zaprosił ich do baru dla graczy. Zapytał, jak się miewa, a z niej zaczęło się wszystko wylewać: o śmierci rodziców i o tym, jak bardzo ją to poruszyło, o tym, jaka była cały czas wyczerpana, że miała wrażenie, iż stoi u progu załamania. Menedżer był dobrym słuchaczem. To było wspaniałe uczucie, móc wreszcie opowiedzieć o wszystkim, o czym myślała, i usłyszeć w odpowiedzi, że czucie się w ten właśnie sposób jest całkowicie normalne.

Potem zasiadła przy stoliku do Blackjacka i grała przez trzy godziny. Po raz pierwszy od miesięcy jej lęk stał się tylko szumem w tle. Wiedziała, jak się to robi. Miała pustkę w głowie. Przegrała kilka tysięcy dolarów.

Harrah's Entertainment – firma, do której należało kasyno – była znana w branży hazardowej ze skomplikowanych systemów namierzających klientów. Trzonem systemu były programy komputerowe w podobnym stylu jak te, które dla Targetu tworzył Andrew Pole – algorytmy umożliwiające przewidywanie, analizujące nawyki graczy i próbujące odpowiedzieć na pytanie, w jaki sposób nakłonić ich do wydawania większych sum. Firma przypisywała graczom „przewidywaną wartość w ciągu życia", a oprogramowanie tworzyło kalendarze przewidujące, jak często będą przychodzić i ile wydadzą. Firma namierzała klientów za pośrednictwem kart lojalnościowych i wysyłała kupony na darmowe posiłki oraz bony; telemarketerzy dzwonili do ludzi do domów, pytając, gdzie się podziewają. Pracownicy kasyna byli szkoleni w zachęcaniu odwiedzających do opowiadania o swoim życiu w nadziei, że ujawnią informacje przydatne do określenia, ile mają pieniędzy. Jeden z menedżerów Harrah's Entertainment nazwał to podejście „marketingiem pawłowowskim". Firma rokrocznie przeprowadzała tysiące testów, by udoskonalać swoje metody[24]. Namierzanie klientów zwiększyło zyski firmy o miliardy dolarów i było tak precyzyjne, że umożliwiało określenie wydawanych przez hazardzistę pieniędzy co do centa i co do minuty[25].

Oczywiście firma Harrah's zdawała sobie sprawę, że Bachmann kilka lat wcześniej ogłosiła upadłość i uniknęła spłaty długu w kasynie, opiewającego na dwadzieścia tysięcy dolarów. Niedługo po rozmowie z menedżerem kasyna zaczęła odbierać telefony z ofertami darmowych limuzyn, które zawiozą ją do kasyn w Missisipi. Oferowali jej i jej mężowi przelot nad jezioro Tahoe, apartament i bilety na koncert grupy Eagles. „Powiedziałam, że na koncert musi też pojechać moja córka, razem z przyjacielem", powiedziała Bachmann. Firma odparła, że nie ma sprawy. Wszyscy mieli przeloty i hotele za darmo. Podczas koncertu miała miejsce w pierwszym rzędzie. Harrah's dała jej dziesięć tysięcy dolarów na żetony, z pozdrowieniami od kasyna.

Ofert było coraz więcej. Każdego tygodnia dzwoniło inne kasyno z pytaniem, czy życzy sobie limuzynę, wstęp na przedstawienia, bilety samolotowe. Początkowo Bachmann się opierała, ale w końcu zaczęła za każdym razem, kiedy pojawiało się zaproszenie, mówić tak. Po tym, jak przyjaciółka rodziny wspomniała, że chciałaby wziąć ślub w Las Vegas, Bachmann wykonała telefon i w nadchodzącą sobotę wszyscy byli w Palazzo. „Niewielu ludzi w ogóle wie, że to miejsce istnieje", powiedziała mi. „Zadzwoniłam i zapytałam, a operator powiedział, że to miejsce zbyt ekskluzywne, by informować o nim przez telefon. Apartament wyglądał jak w filmach. Miał sześć sypialni, górny poziom i łazienkę z wanną przy każdej sypialni. Miałam lokaja".

Kiedy pojawiła się w kasynach, jej nawyki związane z hazardem przejęły kontrolę niemal natychmiast po wejściu. Grała godzinami bez przerwy. Zaczynała od małych kwot, wykorzystując tylko pieniądze, które dostała od kasyna. Potem sumy rosły, a ona uzupełniała żetony wypłatami z bankomatu. Nie miała poczucia, że istnieje jakiś problem. W końcu stawiała po dwieście, trzysta dolarów na rękę, grając na dwie ręce, czasami przez dwanaście godzin bez przerwy. Jednej nocy wygrała sześćdziesiąt tysięcy. Dwukrotnie wyszła z kwotą czterdziestu tysięcy. Raz przyjechała do Vegas ze stoma tysiącami w torbie i wróciła do domu z niczym. To tak naprawdę nie zmieniło stylu jej życia. Na jej koncie było wciąż tyle pieniędzy, że nie musiała się nad nimi zastanawiać. Po to przede wszystkim rodzice zostawili jej spadek: żeby mogła sprawiać sobie przyjemność.

Próbowała zwolnić, ale kontakt ze strony kasyn był coraz bardziej natarczywy. „Jeden z menedżerów kasyna powiedział mi, że go zwolnią, jeśli nie przyjadę w nadchodzący weekend", powiedziała. „Mówili «Wysłaliśmy panią na taki i taki koncert, daliśmy pani taki wspaniały pokój, a pani tak rzadko ostatnio grywa». Cóż, oni rzeczywiście *zrobili* dla mnie wszystkie te miłe rzeczy"[26].

W roku 2005 zmarła babcia jej męża i rodzina pojechała do swojego dawnego miejsca zamieszkania na pogrzeb. Poszła do kasyna w noc poprzedzającą pogrzeb, żeby się wyciszyć i mentalnie przygotować się na wydarzenia kolejnego dnia. Przez dwanaście godzin przegrała dwieście pięćdziesiąt tysięcy dolarów. W tym momencie skala przegranej zdawała się nie mieć już znaczenia. Kiedy pomyślała o tym później – *przepadło ćwierć miliona* – wydawało jej się to takie nierzeczywiste. Okłamywała sama siebie już w tylu kwestiach: że jej małżeństwo jest szczęśliwe, choć zdarzało się, że ona i jej mąż nie rozmawiali ze sobą przez kilka dni; że ma bliskich przyjaciół, choć wiedziała, że ci zjawiali się tylko na wypady do Vegas, po czym znikali jak sen jaki złoty; że była dobrą mamą, choć widziała, jak jej córki popełniają te same błędy, które onegdaj stały się jej udziałem – jak zbyt wczesne ciąże; że jej rodzice byliby zadowoleni, widząc, jak przepuszcza ich pieniądze. Wyglądało na to, że są tylko dwie możliwości: nadal się okłamywać lub przyznać się przed sobą, że zaprzepaściła wszystko, na co tak ciężko pracowali jej rodzice.

Ćwierć miliona dolarów. Nie powiedziała mężowi. „Gdy tylko przypominała mi się ta noc, natychmiast skupiałam się na czymś innym", wyznała.

Jednak szybko przegrane były zbyt wysokie, by móc je ignorować. Czasami w nocy, kiedy jej mąż już spał, Bachmann wychodziła z łóżka, siadała przy kuchennym stole i próbowała się doliczyć, ile pieniędzy straciła. Depresja, na którą zapadła po śmierci rodziców, pogłębiała się. Czuła się ciągle taka zmęczona.

A z Harrah's wciąż dzwonili.

„Ta desperacja zaczyna się wraz z chwilą, w której dojdzie do ciebie, ile straciłeś, a potem czujesz, że nie możesz przestać, bo musisz to wszystko odzyskać. Czasami byłam rozdrażniona, nie mogłam jasno myśleć, i wiedziałam, że jak będę udawać, iż niedługo znowu pojadę do kasyna, poczuję ulgę. A potem oni dzwonili, a ja mówiłam tak, bo powiedzenie tak było takie łatwe. Naprawdę wierzyłam, że jestem w stanie się odegrać. Już przecież wygrywałam. Gdybyś nie mógł wygrać, to hazard byłby nielegalny, prawda?".

* * *

W roku 2010 pewien neuronaukowiec, Reza Habib, poprosił dwadzieścia dwie osoby, by położyły się w skanerze MRI, i patrzyły, jak automat do gry na monety się kręci i kręci[27]. Połowa uczestników była „patologicznymi hazardzistami" – ludźmi, którzy oszukiwali swoje rodziny w kwestiach związanych z hazardem, opuszczali pracę, by grać, albo których czeki nie miały już pokrycia – druga zaś grupa składała się z osób, które uprawiały hazard towarzysko, ale nie ujawniały żadnych problematycznych zachowań[28]. Wszyscy leżeli na plecach wewnątrz wąskiej tuby i patrzyli na obracające się na ekranie obrazki szczęśliwych siódemek, jabłek i sztabek złota. Automat do gry był zaprogramowany w taki sposób, by możliwe były trzy rezultaty: wygrana, przegrana i „prawie wygrana", kiedy to automat prawie zatrzymywał się na trzech szczęśliwych symbolach, jednak w ostatniej chwili jeden z nich przeskakiwał. Żaden z uczestników nie wygrywał, ani też nie przegrywał żadnych pieniędzy. Całe ich zadanie polegało na patrzeniu na ekran, kiedy skaner MRI rejestrował aktywność ich mózgów.

„Szczególnie interesowało nas poznanie systemów mózgowych zaangażowanych w nawyki i uzależnienia", powiedział mi Habib. „Odkryliśmy, że z neurologicznego punktu widzenia nałogowi hazardziści byli bardziej podekscytowani w sytuacji wygranej. Kiedy pojawiały się trzy takie same symbole, to pomimo tego, że nie otrzymywali żadnych pieniędzy, obszary mózgu powiązane z emocjami i nagrodą były dużo bardziej aktywne niż u graczy nieprzejawiających zachowań patologicznych".

„Ale tym, co było naprawdę ciekawe, były *prawie wygrane*. Nałogowym hazardzistom jawiły się one jak rzeczywiste wygrane. Ich mózgi reagowały niemal tak samo. Gracze, którzy nie wpadli w szpony nałogu, spostrzegali prawie wygraną na równi z przegraną. Osoby bez problemu z hazardem lepiej rozpoznawały, że prawie wygrana wciąż oznacza, że przegrałeś".

Dwie grupy widziały dokładnie to samo zdarzenie, ale z perspektywy neurologicznej odbierały je odmiennie. Umysły nałogowych hazardzistów w obliczu prawie wygranej reagowały euforią, która – jak zakłada Habib – prawdopodobnie tłumaczy, dlaczego hazardziści grają znacznie dłużej niż wszyscy inni: ponieważ prawie wygrane wyzwalają u nich nawyki popychające ich w stronę kolejnego zakładu czy kolejnej gry. Gracze, którzy nie mają problemu z hazardem, widząc prawie wygraną, doznają obaw wyzwalających odmienny nawyk: *powinienem przestać, zanim sprawy obiorą jeszcze gorszy bieg*.

Nie wiadomo, czy mózgi nałogowych hazardzistów reagują w taki sposób, ponieważ takie już były w chwili narodzin, czy też długotrwała styczność z grami losowymi, pokerem w sieci i kasynami może zmienić sposób ich działania. To, co jest jasne, to fakt, że na sposób przetwarzania informacji przez nałogowych hazardzistów wpływają rzeczywiste różnice neurologiczne – a to pozwala wyjaśnić, dlaczego Angie Bachmann traciła kontrolę nad sobą za każdym razem, kiedy wchodziła do kasyna. Oczywiście firmy zajmujące się grami losowymi

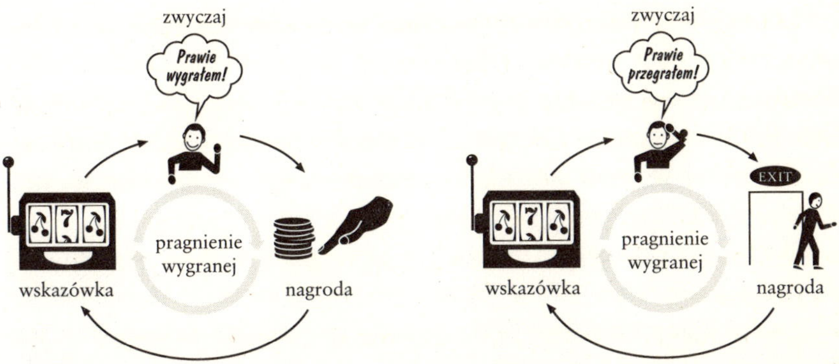

doskonale zdają sobie sprawę z tej prawidłowości, i to właśnie tłumaczy, dlaczego przez ostatnie dziesięciolecia automaty do gier zostały zaprogramowane tak, żeby dostarczać jak najwięcej prawie wygranych[29]. Gracze, którzy wciąż grają po prawie wygranych, sprawiają, że kasyna, tory wyścigowe czy loterie przynoszą takie zyski. „Dodanie w loterii prawie wygranej jest jak dolanie paliwa samolotowego do ogniska", powiedział konsultant pracujący dla loterii stanowej, rozmawiający ze mną pod warunkiem zachowania anonimowości. „Chcesz wiedzieć, dlaczego sprzedaż losów wystrzeliła w kosmos? Co któryś los jest zaprojektowany dokładnie po to, żebyś uwierzył, iż prawie wygrałeś".

Obszary mózgu, które szczegółowo badał Habib w swoim eksperymencie – jądra podstawne i pień mózgu – są tymi samymi obszarami, w których gnieżdżą się nawyki (i mają swój początek zachowania powiązane z lękami nocnymi). W ciągu ostatniej dekady, wraz z pojawieniem się nowych grup leków działających na te obszary – jak leki na chorobę Parkinsona – dowiedzieliśmy się wiele na temat ogromnej wrażliwości niektórych nawyków na zewnętrzną stymulację. W Stanach Zjednoczonych, Australii i Kanadzie posypały się pozwy zbiorowe przeciwko firmom farmaceutycznym, którym zarzucano, że za sprawą wytwarzanych przez nie leków, oddziałujących na obwody uczestniczące w pętli nawyków, pacjenci kompulsywnie grali, jedli, robili zakupy i się masturbowali[30]. W roku 2008 sąd federalny w Minnesocie przyznał odszkodowanie w wysokości 8,2 miliona dolarów pacjentowi oskarżającemu firmę farmaceutyczną, że za sprawą ich leków przegrał w grach losowych ponad dwieście pięćdziesiąt tysięcy. Szykują się setki podobnych pozwów[31].

„W tych przypadkach możemy z całą stanowczością powiedzieć, że pacjenci nie mają kontroli nad swoimi obsesjami, ponieważ jesteśmy w stanie wskazać lek oddziałujący na neurochemię w ich mózgach", powiedział Habib. „Ale kiedy patrzymy na mózgi nałogowych hazardzistów, widzimy bardzo podobny obraz – jedynym wyjątkiem jest tu fakt, że oni nie mogą zrzucić winy na lek. Mówią badaczom, że nie chcą uprawiać hazardu, ale nie są w stanie oprzeć się wewnętrznemu pragnieniu. Dlaczego więc mówimy, że ci hazardziści są w stanie kontrolować swoje zachowania, a chorzy z chorobą Parkinsona nie?"[32].

* * *

Osiemnastego marca 2006 roku Angie Bachmann poleciała do kasyna na zaproszenie firmy Harrah's. W tym czasie jej konto bankowe było niemal puste. Kiedy próbowała obliczyć, ile pieniędzy w swoim życiu przegrała, doliczyła się dziewięciuset tysięcy dolarów. Powiedziała Harrah's, że jest już praktycznie bankrutką, ale człowiek po drugiej stronie telefonu powiedział, żeby przyjechała mimo wszystko. Dadzą jej kredyt, zapewnił.

„Czułam, że nie mogę powiedzieć nie, że zawsze, kiedy tylko zamachali mi przed nosem najmniejszą nawet pokusą, mój mózg się wyłączał. Wiem, że to brzmi jak wymówka, ale oni zawsze obiecywali, że tym razem będzie inaczej, a ja wiedziałam, że niezależnie od tego, jak bardzo będę próbowała z tym walczyć, i tak w końcu się poddam".

Przyniosła ze sobą swoje ostatnie pieniądze. Zaczęła grę od czterystu dolarów na rękę, na obie ręce. Gdyby udało jej się trochę odegrać, powiedziała sama do siebie, tak ze sto tysięcy, skończy grę i będzie miała co dać dzieciom. Mąż na chwilę do niej dołączył, ale o północy poszedł spać. Około drugiej nad ranem skończyły jej się pieniądze. Pracownik Harrah's dał jej do podpisania weksel. Podpisała się sześciokrotnie, wciąż prosząc o więcej pieniędzy – na łączną kwotę stu dwudziestu pięciu tysięcy dolarów.

Koło szóstej rano przytrafiła jej się seria wygranych i stos żetonów zaczął rosnąć. Wokół zebrał się tłumek. Szybko policzyła: jeszcze nie wystarczy na wykupienie weksli, które podpisała, ale jeśli będzie mądrze grać, będzie na plusie i wtedy na dobre przestanie. Wygrała pięć razy z rzędu. Potrzebowała wygrać jeszcze tylko dwadzieścia tysięcy, żeby się odegrać. A potem krupier miał oczko. Potem wygrał jeszcze raz. Kilka rozdań później wygrał po raz trzeci. O dziesiątej rano nie miała już ani jednego żetonu. Poprosiła o dodatkowy kredyt, ale kasyno odmówiło.

Bachmann odeszła od stolika oszołomiona i poszła do swojego pokoju. Miała wrażenie, że podłoga pod nią drży. Idąc, trzymała się ściany, żeby, gdyby miała upaść, mogła się podeprzeć. Kiedy weszła do pokoju, mąż na nią czekał.

„Już nic nie ma", poinformowała go.

„Dlaczego nie weźmiesz prysznica i się nie położysz?", powiedział. „W porządku, już przecież przegrywałaś".

„Już nic nie ma", powiedziała.

„Co masz na myśli?".

„Nie ma już pieniędzy. Żadnych".

„Na szczęście mamy jeszcze dom", odparł.

Nie przyznała mu się, że kilka miesięcy wcześniej wzięła kredyt, zastawiając dom, i go przegrała.

IV

Brian Thomas zamordował swoją żonę. Angie Bachmann przepuściła swój spadek. Czy istnieje jakaś różnica w sposobie, w jaki społeczeństwo przypisuje odpowiedzialność za te czyny?

Prawnik Thomasa twierdził, że jego klient nie był winny śmierci swojej żony, ponieważ działał nieświadomie, automatycznie, a jego reakcje wyzwoliło przekonanie, że atakuje napastnik. Nigdy nie *dokonał wyboru*, aby zabić, powiedział prawnik, więc nie powinien być obarczany odpowiedzialnością za jej śmierć. Podążając za tymi samymi argumentami, możemy uznać, że działaniami Bachmann – jak wiemy z badań nad mózgami nałogowych hazardzistów, które prowadzi Reza Habib – także kierował potężny nałóg. Mogła dokonać wyboru tego pierwszego dnia, kiedy się wyszykowała i zdecydowała spędzić popołudnie w kasynie, może też wybierała przez kolejne tygodnie czy miesiące. Ale lata później, wtedy, kiedy przegrywała dwieście pięćdziesiąt tysięcy dolarów jednej nocy, kiedy była tak zdesperowana, żeby walczyć z nałogiem, że przeprowadziła się do stanu, w którym hazard był zakazany, nie podejmowała już świadomych decyzji. „Dawniej w neuronaukach mawialiśmy, że ludzie z uszkodzeniami mózgu tracą część swojej wolnej woli", powiedział Habib. „Kiedy nałogowy hazardzista widzi kasyno, dzieje się coś bardzo podobnego. Wydaje się, jakby działali, nie mając wyboru"[33].

Prawnik Thomasa argumentował w sposób, który przekonał wszystkich, że jego klient popełnił koszmarny błąd i będzie nosił w sobie winę za zdarzenie do końca życia. Ale czyż nie jest oczywiste, że Bachmann czuje się dokładnie tak samo? „Czuję się taka winna, tak mi wstyd z powodu tego, co zrobiłam", powiedziała mi. „Czuję się, jakbym wszystkich zawiodła. Wiem, że nigdy nie będzie mi dane tego naprawić, niezależnie od tego, co będę robić".

Powiedziawszy to, wciąż pozostaje jedna krytyczna różnica między przypadkami Thomasa i Bachmann: Thomas zamordował niewinną osobę. Popełnił przestępstwo od zawsze zaliczane do najcięższych zbrodni. Angie Bachmann straciła pieniądze. Jedynymi ofiarami są ona sama, jej rodzina i firma warta dwadzieścia siedem miliardów dolarów, która pożyczyła jej sto dwadzieścia pięć tysięcy.

Thomas został uniewinniony wolą społeczeństwa. Bachmann została uznana odpowiedzialną za swoje czyny.

Dziesięć miesięcy po tym, jak Bachmann straciła wszystko, firma Harrah's próbowała ściągnąć dług z jej banku. Weksle, które podpisała, nie miały pokrycia i Harrah's ją pozwała, żądając spłaty długu i dodatkowych trzystu siedemdziesięciu pięciu tysięcy dolarów kary umownej. Ona w odpowiedzi pozwała Harrah's, twierdząc, że za pośrednictwem zwiększania jej kredytu, darmowych apartamentów i alkoholu firma żerowała na kimś, kto – o czym wiedzieli – utracił kontrolę nad własnymi nawykami. Jej sprawa przeszła przez wszystkie instancje i trafiła do stanowego Sądu Najwyższego. Prawnik Bachmann – powtarzając argumenty obrońcy Thomasa przemawiające na korzyść oskarżonego – powiedział, że nie powinna być obwiniana, ponieważ reagowała automatycznie na pokusy prezentowane jej przez Harrah's. Kiedy oferty zaczęły napływać i kiedy weszła do kasyna, jej nawyki wzięły górę i nie była już w stanie kontrolować własnego zachowania.

Sędziowie, działając w imieniu społeczeństwa, uznali, że Bachmann się myli. „Nie istnieje żadne prawo zabraniające zarządcy kasyna wabić czy kontaktować się z klientami, o których wie lub powinien wiedzieć, że są nałogowymi hazardzistami", napisał sąd w uzasadnieniu. Stan prowadził „dobrowolny program wystąpienia", w ramach którego każdy może poprosić o umieszczenie jego nazwiska na liście zobowiązującej kasyna do wykluczenia go z grona graczy, a fakt „istnienia dobrowolnego programu wystąpienia sugeruje, że ustawodawca chce, by nałogowi hazardziści brali osobistą odpowiedzialność za prewencję i ochronę siebie przed przymusowym graniem", napisał sędzia Robert Rucker.

Może różnica w wyrokach, które zapadły w sprawach Thomasa i Bachmann, jest sprawiedliwa. W końcu łatwiej współczuć zdruzgotanemu wdowcowi niż gospodyni domowej, która wyrzuciła na śmietnik wszystko, co miała[34].

Ale *dlaczego* jest to łatwiejsze? Dlaczego pogrążony w żałobie mąż jest ofiarą, a hazardzista – bankrut dostaje to, na co sobie zasłużył? Dlaczego wydaje nam się, że niektóre nawyki powinny łatwo podlegać kontroli, podczas gdy inne zdają się poza zasięgiem?

Co ważniejsze, czy w ogóle można dokonywać takiego rozróżnienia?

„Niektórzy myśliciele", napisał Arystoteles w *Etyce Nikomachejskiej*, „twierdzą, że ludzie są dobrzy z natury, inni głoszą, że dzieje się tak za sprawą nawyków, jeszcze inni, że dzięki instrukcjom". Dla Arystotelesa nawyki rządzą niepodzielnie. Zachowania pojawiające się bezrefleksyjnie są dowodem naszego najprawdziwszego ja, powiedział. Dlatego „tak, jak kawałek ziemi musi zostać wcześniej przygotowany, jeżeli mają w niej wykiełkować nasiona, tak umysł ucznia musi zostać przygotowany pod względem nawyków, jeśli ma doceniać lub odrzucać właściwe elementy otaczającej go rzeczywistości".

Nawyki wcale nie są sprawą tak prostą, jakby się mogło wydawać. Jak starałem się to pokazać na stronach tej książki, nawyki – nawet jeżeli już zakorzenią się w naszych umysłach – nie są przeznaczeniem. Możemy wybierać nawyki, kiedy wiemy, jak to robić. Wszystko, co wiemy o nawykach – z badań neurologicznych nad cierpiącymi na amnezję czy obserwacji organizacyjnych ekspertów przekształcających firmy – wskazuje, że każdy z nich można zmienić, jeżeli zrozumiemy ich działanie.

Setki nawyków wpływają na nasze codzienne życie – kierują naszym sposobem ubierania się o poranku, tym, w jaki sposób mówimy do naszych dzieci, i jak zasypiamy pod wieczór; wpływają na skład naszego obiadu, na to, jak pracujemy, czy po pracy uprawiamy sport czy też wypijamy piwo. Każdy z nich wyzwalany jest przez inną wskazówkę i dostarcza wyjątkowej nagrody. Niektóre są proste, inne złożone, wymagają emocjonalnych wyzwalaczy i dostarczają subtelnych neurochemicznych nagród. Ale każdy nawyk, niezależnie od swej złożoności, jest plastyczny. Najmocniej uzależniony alkoholik może wytrzeźwieć. Najbardziej dysfunkcyjne firmy mogą się zmienić. Ktoś, kto porzucił szkołę, może stać się odnoszącym sukcesy menedżerem.

Żeby jednak zmodyfikować nawyk, musisz *zdecydować*, że tak ma się stać. Musisz świadomie zaakceptować ciężką pracę polegającą na zidentyfikowaniu wskazówek i nagród nakręcających nawyk i zmieniających zachowania w rutynę i znaleźć alternatywę. Musisz wiedzieć, że masz kontrolę, i być wystarczająco pewnym siebie, by ją wykorzystywać – i celem każdego rozdziału w tej książce było zilustrowanie różnych elementów wskazujących, dlaczego ta kontrola jest rzeczywista.

Choć Angie Bachmann i Brian Thomas przedstawili wariacje na temat tego samego argumentu – że działali nawykowo, że nie mieli kontroli nad swoim zachowaniem, ponieważ zachowania te ujawniały się automatycznie – sprawiedliwe wydaje się, że powinni zostać odmiennie potraktowani. Chodzi o to, że Angie Bachmann powinna odpowiadać za swoje czyny, a Brian Thomas powinien zostać uniewinniony, ponieważ on nigdy nie poznał wzorców, które doprowadziły go do zabójstwa – więc tym bardziej nie mógł się z nimi zmierzyć. Z kolei Bachmann była świadoma swoich nawyków. A kiedy już wiesz, że nawyk istnieje, na tobie spoczywa odpowiedzialność, żeby sobie z nim poradzić. Może gdyby postarała się trochę bardziej, może mogłaby nauczyć się go kontrolować. Inni się nauczyli, nawet w obliczu silniejszych pokus.

W pewien sposób o to właśnie chodzi w tej książce. Może lunatykujący morderca jest w stanie przekonująco wyjaśniać, że nie był świadomy swojego nawyku i dlatego nie ponosi odpowiedzialności za popełnioną zbrodnię. Ale praktycznie wszystkie pozostałe wzorce istniejące w życiu większości ludzi – jak jemy, śpimy, rozmawiamy z dziećmi, jak bezrefleksyjnie spędzamy nasz czas, co przykuwa naszą uwagę i na co wydajemy pieniądze – *są* nawykami, o których istnieniu wiemy. A kiedy zrozumiesz, że nawyki można zmieniać, zyskujesz wolność – ale i bierzesz na siebie odpowiedzialność za ich kształtowanie. Gdy zrozumiesz, że nawyki można przebudować, siła nawyku staje się łatwiejsza do przełamania, a wtedy jedyną możliwością jest wziąć się do pracy.

* * *

„Całe nasze życie", powiedział William James we wstępie, „tak dalece, jak dalece ma ono określoną postać, nie jest niczym ponad zbiorem nawyków – praktycznych, emocjonalnych i intelektualnych – systematycznie zorganizowanych na dobre i na złe, prowadzących nas nieodparcie w stronę naszego przeznaczenia, czymkolwiek ono jest"[35].

James, który zmarł w roku 1910, pochodził ze znamienitej rodziny. Jego ojciec był zamożnym i znanym teologiem. Jego brat, Henry, był błyskotliwym, odnoszącym sukcesy pisarzem, a jego powieści są dziś nadal czytane. Dwudziestokilkuletni Wiliam był tym niezrealizowanym w rodzinie. Jako dziecko dużo chorował. Chciał zostać malarzem, potem dostał się do szkoły medycznej, potem ją porzucił, by uczestniczyć w ekspedycji do Amazonii. Ale i tę inicjatywę zarzucił. Samobiczował się w swoim pamiętniku za to, że się do niczego nie nadaje. I co gorsze nie miał pewności, czy może się poprawić. Będąc w szkole medycznej, odwiedził szpital dla umysłowo chorych i widział tam mężczyznę rzucającego się na ścianę. Pacjent, jak poinformował lekarz, cierpiał z powodu halucynacji. James nie przyznał się, że często miał wrażenie, iż więcej łączy go z tymi pacjentami niż z innymi studentami medycyny.

„Dziś niemalże sięgnąłem dna i teraz wyraźnie widzę, że muszę stawić czoła wyborowi z otwartymi oczyma", napisał James w swoim pamiętniku w roku 1870, kiedy miał dwadzieścia osiem lat. „Czyżbym miał otwarcie odrzucić skrupuły moralne, jako niespójne z wewnętrznymi skłonnościami?".

Innymi słowy, czy samobójstwo jest lepszym wyborem?

Dwa miesiące później James podjął decyzję. Zanim zrobi coś nieprzemyślanego, przeprowadzi trwający rok eksperyment. Spędzi dwanaście miesięcy, wierząc, że ma kontrolę nad swoim życiem i losem, że może się zmienić na lepsze i że ma wolną wolę, by się zmienić. Nie miał dowodów, że tak właśnie jest. Ale da sobie wolność, ażeby *uwierzyć*, wbrew wszystkim dowodom, że jest inaczej, że zmiana jest jednak możliwa. „Myślę, że wczoraj przeżyłem życiowy kryzys", napisał w pamiętniku. Odnośnie do jego możliwości zmiany „na teraz założę – aż do przyszłego roku – że nie jest to złudne. Moim pierwszym aktem wolnej woli będzie uwierzenie w wolną wolę".

Przez kolejny rok ćwiczył codziennie. W swoim pamiętniku pisał w taki sposób, jakby kontrola nad sobą i jego wybory nigdy nie były podważane. Ożenił się. Zaczął wykładać na Harvardzie. Zaczął spędzać czas w towarzystwie Olivera Wendella Holmesa Juniora, który później stanie się sędzią Sądu Najwyższego, i Charlesem Sandersem Peirce'ym, pionierem badań nad semiotyką, w grupie, którą nazwali Klubem Metafizycznym[36]. Dwa lata po napisaniu wstępu w swoim pamiętniku James wysłał list do filozofa Charlesa Renouviera, który obszernie zajmował się wolną wolą. „Nie mogę stracić okazji, żeby powiedzieć Panu o zachwycie i wdzięczności, które we mnie narosły, kiedy czytałem Pańskie *Eseje*", napisał James. „Dzięki Panu po raz pierwszy mam zrozumiałą i rozsądną koncepcję wolności. (...) Mogę powiedzieć, że dzięki tej filozofii zaczynam na nowo postrzegać wagę moralnego życia; i mogę Pana zapewnić, że to niemała sprawa".

Później napisze słowa, które staną się sławne – że wola wiary jest najważniejszym składnikiem w powstawaniu wiary w zmianę. A jedną z najważniejszych metod stworzenia tej wiary są nawyki.

Nawyki, jak zauważa, są tym, co pozwala nam „robić coś z mozołem po raz pierwszy, ale z każdym kolejnym razem idzie nam coraz łatwiej i w końcu, mając wystarczającą praktykę, robimy to na wpół mechanicznie albo praktycznie bez świadomości". Kiedy już zadecydujemy, kim chcemy być, ludzie rozwijają się „tak jak zostali wyćwiczeni, tak jak kartka papieru czy płaszcz, które raz pomięte czy złożone będą się już zawsze składać w taki sam sposób".

Jeżeli wierzysz, że możesz się zmienić – jeżeli uczynisz z tego nawyk – zmiana stanie się realna. I na tym właśnie polega prawdziwa siła nawyków: wiedza, że twoje nawyki są takie, jakie sobie wybierasz. Gdy już dokonasz wyboru – i ów wybór się zautomatyzuje – nie tylko stanie się rzeczywistością, lecz także stanie się niemal nieunikniony – będzie tą rzeczą, która, jak pisał James, prowadzi nas „nieodparcie w stronę naszego przeznaczenia, czymkolwiek ono jest".

Sposób, w jaki zwyczajowo myślimy o własnym otoczeniu i o sobie, stwarza świat, który zamieszkujemy. „Dwie małe rybki sobie płyną i spotykają starszą rybę płynącą w odwrotnym kierunku, która kłania im się i mówi «Cześć chłopaki, jaka woda?»", zwrócił się pisarz, David Foster Wallace, do studentów college'u w roku 2005. „I dwie małe rybki płyną dalej przez chwilę, w końcu jedna z nich patrzy na drugą i mówi «Co to, do diabła, jest woda?»".

Wodą są nawyki, bezrefleksyjne wybory i niewidzialne decyzje, które otaczają nas każdego dnia – i które, wystarczy, że na nie spojrzymy, staną się znów widoczne.

Przez całe swoje życie William James pisał o nawykach i ich kluczowej roli w tworzeniu szczęścia i sukcesu. Ostatecznie poświęcił im cały rozdział swojego wybitnego dzieła *The Principles of Psychology* (Zasady psychologii). Woda, jak powiedział, jest najtrafniejszą analogią działania nawyku. Woda „żłobi sobie koryto, które staje się coraz szersze i głębsze, a po tym, jak woda przestała płynąć i pojawi się ponownie, popłynie tym samym, wydrążonym wcześniej korytem"[37].

Teraz już wiesz, jak przekierować to koryto. Teraz masz siłę, żeby pływać.

Przypisy

[1] „Angie Bachmann" jest pseudonimem. Opisana tu historia jej przypadku opiera się na ponad dziesięciu godzinach wywiadów z nią samą, dodatkowymi rozmowami z ludźmi, którzy ją znają, i dziesiątkami artykułów prasowych i akt sądowych. Niemniej, kiedy Bachmann otrzymała pytania, których celem było sprawdzenie faktów, odmówiła udziału i ograniczyła się do stwierdzenia, że niemal wszystkie szczegóły się nie zgadzają, w tym także te, które wcześniej potwierdziła, podobnie zresztą jak fakty potwierdzone przez inne źródła, akta sądowe czy publicznie dostępne dokumenty – po czym wszelka komunikacja ustała.

[2] *The Writings of George Washington,* tom 8, (red.). Jared Sparks (1835).

[3] Iowa Racing and Gaming Commission, Des Moines, Iowa, 2010.

[4] Czyjaś wiara, że jest w stanie wygrać z kasynem, może się wydawać nieracjonalna. Jednak, o czym wiedzą osoby regularnie oddające się grom hazardowym, można wygrywać w sposób konsekwentny, zwłaszcza w takich grach, jak Blackjack. Na przykład Don Johnson z Bensalem, w stanie Pennsylvania wygrał potwierdzone 15,1 mln dolarów w Blackjacka w ciągu sześciu miesięcy, począwszy od roku 2010. Hasło „kasyno zawsze wygrywa" dotyczy całości jego działalności, ponieważ bardzo wielu graczy obstawia w sposób, który nie maksymalizuje ich szans, a większość ludzi nie ma wystarczająco dużo pieniędzy, by przetrwać złą passę. Niemniej hazardzista może konsekwentnie wygrywać przez jakiś czas, jeżeli zapamięta złożone formuły i szanse, według których należy grać. Niemniej większość graczy nie ma wystarczającej dyscypliny czy zdolności matematycznych, by wygrać z kasynem.

[5] Jeffrey Dahmer, amerykański seryjny morderca, nekrofil i kanibal, w latach 1978–1991 zabił przynajmniej 17 młodych mężczyzn i chłopców, za Wikipedia (przyp. tłum.).

[6] Simon de Bruxelles, Sleepwalker Brian Thomas Admits Killing Wife While Fighting Intruders in Nightmare, *The Times,* 18.11.2009.

[7] Jane Mathews, My Horror, by Husband Who Strangled Wife in Nightmare, *Daily Express,* 16.12.2010.

[8] Simon de Bruxelles, Sleepwalker Brian Thomas Admits Killing Wife While Fighting Intruders in Nightmare. *The Times,* 18.11.2009.

[9] Autor posługuje się terminem *sleepwalking* jako kategorią szeroką, nieróżnicującą zaburzeń występujących we śnie. Dlatego zdecydowano się tłumaczyć je jako „lunatykowanie", a więc określenie potoczne, nie odwołujące się do konkretnych parasomni

sklasyfikowanych w systemach diagnostycznych (DSM czy ICD, np. somnambulizm/ sennowłóctwo i inne) (przyp. tłum.).

[10] W niektórych przypadkach ludzie lunatykują, doświadczając marzeń sennych, stan określany jako zaburzenie zachowania podczas snu REM (patrz: C.H. Schenck i in., Motor Dyscontrol in Narcolepsy: Rapid-Eye-Movement [REM] Sleep Without Atonia and REM Sleep Behavior Disorder, *Annals of Neurology,* 32, 1 [July 1992]: 3–10). W innych przypadkach ludzie nie śnią, ale mimo wszystko się poruszają.

[11] Somnambulizm (sennowłóctwo) zaliczamy do tzw. parasomni – zaburzeń polegających na wystąpieniu nieprawidłowych zjawisk podczas snu, najczęściej zaburzeń motorycznych lub zaburzeń układu wegetatywnego, jednocześnie czas snu i jego jakość są niezmienione (przyp. tłum.).

[12] C. Bassetti, F. Siclari i R. Urbaniok, Violence in Sleep, *Schweizer Archiv Fur Neurologie und Psychiatrie,* 160, 8, (2009), 322–333.

[13] C.A. Tassinari i in., Biting Behavior, Aggression, and Seizures, *Epilepsia,* 46, 5, (2005), 654–663; C. Bassetti i in., SPECT During Sleepwalking, *The Lancet,* 356, 9228, (2000), 484–485; K. Schindler i in., Hypoperfusion of Anterior Cingulate Gyrus in a Case of Paroxysmal Nocturnal Dystonia, *Neurology,* 57, 5, (2001), 917–920; C.A. Tassinari i in., Central Pattern Generators for a Common Semiology in Fronto-Limbic Seizures and in Parasomnias, *Neurological Sciences,* 26, 3, (2005), 225–232.

[14] P.T. D'Orban i C. Howard, Violence in Sleep: Medico-Legal Issues and Two Case Reports, *Psychological Medicine,* 17, 4, (1987), 915–925; B. Boeve, E. Olson i M. Silber, Rapid Eye Movement Sleep Behavior Disorder: Demographic, Clinical, and Laboratory Findings in 93 Cases, *Brain,* 123, 2, (2000), 331–339.

[15] John Hudson, Common Law – Henry II and the Birth of a State, BBC, 17.02.2011; Thomas Morawetz, Murder and Manslaughter: Degrees of Seriousness, Common Law and Statutory Law, the Model Penal Code, Law Library – American Law and Legal Information, http://law.jrank.org/pages/18652/Homicide.html.

[16] M. Diamond, Criminal Responsibility of the Addiction: Conviction by Force of Habit, *Fordham Urban Law Journal,* 1, 3, (1972); R. Broughton i in., Homicidal Somnambulism: A Case Report, *Sleep,* 17, 3, (1994), 253–264; R. Cartwright, Sleepwalking Violence: A Sleep Disorder, a Legal Dilemma, and a Psychological Challenge, *American Journal of Psychiatry,* 161, 7, (2004), 1149–1158; P. Fenwick, Automatism, Medicine, and the Law, *Psychological Medicine Monograph Supplement,* 17, (1990), 1–27; M. Hanson, Toward a New Assumption in Law and Ethics, *The Humanist,* 66, 4, (2006).

[17] L. Smith-Spark, How Sleepwalking Can Lead to Killing, *BBC News,* 18.03.2005.

[18] Beth Hale, Sleepwalk Defense Clears Woman of Trying to Murder Her Mother in Bed, *Daily Mail,* 3.06.2009.

[19] John Robertson i Gareth Rose, Sleepwalker Is Cleared of Raping Teenage Girl, *The Scotsman,* 22.06.2011.

[20] Stuart Jeffries, Sleep Disorder: When the Lights Go Out, *The Guardian,* 5.12.2009.

[21] Richard Smith, Grandad Killed His Wife During a Dream, *The Mirror,* 18.11.2009.

[22] Anthony Stone, Nightmare Man Who Strangled His Wife in a 'Night Terror' Walks Free, *Western Mail,* 21.11.2009.

[23] Tamże.

[24] Christina Binkley, Casino Chain Mines Data on Its Gamblers, and Strikes Pay Dirt, *The Wall Street Journal,* 22.11.2004; Rajiv Lal, Harrah's Entertainment, Inc., Harvard Business School, opis przypadku nr 9–604–016, 14.06.2004; K. Ahsan i in., Harrah's Entertainment, Inc.: Real-Time CRM in a Service Supply Chain, *Harvard Business Review,* opis przypadku nr GS50, 8.05.2006; V. Chang i J. Pfeffer, Gary Loveman and Harrah's Entertainment, *Harvard Business Review*, opis przypadku nr OB45, 4.11.2003; Gary Loveman, Diamonds in the Data Mine, *Harvard Business Review,* opis przypadku nr R0305H, 1.05.2003.

[25] Firma Harrah's Entertainment – dziś znana jako Caesars Entertainment – kwestionuje niektóre z oskarżeń Bachmann. Komentarz firmy znajduje się w przypisach.

[26] W oświadczeniu firma Caesars Entertainment napisała: „Nigdy nie zwolnilibyśmy lub nie ukaralibyśmy kierownika kasyna za to, że jeden z klientów przestanie ich odwiedzać (chyba że jest to skutkiem jego bezpośredniego działania). I żaden z naszych zarządców nie miał prawa powiedzieć gościowi, że on czy ona zostaną zwolnieni lub w inny sposób ukarani, jeżeli gość przestanie przychodzić".

[27] M. Dixon i R. Habib, Neurobehavioral Evidence for the 'Near-Miss' Effect in Pathological Gamblers, *Journal of the Experimental Analysis of Behavior,* 93, 3, (2010), 313–328; H. Chase i L. Clark, Gambling Severity Predicts Midbrain Response to Near-Miss Outcomes, *Journal of Neuroscience,* 30, 18, (2010), 6180–6187; L. Clark i in., Gambling Near-Misses Enhance Motivation to Gamble and Recruit Win-Related Brain Circuitry, *Neuron,* 61, 3, (2009), 481–490; Luke Clark, Decision-Making During Gambling: An Integration of Cognitive and Psychobiological Approaches, *Philosophical Transactions of the Royal Society of London, Series B: Biological Sciences,* 365, 1538, (2010), 319–330.

[28] H. Lesieur i S. Blume, The South Oaks Gambling Screen (SOGS), A New Instrument for the Identification of Pathological Gamblers, *American Journal of Psychiatry,* 144, 9, (1987), 1184–1188. W korespondencji mającej na celu weryfikację faktów Habib napisał: „Wielu naszych badanych zaklasyfikowano do grupy hazardzistów przejawiających zachowania patologiczne na podstawie innych rodzajów zachowań zawartych w kwestionariuszu do badań przesiewowych. Na przykład, aby zostać tak właśnie sklasyfikowanym, wystarczyło po prostu: 1) grać w celu odzyskania pieniędzy, które wcześniej przegrano i 2) czasami grać więcej niż się zamierzało. Przyjęliśmy bardzo niski próg klasyfikowania uczestników jako nałogowych hazardzistów".

[29] Pod koniec lat dziewięćdziesiątych jeden z wiodących producentów jednorękich bandytów zatrudnił menedżera wcześniej zajmującego się grami wideo, aby pomógł w opracowaniu nowych automatów. Zadaniem tego człowieka było zaprogramowanie maszyn właśnie w taki sposób, by jak najczęściej pojawiały się prawie wygrane.

Dziś niemal każdy jednoręki bandyta ma w swoim repertuarze liczne sztuczki – jak darmowe obroty czy dźwięki rozlegające się, kiedy symbole prawie pasują – a także małe wygrane dające graczom poczucie, że wygrywają, choć w rzeczywistości wrzucają więcej pieniędzy niż wygrywają. „Żadna inna forma hazardu nie manipuluje ludzkim umysłem tak elegancko, jak te maszyny", powiedział reporterowi *New York Timesa* w 2004 roku pewien badacz zajmujący się uzależnieniami na University of Connecticut School of Medicine.

30 M. Potenza, V. Voon i D. Weintraub, Drug Insight: Impulse Control Disorders and Dopamine Therapies in Parkinson's Disease, *Nature Clinical Practice Neurology,* 12, 3 (2007), 664–672; J.R. Cornelius i in., Impulse Control Disorders with the Use of Dopaminergic Agents in Restless Legs Syndrome: A Case Control Study, *Sleep,* 22, 1, (2010), 81–87.

31 Ed Silverman, Compulsive Gambler Wins Lawsuit Over Mirapex, *Pharmalot,* 31.07.2008.

32 Więcej informacji na temat neurologii hazardu patrz: A.J.Lawrence i in., Problem Gamblers Share Deficits in Impulsive Decision-Making with Alcohol-Dependent Individuals, *Addiction,* 104, 6, (2009), 1006–1015; E. Cognat i in., „Habit" Gambling Behaviour Caused by Ischemic Lesions Affecting the Cognitive Territories of the Basal Ganglia, *Journal of Neurology,* 257, 10, (2010), 1628–1632; J. Emshoff, D. Gilmore i J. Zorland, Veterans and Problem Gambling: A Review of the Literature, Georgia State University, luty, 2010, http://www2.gsu.edu/~psyjge/Rsrc/PG_IPV_Veterans.pdf; T. van Eimeren i in., Drug-Induced Deactivation of Inhibitory Networks Predicts Pathological Gambling in PD, *Neurology,* 75, 19, (2010), 1711–1716; L. Cottler i K. Leung, Treatment of Pathological Gambling, *Current Opinion in Psychiatry,* 22, 1, (2009), 69–74; M. Roca i in., Executive Functions in Pathologic Gamblers Selected in an Ecologic Setting, *Cognitive and Behavioral Neurology,* 21, 1, (2008), 1–4; E.D. Driver-Dunckley i in., Gambling and Increased Sexual Desire with Dopaminergic Medications in Restless Legs Syndrome, *Clinical Neuropharmacology,* 30, 5, (2007), 249–255; Erin Gibbs Van Brunschot, Gambling and Risk Behaviour: A Literature Review, University of Calgary, marzec, 2009.

33 W wiadomości elektronicznej Habib wyjaśnił swoje przemyślenia na ten temat: „To jest pytanie dotyczące wolnej woli i samokontroli, które w takim samym stopniu wkracza w sferę filozofii, jak i neuronauki. (...). Jeżeli mówimy, że zachowania związane z hazardem u pacjenta z chorobą Parkinsona są poza jego kontrolą i wynikają z przyjmowanych przez niego leków, to dlaczego nie możemy (albo tego nie robimy) uznać tego argumentu w odniesieniu do nałogowego hazardzisty, biorąc pod uwagę, że w obu przypadkach wygląda na to, że aktywne są te same obszary mózgu? Jedyna (i niezbyt satysfakcjonująca) odpowiedź, jakiej mogę udzielić (i którą sam pan wspomina) brzmi, że jako społeczeństwo czujemy się lepiej w sytuacji, w której zdejmujemy z kogoś odpowiedzialność, jeśli w grę wchodzą jakieś czynniki zewnętrzne, które możemy w zamian uczynić odpowiedzialnymi. W przypadku chorego z chorobą Parkinsona łatwo powiedzieć, że patologiczny hazard jest skutkiem leków, ale już w przypadku nałogowego

hazardzisty, ze względu na brak zewnętrznego czynnika, który wpływałby na jego zachowanie (cóż, tak naprawdę takie czynniki istnieją – presja społeczna, reklamy kasyn, stresory życiowe itd. – ale nic tak przemawiającego do naszej wyobraźni, jak leki, które człowiek musi zażywać), jesteśmy dużo bardziej powściągliwi w przypisaniu winy uzależnieniu i wolimy obarczyć odpowiedzialnością za patologiczne zachowania dotknięte nimi osoby – przykładowo «powinni wiedzieć lepiej i trzymać się z daleka od hazardu». Sądzę, że kiedy badacze mózgu dowiedzą się więcej, bo przecież «współczesne» metody obrazowania mózgu są do naszej dyspozycji dopiero jakieś dwadzieścia, dwadzieścia pięć lat – prawdopodobnie część tych błędnych społecznych przekonań (którym czasami hołdujemy także my, neuronaukowcy) zacznie się powoli zmieniać. Na przykład z naszych danych wynika, że choć mogę spokojnie wnioskować o istnieniu różnic między mózgami nałogowych hazardzistów a mózgami osób bez patologicznych zachowań w tej sferze, przynajmniej wtedy, kiedy oddają się grom losowym, i mogę nawet zaproponować kilka stwierdzeń, że prawie wygrane wydają się hazardzistom bardziej podobne do wygranych, a osobom bez nałogu bardziej przypominają przegraną, to nie mogę z przekonaniem ani z pewnością ogłosić, że różnice te sprawiają, iż nałogowy hazardzista, widząc reklamę lokalnego kasyna, nie ma wyboru i jest niewolnikiem własnych nałogów. Pod nieobecność twardych, bezpośrednich dowodów wydaje mi się, że najlepszą rzeczą, jaką możemy zrobić, jest wnioskować przez analogię, ale z takimi porównaniami wiąże się mnóstwo niepewności".

[34] W oświadczeniu firma Caesars Entertainment napisała: „W ramach ugody zawartej w maju roku 2011 między Caesars Riverboat Casino i [Bachmann], obie strony (włączając w to ich przedstawicieli) nie mają prawa omawiać określonych szczegółów sprawy. (...). Jest wiele szczegółów, które kwestionujemy, ale w tym momencie nie wolno nam tego uczynić. Zadał pan wiele pytań dotyczących konwersacji, które rzekomo odbyły się między [Bachmann] i niewymienionymi z nazwiska pracownikami firmy Caesars. Ponieważ ona nie podała nazwisk, nie ma możliwości niezależnej weryfikacji jej doniesień i mamy nadzieję, że pańska relacja ten fakt uwzględni albo przez ominięcie tych historii, albo przez jasne podkreślenie, że nie są zweryfikowane. Jak większość dużych firm w branżach usługowych zwracamy uwagę na decyzje dotyczące wydawania pieniędzy przez naszych klientów i jest to sposób na monitorowanie satysfakcji klientów i skuteczności naszych kampanii marketingowych. Jak większość firm szukamy sposobów na przyciągnięcie klientów, staramy się także utrzymać ich lojalność. I tak jak inne firmy staramy się zrozumieć, dlaczego nasi klienci zmieniają ustalone wzorce swoich zachowań i zachęcamy ich, by do nas wrócili. Nie postępujemy inaczej niż sieci hotelowe, linie lotnicze czy pralnia chemiczna. Na tym właśnie polega dobra obsługa klienta. (...). Firma Caesars Entertainment (wcześniej znana jako Harrah's Entertainment) i współpracownicy przez długie lata była liderem w branży pod względem odpowiedzialnego podejścia do gier losowych. Byliśmy pierwszą firmą, która opracowała pisemny kodeks postępowania, zgodnie z którym traktujemy naszych gości. Byliśmy pierwszą firmą prowadzącą kasyna, która wprowadziła ogólnokrajowy program samowykluczenia, umożliwiający klientom skreślenie się z list wszystkich naszych placówek,

gdy czują, że mają problem, albo z jakiegokolwiek innego powodu. I jesteśmy jedyną firmą prowadzącą kasyna, sponsorującą ogólnokrajową kampanię reklamową w mediach, promującą odpowiedzialne podejście do gier losowych. Mamy nadzieję, że pańska praca uwzględni te dane oraz to, że żadna z cytowanych wypowiedzi [Bachmann] nie została niezależnie zweryfikowana".

35 William James, *Talks to Teachers on Psychology: and to Students on Some of Life's Ideals.*

36 Louis Menand, *The Metaphysical Club: A Story of Ideas in America* (New York: Farrar, Straus, and Giroux, 2002).

37 James cytuje esej francuskiego psychologa i filozofa, Léona Dumonta, „De l'habitude".

ZAŁĄCZNIK. PRZEWODNIK PO SPOSOBACH WYKORZYSTANIA ZAWARTYCH TU POMYSŁÓW

TRUDNOŚĆ W ZAJMOWANIU SIĘ NAUKĄ na temat nawyków sprowadza się do tego, że większość ludzi, słysząc o tym obszarze badawczym, chce natychmiast poznać tajemną formułę na szybką zmianę każdego nawyku. Jeśli naukowcy odkryli, w jaki sposób te wzorce działają, można zakładać, że musieli też opracować sposób na szybką zmianę, nieprawdaż?

Gdyby tylko to było takie proste.

To nie jest tak, że taka formuła nie istnieje. Problem polega jednak na tym, że nie istnieje jedna formuła zmiany nawyków. Istnieją ich tysiące.

Ludzie i nawyki różnią się między sobą i dlatego właśnie szczegóły związane z diagnozowaniem i zmianą wzorców w naszych życiach są dla każdego człowieka i dla każdego zachowania odmienne. Rzucenie palenia różni się od powstrzymania objadania się, co z kolei przebiega inaczej niż zmiana sposobu komunikowania się z małżonkiem, co znowu ma inny przebieg niż przekształcenie sposobu, w jaki priorytetyzujesz zadania w pracy. Co więcej, nawyki każdego człowieka napędzane są przez inne pragnienia i żądze.

W rezultacie książka ta nie zawiera jednego przepisu. Miałem nadzieję dostarczyć raczej coś innego: ramy teoretyczne pomagające zrozumieć, jak nawyki działają, i przewodnik po tym, jak eksperymentować z możliwościami ich zmiany. Niektóre nawyki łatwo poddają się analizie i wpływom. Inne są bardziej złożone i uporczywe, wymagają długotrwałego studiowania. W przypadku jeszcze innych zmiana jest procesem, który nigdy zupełnie się nie zamknie.

Ale to nie oznacza, że tak się nigdy nie stanie. Każdy rozdział tej książki objaśniał odmienny aspekt przyczyn istnienia nawyków oraz ich działania. Ramy opisane w tym załączniku są próbą wyłonienia, w bardzo podstawowy sposób, odkrytych przez badaczy sposobów na zdiagnozowanie i kształtowanie nawyków w naszych życiach. Nie będzie to wyczerpujące. Mają to być jedynie praktyczne wskazówki, punkt wyjścia. W połączeniu z pogłębionymi lekcjami zawartymi w rozdziałach tej książki są instrukcją, co robić dalej.

Zmiana może nie pojawić się szybko, nie zawsze też jest łatwa. Ale z upływem czasu i włożonym wysiłkiem, niemal każdy nawyk może zostać przekształcony.

Ogólne ramy teoretyczne

- Zidentyfikuj zwyczaj
- Poeksperymentuj z nagrodami
- Wyizoluj wskazówkę
- Miej plan

KROK PIERWSZY. ZIDENTYFIKUJ ZWYCZAJ

Opisani w rozdziale pierwszym naukowcy z MIT odkryli prosty neurologiczny obwód leżący u podstaw każdego nawyku, pętlę składającą się z trzech części: wskazówki, zwyczaju i nagrody.

W celu zrozumienia własnych nawyków musisz zidentyfikować składowe własnej pętli. Kiedy uda ci się zdiagnozować pętlę nawyku konkretnego zachowania, będziesz w stanie szukać sposobów na wyparcie starych przywar nowymi zwyczajami.

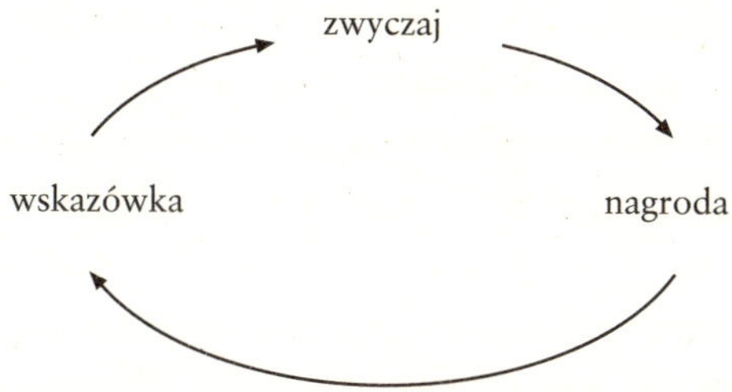

Za przykład niech nam posłuży paskudny nawyk, taki jaki miałem ja, kiedy zacząłem swoje przygotowania do napisania tej książki – chodzenie do stołówki i kupowanie czekoladowego ciastka każdego popołudnia. Powiedzmy, że ten nawyk sprawił, że przybyło ci kilka kilogramów. A precyzyjniej powiedzmy, że za sprawą tego nawyku przytyłeś dokładnie cztery kilogramy, co twoja żona skwitowała kilkoma celnymi uwagami. Próbowałeś się zmusić do zaprzestania owej praktyki, posunąłeś się nawet do tego, że przykleiłeś do swojego komputera karteczkę NIE JEDZ WIĘCEJ CIASTEK.

Ale każdego popołudnia udaje ci się zignorować tę karteczkę, wstać, pomaszerować do stołówki, kupić ciastko i podczas rozmowy z kolegami przy kasie je zjeść. Najpierw jest ci tak dobrze, a potem tak źle. Jutro, obiecujesz sobie, wykrzeszesz z siebie siłę woli i oprzesz się pokusie. Jutro będzie inaczej.

Ale jutro nawyk znowu bierze górę.

Jak możesz zacząć diagnozować, a potem zmieniać to zachowanie? Odkrywając pętlę nawyku. A pierwszym krokiem jest zidentyfikowanie zwyczaju. W scenariuszu z ciastkiem – jak w wypadku większości nawyków – zwyczaj jest najbardziej widocznym elementem: to właśnie to zachowanie chcesz zmienić. A twoim zwyczajem jest popołudniowe wstawanie od biurka, marsz do stołówki, zakup czekoladowego ciastka i zjedzenie go podczas rozmowy z przyjaciółmi. A więc dokładnie to umieszczasz w pętli:

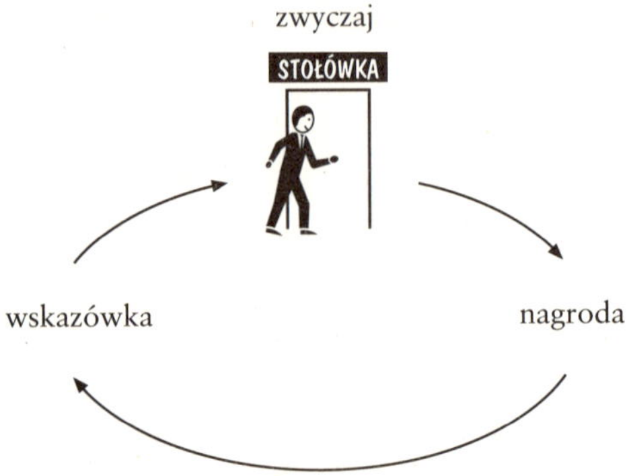

A potem czas na nieco mniej oczywiste pytania: co wyzwala tę rutynę, jaka wskazówka? Czy to głód? Znudzenie? Niski poziom cukru? Potrzeba przerwy przed rzuceniem się w wir kolejnego zadania?

Co jest nagrodą? Ciastko samo w sobie? Zmiana otoczenia? Chwilowe odciągnięcie od zadań? Spotkanie z kolegami? A może przypływ energii wynikający z zastrzyku cukru?

Żeby się dowiedzieć, musisz trochę poeksperymentować.

KROK DRUGI. POEKSPERYMENTUJ Z NAGRODAMI

Nagrody mają tak potężne działanie, ponieważ zaspokajają pragnienia. Ale często nie uświadamiamy sobie pragnień, które kierują naszymi zachowaniami. Na przykład kiedy zespół pracujący nad marketingiem Febreze odkrył, że konsumenci pragnęli świeżego zapachu na zakończenie rytuału sprzątania, ujawnił pragnienie, o istnieniu którego nikt nie wiedział. Ukryło się, będąc jednocześnie na widoku. Większość pragnień ma właśnie taki charakter: są oczywiste w retrospekcji, ale ogromnie trudno je dostrzec, kiedy nami kierują.

W odkryciu, jakie pragnienia kierują określonymi nawykami, pomocne jest eksperymentowanie z różnymi nagrodami. Może to zająć kilka dni albo tydzień, a nawet dłużej. W tym czasie nie powinieneś czuć żadnej presji prawdziwej zmiany – myśl o sobie jak o naukowcu w fazie zbierania danych.

Pierwszego dnia trwania eksperymentu, kiedy ogarnie cię żądza pognania do stołówki i kupienia ciastka, zmień zwyczaj w taki sposób, by dostarczył ci odmiennej nagrody. Na przykład zamiast iść do stołówki wyjdź na zewnątrz, przejdź się po okolicy, a potem wróć do swojego biurka bez zjedzenia czegokolwiek. Następnego dnia idź do stołówki i kup pączka albo batonika i zjedz go przy biurku. Dzień później udaj się do stołówki, ale kup jabłko i zjedz je, rozmawiając z kolegami. Potem spróbuj z kubkiem kawy. Później, zamiast iść do stołówki, przejdź się do pokoju kolegi i pogadaj z nim parę minut, po czym wróć do swojej pracy.

To da ci ogląd sytuacji. Czynność, którą wybierzesz *zamiast* jedzenia ciastka, nie ma aż takiego znaczenia. Chodzi o to, żeby przetestować różne hipotezy i ustalić, jakie pragnienie kieruje twoim nawykiem. Czy pragniesz ciastka jako takiego, czy może chodzi o przerwę w pracy? Jeżeli chodzi o ciastko, to dlatego, że jesteś głodny? (W tym wypadku jabłko także powinno zadziałać). A może chodzi o przypływ energii, którego po nim doświadczasz? (Wtedy powinna wystarczyć kawa). A może wędrówka do stołówki jest wymówką, żeby spotkać się z kolegami, a ciastko jest wygodnym usprawiedliwieniem? (Jeśli tak, to wejście na chwilę na plotki do czyjegoś pokoju powinno zaspokoić wewnętrzną potrzebę).

Kiedy testujesz cztery czy pięć różnych nagród, możesz wykorzystać pewien trik, który pomaga dostrzec wzorce: po każdej aktywności zapisz na kartce papieru trzy pierwsze rzeczy, które przyjdą ci do głowy, kiedy wrócisz do swojego biurka. Mogą to być emocje, dowolne

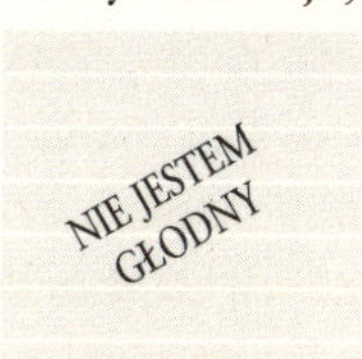

myśli, refleksje na temat samopoczucia, albo po prostu pierwsze trzy słowa, które wpadną ci do głowy.

Potem ustaw sobie w zegarku czy komputerze budzik, który zadzwoni za piętnaście minut. Gdy zadzwoni, zadaj sobie pytanie: czy wciąż chce ci się ciastka?

Powód, dla którego ważne jest, abyś zapisał te trzy rzeczy – nawet jeżeli są to słowa pozbawione znaczenia – jest dwojaki. Po pierwsze wymusza chwilowe uświadomienie sobie twoich myśli i uczuć. Tak jak Mandy, dziewczyna obgryzająca paznokcie z rozdziału trzeciego, nosiła ze sobą notatnik zapełniony znaczkami, który wymuszał na niej świadomość nawykowych impulsów, tak samo pisanie tych trzech słów wymusza chwilowe skupienie uwagi. Co więcej, badania pokazują, że pisanie kilku słów pomaga w późniejszym przypominaniu sobie, o czym w danym momencie myślałeś. Na koniec eksperymentu, kiedy będziesz przeglądać notatki, będzie ci dużo łatwiej przypominać sobie co myślałeś i czułeś dokładnie w tej konkretnej sekundzie, ponieważ zapisałeś sobie słowa, które wyzwolą przypominanie.

A po co budzik za piętnaście minut? Ponieważ celem tych testów jest ustalenie nagrody, której pożądasz. Jeśli piętnaście minut po zjedzeniu pączka *wciąż* odczuwasz potrzebę, żeby wstać i pójść do stołówki, to twoim nawykiem nie kieruje pragnienie podniesienia poziomu cukru. Jeśli po plotkowaniu z kolegą z sąsiedniego pokoju nadal chcesz ciastko, to tym, co motywuje twoje zachowanie, nie jest potrzeba kontaktów międzyludzkich.

Z drugiej strony, jeśli piętnaście minut po rozmowie z przyjacielem zauważysz, że z łatwością powróciłeś do pracy, to udało ci się zidentyfikować nagrodę – chwilowa przerwa w pracy i socjalizacja – której zaspokojeniu służy twój nawyk.

Prowadząc doświadczenia z różnymi nagrodami, możesz sprawdzić, czego *tak naprawdę* pragniesz, a to ma podstawowe znaczenie dla przeprojektowania nawyku.

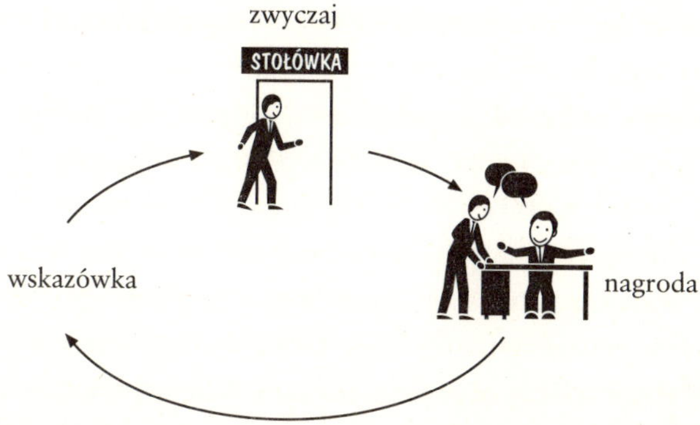

Kiedy już poznałeś zwyczaj i nagrodę, wciąż pozostaje ci zidentyfikowanie wskazówki.

KROK TRZECI. WYIZOLUJ WSKAZÓWKĘ

Około dziesięciu lat temu pewna psycholożka z University of Western Ontario próbowała znaleźć odpowiedź na pytanie, które od lat wprawiało w zakłopotanie badaczy zajmujących się naukami społecznymi: dlaczego niektórzy świadkowie przestępstw błędnie zapamiętują to, co widzieli, podczas gdy inni są w stanie przypomnieć sobie zdarzenia w sposób nieodbiegający od rzeczywistości?

Zeznania naocznych świadków są oczywiście niesłychanie ważne. Niemniej badania wskazują, że świadkowie ci często błędnie zapamiętują to, co widzą. Upierają się na przykład, że złodziej był mężczyzną, choć ona miała na sobie spódnicę; że zbrodnia miała miejsce o zmierzchu, choć z raportów policyjnych wynika, że była godzina czternasta. Inni naoczni świadkowie z kolei są w stanie zapamiętać przestępstwa, które widzieli, niemal bezbłędnie.

Zjawisku poświęcono dziesiątki badań, próbując ustalić, dlaczego niektórzy ludzie są lepszymi świadkami niż inni. Naukowcy formułowali teorie na temat lepszej pamięci albo tego, że jeśli do przestępstwa dochodzi w znajomym miejscu, łatwiej je zapamiętać. Ale teorie te się nie potwierdziły – ludzie z dobrą i słabą pamięcią, obserwujący przestępstwo w bardziej i mniej znanych miejscach byli w równym stopniu narażeni na zniekształcenia pamięci zdarzenia.

Psycholożka z University of Western Ontario wypróbowała inne podejście. Zastanawiała się, czy badacze nie popełniali błędu, skupiając się na tym, co osoby przesłuchujące i świadkowie mówili, zamiast na tym, *w jaki sposób* mówili. Podejrzewała, że istnieją subtelne wskazówki wpływające na proces zbierania zeznań. Ale kiedy w poszukiwaniu tych wskazówek oglądała nagranie za nagraniem, przedstawiające przesłuchania świadków, nie mogła niczego dostrzec. Podczas każdej rozmowy tyle się działo – wszystkie te wyrazy twarzy, różne sposoby formułowania pytań, wahania emocji – że nie była w stanie wykryć żadnych wzorców.

Wpadła więc na pomysł: zrobiła listę kilku elementów, na których się skupi – ton głosu przesłuchującego, mimika świadka i odległość dzieląca śledczego od osoby przesłuchiwanej. Potem usunęła wszystkie informacje, które mogłyby ją rozpraszać. Ściszyła dźwięk, żeby zamiast słuchać słów skupić się na tonie głosu zadającego pytania. Kartką papieru zasłoniła jego twarz, żeby patrzeć jedynie na mimikę świadka. Przykładała do ekranu miarkę, żeby zmierzyć odległość dzielącą obie osoby.

I kiedy zaczęła analizować te specyficzne elementy, pojawiły się wzorce. Dostrzegła, że świadkowie, którzy najczęściej źle pamiętali fakty, byli przesłuchiwani przez policjantów mówiących łagodnym, przyjaznym tonem. Kiedy świadkowie częściej się uśmiechali lub siedzieli bliżej osoby zadającej pytania, z większym prawdopodobieństwem ich wspomnienia były błędne.

Innymi słowy, gdy wskazówki środowiskowe mówiły „jesteśmy przyjaciółmi" – łagodny ton, uśmiechnięta twarz – świadkowie częściej popełniali błędy, przypominając sobie, co zaszło. Może działo się tak dlatego, że, nieświadomie, takie wskazówki przyjaźni wyzwalały nawyk zadowalania rozmówcy.

Ale ważkość tego eksperymentu polega na tym, że te same taśmy obejrzały dziesiątki innych badaczy. Mnóstwo mądrych ludzi widziało te same wzorce, ale nikt wcześniej ich nie rozpoznał. Ponieważ na każdej taśmie było *zbyt wiele* informacji, żeby dostrzec subtelne wskazówki. Psycholożka zdecydowała skupić się wyłącznie na trzech kategoriach zachowań i wyeliminować nieistotne informacje – wtedy wzorce się ukazały.

To samo dzieje się w naszym życiu. Powodem, dla którego tak ciężko zidentyfikować wskazówki wyzwalające nasze nawyki, jest zbyt duża ilość informacji bombardujących nas w chwili, w której ujawnia się zachowanie. Zapytaj się, czy każdego dnia jesz śniadanie o tej samej porze dlatego, że jesteś głodny? Czy dlatego, że zegar wskazuje 7.30? A może dlatego, że twoje dzieci zaczynają wtedy jeść? A może dlatego, że właśnie się ubrałeś i to uruchamia nawyk jedzenia?

Kiedy automatycznie skręcasz w lewo, jadąc samochodem do pracy, co wywołuje to zachowanie? Znak drogowy? Określone drzewo? Wiedza, że to właśnie jest ta droga? Wszystko razem? Kiedy wieziesz dziecko do szkoły i zdajesz sobie sprawę, że bezrefleksyjnie zacząłeś jechać do swojej pracy, zamiast do szkoły – co wywołało ten błąd? Jaka wskazówka uruchomiła wzorzec „jedź do pracy"?

W celu zidentyfikowania wskazówki pośród całego tego szumu możemy wykorzystać ten sam system, co nasza psycholożka: zidentyfikować wcześniej kategorie zachowań, które poddamy analizie, żeby dostrzec wzorce. Na szczęście nauka trochę nas tu wspiera. Eksperymenty wykazały, że niemal wszystkie wskazówki wyzwalające nawyki można zaliczyć do jednej z pięciu kategorii:

– Lokalizacja

– Czas

– Stan emocjonalny

– Inni ludzie
– Bezpośrednio poprzedzające zdarzenie

Jeśli więc próbujesz ustalić, jaka wskazówka wywołuje nawyk „wędrówka do stołówki i zakup ciastka czekoladowego”, w chwili, w której najdzie cię chętka, zapisz te pięć rzeczy (poniżej zamieszczam moje własne notatki z okresu diagnozowania mojego nawyku):

Gdzie jesteś? (siedzę przy biurku)
Która godzina? (15.36)
Jaki jest twój stan emocjonalny? (znudzony)
Kto jest wokół? (nie ma nikogo)
Jakie działania poprzedziły pragnienie? (odpowiadałem na e-maila)

Następnego dnia:

Gdzie jesteś? (wracam od kserokopiarki)
Która godzina? (15.18)
Jaki jest twój stan emocjonalny? (szczęśliwy)
Kto jest wokół? (Jim z działu sportowego)
Jakie działania poprzedziły pragnienie? (robiłem ksero)

Trzeciego dnia:

Gdzie jesteś? (sala konferencyjna)
Która godzina? (15.41)
Jaki jest twój stan emocjonalny? (zmęczony, podekscytowany projektem, nad którym pracuję)
Kto jest wokół? (redaktorzy schodzący się na spotkanie)
Jakie działania poprzedziły pragnienie? (usiadłem, ponieważ zaraz rozpocznie się spotkanie)

Po trzech dniach stało się jasne, co wywołuje mój nawyk jedzenia ciastka – czułem chęć zjedzenia przekąski o określonej porze dnia. W kroku drugim już stwierdziłem, że moim zachowaniem nie kieruje głód. Nagroda, której szukałem, to chwilowe oderwanie od pracy – takie, jakie pojawia się podczas pogawędki z kolegą. A nawyk, teraz to wiedziałem, był wywoływany między godziną 15.00 a 16.00.

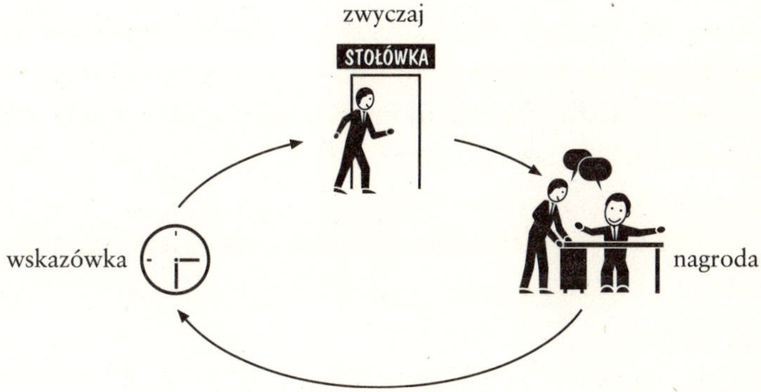

KROK CZWARTY. MIEJ PLAN

Kiedy już rozpoznałeś swoją pętlę nawyku – zidentyfikowałeś nagrodę, która napędza zachowanie, wskazówkę, która je wyzwala, i sam zwyczaj – możesz przystąpić do zmiany zachowania. Możesz dokonać zmiany na lepszy nawyk przez zaplanowanie wskazówki i wybór zachowania, które dostarczy ci nagrody, której pożądasz. Wszystko, czego teraz potrzebujesz, to plan.

We wstępie dowiedzieliśmy się, że nawyk jest wyborem, którego w pewnym momencie dokonujemy świadomie, po czym przestajemy o nim myśleć i wciąż go robimy, nierzadko codziennie.

A ujmując to inaczej, nawyk jest wzorem, wedle którego nasz mózg podąża automatycznie: kiedy widzę WSKAZÓWKĘ, uruchamiam ZWYCZAJ, żeby dostać NAGRODĘ.

Żeby tę formułę przekształcić, musimy na nowo zacząć dokonywać wyborów. A najłatwiejszym sposobem, żeby to osiągnąć, wedle tego, co wskazują wszystkie kolejne badania, jest sformułowanie planu. W psychologii te plany nazywamy „intencją implementacji".

Weźmy na przykład mój zwyczaj popołudniowego ciastka. Stosując opisane ramy, dowiedziałem się, że moją wskazówką była godzina 15.30. Wiedziałem, że moim zwyczajem jest chodzenie do stołówki, kupowanie ciastka i gadanie z kolegami. I, dzięki eksperymentom, dowiedziałem się, że tak naprawdę wcale nie pragnąłem ciastka – chodziło o chwilę oderwania się od pracy i możliwość pobycia z ludźmi.

Napisałem więc plan:

O 15.30 każdego dnia podejdę do czyjegoś biurka
i pogadam przez dziesięć minut z kolegą.

Żeby mieć pewność, że będę o tym pamiętać, ustawiłem alarm na moim zegarku na 15.30.

Nie zadziałało od razu. Były dni, kiedy byłem zbyt zajęty i ignorowałem budzik, a potem szedłem w tango. Innym razem wszyscy byli zbyt zapracowani i nie mogłem znaleźć żadnego chętnego do rozmowy – łatwiej było iść po ciastko, więc ulegałem pokusie. Ale w te dni, w które działałem zgodnie z moim planem – kiedy dzwonił budzik, zmuszałem się do podejścia do biurka kolegi i dziesięciominutowej rozmowy – okazywało się, że kończyłem pracę z lepszym samopoczuciem. Nie szedłem do stołówki, nie jadłem ciastka, a czułem się dobrze. W końcu wszystko się zautomatyzowało: kiedy dzwonił budzik, znajdowałem kolegę i na koniec dnia miałem poczucie drobnego, ale rzeczywistego sukcesu. Po kilku tygodniach prawie już nie myślałem o tym zwyczaju. A kiedy nie mogłem znaleźć nikogo, z kim mógłbym pogadać, szedłem do stołówki i kupowałem herbatę, którą wypijałem z kolegami.

Wszystko to wydarzyło się jakieś sześć miesięcy temu. Już nie mam zegarka – gdzieś mi zginął. Ale codziennie około 15.30 bezrefleksyjnie wstaję od biurka, rozglądam się po biurze w poszukiwaniu kogoś, z kim mógłbym pogadać, spędzam dziesięć minut na pogawędce o najnowszych wiadomościach, a potem grzecznie wracam do swojego biurka. To się dzieje niemal bez jakiegokolwiek myślenia. Stało się nawykiem.

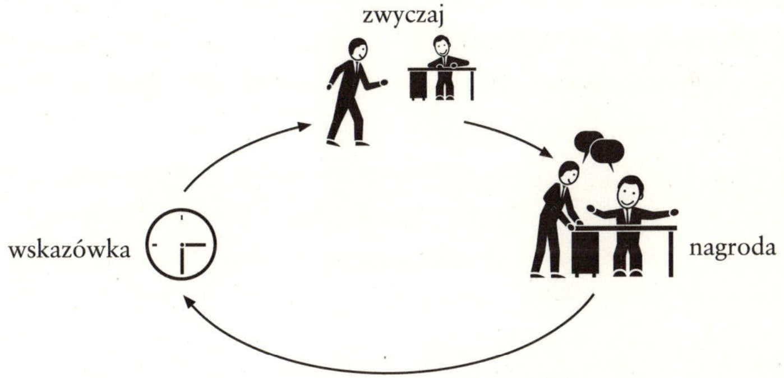

Oczywiście zmiana niektórych nawyków może być znacznie trudniejsza. Te założenia są punktem wyjścia. Czasami zmiana wymaga długiego czasu. Czasami wymaga powtarzania eksperymentów i doświadczenia porażek. Ale kiedy już zrozumiesz, jak działa nawyk – kiedy zdiagnozujesz wskazówkę, zwyczaj i nagrodę – uzyskasz nad nim władzę.

PODZIĘKOWANIA

W SWOIM ŻYCIU MIAŁEM NIEZASŁUŻONE SZCZĘŚCIE PRACOWAĆ z ludźmi, którzy są bardziej utalentowani ode mnie, i dana mi była również szansa na wykradnięcie ich mądrości i wdzięku i przekazanie ich jako własnych.

Właśnie dlatego ty czytasz tę książkę, a ja mam tak długą listę osób, którym chciałbym podziękować.

Andy Ward nabył prawa do publikowania *Siły nawyku* (ang. *The Power of Habit*) jeszcze zanim zaczął pracować jako wydawca w Random House. W tym czasie nie wiedziałem, że jest uprzejmym, hojnym i niezwykle – niebywale – utalentowanym redaktorem. Słyszałem od kilku przyjaciół, że wysublimował ich prozę i prowadził za rękę tak delikatnie, że niemal nie czuli dotyku. Ale odkryłem, że większość ubarwiała swoje opowieści, bo wielu z nich w tym czasie piło. Drogi Czytelniku: to prawda. Pokora, cierpliwość Andy'ego i – przede wszystkim praca, jaką wkłada w to, żeby być dobrym przyjacielem, sprawiają, że wszyscy dookoła niego chcą być lepszymi ludźmi. Ta książka jest w równym stopniu jego co moja, a ja jestem wdzięczny, że miałem szansę go poznać, z nim pracować i się od niego uczyć. W równym stopniu mam ogromny dług wdzięczności wobec niepoznanych sił, które sprawiły, że trafiłem do wydawnictwa Random House pod mądre przewodnictwo Susan Kamil, przywództwo Giny Centrello oraz że swoją opieką, radą i wysiłkiem służyły mi następujące osoby: Avideh Bashirrad, Tom Perry, Sanyu Dillon, Sally Marvin, Barbara Fillon, Maria Braeckel, Erika Greber i zawsze-cierpliwa Kaela Myers.

Podobnie szczęśliwe zrządzenie losu pozwoliło mi pracować w Wylie Agency z takimi wspaniałymi ludźmi, jak: Scott Moyers, Andrew Wylie i James Pullen. Wsparcie i pomoc Scotta – jak wie wielu pisarzy – jest równie bezcenne, co hojne. Scott powrócił do redakcyjnego świata, a wszyscy czytelnicy powinni czuć się w związku z tym szczęśliwi. Andrew Wylie jest zawsze niezawodny i wnikliwy, czyniąc świat bezpieczniejszym (i wygodniejszym) dla swoich pisarzy, za co jestem mu bezbrzeżnie wdzięczny. A James Pullen pomógł mi zrozumieć, jak pisać w językach, o których istnieniu nawet nie wiedziałem.

Ponadto bardzo dziękuję „New York Times". Wielkie podziękowania należą się także Larry'emu Ingrassia, wydawcy biznesowemu „The Times", którego przyjaźń, rada i zrozumienie pozwoliły mi napisać tę książkę i uprawiać dziennikarstwo pośród tak wielu innych utalentowanych reporterów w atmosferze, w której nasza praca – i misja „The Times" – są wciąż doskonalone dzięki przykładowi, jaki płynie od niego. Vicki Ingrassia także była cudownym wsparciem. Każdy pisarz, który spotkał Adama Bryanta, wie, że jest wspaniałym orędownikiem i przyjacielem o cudownych rękach. Bill Keller, Jill Abramson, Dean Baquet i Glenn Kramon – praca dla nich była zaszczytem, podobnie jak podążanie za ich przykładem, pokazującym, jak dziennikarze powinni zachowywać się w świecie.

Jeszcze kilka podziękowań: mam dług wdzięczności wobec kolegów z „Timesa", a są to: Dean Murphy, Winnie O'Kelly, Jenny Anderson, Rick Berke, Andrew Ross Sorkin, David Leonhardt, Walt Bogdanich, David Gillen, Eduardo Porter, Jodi Kantor, Vera Titunik, Amy O'Leary, Peter Lattman, David Segal, Christine Haughney, Jenny Schussler, Joe Nocera oraz Jim Schacter (obaj czytali dla mnie rozdziały), Jeff Cane, Michael Barbaro i inni, tak hojnie obdarzający mnie swoją przyjaźnią i pomysłami.

Podobnie chcę podziękować także wszystkim wymienionym osobom: Alex Blumberg, Adam Davidson, Paula Szuchman, Nivi Nord,

Alex Berenson, Nazanin Rafsanjani, Brendan Koerner, Nicholas Thompson, Kate Kelly, Sarah Ellison, Kevin Bleyer, Amanda Schaffer, Dennis Potami, James Wynn, Noah Kotch, Greg Nelson, Caitlin Pike, Jonathan Klein, Amanda Klein, Donnan Steele, Stacey Steele, Wesley Morris, Adir Waldman, Rich Frankel, Jennifer Couzin, Aaron Bendikson, Richard Rampell, Mike Bor, David Lewicki, Beth Waltemath, Ellen Martin, Russ Uman, Erin Brown, Jeff Norton, Raj De Datta, Ruben Sigala, Dan Costello, Peter Blake, Peter Goodman, Alix Spiegel, Susan Dominus, Jenny Rosenstrach, Jason Woodard, Taylor Noguera oraz Matthew Bird – wszyscy oni udzielali mi wsparcia i pokazywali drogę. Okładka książki i wspaniałe rysunki w niej zawarte powstały w umyśle niezwykle utalentowanego Antona Ioukhnovetsa.

Jestem też zobowiązany wielu osobom, które skłonne były poświęcić swój czas na przekazywanie mi informacji zawartych w tej książce. Wiele z nich wymieniłem w przypisach, ale na dodatkowe podziękowania zasługują: Tom Andrews z SYPartners, Tony Dungy i DJ Snell, Paul O'Neill, Warren Bennis, Rick Warren, Anne Krumm, Paco Underhill, Larry Squire, Wolfram Schultz, Ann Graybiel, Todd Heatherton, J. Scott Tonigan, Taylor Branch, Bob Bowman, Travis Leach, Howard Schultz, Mark Muraven, Angela Duckworth, Jane Bruno, Reza Habib, Patrick Mulkey i Terry Noffsinger. Bardzo pomogli mi ludzie szukający danych i sprawdzający fakty, m.in.: Dax Proctor, Josh Friedman, Cole Louison, Alexander Provan i Neela Saldanha.

Jestem dozgonnie wdzięczny Bobowi Sipchenowi, który dał mi pierwszą prawdziwą dziennikarską posadę, odczuwam też głęboki żal, że nie mogę podzielić się tą książką z dwójką przyjaciół, którzy odeszli za wcześnie: Brian Ching i L.K. Case.

I w końcu wielkie dzięki należą się mojej rodzinie. Katy Duhigg, Jacquie Jenkusky, David Duhigg, Toni Martorelli, Daniel Duhigg, Alexandra Alter i Jake Goldstein byli cudownymi przyjaciółmi. Moi synowie, Oliver i John Harry, byli źródłem inspiracji i bezsennych nocy.

Moi rodzice, John i Doris, od moich najmłodszych lat zachęcali mnie do pisania, nawet wtedy, kiedy podpalałem różne rzeczy, dając im powody do przypuszczeń, że przyszła korespondencja może być pisana na więziennej papeterii.

I, oczywiście, moja żona, Liz, której bezustanna miłość, wsparcie, rady, inteligencja i przyjaźń umożliwiły powstanie tej książki.

Wrzesień 2011

O ŹRÓDŁACH

ZAWARTE W TEJ KSIĄŻCE INFORMACJE powstały dzięki setkom wywiadów i dodatkowym tysiącom artykułów i badań. Wiele źródeł wymieniłem w tekście zasadniczym lub w przypisach, wraz z informacjami o dodatkowych źródłach dla zainteresowanych czytelników.

W większości sytuacji osoby, które dostarczały informacji lub publikowały badania będące integralną częścią tych doniesień, miały możliwość – po ukończeniu przeze mnie pracy nad danym tematem – przejrzenia faktów i dodania komentarzy, odniesienia się do rozbieżności czy sposobu, w jaki przedstawiono informacje. Wiele tych komentarzy zawarto w przypisach. (Żadne źródło nie uzyskało dostępu do całości tekstu książki – wszystkie komentarze dotyczą udostępnionych im podsumowań).

W bardzo niewielkiej liczbie przypadków zapewniono anonimowość źródłom, które, z różnych powodów, nie mogły rozmawiać inaczej. W jeszcze mniejszej liczbie wypadków ukryto lub nieznacznie zmieniono pewne charakterystyki, aby zapewnić prywatność pacjentom lub z innych powodów.

O AUTORZE

CHARLES DUHIGG jest dziennikarzem śledczym w „The New York Times", gdzie pisze zarówno do gazety, jak i do magazynu. Pisał lub współpracował przy: cyklu *Golden Opportunities* (2007), serii artykułów ukazujących, w jaki sposób firmy próbują czerpać korzyści ze starzejących się Amerykanów – *The Reckoning* (2008), badającym przyczyny i skutki kryzysu finansowego, oraz *Toxic Waters* (2009), na temat coraz większego zanieczyszczenia wód w Ameryce i reakcji władz.

Za swoją pracę Duhigg otrzymał, między innymi, następujące nagrody: National Academies of Sciences, National Journalism, George Polk, Gerald Loeb, znalazł się też w gronie finalistów nagrody Pulitzera w roku 2009. Wystąpił w *This American Life, The Dr. Oz Show,* NPR, *The NewsHour with Jim Lehrer* oraz *Frontline.*

Duhigg jest absolwentem Harvard Business School i Yale University. Zanim zajął się dziennikarstwem, pracował w *private equity* i – przez jeden przerażający dzień – był rowerowym kurierem w San Francisco.

Charles Duhigg nabywa złe nawyki – przeważnie związane ze smażonym jedzeniem – w ciągu kilku minut. Wraz z żoną – biologiem morza i dwoma synami, którzy nawykowo budzą się o 5.00 rano, rzucają jedzeniem podczas obiadu i perfekcyjnie się uśmiechają, zamieszkują Brooklyn.

INDEKS